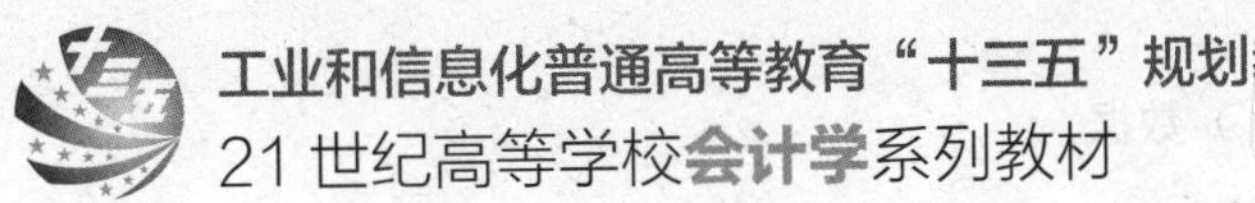

工业和信息化普通高等教育“十三五”规划教材

21世纪高等学校会计学系列教材

ACCOUNTING FOR CONSTRUCTION ENTERPRISES

施工企业会计

——核算方法与实务案例

◆ 王玉红 编著

人 民 邮 电 出 版 社

北 京

图书在版编目（CIP）数据

施工企业会计 : 核算方法与实务案例 / 王玉红编著
. -- 北京 : 人民邮电出版社, 2016.11
21世纪高等学校会计学系列教材
ISBN 978-7-115-43486-9

Ⅰ. ①施… Ⅱ. ①王… Ⅲ. ①施工企业－会计－高等学校－教材 Ⅳ. ①F407.967.2

中国版本图书馆CIP数据核字(2016)第232869号

内容提要

本书根据最新的会计准则及全面“营改增”的最新政策，以施工企业会计课程教学发展为基础，紧密结合施工企业的实际情况，系统地介绍了施工企业会计的基本理论、主要业务的核算方法，以及会计报告等内容。

本书共 15 章，主要内容包括总论、货币资金、应收及预付款项、存货、投资、投资性房地产、固定资产、无形资产与其他非流动资产、流动负债、非流动负债、所有者权益、成本和费用、收入、利润和财务报告。另外，书中所选案例均突出施工企业会计核算的特点，实用性强，易学易懂。

本书既可作为高等院校、财经学院会计、工程管理专业施工企业会计课程的教材，也可作为注册建造师考试的参考书，以及与工程管理有关专业人员的自学教材。

◆ 编　　著　王玉红
责任编辑　许金霞
责任印制　沈　蓉　彭志环

◆ 人民邮电出版社出版发行　　北京市丰台区成寿寺路 11 号
邮编　100164　　电子邮件　315@ptpress.com.cn
网址　http://www.ptpress.com.cn
固安县铭成印刷有限公司印刷

◆ 开本：787×1092　1/16
印张：20　　　　2016 年 11 月第 1 版
字数：577 千字　　　　2016 年 11 月河北第 1 次印刷

定价：49.80 元

读者服务热线：(010)81055256　印装质量热线：(010)81055316
反盗版热线：(010)81055315

前 言 Preface

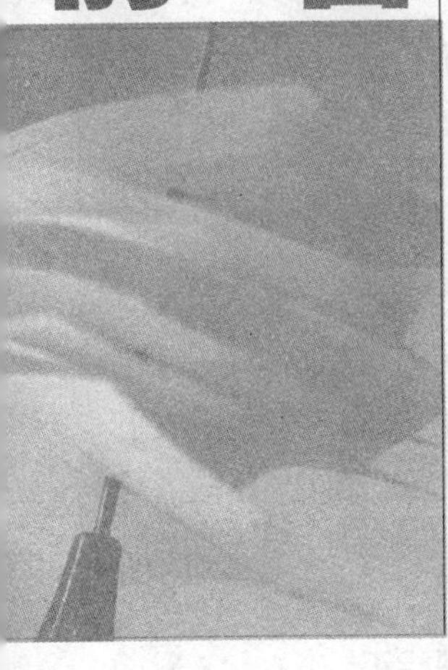

2016年税法方面全部以增值税替代营业税，这无疑对施工企业会计核算带来巨大的挑战。根据国家统计局发布的我国2015年宏观数据，2015年全年国内生产总值676 708亿元，按可比价格计算，比上年增长6.90%。备受业内人士关注的建筑业总产值数据也新鲜出炉，2015年全国建筑业总产值180 757亿元，比上年增长2.30%，与2014年10.20%的增速相比大幅跳水。建筑业作为我国国民经济中的支柱产业，与整个国家经济的发展、人民生活的改善密切相关。截至2016年第一季度，我国建筑业上市公司数量为79家。为了适应建筑业的发展和我国会计体制、税收体制的改革，进而配合新会计准则、"营改增"的全面有效实施，出版《施工企业会计》一书便成为当务之急。

最早我接受人民邮电出版社的邀请撰写《施工企业会计》时，并没有太大的压力，毕竟拥有多年的教学积累与实践经验。然而，在本书即将交稿之际，正好赶上会计准则新增与完善和施工企业"营改增"全面实施。以往施工企业实施营业税时，所有涉及增值税的业务中，增值税全部计入成本，相对比较简单。虽然施工企业"营改增"看似并不复杂，但实际操作却不容易。本着对读者负责的态度以及为读者呈现最新最前沿内容的编写主旨，我认为本书应给读者以正确引导，对于读者来说可谓雪中送炭。

我们在完成书稿之后，专门用了一个多月的时间，反复修改完善施工企业"营改增"后对相关业务的影响，内容几乎涉及全书各章节。为此我们邀请实务界专家指导，并带领研究生共同对书稿逐字逐句、逐道例题进行修改完善，通过不断地沟通和讨论，前后修改了近十稿，可谓呕心沥血。施工企业"营改增"并没有我们想象得那么简单，除了采购、销售的进项税和销项税税率不同以外，有形动产、不动产、无形资产以及投资性房地产的出租出售都涉及增值税问题，即使采购也可能因存货是钢材、木材或者水泥而采用不同的税率，修改某项业务可能会牵连多张财务报表。我们所有的努力都只为给读者呈现一本高质量的图书。在交稿之际，本书撰写组成员都有颇多的收获和感悟。

本书共包括15章内容，主要特点如下。

（1）内容前沿新颖。我们以基本准则和具体会计准则为依据，将2014年新增和修改的会计准则以及指南的内容全部体现在本书中，将会计准则的精髓融入施工企业具体会计核算中。对难于理解的内容和问题均举实例进行说明，对于会计理论和核算业务的阐述遵循了先易后难、循序渐进和深入浅出的原则。会计账户结构的归纳和典型业务流程图的绘制是本书的特色之一。

（2）理论联系实际。本书注重贯彻理论联系实际的原则，特别根据“营改增”相关规定，全面体现了所有与增值税相关的业务，几乎涉及“营改增”的每一道例题都加脚注说明依据。“营改增”对于施工企业来说尚处于探索阶段，我们力求给读者以正确的引导。

（3）配套齐全适用。每章的章首以真实施工企业最新的年报数据为例，引出所要介绍的内容，每章正文之后配备了思考与练习题。对于知识扩展则通过二维码的形式呈献给读者。

本书集新颖性、规范性、理论性和实用性于一体，既可作为高等院校、财经学院会计、工程管理等专业施工企业会计课程的教材，也可作为一级注册建造师考试的参考书以及与工程管理相关业务人员的自学教材。希望本书能让更多的人受益。

在本书的撰写过程中，得到长春经开（集团）股份有限公司杜玉文的倾力指导和无私奉献，硕士研究生中审众环会计师事务所曲波、北京大岳咨询有限责任公司雷雨田、青岛建设集团有限公司赫明伟对本书提供了很大的技术支持，在校研究生张博、张思琪、任晓娣、赵雪、季霞、马小兰、谷冰洁、吕洲、宣姝婷、尹迎新、弓倩倩等分别参与了各章节的完善、校对以及练习题的编写工作。在此一并表示诚挚的谢意。

由于作者水平有限，书中错误和疏漏之处在所难免，恳请广大读者批评指正。

王玉红

2016 年 6 月于东财园

目 录 Contents

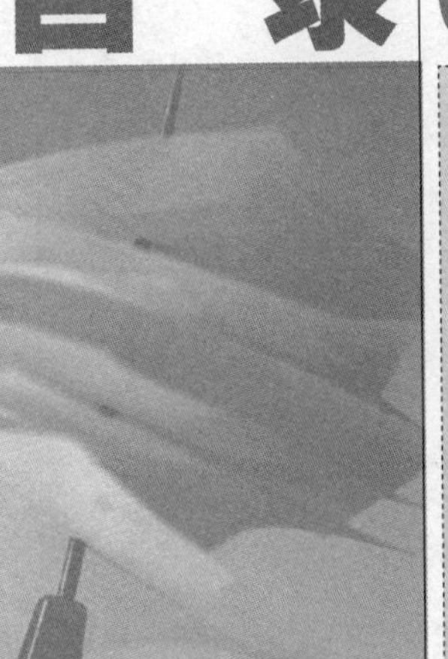

第一章 总论

学习目标 /1

引例 /1

第一节 施工企业会计概述 /2

一、建筑业的含义 /2

二、建筑业的构成界定 /2

三、施工企业的业务范围 /3

四、施工企业生产经营的特点 /3

五、施工企业会计的性质 /6

六、施工企业会计的对象 /6

第二节 会计基本假设和会计基础 /7

一、会计基本假设 /7

二、会计基础 /8

第三节 会计信息质量要求 /8

一、可靠性 /8

二、相关性 /9

三、可理解性 /9

四、可比性 /9

五、实质重于形式 /9

六、重要性 /10

七、谨慎性 /10

八、及时性 /10

第四节 会计要素及其确认与计量原则 /10

一、资产、负债和所有者权益 /11

二、收入、费用和利润 /12

三、会计要素计量属性 /14

第五节 施工企业会计科目的设置 /14

一、会计科目的设置原则 /15

二、施工企业会计科目的设置 /15

知识扩展 /17

思考与练习 /17

第二章 货币资金

学习目标 /18

引例 /18

第一节 现金管理与核算 /19

一、现金管理制度 / 19
二、现金核算应设置的账户及会计处理 / 20
三、现金清查的核算 / 20
第二节 银行存款的核算 / 21
一、银行存款的管理 / 21
二、银行存款核算应设置的账户及会计处理 / 22
三、银行结算方式 / 22
第三节 其他货币资金的核算 / 25
一、其他货币资金核算的内容 / 26
二、其他货币资金核算应设置的账户 / 26
三、其他货币资金核算的会计处理 / 26
知识扩展 / 28
思考与练习 / 28

第三章 应收及预付款项

学习目标 / 30
引例 / 30
第一节 应收账款的核算 / 31
一、应收账款核算的内容 / 31
二、应收账款核算应设置的账户及其会计处理 / 31
第二节 坏账损失的核算 / 32
一、坏账损失核算的内容 / 32
二、坏账损失核算应设置的账户 / 34
三、坏账损失核算的会计处理 / 34
第三节 应收票据的核算 / 36
一、应收票据核算的内容 / 36
二、应收票据核算应设置的账户及会计处理 / 38
第四节 应收利息及应收股利的核算 / 40
一、应收利息的核算 / 40
二、应收股利的核算 / 40
第五节 预付账款和其他应收款的核算 / 41
一、预付账款的核算 / 41
二、其他应收款的核算 / 43
第六节 长期应收款的核算 / 44
一、长期应收款核算的内容 / 44
二、长期应收款核算应设置的账户及其会计处理 / 45
知识扩展 / 45
思考与练习 / 45

第四章 存货

学习目标 / 47
引例 / 47
第一节 存货概述 / 48
一、存货的含义 / 48
二、存货的分类 / 48
三、存货的初始计量 / 48
四、存货的计价方法 / 49
第二节 库存材料的核算 / 52
一、库存材料核算应设置的账户 / 52
二、库存材料核算的会计处理 / 53
知识扩展 / 56
第三节 周转材料与委托加工物资的核算 / 57
一、周转材料核算 / 57
二、委托加工物资的核算 / 61
第四节 存货清查的核算 / 61
一、存货清查概述 / 61
二、存货清查核算应设置的账户 / 62
三、存货清查结果的会计处理 / 62
第五节 存货期末计价 / 63
一、存货期末计价 / 63
二、存货跌价准备核算应设置的账户 / 64
三、存货跌价准备核算的会计处理 / 64
知识扩展 / 65
思考与练习 / 65

第五章 投资

学习目标 / 67
引例 / 67
第一节 投资的分类 / 68
一、按照投资的性质分类 / 68
二、按照管理层的持有意图分类 / 69
第二节 以公允价值计量且其变动计入当期损益的金融资产的核算 / 70
一、以公允价值计量且其变动计入当期损益的金融资产核算的内容 / 70

二、交易性金融资产核算应设置的账户及会计处理 / 71
第三节　持有至到期投资的核算 / 74
一、持有至到期投资核算的内容 / 74
二、持有至到期投资核算应设置的账户及会计处理 / 76
第四节　可供出售金融资产的核算 / 79
一、可供出售金融资产核算的内容 / 79
二、可供出售金融资产核算的账户及会计处理 / 80
第五节　长期股权投资的核算 / 83
一、长期股权投资核算的范围 / 83
二、长期股权投资的计量 / 84
三、长期股权投资核算应设置的账户 / 88
四、长期股权投资核算的会计处理 / 88
第六节　投资减值的核算 / 93
一、投资减值核算的内容 / 93
二、投资减值核算应设置的账户及会计处理 / 95
知识扩展 / 97
思考与练习 / 98

第六章　投资性房地产

学习目标 / 99
引例 / 99
第一节　投资性房地产的特征和范围 / 99
一、投资性房地产的特征 / 100
二、投资性房地产的核算范围 / 100
第二节　投资性房地产的计量 / 101
一、投资性房地产的初始计量 / 102
二、投资性房地产的后续计量 / 102
三、投资性房地产的后续支出 / 103
四、投资性房地产的转换和处置 / 103
第三节　投资性房地产核算应设置的账户及会计处理 / 104
一、投资性房地产核算应设置的账户 / 104
二、投资性房地产核算的会计处理 / 105
知识扩展 / 111
思考与练习 / 111

第七章　固定资产

学习目标 / 112
引例 / 112
第一节　固定资产概述 / 113
一、固定资产的含义和特征 / 113
二、固定资产的分类 / 113
第二节　固定资产的计价和初始计量 / 115
一、固定资产的计价 / 115
二、固定资产核算应设置的账户 / 116
三、固定资产的初始计量 / 117
第三节　固定资产折旧和修理的核算 / 122
一、固定资产折旧核算的内容 / 122
二、固定资产折旧的计算方法 / 123
三、固定资产折旧核算的会计处理 / 125
四、固定资产修理的核算及会计处理 / 126
第四节　固定资产减值和租赁的核算 / 126
一、固定资产减值准备的核算 / 126
二、固定资产租赁的核算及会计处理 / 127
第五节　固定资产处置及清查盘点的核算 / 128
一、固定资产处置的核算 / 128
二、固定资产清查盘点的核算及其会计处理 / 130
知识扩展 / 131
思考与练习 / 132

第八章　无形资产与其他非流动资产

学习目标 / 133
引例 / 133
第一节　无形资产概述 / 134
一、无形资产的概念及特征 / 134
二、无形资产的分类 / 136
第二节　无形资产的计量 / 137
一、无形资产的初始计量 / 137
二、企业内部研究开发费用的确认和计量 / 138
三、无形资产的后续计量 / 139
第三节　无形资产核算应设置的账户及会计处理 / 142
一、无形资产核算应设置的账户 / 142
二、无形资产核算的会计处理 / 143

第四节 其他非流动资产的核算 / 144
一、商誉的核算 / 144
二、长期待摊费用的核算 / 145
三、临时设施的核算 / 146
知识扩展 / 148
思考与练习 / 149

第九章 流动负债

学习目标 / 150
引例 / 150
第一节 流动负债概述 / 151
一、流动负债的特点 / 151
二、流动负债的分类 / 151
三、流动负债的计价 / 152
第二节 流动负债的核算 / 152
一、短期借款的核算 / 152
二、应付账款的核算 / 153
三、应付票据的核算 / 154
四、预收账款的核算 / 156
五、应付职工薪酬的核算 / 158
六、应交税费的核算 / 164
第三节 其他流动负债的核算 / 170
一、应付股利的核算 / 170
二、应付利息 / 171
三、其他应付款的核算 / 171
四、或有负债的核算 / 172
知识扩展 / 173
思考与练习 / 174

第十章 非流动负债

学习目标 / 175
引例 / 175
第一节 非流动负债概述 / 176
一、非流动负债 / 176
二、非流动负债的计价 / 176
第二节 非流动负债的核算 / 176
一、长期借款的核算 / 176
二、应付债券的核算 / 179
三、长期应付款的核算 / 180
知识扩展 / 182
思考与练习 / 182

第十一章 所有者权益

学习目标 / 183
引例 / 183
第一节 所有者权益概述 / 184
一、所有者权益的基本特征 / 184
二、所有者权益的来源 / 184
第二节 实收资本的核算 / 185
一、实收资本核算的原则 / 185
二、实收资本核算应设置的账户 / 186
三、实收资本核算的会计处理 / 186
第三节 资本公积和其他综合收益的核算 / 189
一、资本公积核算的内容 / 189
二、资本公积核算应设置的账户 / 190
三、资本公积核算的会计处理 / 190
四、其他综合收益核算应设置的账户 / 191
五、其他综合收益核算的内容及其会计处理 / 191
第四节 留存收益的核算 / 193
一、留存收益核算的内容 / 193
二、留存收益核算应设置的账户 / 194
三、留存收益核算的会计处理 / 194
知识扩展 / 195
思考与练习 / 195

第十二章 成本和费用

学习目标 / 196
引例 / 196
第一节 费用的含义和分类 / 197
一、费用的含义 / 197
二、费用的分类 / 197
第二节 成本、费用核算的基本要求 / 199
一、严格遵守国家规定的成本、费用开支范围 / 199
二、加强成本核算的各项基础工作 / 200
三、划清各种费用界限 / 201
四、加强费用开支的审核和控制 / 202
五、建立工程项目台账 / 202

第三节 工程成本核算的意义、对象、组织和程序 / 202
一、工程成本核算的意义 / 202
二、合理确定工程成本核算对象 / 203
三、工程成本核算的组织 / 204
四、工程成本核算的程序 / 204
第四节 成本核算应设置的账户 / 205
一、“工程施工”账户 / 205
二、“机械作业”账户 / 206
三、“辅助生产成本”账户 / 206
四、“工程结算”账户 / 206
第五节 辅助生产费用的核算 / 206
一、辅助生产部门及其辅助生产成本 / 206
二、辅助生产费用的归集和分配 / 207
三、辅助生产费用核算的会计处理 / 207
第六节 工程实际成本的核算 / 209
一、人工费的核算 / 209
二、材料费的核算 / 210
三、机械使用费的核算 / 212
四、其他直接费的核算 / 214
五、间接费用的核算 / 216
六、工程完工结转实际成本 / 219
第七节 期间费用的核算 / 220
一、期间费用核算的内容 / 220
二、期间费用核算应设置的账户 / 221
知识扩展 / 222
思考与练习 / 222

第十三章 收入

学习目标 / 224
引例 / 224
第一节 收入概述 / 225
一、收入的含义和特征 / 225
二、收入的分类 / 225
三、收入核算的基本要求 / 225
第二节 建造合同收入的核算 / 226
一、建造合同收入核算的内容 / 226
二、建造合同收入核算应设置的账户及其会计处理 / 234
第三节 销售商品、提供劳务和让渡资产使用权收入的核算 / 238
一、销售商品收入核算的内容 / 238
二、提供劳务收入核算的内容 / 240
三、让渡资产使用权收入核算的内容 / 240
四、销售商品、提供劳务和让渡资产使用权收入核算应设置的账户及其会计处理 / 241
知识扩展 / 242
思考与练习 / 242

第十四章 利润

学习目标 / 243
引例 / 243
第一节 利润形成的核算 / 244
一、利润形成核算的内容 / 244
二、利润形成核算应设置的账户及其会计处理 / 246
第二节 利润分配的核算 / 250
一、利润分配核算的内容 / 250
二、利润分配核算应设置的账户 / 251
三、利润分配核算的会计处理 / 252
知识扩展 / 254
思考与练习 / 254

第十五章 财务报告

学习目标 / 256
引例 / 256
第一节 财务报告概述 / 257
一、财务报告的含义和构成 / 257
二、财务报表列报 / 259
第二节 资产负债表 / 262
一、资产负债表的含义及作用 / 262
二、资产负债表的列报 / 263
三、企业资产负债表的列报格式 / 264
四、资产负债表的列报方法 / 265
第三节 利润表 / 271
一、利润表的含义及其作用 / 271
二、利润表的列报格式 / 271
三、利润表的列报方法 / 272

第四节　现金流量表 / 274
一、现金流量表的含义及作用 / 274
二、现金流量表的编制基础 / 276
三、现金流量表的编制方法 / 277
四、现金流量表的编制程序 / 282
五、现金流量表补充资料的编制 / 283
第五节　所有者权益变动表 / 298
一、所有者权益变动表的含义和意义 / 298
二、所有者权益变动表的内容及列报格式 / 299
三、所有者权益变动表的列报方法 / 299
第六节　附注 / 303
一、附注的含义及披露的基本要求 / 303
二、附注披露的内容 / 303
知识扩展 / 309
思考与练习 / 309

第一章 总论

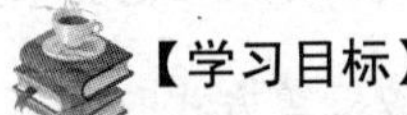

【学习目标】

理论目标：掌握施工企业生产经营的特点及施工企业会计的特点，掌握施工企业六要素的含义，掌握会计计量属性的含义，熟悉施工企业会计核算的基本前提，了解施工企业会计的含义，了解建筑业的含义及其构成界定。

技术目标：掌握施工企业资产、负债、所有者权益、收入、费用及利润的确认，掌握施工企业主要会计科目，熟悉会计计量属性的应用，熟悉会计基本假设和施工企业会计基础。

能力目标：掌握施工企业会计的性质，掌握施工企业会计六要素的计量原则，熟悉施工企业会计信息质量要求。

引例

中国中铁新签订单降幅收窄，海外业务值得期待

中国中铁股份有限公司，A股简称中国中铁（601390），是集勘察设计、施工安装、房地产开发、工业制造、科研咨询、工程监理、资本经营、金融信托和外经外贸于一体的企业，是中国也是亚洲最大的多功能综合型建设集团，是全球第三大建筑工程承包商，可向客户提供综合的“一站式”解决方案，且在参与大型复杂项目时具有竞争优势。公司在全国各省（区、市）均有业务，在国际上也开拓了广阔的市场，迄今为止，公司已在境外逾55个国家和地区承建超过230个海外项目，在工程、建筑、研究及设计各领域荣获超过200个国家级最高奖项，在2008年美国《财富》杂志公布的世界500强排名中，排名第341位；在2008年度世界品牌实验室编制的世界品牌500强中，排名第332位；在《金融时报》公布的世界500强名单中，名列第433位，是中国唯一一家同时进入这3项500强名单的基建和建筑类企业。在2015年7月8日《财富》（中文版）发布的中国500强排行榜中，排名第七。

2015年10月31日，中国中铁披露三季度报告显示，公司前三季实现营业总收入4 321.50亿元，增速0.11%，与半年报下降0.90%收入增速相比，增速转正；实现净利润79.10亿元，同比增长11.80%；其中第三季度实现营业收入1 573.70亿元，同比增长2%，净利润31.04亿元，同比增长3.03%。其主动战略调整使得物贸板块收入下降，是影响总营收增幅的主要原因。报告期内，中国中铁主业基建收入同比实现6.40%增速，其中铁路建设收入增长2%，公路建设收入增长10.60%，市政建设其他业务收入增长9.40%，主业增速平稳。报告期内，中国中铁综合毛利率为11.03%，基建业务和其他板块毛利率分别提升0.19%和9.51%，带动公司综合毛利率上升0.39%；期间费用率为5.11%，同比下降0.09%，其中销售费用率为0.35%，同比下降0.06%；人工成本增长导致管理费用同比上升0.12%，达到3.96%；降息、融资结构优化和内部资金使用周转提升等正向影响使得财务费用率同比下降0.15%，达到0.8%。

新签订单降幅收窄，海外订单同比增加，2015年中国中铁前三季度新签订单5 515.60亿元，同比下降8.90%，第三季度单季度新签订单2201亿元，同比增长13%。其中，前三季度基建业务新签合同额4 448.2亿元，同比减少4.9%，其中新签铁路合同额1 505.30亿元，公路合同额673.40亿元，市政合同额2 269.50亿元，同比分别出现4.60%、4.10%和5.40%的下降，勘察设计与咨询业务新签合同同比增长16.0%。公司前三季新签海外订单362.30亿元，同比增幅3.60%，未来受益于“一带一路”政策催化，公司将积极参与中老、中泰、印尼高铁投标建设，加快铁路“走出去”步伐。

施工企业生产经营有何特点？会计的性质有何独到之处？施工企业会计包括哪些基本内容？会计核算有何特殊性？通过本书的学习相信能够得到答案。

资料来源：根据2015-12-02中国证券网信息整理

施工企业在经营方式上与其他行业企业有显著的不同，一般是通过招投标或议标等方式取得工程项目承包合同。合同建设周期长，投资金额大，需要分期、分部位来确认合同完成情况，进行工程价款支付。从工程项目开工建设开始，经历正常施工，完工验收，交付使用，直到质保期满、质保金支付完毕，是一个长期复杂的建造过程。期间需要投入大量的资金、施工人员、建筑材料、施工机械设备等。本章将详细讨论施工企业会计性质及相关基本内容。

第一节 施工企业会计概述

我国改革开放30多年来，建筑业迅猛发展，取得了骄人的业绩，产生了一大批优秀的建筑企业。在国民经济行业分类中，建筑业和制造业一起被列为第二产业，属于物质生产部门范畴，而施工企业与建筑业有着密切的关系。施工企业是建筑业的重要组成部分，担负着施工生产的艰巨任务，是从事基本建设建筑安装施工生产活动的基层生产单位。施工企业会计通过对施工企业在施工生产经营活动中所产生的会计信息的核算和加工，以反映、监督和控制施工生产的全过程，是施工企业的一项重要管理活动。

一、建筑业的含义

建筑业是国民经济的一个重要物质生产部门，从事社会基础设施和其他设施的建造等生产经营活动，包括与之相关的勘察、规划、设计、采购、施工、安装、维护和运行等若干环节。

建筑业有广义、狭义之分。

广义的建筑业不仅包括房屋建筑、桥梁、堤坝、港口、道路等建构筑物建造施工，线路、管道、设备安装及建筑物装饰装修，还包括相关的建设规划、勘察、设计、技术、管理、咨询等服务活动，以及建筑构配件、建材生产、建筑环境设施的运营、相关的教育科研培训等活动。

我国于1997年颁布了《中华人民共和国建筑法》，并于2011年经全国人民代表大会常务委员会进行修订，其总则中指出，建筑活动是指各类房屋建筑及其附属设施的建造和与其配套的线路、管道、设备的安装活动。从所管辖范围的角度，建造活动可以分为以下4类。

（1）各类房屋建筑及其附属设施的建造与其配套的线路、管道、设备的安装活动。

（2）抢险救灾及其他临时性房屋建筑和农民自建低层住宅的建造活动。

（3）军用房屋建筑工程的建造活动。

（4）其他专业建筑工程的建造活动（指铁路、水利水电设施、公路、港口、码头、机场等）。

二、建筑业的构成界定

狭义的建筑业是指按照国家标准的产业分类中所指的建筑业。包括房屋建筑工程和土木工程的建造、设备、线路、管道安装、装饰装修等。

国家标准《国民经济行业分类和代码》（GB4754—2011）对建筑业的内部构成进行了细分和明确的范围界定，将建筑业分为以下 4 类。

（1）房屋和土木建筑业，包括房屋工程建筑和土木工程建筑。

（2）建筑安装业，指建筑物主体工程竣工后，进行建筑物内的各种设备的安装。包括建筑物主体施工中的敷设线路、管道的安装，以及铁路、机场、港口、隧道、地铁的照明和信号系统的安装。

（3）建筑装饰业，从事对建筑工程后期的装饰、装修和清理活动，以及对居室的装修活动。

（4）其他建筑业，包括工程准备；提供施工设备服务；其他未列明的建筑活动。

需要强调的是，本教材所指的是狭义的建筑业。施工企业又称建筑企业，指依法自主经营、自负盈亏、独立核算，从事建筑商品生产和经营，具有法人地位的经济组织。施工企业会计核算和监督的是狭义建筑业范围。

三、施工企业的业务范围

施工企业主要从事建筑工程、设备安装工程和其他专业工程的生产经营活动，是具有独立的法人资格，实行自主经营、独立核算、自负盈亏的经济组织。施工企业既担负着国民经济各产业部门所需要的房屋①和构筑物②的建造、改造和各种设备的安装工作，也承担着非物质生产领域所需的房屋、公共设施和民用住宅等施工任务。目前，我国施工企业的业务范围主要包括以下几个方面。

（一）土木建筑工程

土木建筑工程包括对矿山、铁路、公路、隧道、桥梁、堤坝、电站、码头、机场、运动场、房屋（如厂房、剧院、旅馆、商店、学校和住宅）等建筑工程的施工生产活动，也包括专门从事土木工程和建筑物修缮和爆破等活动。但不包括房屋管理部门兼营的零星房屋维修，这部分应列入房地产业。

（二）线路、管道和设备安装工程

线路、管道和设备安装工程包括专门从事电力、通信线路、石油、燃气、给水、排水、供热等管道系统和各类机械设备、装置的安装工程。施工企业从事土木工程时，在该工程内部铺设电路、管道和安装一些设备的活动，应列入土木建筑工程的施工生产活动中。

（三）装修装饰工程

装修装饰工程包括从事对建筑物内、外装修和装饰的施工和安装活动的工程，对车、船和飞机等的装饰、装潢活动也包括在内。

此外，在社会主义市场经济条件下，施工企业还广泛开展多种经营业务。一方面，施工企业对国民经济的发展起着重要的支持和促进作用；另一方面，施工企业对农业基本建设、国家宏观基础设施领域建设、城镇居民住宅建设以及在加快城市化进程中也起着极其重要的作用。

四、施工企业生产经营的特点

施工企业作为物质生产部门，主要从事房屋、建筑物的建设和设备的安装活动，并在这一过程中形成施工企业的产品，通常为不动产，具体表现为具有一定功能和美学要求的房屋建筑与构筑物。因此，施工企业的生产经营活动不同于一般的建设单位或房地产开发企业，也不同于一般的工商企

① 房屋是指直接供人们在其内部进行生产、生活或其他活动的场所，是经人工建造，由建筑材料、构配件与房屋设备（如给排水、采暖、电照、煤气、消防、通信、电梯、安全监控等）组成的整体物，如住宅、写字楼、商场、宾馆、工业厂房、仓库以及文化、教育、体育、卫生等各类用房等。

② 构筑物是指人们一般不直接在其内部进行生产、生活或进行其他活动的建筑物，如道路、桥梁、大坝、电视塔等。

业，其建筑产品也具有特殊性。

（一）建筑产品的特点

1. 建筑产品的固定性

建筑产品的固定性是指建筑产品的位置是固定的，具有不能移动和搬运的性质。任何一个建筑产品都是建造在预先选定的地点之上，建成后就与地基牢固地连接在一起，不能移动，建筑物的全部荷载都由地基来承担。无论建筑物大小，大到几十层高的大厦，小到一幢单层的住宅，都是不可移动的，也不能进行拆卸和组装。一经移动、拆卸或组装，其物理、化学性质就会发生变化，其物质状态将会发生经济、功能的全部或部分损失。

2. 建筑产品的大型性

建筑物要满足使用和安全的要求，因此，建筑物在使用期间，在各种因素作用下，既要实现所要求的功能，又应具有足够的稳定性和可靠性。所以从外观上看，建筑产品的特点是形体大，甚至有些建筑产品的形体是巨大的，以满足使用的要求和抵抗自然力的作用。例如，大型水电站工程，一座混凝土大坝高可达二三百米，长可达数百米，甚至一千米以上，混凝土量可达数百万立方米，这是一般的工业产品所无法比拟的。

3. 建筑产品的单件性

由于建筑产品的固定性和大型性的特点，建筑产品的生产难以按照同一模式简单、大量、重复地成批生产，而只能是一个一个地建造。由于每个建筑产品又都具有其特殊的个性，所以建筑产品是以单个产品来计量的，如一幢住宅楼、一栋车间厂房、一座桥梁、一个码头泊位、一座大坝等。建筑产品的单件性反映了建筑产品的特殊性，没有完全相同的建筑产品，即使它在建筑、结构及室内外装饰上完全相同，也很可能在周围环境上有所差异。因此，对于施工企业来说，几乎每一次建设任务都是一次新的开始、新的挑战。

4. 建筑产品的可分解性

建筑产品是一个完整的系统，是由若干个相互联系、相互作用、具有特定功能的子系统构成的有机整体。这个整体可以按其组成和结构特点进行分解，使之成为若干个子系统。例如，一个单项工程可分解为若干个单位工程，一个单位工程可分解为若干个分部工程，一个分部工程可分解为若干个分项工程；一幢住宅楼可以分解为基础工程、结构工程、屋面工程、装饰工程、水电暖工程等，基础工程、结构工程、屋面工程、装饰工程等还可以再分解为很小的单元。将整体建筑物进行分解是任何一个建筑产品在进行设计、施工、安装时所应遵循的原则。

5. 建筑产品寿命的耐久性

建筑产品寿命耐久性又称效用长期性，土地具有不可毁灭性，在使用上具有永续性；建筑物虽然不像土地那样具有不可毁灭性，但只要建造完成、质量合格并进行正常的使用和维修，可以在很长的时间内发挥固定资产的作用。一个建筑物或构筑物，无论是钢结构、钢筋混凝土结构，还是砖木结构，寿命少则可达十几年，多则可达数十年、上百年，甚至更长。

6. 建筑产品的美观性

建筑产品是人居环境的重要组成部分，是城市和村镇的有机构件。建筑产品的功能是根据社会生产发展和人民生活水平提高的需要而决定的。对美的向往的天性，促使人们追求把人工环境与自然环境和谐地融为一体，以一种被普遍接受的美学原则去指导建筑业产品的生产，同时还要考虑建筑性质、地理条件、民族特征、风俗习惯以及社会条件等方面的影响，从而使人们在使用这些产品时，不仅满足了生理的需要，也得到了心理的愉悦。

（二）建筑产品生产的特点

建筑产品的生产过程是一个特殊的、复杂的生产过程，其特殊性和复杂性主要表现在以下几个方面。

1. 施工生产的流动性

由于建筑产品本身具有不能移动的特点，这就造成了施工生产的流动性。所谓流动性是指建筑物在施工过程中，所有的生产要素，包括劳动力、建筑机械、建筑材料和预制构件等，都将随着建筑产品生产的进展而流动，在所形成的建筑产品的平面上和立面上流动，或在建筑工地的范围内，从一个正在建造的建筑物流向另一个正在建造的建筑物。不同工种的劳动力、不同类型的施工机械和机具、大量的各种建筑材料和构件，在一个建筑产品的范围内，形成在时间上和空间上的频繁交叉运动。为使这种运动有序、连续、协调、高效地进行，对施工生产必须进行科学的组织和管理。

2. 施工生产的一次性

所谓施工生产的一次性是指组织建筑产品施工生产的管理行为是一次性的。建筑产品的单件性，导致了建筑产品本身随着不同需求者在使用上的不同要求，其组成、功能、结构、尺寸、形体、风格以及所采用的材料都会有所不同。而且，由于受建造地点、承建者、采用的施工方法和手段、生产环境等因素的影响，在建筑产品施工生产过程中也不可能采用统一的管理模式。此外，建筑等级、建筑标准和施工技术水平的不同，也会导致工程建设的差异。因此，施工生产必须针对每一个建筑物的具体特点进行管理。

3. 施工生产的阶段性

建筑产品生产的阶段性是指建筑产品的施工生产是按一定的程序和逻辑关系分阶段进行的，它是建筑产品施工生产必须遵循的客观规律。从建筑产品生产的全过程来看，一个建筑物，特别是大中型工程项目，首先应进行可行性研究，经论证技术上可行和经济上合理后，才能决策兴建，然后进行选址和初步设计；初步设计批准后进行施工图设计；在施工图设计的基础上组织施工和安装，建成后必须经过竣工验收，才能投产使用。这一过程是分阶段按顺序进行的，一个阶段完成后，才能进行下一个阶段。

另外，从一个建筑产品本身来说，由于建筑产品的可分解性，分解成的子系统就形成了各个施工阶段，这些阶段按施工工艺要求具有严格的先后顺序。例如，房屋建筑工程必须遵循先地下后地上，先基础后结构，先主体后围护，先土建后安装的顺序；一个分部工程完成施工生产，经验收合格后才能进入下一个分部工程的施工，各阶段之间紧密衔接，协调有序。

4. 施工生产的波动性

建筑产品的生产一般都是在露天进行，暴露在自然环境中，受气象、水文、地质等自然因素的作用和约束，同时还受社会、技术、经济等因素的影响和干扰，而一些影响因素的出现和对施工生产的影响程度又具有不确定性，因而建筑产品生产的进度、质量和成本按计划实施就具有一定的波动性，往往容易产生偏差。因此，对建筑产品在施工生产过程中要进行动态控制，力争把自然气候条件对施工生产的影响或造成的损失减少到最低限度，以达到企业预定的生产目标。

5. 施工生产的长期性

由于建筑产品形体庞大、技术复杂，影响施工生产的因素很多，受自然因素的制约也比较突出，特别是大中型工程项目，往往要花费几千万元、上亿元甚至百亿元以上的投资，工程量巨大，因而客观上决定了施工生产的周期相对较长，一般都要跨年度施工，一个大中型工程项目往往需要几年、十几年甚至更长的时间才能建成。工期越长，在建造过程中，发生不确定性因素的机会就越多，因此，会给施工管理工作带来困难。

另外，由于建筑产品和施工生产的特殊性，与施工企业发生经济往来关系的对象很多，包括建设单位、勘察设计部门、材料供应单位、施工机具租赁公司、工程监理和工程质量监督部门等。

五、施工企业会计的性质

目前我国完整的会计准则体系由 1 项“基本会计准则”、41 项“具体会计准则”（2006 年发布 38 项，2014 年新增 3 项，同时修改了基本准则和 5 项具体准则）和 35 个“企业会计准则应用指南”（2006 年发布 32 个，2014 年新增 3 个，同时修改了 4 个原指南）及一个附录“会计科目和主要账务处理”组成。对于施工企业来说，该会计体系意义非常重大。因为我国有一些施工企业是上市公司，其会计核算以及财务报表的编制都要按照新会计准则的要求来进行。而非上市公司的施工企业实施新准则，对其会计核算提出了更高的要求。我国新会计准则已与国际会计准则达到实质的趋同，走向融合。这有利于我国企业实施“走出去”的战略。2016 年 5 月 1 日起，我国全面推开“营改增”试点，税法上全部以增值税替代营业税，这无疑对施工企业会计核算带来巨大的挑战。

施工企业会计是按照《企业会计准则》的核算要求，以基本准则为核心，以具体会计准则为依据，结合施工企业生产经营的特点，以施工企业作为会计主体的一门专业会计，它以货币为主要计量单位，运用专门的方法对施工企业的经济活动进行全面、连续的核算和监督，对企业的资金运动进行反映和控制，并获取系统的会计信息，是以取得最大的经济效益和管理效益为目的的一种管理活动。我国社会主义市场经济属于商品经济的范畴，一切商品的价值都要通过货币来表现，这是经济规律，也是市场规律。在社会主义市场经济体制下，施工企业会计对于反映和监督施工企业各项经济活动业务情况；对于加强经济核算，提高经济效益；对于完善企业财产物资管理，保护企业财产的安全完整、保值增值；对于企业进行经济预测和决策均具有重要意义。

施工企业的基本职能是为社会提供建筑产品和安装产品，完成工程建设任务。施工企业的基本经济活动是施工活动。与其他行业会计相比，施工企业会计主要有以下特点。

（1）分级核算。由于施工企业生产具有流动性大、施工生产分散、地点不固定等特点，为了使会计核算与施工生产有机地结合起来，直接反映施工生产的经济效果，需要采用分级核算、分级管理的办法，以避免集中核算造成会计核算与施工生产相脱节的现象。

（2）分别计算每项工程的成本。由于施工企业产品的多样性和施工生产的单件性特点，不能根据一定时期内所发生的全部施工生产费用和完成的工程数量来计算各项工程的单位成本，而必须按照承包的每项工程分别归集施工生产费用，单独计算每项工程的成本。因此，施工企业工程成本的分析、控制和考核应以工程预算成本为依据，并使实际成本与预算成本的计算口径相一致，以便于分析考核。

（3）工程成本核算与工程价款结算的分段性。由于建筑安装工程的施工周期比较长，如果等到工程全部完工后才进行成本核算与价款结算，施工企业就要垫支大量资金，给施工企业的资金周转带来困难，而且不利于正确反映施工企业的各项经营成果，因此，施工企业应按照建造合同的有关规定，与建设单位、房地产开发企业等分阶段进行工程价款的核算和结算。

六、施工企业会计的对象

会计的对象是指会计作为一项管理活动，它所要核算和监督的内容。在商品经济条件下，会计的具体对象是社会再生产过程中的资金及其运动。

施工企业为了进行施工生产以及设备安装活动，必须拥有一定数量的房屋、设备、材料等财产物资，各种财产物资的货币表现，称为经营资金。企业利用这些财产物资从事供应、施工生产和工程结算（销售）3 个主要经营过程的经济活动。随着施工生产经营活动的持续进行，便形成了施工企业的资金运动。资金运动是会计对象的重要组成内容，从其动态表现看可以归纳为资金进入企业的运动、资金在企业内部的循环与周转运动、权益转化运动。从其静态表现看，则为资产与负债及所有者权益的相对平衡。

总之，施工企业会计的对象是指社会再生产过程中的资金及其运动。了解和掌握施工企业资金及其运动的特点和规律，是合理组织会计核算、正确选择和确定施工企业会计核算方法和程序的前提和基础。

第二节 会计基本假设和会计基础

一、会计基本假设

会计作为一项经济管理工具，所面对的是变幻不定而且复杂的社会经济环境。因此会计人员在核算过程中，就不得不建立会计核算的基本前提，即一定的合理会计基本假设。

会计基本假设是企业会计确认、计量和报告的前提，是对会计核算所处时间、空间环境等所做的合理设定。会计基本假设包括会计主体、持续经营、会计分期和货币计量。

（一）会计主体

会计主体，是指企业会计确认、计量和报告的空间范围。会计主体不同于法律主体。通常，法律主体必然是一个会计主体。例如，一个企业作为一个法律主体，应当建立财务会计系统，独立反映其财务状况、经营成果和现金流量。但是，会计主体不一定是法律主体。例如，在企业集团的情况下，一个母公司拥有若干子公司，母子公司虽然是不同的法律主体但是母公司对于子公司拥有控制权，为了全面反映企业集团的财务状况、经营成果和现金流量，需要将企业集团作为一个会计主体，编制合并财务报表。再如，一个企业的业务可以与其他部门相区别的分厂、分公司，同样可以成为会计主体，应当对其进行会计确认、计量和报告。

（二）持续经营

持续经营，是指在没有相反证据的情况下，会计主体在可以预见的将来，将会按当前的规模和状态继续经营下去，不会停业，也不会大规模削减业务。在持续经营前提下，会计确认、计量和报告应当以企业持续、正常的生产经营活动为前提。在绝大多数情况下，持续经营假设是适用的，只有在清算的情况下才放弃这一假设，将企业的全部资产和负债按现行价值进行核算。

企业持续经营，企业的固定资产会在持续经营的生产经营过程中长期发挥作用，并服务于生产经营过程，固定资产就可以根据历史成本进行记录，并采用折旧的方法，将历史成本分摊到各个会计期间或相关产品的成本中。如果企业不会持续经营，固定资产就无法采用历史成本进行记录并按期计提折旧。如某企业购入一套机械设备，预计使用寿命为12年，考虑到企业将会持续经营下去，因此可以假定企业的固定资产会在持续经营的生产经营过程中长期发挥作用，并服务于生产经营过程，即不断地为企业生产产品，直至生产线使用寿命结束。

（三）会计分期

会计分期，也称会计期间，是指人为地将一个企业持续经营的生产经营活动划分为一个个连续的、长短相同的期间。会计分期的目的，在于通过会计期间的划分，将持续经营的生产经营活动划分成连续、相等的期间，据以结算盈亏，从而及时提供有关企业财务状况和经营成果。会计期间通常分为年度和中期。中期，是指短于一个完整的会计年度的报告期间。

根据持续经营假设，一个企业将按当前的规模和状态持续经营下去。由于会计分期，才产生了当期与以前期间、以后期间的差别，才使不同类型的会计主体有了记账的基准，进而出现了折旧、摊销等会计处理。例如，划分会计期间后，就产生了某些成本，要在不同的会计期间进行摊销，分别列为当期费用和下期费用的问题。

（四）货币计量

货币计量，是指会计主体在会计核算过程中以货币计量单位，记录、反映会计主体的生产经营情况。

在会计的确认、计量和报告过程中之所以选择货币为基础进行计量，是由货币本身的属性决定的。货币是商品的一般等价物，是衡量一般商品价值的共同尺度，具有价值尺度、流通手段、贮藏手段和支付手段等特点。其他计量单位，如重量、长度、容积、台、件等，只能从一个侧面反映企业的生产经营情况，无法在量上进行汇总和比较，不便于会计计量和经营管理，只有选择货币尺度进行计量才能充分反映企业的生产经营情况，所以，基本准则规定，会计确认、计量和核算选择货币作为计量单位，应以人民币为记账本位币。

二、会计基础

会计基础有两种，即权责发生制和收付实现制。

（一）权责发生制

权责发生制基础要求，凡是当期已经实现的收入和已经发生或应当负担的费用，无论款项是否收付，都应当作为当期的收入和费用，计入利润表；凡是不属于当期的收入和费用，即使款项已在当期收付，也不应当作为当期的收入和费用。

企业应当以权责发生制为基础进行会计的确认、计量和报告。在实务中，企业交易或者事项的发生时间与相关货币收支时间有时并不完全一致。例如，款项已经收到，但销售并未实现；或者款项已经支付，但并不是为本期生产经营活动而发生的。为了更加真实地反映特定会计期间的财务状况和经营成果，基本准则明确规定，企业在会计确认、计量和报告中应当以权责发生制为基础。

（二）收付实现制

收付实现制是与权责发生制相对应的一种会计基础，它是以收到或支付的现金作为确认收入和费用等的依据。目前，我国的行政单位会计采用收付实现制，事业单位会计除经营业务可以采用权责发生制外，其他大部分业务采用收付实现制。

第三节 会计信息质量要求

会计信息质量要求是对企业财务报告中所提供会计信息质量的基本要求，是使财务报告中所提供的会计信息对投资者等使用者决策有用而应具备的基本特征，它主要包括可靠性、相关性、可理解性、可比性、实质重于形式、重要性、谨慎性和及时性等。

一、可靠性

可靠性要求企业应当以实际发生的交易或者事项为依据进行确认、计量和报告，如实反映符合确认和计量要求的各项会计要素及其他相关信息，保证会计信息真实可靠、内容完整。

会计信息要有用，必须以可靠为基础，如果财务报告所提供的会计信息是不可靠的，就会给投资者等使用者的决策产生误导甚至损失。

二、相关性

相关性要求企业提供的会计信息应当与投资者等财务报告使用者的经济决策需要相关，有助于投资者等财务报告使用者对企业过去、现在或者未来的情况做出评价或者预测。

会计信息是否有用，是否具有价值，关键是看其与使用者的决策需要是否相关，是否有助于决策或者提高决策水平。相关的会计信息应当能够有助于使用者评价企业过去的决策，证实或者修正过去的有关预测，因而具有反馈价值。相关的会计信息还应当具有预测价值，有助于使用者根据财务报告所提供的会计信息预测企业未来的财务状况、经营成果和现金流量。例如，区分收入和利得、费用和损失，区分流动资产和非流动资产，以及适度引入公允价值等，都可以提高会计信息的预测价值，进而提升会计信息的相关性。

会计信息质量的相关性要求，需要企业在确认、计量和报告会计信息的过程中，充分考虑使用者的决策模式和信息需要。但是，相关性是以可靠性为基础的，两者之间并不矛盾，不应将两者对立起来。也就是说，会计信息在可靠性前提下，尽可能地做到相关性，以满足投资者等财务报告使用者的决策需要。

三、可理解性

可理解性要求企业提供的会计信息应当清晰明了，便于财务报告使用者理解和使用。

企业编制财务报告、提供会计信息的目的在于使用，而要使使用者有效使用会计信息，应当能让其了解会计信息的内涵，弄懂会计信息的内容，这就要求财务报告所提供的会计信息应当清晰明了，易于理解。只有这样，才能提高会计信息的有用性，实现财务报告的目标，满足向投资者等财务报告使用者提供决策有用信息的要求。

四、可比性

可比性要求企业提供的会计信息应当相互可比。这主要包括以下两层含义。

（一）同一企业不同时期可比

为了便于投资者等财务报告使用者了解企业财务状况、经营成果和现金流量的变化趋势，比较企业在不同时期的财务报告信息，全面、客观地评价过去、预测未来，从而做出决策，会计信息质量的可比性要求同一企业不同时期发生的相同或者相似的交易或者事项，应当采用一致的会计政策，不得随意变更。但是，满足会计信息可比性要求，并非表明企业不得变更会计政策，如果按照规定或者在会计政策变更后可以提供更可靠、更相关的会计信息，可以变更会计政策。有关会计政策变更的情况，应当在附注中予以说明。

（二）不同企业相同会计期间可比

为了便于投资者等财务报告使用者评价不同企业的财务状况、经营成果和现金流量及其变动情况，会计信息质量的可比性要求不同企业同一会计期间发生的相同或者相似的交易或者事项，应当采用统一规定的会计政策，确保会计信息口径一致、相互可比，以使不同企业按照一致的确认、计量和报告要求提供有关会计信息。

五、实质重于形式

实质重于形式要求企业应当按照交易或者事项的经济实质进行会计确认、计量和以交易或者事项的法律形式为依据。

企业发生的交易或事项在多数情况下，其经济实质和法律形式是一致的。但在有些情况下，会出现不一致。例如，以融资租赁方式租入的资产虽然从法律形式来讲企业并不拥有其所有权，但是由于租赁合同中规定的租赁期相当长，接近于该资产的使用寿命；租赁期结束时承租企业有优先购买该资产的选择权；在租赁期内承租企业有权支配资产并从中受益等。因此，从其经济实质来看，企业能够控制融资租入资产所创造的未来经济利益，在会计确认、计量和报告上就应当将以融资租赁方式租入的资产视为企业的资产，列入企业的资产负债表。

六、重要性

重要性要求企业提供的会计信息应当反映与企业财务状况、经营成果和现金流量有关的所有重要交易或者事项。在实务中，如果会计信息的省略或者错报会影响投资者等财务报告使用者据此做出决策，则该信息就具有重要性。重要性的应用需要依赖职业判断，企业应当根据其所处环境和实际情况，从项目的性质和金额大小两方面加以判断。

七、谨慎性

谨慎性要求企业对交易或者事项进行会计确认、计量和报告应当保持应有的谨慎，不应高估资产或者收益、低估负债或者费用。

在市场经济环境下，企业的生产经营活动面临着许多风险和不确定性，如应收款项的可收回性、固定资产的使用寿命、无形资产的使用寿命等。会计信息质量的谨慎性要求企业在面临不确定性因素的情况下做出职业判断时，应当保持应有的谨慎，充分估计到各种风险和损失，既不高估资产或者收益，也不低估负债或者费用。例如，要求企业对可能发生的资产减值损失计提资产减值准备等，就体现了会计信息质量的谨慎性要求。

谨慎性的应用也不允许企业设置秘密准备，如果企业故意低估资产或者收益，或者故意高估负债或者费用，将不符合会计信息的可靠性和相关性要求，损害会计信息质量，扭曲企业实际的财务状况和经营成果，从而对使用者的决策产生误导，这是不符合会计准则要求的。

八、及时性

及时性要求企业对于已经发生的交易或者事项，应当及时进行确认、计量和报告，不得提前或者延后。

会计信息的价值在于帮助所有者或者其他利益相关者做出经济决策，具有时效性。即使是可靠、相关的会计信息，如果不及时提供，就失去了时效性，对于使用者的效用就大大降低甚至不再具有实际意义。在会计确认、计量和报告过程中贯彻及时性，一是要求及时收集会计信息，即在经济交易或者事项发生后，及时收集整理各种原始单据或者凭证；二是要求及时处理会计信息，即按照会计准则的规定，及时对经济交易或者事项进行确认或者计量，并编制财务报告；三是要求及时传递会计信息，即按照国家规定的有关时限，及时地将编制的财务报告传递给财务报告使用者，便于其及时使用和决策。

第四节 会计要素及其确认与计量原则

是指会计核算的具体内容，是对会计对象的基本分类，是会计用于反映其主体财务状况，确定其经营成果的基本单位。按照我国《企业会计准则》的规定，会计要素分为资产、负债、所有者权益、收入、费用和利润 6 项内容。

一、资产、负债和所有者权益

资产、负债和所有者权益是反映企业财务状况的会计要素，是静态会计要素，列示在资产负债表中。

（一）资产的定义及确认条件

1. 资产的定义

根据《企业会计准则——基本准则》的规定，资产是指企业过去的交易或者事项形成的、由企业拥有或者控制的、预期会给企业带来经济利益的资源。

2. 资产的分类

资产按照流动性可分为流动资产和非流动资产。流动资产是指可以在 1 年或者超过 1 年的一个营业周期内变现或者耗用的资产，主要包括货币资金、交易性金融资产、应收及预付款项和存货等。非流动资产是指企业在超过 1 年或一个营业周期以上变现或者耗用的资产，也称为长期资产，主要包括投资性房地产、固定资产、无形资产、长期股权投资、持有至到期投资等。

3. 资产的确认条件

根据《企业会计准则——基本准则》的规定，将一项资源确认为资产，需要符合资产的定义，还应同时满足以下两个条件。

（1）与该资源有关的经济利益很可能流入企业。

（2）该资源的成本或者价值能够可靠地计量。

【例题1.4.1】施工企业与A公司签订合同，为其建造一项跨年度工程。至资产负债表日，完成合同收入为40 000 000元，所有与该项工程相关的风险和报酬均已经转移给A公司，A公司开出一张商业承兑汇票，承诺6个月后付款。施工企业应当在资产负债表日，将该应收票据确认为企业的一项资产。

资产不等于财产，凡是由过去的交易、事项所形成的，有助于企业目前和未来的施工生产经营活动，预期能给企业带来经济效益，企业拥有使用权或控制权，并且能够以货币进行合理计量的经济资源，都应当作为施工企业的资产予以确认。在后面的各章节中，凡是涉及资产确认条件的内容，都应当以上述两个条件为标准。

（二）负债的定义及确认条件

1. 负债的定义

负债是指企业过去的交易或者事项形成的，预期会导致经济利益流出企业的现时义务。

负债必须是企业承担的现时义务，这是负债的一个基本特征。预期会导致经济利益流出企业也是负债的一个本质特征，只有企业在履行义务时会导致经济利益流出企业的，才符合负债的定义，如果不会导致企业经济利益流出，就不符合负债的定义。只有过去的交易或者事项才形成负债，企业将在未来发生的承诺、签订的合同等交易或者事项，不属于负债。

2. 负债的分类

负债按照流动性可分为流动负债和非流动负债。流动负债是指将在 1 年（含 1 年）或者超过 1 年的一个营业周期内偿还的债务，包括短期借款、应付票据、应付账款、预收账款、应付职工薪酬、应交税费、应付股利、其他应付款和 1 年内到期的长期借款等。非流动负债是指偿还期在 1 年或者超过 1 年的一个营业周期以上的债务，包括长期借款、应付债券、长期应付款项等。

3. 负债的确认条件

将一项现时义务确认为负债，既需要符合负债的定义，还需要同时满足以下两个条件。

（1）与该义务有关的经济利益很可能流出企业。

（2）未来流出的经济利益的金额能够可靠地计量。

【例题1.4.2】施工企业为扩展业务，向银行贷款30 000 000元，贷款期为1年。根据贷款协议，该款项已经按照约定用途进行使用，1年后企业将向银行归还这笔贷款的本利和。该业务属于企业过去已经发生的交易事项，而且未来流出的经济利益的金额能够可靠地计量。因此，需要确认为企业的负债。

凡是由企业过去的经济活动形成的，能够用货币确切计量或合理预计的需要企业将来以现金、其他资产或劳务偿付的债务，都应当作为企业的负债予以确认。

（三）所有者权益的定义及确认条件

1. 所有者权益的定义

所有者权益是指企业资产扣除负债后，由所有者享有的剩余权益。公司的所有者权益又称为股东权益。所有者权益是所有者对企业资产的剩余索取权，它是企业资产中扣除债权人权益后应由所有者享有的部分，既可反映所有者投入资本的保值增值情况，又体现了保护债权人权益的理念。

2. 所有者权益的来源构成

所有者权益的来源包括所有者投入的资本、直接计入所有者权益的利得和损失、留存收益等，通常由股本（或实收资本）、资本公积（含股本溢价或资本溢价、其他资本公积）、盈余公积和未分配利润构成。

3. 所有者权益的确认条件

所有者权益的确认和计量，主要取决于资产、负债、收入、费用等其他会计要素的确认和计量。所有者权益即为企业的净资产，是企业资产总额中扣除债权人权益后的净额，反映所有者或股东财富的净增加额。通常企业收入增加时，会导致资产的增加，相应地会增加所有者权益；企业发生费用时，会导致负债的增加，相应地会减少所有者权益。因此，企业日常经营的好坏和资产负债的质量直接决定着企业所有者权益的增减变化和资本的保值增值。

二、收入、费用和利润

收入、费用和利润是反映企业经营成果的会计要素，是动态会计要素，列示在利润表中。

（一）收入的定义、特征及确认条件

1. 收入的定义和特征

收入是指企业在日常活动中形成的、会导致所有者权益增加的、与所有者投入资本无关的经济利益的总流入，如销售商品、提供劳务、让渡资产使用权等。收入不包括为第三方或者客户代收的款项。

例如，施工企业建造并移交工程属于企业的日常活动。明确界定日常活动是为了将收入与利得相区分，因为企业非日常活动所形成的经济利益的流入不能确认为收入，而应当计入利得。

2. 收入的确认条件

收入的确认至少应当符合以下条件。一是与收入相关的经济利益很可能流入企业；二是相关的已发生或将发生的成本能够可靠地计量；三是经济利益的流入额能够可靠地计量。收入的确认是施工企业财务成果的最初形式，也是企业获得利润、实现盈利的前提条件。

（二）费用的定义、特征及确认条件

1. 费用的定义及特征

费用是指企业在日常活动中发生的、会导致所有者权益减少的、与向所有者分配利润无关的经

济利益的总流出。费用按照经济用途分类，也就是按照费用是否构成产品实体分类，可以分为生产成本和期间费用两大类。费用必须是企业在其日常活动中所形成的，这些日常活动的界定与收入定义中涉及的日常活动的界定相一致。因日常活动所产生的费用通常包括销售成本（营业成本）、职工薪酬、折旧费、无形资产摊销费等，将费用界定为日常活动所形成的，目的是为了将其与损失相区分，企业非日常活动所形成的经济利益的流出不能确认为费用，而应当计入损失。

2. 费用的确认条件

费用的确认至少应当符合以下几个条件。一是与费用相关的经济利益应当很可能流出企业；二是经济利益流出企业的结果会导致资产的减少或者负债的增加；三是经济利益的流出额能够可靠计量。

费用是经营成果的扣除要素，当企业在一定时期内的收入大于费用时，就意味着新资产的价值大于原来资产的价值，这样就为企业盈利奠定了基础；否则就会为企业发生亏损增大概率。

（三）利润的定义、来源构成及确认条件

1. 利润的定义

利润是指企业在一定会计期间的经营成果，包括营业利润、利润总额和净利润，是反映企业最终财务成果的要素。利润往往是评价企业管理层业绩的一项重要指标，也是投资者等财务报告使用者进行决策时的重要参考。

2. 利润的来源构成

利润包括收入减去费用后的净额、直接计入当期利润的利得和损失等。其中，收入减去费用后的净额反映的是企业日常活动的业绩，直接计入当期利润的利得和损失反映的是企业非日常活动的业绩。企业应当严格区分收入和利得、费用和损失，以更加全面地反映企业的经营成果。

3. 利润的确认条件

利润反映的是收入减去费用、利得减去损失后的净额。因此，利润的确认主要依赖于收入、费用、利得和损失的确认，其金额的确定也主要取决于收入、费用、利得和损失金额的计量。

企业会计要素的内容，如图 1-1 所示。

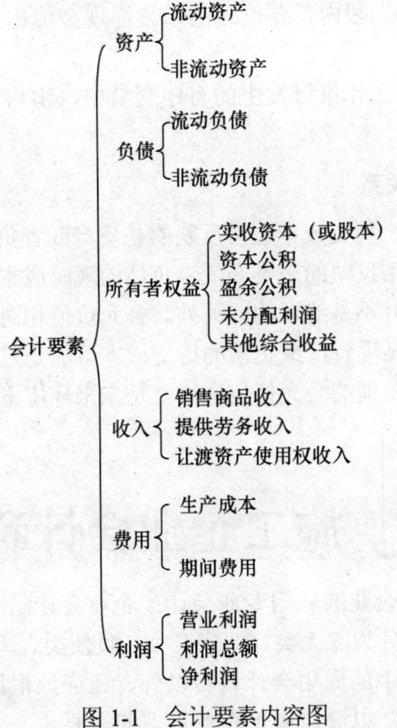

图 1-1　会计要素内容图

三、会计要素计量属性

（一）会计要素计量属性概述

会计要素计量是为了将符合确认条件的会计要素登记入账并列报于财务报表而确定其金额的过程。企业应当按照规定的会计计量属性进行计量，确定相关金额。计量属性是指予以计量的某一要素的特性方面，如铁矿的重量、楼房的高度等。从会计角度，计量属性反映的是会计要素金额的确定基础，主要包括历史成本、重置成本、可变现净值、现值和公允价值。

1. 历史成本

历史成本，又称为实际成本，就是取得或制造某项财产物资时所实际支付的现金或者其他等价物。在历史成本计量下，资产按照其购置时支付的现金或者现金等价物的金额，或者按照购置资产时所付出的对价的公允价值计量。负债按照其因承担现时义务而实际收到的款项或者资产的金额，或者承担现时义务的合同金额，或者按照日常活动中为偿还负债预期需要支付的现金或者现金等价物的金额计量。

2. 重置成本

重置成本又称现行成本，是指按照当前市场条件，重新取得同样一项资产所需支付的现金或现金等价物的金额。在重置成本计量下，资产按照现在购买相同或者相似资产所需支付的现金或者现金等价物的金额计量。负债按照现在偿付该项债务所需支付的现金或者现金等价物的金额计量。

3. 可变现净值

可变现净值，是指在正常生产经营过程中以预计售价减去进一步加工成本和销售所必需的预计税金、费用后的净值。在可变现净值计量下，资产按照其正常对外销售所能收到现金或者现金等价物的金额扣减该资产至完工时估计将要发生的成本、估计的销售费用以及相关税金后的金额计量。

4. 现值

现值是指对未来现金流量以恰当的折现率进行折现后的价值，是考虑货币时间价值因素等的一种计量属性。在现值计量下，资产按照预计从其持续使用和最终处置中所产生的未来净现金流入量的折现金额计量。负债按照预计期限内需要偿还的未来净现金流出量的折现金额计量。

5. 公允价值

公允价值，是指市场参与者在计量日发生的有序交易中，出售一项资产所能收到或者转移一项负债所需支付的价格。

（二）各种计量属性之间的关系

在各种会计要素计量属性中，历史成本通常反映的是资产或者负债过去的价值，而重置成本、可变现净值、现值以及公允价值通常反映的是资产或者负债的现时成本或者现时价值，是与历史成本相对应的计量属性。当然这种关系并不是绝对的。另外，公允价值相对于历史成本而言，具有很强的时间概念，也就是说，当前环境下某项资产或负债的历史成本可能是过去环境下该项资产或负债的公允价值，而当前环境下某项资产或负债的公允价值也许就是未来环境下该项资产或负债的历史成本。

第五节 施工企业会计科目的设置

施工企业会计是适用于施工企业的一门专业会计。企业会计制度根据企业资金构成的内在联系和资金运动的特点，把会计科目分为5大类，即资产类、负债类、所有者权益类、成本类和损益类。施工企业除了设置企业会计制度中的通用会计科目以外，还应该根据施工企业施工生产经营活动的特点，设置一些专用的会计科目，以满足施工企业管理的需要。

一、会计科目的设置原则

企业会计制度对会计科目的设置原则包括以下几个方面。

（1）会计科目必须统一编号。企业不能随意打乱会计科目统一编号，以便于编制会计凭证、登记账簿、查阅账目、实行会计电算化。某些会计科目之间留有空号，供增设会计科目之用。

（2）施工企业应按会计制度的规定，设置和使用会计科目。在不影响会计核算要求和会计报表指标汇总以及对外提供统一的财务会计报告的前提下，可以根据实际情况自行增设、减少或合并某些会计科目。明细科目的设置，除企业会计制度已有规定者外，在不违反统一会计核算要求的前提下，施工企业可以根据需要自行确定。

（3）依据原则，灵活设置。对于会计科目名称，施工企业可以根据本企业的具体情况，在不违背会计科目使用原则的基础上，确定适合于本企业的会计科目名称。

二、施工企业会计科目的设置

施工企业专用的会计科目以及会计制度中的特殊规定，主要有以下几个方面。

（1）存货类会计科目。根据企业施工生产经营的特点，可以设置“1411 周转材料”科目。

（2）企业内部各部门、各单位周转使用的备用金，可单独设置“1021 结算备付金”科目。

（3）有所属内部独立核算单位的企业，可以增设“3105 拨付所属资金”科目；附属单位可以相应增设“1441 上级拨入资金”科目。

（4）为了核算施工企业实际发生的工程施工合同成本和合同毛利，施工企业应设置“5401 工程施工”科目。

（5）为了核算施工企业为保证施工和管理的正常进行而购建的各种临时设施的实际成本；各种临时设施的累计摊销额；企业因出售、拆除、报废和毁损等原因转入清理的临时设施价值及其在清理过程中所发生的清理费用和清理收入等。施工企业应设置“1506 临时设施”科目、“1507 临时设施摊销”科目和“1508 临时设施清理”科目。

（6）为了核算施工企业根据工程施工合同的完工进度向业主开出工程价款结算单办理结算的价款，施工企业应设置“5402 工程结算”科目。

（7）为了核算施工企业及其内部独立核算的施工单位、机械站和运输队使用自有施工机械和运输设备进行机械作业（包括机械化施工和运输作业等）所发生的各项费用，施工企业应设置“5403 机械作业”科目。

根据企业会计制度和对会计核算的一般要求，结合施工企业施工生产经营活动所涉及的一般会计核算内容，设置统一的会计科目，主要解决和满足施工企业一般会计核算的需要。至于企业内部二级核算或三级核算所需的会计科目以及特殊业务所需会计科目由企业自行补充。另外，对于某些属于阶段性或过渡性财税政策引起的经济业务，其核算所用会计科目应采取特殊处理办法，即补充规定的办法，而不将其作为相对固定统一的会计科目。

施工企业应设置的会计科目及其编号如表 1-1 所示。

表 1-1　施工企业会计科目表

顺序号	编号	会计科目名称	顺序号	编号	会计科目名称
		一、资产类	3	1015	其他货币资金
1	1001	库存现金	4	1101	交易性金融资产
2	1002	银行存款	5	1121	应收票据

续表

顺序号	编号	会计科目名称	顺序号	编号	会计科目名称
6	1122	应收账款	45	2201	应付票据
7	1123	预付账款	46	2202	应付账款
8	1131	应收股利	47	2205	预收账款
9	1132	应收利息	48	2211	应付职工薪酬
10	1231	其他应收款	49	2221	应交税费
11	1241	坏账准备	50	2231	应付股利
12	1401	材料采购	51	2232	应付利息
13	1402	在途物资	52	2241	其他应付款
14	1403	原材料	53	2411	预计负债
15	1404	材料成本差异	54	2601	长期借款
16	1406	库存商品	55	2602	长期债券
17	1411	周转材料	56	2801	长期应付款
18	1461	存货跌价准备	57	2802	未确认融资费用
19	1506	临时设施	58	2811	专项应付款
20	1507	临时设施摊销	59	2901	递延所得税负债
21	1508	临时设施清理			三、所有者权益类
22	1521	持有至到期投资	60	4001	实收资本
23	1522	持有至到期投资减值准备	61	4002	资本公积
24	1523	可供出售金融资产	62	4003	其他综合收益
25	1524	长期股权投资	63	4101	盈余公积
26	1525	长期股权投资减值准备	64	4103	本年利润
27	1526	投资性房地产	65	4104	利润分配
28	1531	长期应收款	66	4201	库存股
29	1541	未实现融资收益	67	4401	其他权益工具
30	1601	固定资产			四、成本类
31	1602	累计折旧	68	5001	生产成本
32	1603	固定资产减值准备	69	5101	制造费用
33	1604	在建工程	70	5201	劳务成本
34	1605	工程物资	71	5301	研发支出
35	1606	固定资产清理	72	5401	工程施工
36	1701	无形资产	73	5402	工程结算
37	1702	累计摊销	74	5403	机械作业
38	1703	无形资产减值准备			五、损益类
39	1711	商誉	75	6001	主营业务收入
40	1801	长期待摊费用	76	6051	其他业务收入
41	1811	递延所得税资产	77	6101	公允价值变动损益
42	1901	待处理财产损溢	78	6111	投资收益
		二、负债类	79	6301	营业外收入
43	2001	短期借款	80	6401	主营业务成本
44	2101	交易性金融负债	81	6402	其他业务成本

续表

顺序号	编号	会计科目名称	顺序号	编号	会计科目名称
82	6405	营业税金及附加	86	6711	营业外支出
83	6602	管理费用	87	6801	所得税费用
84	6603	财务费用	88	6901	以前年度损益调整
85	6701	资产减值损失			

【知识扩展】《中华人民共和国建筑法》(2011年)。欲了解更多知识，请扫描二维码。

思考与练习

1. 简述建筑业的含义及其构成界定。
2. 简述施工企业生产经营的特点。
3. 简述施工企业会计核算的基本前提。
4. 简述会计信息的质量要求。
5. 如何理解施工企业资产确认的条件？
6. 简述资产、负债、所有者权益、收入、费用、利润的含义。
7. 什么是会计计量？会计计量属性有哪些？
8. 举例说明什么是会计主体。

第二章 货币资金

【学习目标】

理论目标：掌握施工企业现金管理制度以及现金使用范围，掌握现金清查的方法；熟悉银行存款账户的开立及使用，熟悉银行结算方式的种类及其主要区别，熟悉未达账项的种类；了解施工企业现金的内部控制制度。

技术目标：掌握库存现金、银行存款和其他货币资金核算的内容；熟悉银行余额调节表的编制方法。

能力目标：掌握库存现金、银行存款的具体会计处理，熟悉其他货币资金的会计处理。

引例

华电重工货币资金案例

华电重工股份有限公司（简称“华电重工”）成立于2008年12月，注册资本金77 000万元，是中国华电工程（集团）有限公司的核心业务板块及资本运作平台、中国华电集团公司工程技术产业板块的重要组成部分，并于2014年12月11日在上海证券交易所成功上市（股票简称：华电重工，股票代码：601226）。华电重工以工程系统设计与总承包为主营业务，将EPC总承包、装备制造和投资运营协同发展相结合，致力于为客户在物料输送工程、热能工程、工业噪声治理工程、煤炭清洁高效利用工程和海上风电工程等方面提供工程系统整体解决方案。公司业务涵盖国内外电力、煤炭、石化、矿山、冶金、港口、水利、建材、城建等领域。华电重工以“创造绿色生产、促进生态文明”为己任，坚持科技引领、资源协同、健康持续的发展道路，不断强化核心能力建设，着力成为具有国际竞争力的工程系统方案提供商。

随着企业经营发展，公司各项资产规模稳中有升。但是，华电重工2015年年报显示，公司货币资金项目由年初的194 093.64万元下降到79 491.10万元，下降幅度为59.04%，其中库存现金为17.10万元，较年初增长了22.41%；银行存款为77 757.61万元，较年初下降了57.47%；其他货币资金为1 716.39万元，较年初下降了84.72%。2015年股东大会审议通过的2014年利润分配方案如下：以公司年末总股本77 000万股为基数，向全体股东每10股派发现金红利1.5元（含税），合计人民币11 550万元，约占母公司可分配利润的36.42%。同时，以总股本77 000万股为基数，向全体股东每10股转增5股。该项政策导致2015年货币资金减少11 550万元。

根据公司年报，截至2015年12月31日，华电重工存于华电集团财务公司的款项共计36 753.96万元，本期取得利息共计81.05万元。另外，截至2015年12月31日，华电重工的银行承兑汇票保证金为630.12万元，履约保证金为1 024.51万元，无信用证保证金。

施工企业的货币资金由哪几部分构成？各组成部分的核算方法是怎样的？施工企业生产经营过程中，有哪些活动会涉及货币资金？货币资金在管理与核算的过程中应遵循哪些相关规定？本章将对以上内容进行详细讲解及拓展。

资料来源：根据华电重工股份有限公司2015年年度报告整理

货币资金是指在施工企业生产经营过程中处于货币形态的那部分资金，按其形态和用途不同可分为库存现金、银行存款和其他货币资金。它是企业中最活跃的资金，流动性强，是企业的重要支付手段和流通手段，因而是流动资产审查的重点。本章将详细讨论货币资金核算相关内容。

第一节 现金管理与核算

会计上所说的现金是指存放在企业的库存现金，包括库存的人民币和外币。主要用于企业日常的零星开支，可以随时购买所需的物资、支付有关费用、偿还债务或存入银行。由于现金作为一般等价物具有极强的流动性、普遍的可接受性、收支频繁、容易发生意外和损失等特点，为了严格控制现金，保证工程项目的实际需要，合理使用现金，保护现金的安全完整，防止现金的丢失、被盗以及舞弊行为的发生，施工企业必须严格遵守现金的使用范围，不积压多余的现金，加强现金收支的日常管理与核算。

一、现金管理制度

（一）现金的使用范围

按照国务院颁发的《现金管理暂行条例》的规定，施工企业可以在下列范围内使用现金。

（1）发放职工工资、津贴；

（2）支付个人劳务报酬；

（3）根据国家规定颁发给个人的科学技术、文化艺术、体育等各种奖金；

（4）支付各种劳保、福利费用以及国家规定的对个人的其他支出；

（5）向个人收购农副产品和其他物资支付的价款；

（6）出差人员必须随身携带的差旅费；

（7）结算起点以下的零星支出；

（8）中国人民银行确定需要支付现金的其他支出。

施工企业在施工生产经营活动过程中的各项经济往来，除在上述范围内可以使用现金以外，其他款项的收支均应通过开户银行办理转账结算。

（二）库存现金的限额

施工企业日常零星开支所需要的现金，由开户银行根据企业的实际情况核定最高限额，一般为3~5天的日常零星开支所需的数量。边远地区和交通不便地区的库存现金限额可以多于5天，但不得超过15天的日常零星开支需要量。企业每日的现金结存数，不得超过核定的限额，超过部分应及时送存银行，以保证现金管理的安全。企业如需增加或减少库存现金限额，应当向开户银行提出申请，由开户银行核定。

（三）现金日常收支的管理

按照《现金管理暂行条例》的规定，施工企业现金收支应当依照下列规定办理。

（1）企业现金收入应于当日送存开户银行，不得超额存放现金。当日送存确有困难的，由开户银行确定送存时间。

（2）企业支付现金可从库存现金限额中支付或者从开户银行提取，不得从本企业的现金收入中直接支付（即坐支）。因特殊情况需要坐支现金的，应事先通过开户银行的审查批准。

（3）企业按规定从开户银行提取现金时，应当写明用途，由本企业财会部门负责人签字盖章，经开户银行审核后予以支付。

（4）因采购地点不固定、交通不便、抢险救灾以及其他特殊情况必须使用现金的，企业应当向开户银行提出申请，由本企业财会部门负责人签字盖章，经开户银行审核后支付现金。

银行对于违反上述规定的企业，将按照违规金额的一定比例予以处罚。

二、现金核算应设置的账户及会计处理

为了核算和监督库存现金的收入、支出和结存情况，施工企业应设置“库存现金”账户。其借方登记现金的增加数，贷方登记现金的减少数。月末借方余额，反映库存现金的数额。

“库存现金总账”可以根据现金收付款凭证和银行存款凭证直接登记。如果企业日常现金收支业务量比较大，为了简化核算工作，可以采用汇总记账凭证、科目汇总表等核算形式，定期或于月份终了时根据汇总收付款凭证或科目汇总表等登记“库存现金总账”账户。

为了加强现金管理，保证现金安全，随时掌握库存现金收付动态和余额，企业必须设置“库存现金日记账”，按照现金业务发生顺序逐日逐笔登记。每日终了，应计算当日的现金收入、支出的合计数和结余数，库存现金的账面余额必须与库存数相符；月份终了，“库存现金日记账”的余额必须与“库存现金总账”的余额相符。

现举例说明现金收支业务核算的会计处理。

【例题2.1.1】2×16年6月，施工企业从开户银行中国工商银行提取现金为20 000元。做如下会计分录。

借：库存现金　　20 000

　　贷：银行存款　　20 000

【例题2.1.2】2×16年6月，施工企业以现金支付印花税为800元。做如下会计分录。

借：管理费用　　800

　　贷：库存现金　　800

【例题2.1.3】2×16年6月，施工企业将超出库存限额的现金存入银行，金额为6 300元。做如下会计分录。

借：银行存款　　6 300

　　贷：库存现金　　6 300

三、现金清查的核算

施工企业应根据现金管理的规定，对库存现金进行定期和不定期的清查，以便保证账款相符和现金的安全完整。清查现金的基本方法是实地盘点。清查中发现有待查明原因的现金短缺或溢余，先通过“待处理财产损溢——待处理流动资产损溢”账户进行核算，待查明原因后再分情况进行处理。如为现金短缺，属于应由责任人赔偿的部分，通过“其他应收款——应收现金短缺（××个人）”账户核算（如已收到应由责任人赔偿的现金，直接通过“库存现金”等账户核算）；属于应由保险公司赔偿的部分，通过“其他应收款——应收保险赔款”账户核算；属于无法查明原因的现金短缺，根据企业内部管理权限，经批准后计入管理费用。如为现金溢余，属于应支付有关人员或单位的，通过“其他应付款——应付现金溢余（××个人或单位）”账户核算；属于无法查明原因的现金溢余，根据企业内部管理权限，经批准后，记入“营业外收入——现金溢余”账户的贷方。现金清查的核算如图 2-1 所示。

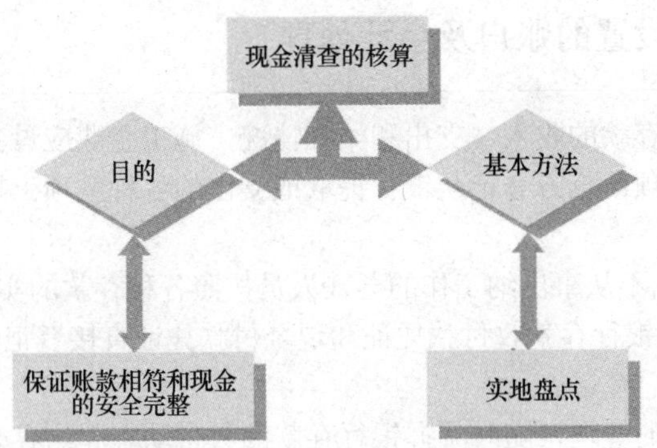

图 2-1　现金清查核算流程图

第二节　银行存款的核算

银行存款是指施工企业存放在银行或其他金融机构的货币资金。根据国家现金管理和结算制度的规定，施工企业除在规定限额内留存少量现金以外，其余货币资金必须全部存入银行；企业的一切货币收支，除在规定范围内使用现金以外，都必须通过银行办理结算。

一、银行存款的管理

按照国家有关规定，凡是独立核算的施工企业必须按照银行开户办法的规定，向当地银行申请开立存款账户，经银行审查同意后办理开户手续。开户企业通过银行账户办理资金收付，必须依据《内部会计控制规范——货币资金》的规定对银行存款进行管理。

（一）加强银行账户管理

企业应当严格按照《支付结算办法》等国家有关规定，加强银行账户的管理，严格按照规定开立账户，办理存款、取款和结算。企业应当定期检查、清理银行账户的开立及使用情况，发现问题，及时处理。企业应当加强对银行结算凭证的填制、传递及保管等环节的管理与控制。

（二）严格遵守银行结算纪律

企业应当严格遵守银行结算纪律，不准签发没有资金保证的票据或远期支票，套取银行信用；不准签发、取得和转让没有真实交易和债权债务的票据，套取银行和他人资金；不准无理由拒绝付款，任意占用他人资金；不准违反规定开立和使用银行账户。

（三）定期核对银行账户

企业应当指定专人定期核对银行账户，每月至少核对一次，编制银行存款余额调节表，使银行存款账面余额与银行对账单调节相符。如调节不符，应查明原因，及时处理。

（四）加强银行预留印鉴管理

企业应当加强银行预留印鉴的管理。财务专用章应由专人保管，个人名章必须由本人或其授权人员保管。严禁由一人保管支付款项所需的全部印章。

二、银行存款核算应设置的账户及会计处理

为了核算和监督银行存款的收入、支出和结存情况，施工企业应设置“银行存款”账户。其借方登记存入银行的各种款项；贷方登记从银行提取或支出的各种款项。期末借方余额，反映企业银行存款的结余数额。

“银行存款总账”应由不从事出纳工作的会计人员按照各种存款的实际收入和支出数进行登记。“银行存款总账”可以根据银行存款收付款凭证和现金付款凭证直接登记，也可以根据汇总记账凭证或科目汇总表进行定期汇总登记。

为了加强对银行存款的管理，随时掌握银行存款的收付动态和结存余额，企业应按开户银行、其他金融机构的名称和存款种类等，分别设置“银行存款日记账”，出纳人员按照业务的发生顺序逐日逐笔登记，每日终了应结出余额。“银行存款日记账”应定期与“银行对账单”核对，至少每月核对一次。月份终了，企业账面结余与银行对账单余额之间如有差额，可能因为存在未达账项，企业通过将银行存款日记账与银行对账单逐笔查对的办法找出未达账项，并由会计负责按月编制“银行存款余额调节表”进行调节，从而使银行和企业的余额相符。如果企业对所有的未达账项进行调整之后，企业的银行存款日记账余额与银行的实有存款余额仍不一致，则表明企业或银行中至少有一方账目存在差错，应该重新查找原因并及时进行相应的处理。

未达账项归纳起来，一般有如下四种情况：

第一，企业已收款记账，而银行尚未收款记账。如企业将收到的转账支票存入银行，但银行尚未转账。

第二，企业已付款记账，而银行尚未付款记账。如企业开出支票并已根据支票存根记账，而持票人尚未到银行取款或转账。

第三，银行已收款记账，而企业尚未收款记账。如托收货款，银行已经入账，而企业尚未收到收款通知。

第四，银行已付款记账，而企业尚未付款记账。如借款利息，银行已划款入账，而企业尚未收到付款通知。

月份终了，“银行存款日记账”的余额必须与“银行存款总账”账户的余额核对相符。

现举例说明银行存款核算的会计处理。

【例题2.2.1】2×16年6月，施工企业以银行存款偿还原欠外单位货款870 000元，做如下会计分录。

借：应付账款——××单位　　870 000

　　贷：银行存款　　870 000

【例题 2.2.2】2×16 年 8 月，施工企业为购入设备，从银行借入一年期借款 246 000 元，已存入银行。做如下会计分录。

借：银行存款　　246 000

　　贷：短期借款　　246 000

【例题2.2.3】2×16年9月，施工企业以银行存款支付聘请中介机构费13 500元，做如下会计分录。

借：管理费用　　13 500

　　贷：银行存款　　13 500

三、银行结算方式

施工企业在施工活动过程中经常与各方面发生往来结算业务，这些结算业务，除少量按现金管

理办法规定可以用现金支付以外，大部分都需要通过银行转账结算方式办理收付款项。所谓转账结算，是指企业与各方面的经济往来款项，不采用现金收付，而是按照规定的结算方式，通过银行将款项直接从付款单位账户转账划拨给收款单位账户的一种货币清算行为，也称非现金结算。根据现行银行结算办法的规定，目前企业发生的货币资金收付业务可以采用以下几种结算方式，企业应根据具体情况采用不同的转账结算方式进行会计处理。

（一）支票结算方式

支票是出票人签发的，委托办理支票存款业务的银行或者其他金融机构在见票时无条件支付确定的金额给收款人或者持票人的票据。凡是同城各单位之间或在同一票据交换区域的单位和个人的各种款项结算，都可以采用这种结算方式。

采用支票结算方式，对于付出的支票，企业应根据支票存根和有关原始凭证编制付款凭证进行账务处理，借记“材料采购”“原材料”等有关账户，贷记“银行存款”账户；对于收款的支票，企业委托开户银行收款时，应做委托收款背书，在支票背面背书人签章栏签章，记载“委托收款”字样、背书日期，在被背书人栏记载开户银行名称，并将支票和填制的进账单送交开户银行，根据银行盖章退回的进账单第一联和有关原始凭证编制收款凭证，进行账务处理，借记“银行存款”账户，贷记有关账户。

（二）汇兑结算方式

汇兑是汇款人委托银行将款项支付给收款人的结算方式。汇兑分为信汇、电汇两种。信汇是指汇款人委托银行通过邮寄方式将款项划转给收款人；电汇是指汇款人委托银行通过电报将款项划转给收款人。汇兑结算方式划拨款项简便、灵活，单位和个人均可以使用。

汇出银行受理企业签发的汇兑凭证，经审查无误后，应及时向汇入银行办理汇款，并向企业签发汇款回单。付款企业应根据取回的汇款凭证回单联进行账务处理，借记有关账户，贷记“银行存款”账户。企业收到汇入的款项时，应根据银行转来的信、电汇凭证，编制收款凭证，借记“银行存款”账户，贷记有关账户。

（三）委托收款结算方式

委托收款是指收款人委托银行向付款人收取款项的结算方式。委托收款按款项划回方式的不同分为邮寄和电报划回两种。这种结算方式不受金额起点的限制，只要收款人凭已承兑的商业汇票、债券、存单等付款人债务证明即可办理款项的结算，同城或异地结算均可。

企业采用委托收款结算方式，在接到银行款项已收到的通知时，填制收款凭证，进行账务处理，借记“银行存款”账户，贷记“其他应收款”等有关账户；付款单位在付款期满银行通知款项已经转账付出时，填制付款凭证，进行账务处理，借记“材料采购”“应付账款”等有关账户，贷记“银行存款”账户。如在付款期满前提前付款，应于通知银行付款之日，编制付款凭证；如拒绝付款，属于全部拒付的，不做账务处理，属于部分拒付的，企业应在付款期内出具部分拒付理由书并退回有关单位，根据银行盖章退回的拒付理由书第一联编制部分付款的凭证。委托收款结算方式流程如图 2-2 所示，其他结算方式流程图可以参考委托收款结算方式。

（四）银行汇票结算方式

银行汇票是出票银行签发的，由其在见票时按照实际结算金额无条件支付给收款人或者持票人的票据。单位和个人的各种款项结算，均可使用银行汇票。

申请人使用银行汇票，应向出票银行填写“银行汇票申请书”，填明收款人名称、汇票金额、申请人名称、申请日期等事项并签章，签章为其预留银行的签章。出票银行受理银行汇票申请书，收妥款项后签发银行汇票，并用压数机压印出票金额，将银行汇票和解讫通知一并交给申请人。申请人应将银行汇票和解讫通知一并交付给汇票上标明的收款人。收款人受理申请人交付的银行汇票时，应在出票金额以内，根据实际需要的款项办理结算，并将实际结算金额和多余金额准确、清晰地填入银行汇票和解讫通知的有关栏内。未填明实际结算金额和多余金额或实际结算金额超过出票金额的，银行不予受理。

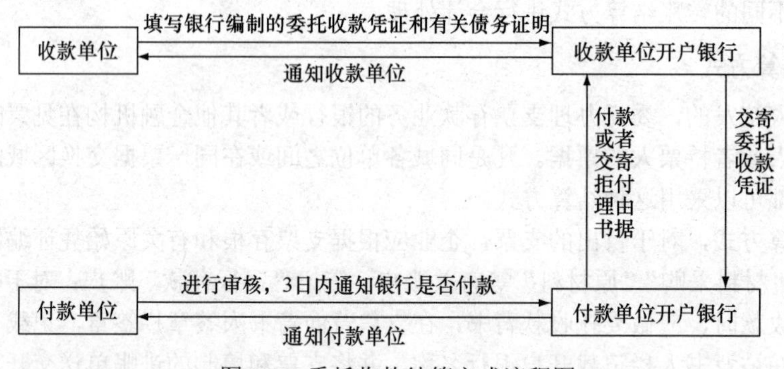

图 2-2　委托收款结算方式流程图

银行汇票的核算方法详见本章第三节。

（五）银行本票结算方式

银行本票是银行签发的，承诺自己在见票时无条件支付确定的金额给收款人或者持票人的票据。单位和个人在同一票据交换区域需要支付各种款项，均可以使用银行本票。银行本票分为不定额本票和定额本票两种。定额银行本票面额为 1 000 元、5 000 元、10 000 元和 50 000 元。

银行本票的核算方法详见本章第三节。

（六）商业汇票结算方式

商业汇票是出票人签发的，委托付款人在指定日期无条件支付确定的金额给收款人或者持票人的票据。在银行开立存款账户的法人以及其他组织之间，必须具有真实的交易关系和债权债务关系，才能使用商业汇票。商业汇票的付款期限，最长不得超过 6 个月，其提示付款期限为自汇票到期日起 10 日。商业汇票按其承兑人不同分为商业承兑汇票和银行承兑汇票两种。

1. 商业承兑汇票

商业承兑汇票按交易双方约定，由收款人或付款人签发，但由银行以外的付款人承兑。商业承兑汇票的出票人，为在银行开立存款账户的法人以及其他组织，与付款人具有真实的委托付款关系，具有支付汇票金额的可靠资金来源。商业承兑汇票的付款人开户银行收到通过委托收款寄来的商业承兑汇票，将商业承兑汇票留存，并及时通知付款人。

2. 银行承兑汇票

银行承兑汇票由银行承兑，由在承兑银行开立存款账户的存款人签发。承兑银行应按票面金额向出票人收取万分之五的手续费。银行承兑汇票的出票人应于汇票到期前将票款足额交存其开户银行。承兑银行应在汇票到期日或到期日后的见票当日支付票款。

施工企业如果采用商业汇票进行商品交易，其结算的账务处理是通过设置“应收票据”和“应付票据”账户核算的，其核算的具体内容详见第三章第三节应收票据的核算和第九章第二节流动负债的核算。

（七）信用卡

信用卡是指商业银行向个人和单位发行的，凭以向特约单位购物、消费和向银行存取现金，且具有消费信用的特制载体卡片。

采用信用卡结算方式，对于当日受理的信用卡签购单，填写现金交款单和进账单，连同签购单一并送交收单银行办理进账，在收到银行收账通知时，据以编制收款凭证；对于付出的信用卡资金，应根据银行转来的付款通知和有关原始凭证编制付款凭证，进行账务处理。

信用卡的核算方法详见本章第三节。

（八）托收承付结算方式

托收承付是根据购销合同由收款人发货后委托银行向异地付款人收取款项，由付款人向银行承认付款的结算方式。使用托收承付结算方式的收款单位和付款单位，必须是国有企业、供销合作社以及经营较好，并经开户银行审查同意的城乡集体所有制工业企业。办理托收承付结算的款项，必须是商品交易以及因商品交易而产生的劳务供应的款项。代销、寄销、赊销商品的款项，不得办理托收承付结算。

施工企业使用异地托收承付结算方式办理款项结算，对于托收的款项，应在收到开户银行的收账通知时，根据收账通知和有关原始凭证，编制银行存款收款凭证，进行账务处理，借记“银行存款”账户，贷记有关账户；对于承付的款项，应于承付时，根据开户银行转来的托收承付结算凭证和所附的发票账单等有关原始凭证，编制银行存款付款凭证，进行账务处理，借记“材料采购”“原材料”等有关账户，贷记“银行存款”账户。

（九）信用证结算方式

信用证结算方式是国际结算的一种主要方式。经中国人民银行批准经营结算业务的商业银行总行以及商业银行总行批准开办信用证结算业务的分支机构，也可以办理国内企业之间商品交易的信用证结算业务。

【例题2.2.4】 2×16年6月，一般纳税人施工企业购入工程用材料钢材一批，取得的增值税专用发票上注明材料价款为150 000元，增值税税额为25 500元[①]，取得的增值税专用发票已得到认证，以转账支票方式结算，做如下会计分录。

借：原材料	150 000	
应交税费——应交增值税（进项税额）	25 500	
贷：银行存款		175 500

【例题 2.2.5】 2×16 年 6 月，施工企业收到 B 单位电汇工程款为 170 400 元，根据银行进账通知单，做如下会计分录。

借：银行存款	170 400	
贷：应收账款		170 400

第三节 其他货币资金的核算

其他货币资金是指施工企业除库存现金和银行存款以外的其他各种货币资金，如外埠存款、银行汇票存款、银行本票存款、信用卡存款、信用证保证金存款、存出投资款等。施工企业应加强对其他货币资金的管理，及时办理各项收支结算业务。

① 按照《增值税暂行条例》及营业税改征增值税试点实施办法的规定，进项税额是指纳税人购进货物、加工修理修配劳务、服务、无形资产或者不动产，支付或者负担的增值税税额。建筑企业进项税额视采购材料的计税方式不同而不同。采购材料为钢材、木（非原木）、油气等货物一般计税方式的税率为17%，简易计税方式征收率为3%。

一、其他货币资金核算的内容

（一）外埠存款

外埠存款是指企业到外地进行临时或零星采购时，汇往采购地银行开立采购专户的款项。这项存款是为采购结算而准备的资金，已具有专门用途且处于待支付或待结算状态。

（二）银行汇票存款

银行汇票存款是指企业为取得银行汇票按照规定存入银行的款项。这种款项一经存入银行即具有了专门的用途，企业不可以再将其用于其他方面。

（三）银行本票存款

银行本票存款是指企业为取得银行本票按照规定存入银行的款项。这种款项一经存入银行就有了专门的用途，企业不可以再将其用于其他方面。

（四）信用卡存款

信用卡存款是指企业为取得信用卡按照规定存入银行的款项。

（五）信用证保证金存款

信用证保证金存款是指企业为取得信用证按规定存入银行的保证金。

（六）存出投资款

存出投资款是指企业已存入证券公司但尚未进行交易性金融资产投资的资金。

二、其他货币资金核算应设置的账户

由于其他货币资金的存放地点和用途与企业的库存现金和银行存款不同，因此，企业必须对其单独进行核算。

为了核算和监督企业其他货币资金的增减变动和结存情况，施工企业应设置“其他货币资金”账户。其借方登记企业其他货币资金的增加数，贷方登记企业其他货币资金的减少数。期末借方余额，反映企业实际持有的其他货币资金。本账户应按“外埠存款”“银行汇票”“银行本票”“信用卡”“信用证保证金”“存出投资款”等设置明细账户进行核算。

三、其他货币资金核算的会计处理

（一）外埠存款核算的会计处理

（1）当企业将款项委托当地银行汇往采购地开立专户时，借记“其他货币资金——外埠存款”账户，贷记“银行存款”账户。

（2）收到采购员交来供应单位发票账单等报销凭证时，借记“材料采购”“原材料”等账户，贷记“其他货币资金——外埠存款”账户。

（3）将多余的外埠存款转回当地银行时，根据银行的收账通知，借记“银行存款”账户，贷记“其他货币资金——外埠存款”账户。

外埠存款核算的会计处理如图 2-3 所示，其他几种货币资金的核算可以参考外埠存款的核算。

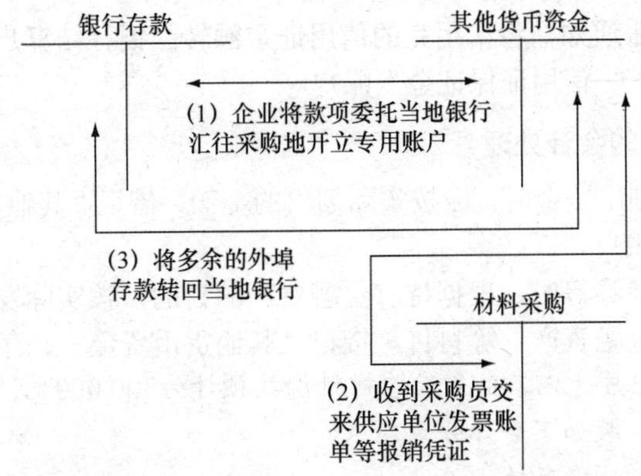

图 2-3　外埠存款核算的会计处理流程图

（二）银行汇票存款核算的会计处理

（1）企业填写“银行汇票申请书”并将款项交存银行，取得银行汇票后，根据银行盖章退回的申请书存根联，借记“其他货币资金——银行汇票”账户，贷记“银行存款”账户。

（2）企业使用银行汇票后，根据发票账单等有关凭证，经核对无误后，借记“材料采购”“原材料”等账户，贷记“其他货币资金——银行汇票”账户。

（3）银行汇票如有多余款或因银行汇票超过付款期等原因而退回款项时，借记“银行存款”账户，贷记“其他货币资金——银行汇票”账户。

（三）银行本票存款核算的会计处理

（1）企业向银行提交“银行本票申请书”并将款项交存银行，取得银行本票后，根据银行盖章退回的申请书存根联，借记“其他货币资金——银行本票”账户，贷记“银行存款”等账户。

（2）企业使用银行本票后，应根据发票账单等有关凭证，借记“材料采购”“原材料”等账户，贷记“其他货币资金——银行本票”账户。

（3）企业因本票超过付款期等原因而要求退款时，应填制进账单一式两联，连同本票一起送交银行，根据银行盖章退回的第一联进账单，借记“银行存款”账户，贷记“其他货币资金——银行本票”账户。

（四）信用卡存款核算的会计处理

（1）企业申领信用卡时，要按规定填制申请表，连同支票和有关资料一并送交发卡银行。再根据银行盖章退回的进账单第一联，借记“其他货币资金——信用卡”账户，贷记“银行存款”账户。

（2）企业用信用卡购物或支付有关费用时，借记“管理费用”等账户，贷记“其他货币资金——信用卡”账户。

（3）企业在使用信用卡过程中，如需要向其账户续存资金时，应根据银行的进账单，借记“其他货币资金——信用卡”账户，贷记“银行存款”账户。

（4）企业持卡人如需销户时应到发卡银行办理。销户时，单位卡账户余额转入基本存款账户，借记“银行存款”账户，贷记“其他货币资金——信用卡”账户。

（五）信用证保证金存款核算的会计处理

（1）企业向银行交纳保证金，根据银行退回的“信用证委托书”回单，借记“其他货币资金——信用证保证金”账户，贷记“银行存款”账户。

（2）企业根据开证行交来的信用证来单通知书及有关单据列明的金额，借记“材料采购”“原材料”等账户，贷记“其他货币资金——信用证保证金”账户。

（3）企业接到银行收账通知，将未用完的信用证余额转回银行结算户时，借记“银行存款”账户，贷记“其他货币资金——信用证保证金”账户。

（六）存出投资款核算的会计处理

（1）企业向证券公司划出资金时，应按实际划出的金额，借记“其他货币资金——存出投资款”账户，贷记“银行存款”账户。

（2）企业购买股票、债券等时，根据持有金融资产的目的，按实际发生的金额，借记“交易性金融资产”或“可供出售金融资产”等科目，贷记“其他货币资金——存出投资款”账户。

【例题2.3.1】2×16年3月，施工企业采购材料价款预计为300 000元，委托开户行汇往采购地某银行开立专门的存款账户，做如下会计分录。

借：其他货币资金——外埠存款　　300 000
　　贷：银行存款　　300 000

【例题2.3.2】2×16年8月，施工企业办理信用卡申领手续，缴存信用卡备用金存款为150 000元，做如下会计分录。

借：其他货币资金——信用卡　　150 000
　　贷：银行存款　　150 000

【例题2.3.3】2×16年6月，施工企业以银行汇票偿付前欠购货款540 000元，做如下会计分录。

借：应付账款　　540 000
　　贷：其他货币资金——银行汇票　　540 000

【知识扩展】如何选择银行结算方式。欲了解更多知识，请扫描二维码。

思考与练习

一、简答题

1. 简述现金的使用范围及内部控制制度。
2. 现金清查的方法是什么？如果现金发生短缺或盈余应如何进行会计处理？
3. 阐述如何开立和使用银行存款账户。
4. 银行结算方式有哪些？其主要区别是什么？
5. 简述银行存款日记账余额与银行对账单余额产生差异的原因。

二、计算题

1. 资料：施工企业2×16年5月31日收到的银行对账单的存款余额为201 000元，与银行存款日记账余额135 800元不符，经核对，公司与银行均无记账错误，但是发现有下列未达账款。

（1）5月28日，企业开出一张金额为56 200元的转账支票用以支付供货方货款，但供货方尚未持该支票到银行兑现。

（2）5月30日，企业收到购货方转账支票，金额为23 700元，已经送存银行，但银行未入账。

（3）5月31日，银行收企业的手续费300元，银行已入账，而企业尚未入账。

（4）5月31日，企业委托银行代收的款项33 000元，银行已转入企业的存款户，但企业尚未收到通知入账。

假定施工企业与银行的存款余额调整后核对相符。

要求：请代企业完成银行存款余额调节表的编制。

银行存款余额调节表

单位：元

项目	金额	项目	金额
银行存款日记账余额		银行对账单余额	
加：银行已收企业未收的款项合计		加：企业已收银行未收的款项合计	
减：银行已付企业未付的款项合计		减：企业已付银行未付的款项合计	
调节后余额		调节后余额	

2. W施工企业2×16年6月发生以下与货币资金有关的经济业务。

（1）4日，开出现金支票，从银行提取现金15 000元备用。

（2）7日，采购员张三到北京某地采购材料，预借差旅费6 000元，以现金支付。

（3）10日，开出转账支票支付东方公司材料款及代垫运费54 000元。

（4）15日，向证券公司开立的资金账户中转账900 000元，准备购买证券。

（5）19日，通过银行汇款80 000元，开立采购专户。

（6）22日，以现金发放工资67 000元。

（7）22日，填写汇款委托书交银行，汇交外地广发工厂，偿还上月购货款25 000元。

（8）23日，收到众人公司应付的工程款10 000元，存入银行。

（9）26日，银行转来自来水公司托收承付结算凭证支款通知和有关凭证，支付管理部门耗用水费1 800元。

（10）28日，公司以银行存款支付水电费8 000元。

要求：编制上述10笔经济业务的会计分录。

第三章 应收及预付款项

【学习目标】

理论目标：掌握应收账款及预付账款核算的内容、应收账款的范围、坏账核算的内容；掌握应收票据核算的内容；熟悉施工企业预付账款和其他应收款核算的内容；了解应收利息、应收股利的含义以及长期应收款核算的内容。

技术目标：掌握应收及预付款项各项目的会计处理方法，掌握坏账损失的计提及转回，熟悉应收票据、其他应收款的会计处理方法。

能力目标：掌握应收账款、预付账款及坏账损失核算的会计处理；熟悉应收票据、其他应收款核算的会计处理，了解应收利息、应收股利、长期应收款核算的会计处理。

引例

中铁二局应收及预付款项坏账准备的计提

中铁二局股份有限公司是中国铁路建设系统第一家上市公司，拥有铁路工程施工总承包特级、房屋建筑施工总承包特级以及公路工程施工总承包特级3个特级资质，享有对外经营权和对外贸易权，其主要经营活动为各类型工业、能源、交通、民用工程项目的施工工程承包。

应收及预付款项是指企业发生的各种债权，企业加强对应收及预付款项的管理，可以有效加快资金周转。商业信用高度发展是市场经济的重要特征之一，商业信用的发展在给企业带来收入增加的过程中，也会导致坏账的发生。根据谨慎性的要求，企业应预计各应收款项可能发生的坏账，对于没有把握收回的应收款项应计提坏账准备。

2015年中铁二局的应收账款余额为1 601 865万元，应收账款坏账准备31 531万元，应收账款账面价值为1 570 334万元，预付账款账面价值为1 133 001万元。该公司财务报表附注显示，对应收款项分别按单项或组合计提减值准备。第一，该公司将金额为人民币5 000万元以上的应收款项确认为单项金额重大的应收款项，并对单项金额重大的应收款项单独进行减值测试，单独测试未发生减值的应收款项，包括在具有类似信用风险特征的应收款项组合中进行减值测试。单项测试已确认减值损失的应收款项，不再包括在具有类似信用风险特征的应收款项组合中进行减值测试。第二，对单项金额不重大以及金额重大但单项测试未发生减值的应收款项，按信用风险特征的相似性和相关性对应收款项进行分组，并对组合采用账龄分析法或个别计价法计提减值准备。第三，对单项金额虽不重大但有客观证据表明其发生了较大的信用风险的应收款项，采用个别计价法单项计提其坏账准备。另外，财务报表附注显示，该公司账龄超过一年的预付款项主要系预付的物资贸易款，未及时结算的原因主要是由于供应商未能按时供应物资。截至2015年12月21日，集团预付贸易款占预付款项余额的92.44%，其中主要为获取第三方保证、资产抵押、动产抵押、优先提货权的预付款项。集团采取各种措施保证预付款的资金安全，于每个资产负债表日判断预付账款是否存在减值的迹象并进行减值测试。

施工企业所涉及的债权是如何形成的？如何进行会计处理？一旦出现坏账对企业有哪些影响？中铁二局股份有限公司对于债权计提坏账准备符合会计准则的相关规定吗？通过本章学习你会找到答案。

资料来源：根据2015年度中铁二局股份有限公司年报相关数据整理

应收及预付款项，是指企业在日常生产经营过程中发生的各项债权，包括应收款项和预付款项。施工企业拥有一定的债权是正常的，但如果金额过大，增幅过快，可能会影响企业的正常运转。本章将详细讨论应收及预付款项核算的相关内容。

第一节 应收账款的核算

一、应收账款核算的内容

（一）应收账款的范围

应收账款是指施工企业因承包工程应向发包单位收取的工程价款和列入营业收入的其他款项，以及销售产品、材料，提供劳务、作业等业务，应向购货单位或接受劳务、作业单位收取货款及劳务补偿的要求权。应收账款是施工企业在销售、结算过程中产生的债权，在正常情况下，应在短期内（1 年或超过 1 年的一个营业周期内）收回。与施工企业施工生产经营业务无关的应收款项不包括在应收账款范围之内。

（二）应收账款的计价

在一般情况下，应收账款的入账金额，按买卖双方在成交时的实际发生额记账。但施工企业为增加销售量或者鼓励客户早日还款，在采用含有折扣条件的方式销售时，应收账款的计价还要考虑折扣因素。

销售的折扣有两种类型，即商业折扣和现金折扣。

（1）商业折扣。商业折扣是指施工企业从结算价格中按一定比例直接扣减的一定数额，是企业为了扩大产品的销路、增加销售量从而提高盈利水平而对购买方实施的一种价格优惠政策。由于商业折扣是从销售产品的价格中扣算的，因此，企业应收账款入账金额应按扣除商业折扣以后的实际售价加以确认。商业折扣在购销双方的账面上均不做任何反映。

（2）现金折扣。现金折扣是指施工企业为了鼓励客户在一定期限内早日偿还结算款而给予对方的一种折扣优惠。这种折扣的条件，通常用一定形式的术语来表示，如 2/10，1/20，N/30，即信用期限为 30 天，10 天内付款给予 2%的现金折扣优惠；20 天内付款给予 1%的现金折扣优惠；30 天内付款全额支付。这样，就产生了应收账款入账金额的计算问题。在采用现金折扣的方式下，应收账款入账金额的确认有两种会计处理方法，即总价法和净价法。采用总价法计账，应收账款应以全部销售额计价入账，现金折扣部分作为财务费用处理；采用净价法计账，应收账款应以全部销售额扣除现金折扣后的净额计价入账。《企业会计准则》规定，对于现金折扣的会计处理应采用总价法进行核算。

二、应收账款核算应设置的账户及其会计处理

（一）应收账款核算应设置的账户

为了核算和监督企业因结算工程价款、提供劳务和作业等应向发包单位或接受劳务、作业等单位收取的款项，施工企业应设置“应收账款”账户。其借方登记企业发生的应收账款；贷方登记已收回的应收账款、改用商业汇票结算的应收账款、已结转坏账损失的应收账款和以债务重组方式收回的债权等。期末借方余额反映尚未收回的各种应收账款的实际数。本账户应设置“应收工程款”

和“应收销货款”两个明细账户，并分别按发包单位和购货单位或接受劳务、作业的单位设置明细账进行核算。

不单独设置“预收账款”账户的企业，预收的款项也在本账户核算。此时，“应收账款”账户期末如为贷方余额，反映企业预收的款项。

（二）应收账款核算的会计处理

（1）带息的应收款项，应于期末按照本金（或票面价值）与确定的利率计算的金额，增加其账面余额，并确认为利息收入，计入当期损益。

（2）施工企业发生应收账款时，按应收金额，借记“应收账款”账户，按已结算的工程价款，贷记“工程结算”等账户；收回应收账款时，借记“银行存款”等账户，贷记“应收账款”账户。这是具有施工企业核算特点的会计处理。

（3）施工企业代垫费用时，借记“应收账款”账户，贷记“银行存款”等账户；收回代垫费用时，借记“银行存款”账户，贷记“应收账款”账户。

（4）施工企业应收账款改用商业汇票结算，在收到承兑的商业承兑汇票时，按票面价值，借记“应收票据”账户，贷记“应收账款”账户。

现举例说明应收账款核算的会计处理。

【例题3.1.1】2×16年6月末，施工企业因承包建设单位乙公司的工程，按合同规定开出“工程价款结算账单”，应结算工程进度款为5 400 000元。做如下会计分录。

借：应收账款——应收工程款（乙公司）	5 400 000
贷：工程结算	5 400 000

【例题3.1.2】2×16年7月初，一般纳税人施工企业向甲公司出售多余材料一批，开出的增值税专用发票上注明价款为200 000元，增值税税额为34 000元①，货款尚未收到。做如下会计分录。

借：应收账款——应收销货款（甲公司）	234 000
贷：其他业务收入——材料销售收入	200 000
应交税费——应交增值税（销项税额）	34 000

【例题3.1.3】2×16年6月，施工企业收到甲公司上一年度所欠材料款为234 000元，并已存入银行。做如下会计分录。

借：银行存款	234 000
贷：应收账款——应收销货款（甲公司）	234 000

【例题3.1.4】若【例题3.1.1】中乙公司将工程进度款改为银行承兑汇票结算。做如下会计分录。

借：应收票据	5 400 000
贷：应收账款——应收工程款（乙公司）	5 400 000

第二节 坏账损失的核算

一、坏账损失核算的内容

施工企业存在应收款项就有发生坏账的可能。因此，根据稳健性原则施工企业应当定期或者至少每年年度终了，对应收款项和预付款项进行全面检查，预计各应收及预付款项可能发生的坏账，

① 根据增值税条例的规定，在中华人民共和国境内销售货物或者提供加工、修理修配劳务以及进口货物的单位和个人，为增值税的纳税人，应当依照本条例缴纳增值税。纳税人销售货物，税率为17%。

对于没有把握能够收回的应收及预付款项，应当计提坏账准备。对于不能收回的应收及预付款项应当查明原因，追究责任。

（一）坏账损失的确认

坏账是指施工企业无法收回的应收及预付款项。由于发生坏账而产生的损失，称为坏账损失。

施工企业确认坏账损失应符合下列条件之一。

（1）有确凿证据表明该项应收款项不能收回，如债务单位已经撤销、破产；

（2）有确凿证据表明该项应收款项收回的可能性不大，如债务单位资不抵债、现金流量严重不足、发生严重的自然灾害等导致停产而在短时间内无法偿付债务等；

（3）应收款项逾期3年以上。

施工企业如果存在下列各种情况，一般不能全额计提坏账准备。

（1）当年发生的应收款项；

（2）计划对应收款项进行重组；

（3）与关联方发生的应收款项；

（4）其他已逾期，但无确凿证据证明不能收回的应收款项。

施工企业对于不能收回的应收款项应当查明原因，追究责任，并根据企业的管理权限，经股东大会或董事会，或经理（厂长）会议或类似机构批准作为坏账损失，冲销提取的坏账准备。企业对于已经确认为无法收回的应收账款，并不意味着企业放弃了对它的追索权，一旦有机会重新收回，应及时入账处理。

（二）坏账准备的计提政策及范围

（1）施工企业自行确定计提坏账准备的方法。施工企业应当列出目录，具体注明计提坏账准备的范围、提取方法、账龄的划分和提取比例，按照管理权限，经股东大会或董事会，或经理（厂长）会议或类似机构批准，并且按照法律、行政法规的规定报有关各方备案，并备置于公司所在地。

（2）坏账准备提取方法一经确定，不得随意变更。如需变更，应经批准后报送有关各方备案，并在财务报表附注中予以说明。

（3）施工企业的应收及预付款项，如应收账款、应收票据、预付工程款、预付备料款、预付购货款、其他应收款、长期应收款等，有客观证据表明发生减值的，应当计算确定减值损失，计提坏账准备。一般情况下，对于施工企业发生的投标保证金、在工程合同期内的履约保证金、备用金以及公司系统内部的往来款项等一般不计提减值准备。

（三）坏账损失的估计与核算

施工企业只能采用备抵法核算坏账损失。备抵法是按期预先估计坏账损失，计提坏账准备，当发生坏账损失时，根据其数额冲减坏账准备，同时注销原应收账款的记录。

根据《金融工具确认和计量准则》第43条的规定，施工企业在对应收款项进行减值测试时，应当先将单项金额重大的应收款项区分出来，单独进行减值测试。如已发生减值，应当确认减值损失，计入坏账准备。单项测试未发生减值的应收款项，应当包括在具有类似信用风险特征的组合中进行减值测试。已确认减值损失的应收款项，不应包括在具有类似信用风险特征的组合中进行减值测试。

对于单项金额非重大的应收款项可以单独进行减值测试，确定减值损失，计提坏账准备；也可以与经单独测试后未减值的应收款项一起按类似信用风险特征划分为若干组合，再按这些应收款项组合在资产负债表日余额的一定比例计算确定减值损失，计提坏账准备。

企业应当根据以前年度与之相同或相类似的、具有类似信用风险特征的应收款项组合的实际损失率，结合现时情况确定本期各项组合计提坏账准备的比例。大多数企业采用账龄分析法预计应收款项的减值损失。在账龄分析法下，通常编制账龄分析表。

以中铁二局股份有限公司为例，其应收款项主要包括应收账款、预付款项、其他应收款和长期应收款。于资产负债表日，集团对应收款项账面价值进行检查，存在客观证据表明应收款项发生减值的，应当根据其账面价值与预计未来现金流量现值之间的差额确认减值损失。

对单项金额重大（人民币 5 000 万元以上）的应收款项单独进行减值测试，如有客观证据（如债务人发生严重财务困难、倒闭、违反合同条款等），表明其已发生减值，根据其未来现金流量现值低于其账面价值的差额确认减值损失，计入当期损益。

（1）按信用风险特征组合计提坏账准备的应收款项

对于单项金额不重大和单项测试未发生减值的应收款项，应包括在具有类似信用风险特征的应收款项组合中进行减值测试，根据企业历史经验确定按照应收款项期末余额账龄对其未来现金流量进行预计，并采用账龄分析法对应收款项计提坏账准备。中铁二局 2015 年年报中账龄分析表如表 3-1 所示。

表 3-1 中铁二局 2015 年账龄分析表

单位：万元

应收款项账龄	应收款项金额	预计损失率（%）	预计损失金额
1 年内小计	1 048 067.59	0.50	5 240.34
1~2 年（含 2 年）	71 840.82	5	3 592.04
2~3 年（含 3 年）	71 505.32	10	7 150.53
3~4 年（含 4 年）	28 299.72	30	8 489.92
4~5 年（含 5 年）	6 258.45	30	1 877.53
5 年以上	4 011.17	50	2 005.59
合计	1 229 983.07	—	28 355.95

表 3-1 中的预计损失率是各施工企业根据以前的实际坏账率，结合现实情况确定的本期各个组合计提坏账准备的比例，具有行业和企业自身的特点。

此外，建造合同工程质量保证金的账龄以该工程竣工后，按照施工合同确定的工程缺陷责任期满，应当收回质量保证金的日期为账龄计算的起始日，并按比例计提坏账准备。

（2）其他不重大但单独计提坏账准备的应收款项

对其他单项金额不重大且无法按照信用风险特征的相似性和相关性进行组合的应收款项单独进行减值测试，如有客观证据（如债务人发生严重财务困难、倒闭、违反合同条款等）表明其已发生减值，根据其未来现金流量，现值低于其账面价值的差额确认减值损失，计入当期损益。

二、坏账损失核算应设置的账户

在采用备抵法处理坏账损失的施工企业中，为了核算坏账准备的提取和坏账损失的发生等情况，应设置“坏账准备”账户，该账户是各应收及预付款项账户的备抵账户。其贷方登记提取的坏账准备、收回以前已确认并转销的坏账损失以及应提取坏账准备的金额大于本账户账面余额的差额；借方登记已发生的坏账损失和应提取坏账准备的金额小于本账户账面余额的差额。期末贷方余额反映已经提取尚未冲销的坏账准备。该账户可以按照可能发生坏账损失的各应收及预付款项名称设置明细账户。

三、坏账损失核算的会计处理

在备抵法下，采用期末余额百分比法估计坏账损失，其主要经济业务如下。

（1）当施工企业首次计提坏账准备时，根据年末应收款项余额的一定比例，借记“资产减值损失”账户，贷记“坏账准备”账户。

（2）在施工企业发生坏账时，借记“坏账准备”账户，贷记“应收账款”账户。

（3）对于已冲销又收回的坏账损失需做两笔分录，即借记“应收账款”等账户，贷记“坏账准备”账户；同时借记“银行存款”账户，贷记“应收账款”等账户。也可以只做一笔会计分录，即直接按实际收回的金额借记“银行存款”账户，贷记“坏账准备”账户。

（4）施工企业在首次计提坏账准备之后，每年年末计提坏账准备时，应视情况分别进行会计处理。

① 当“坏账准备”账户的余额在贷方，并小于按应收款项年末余额的一定比例所计提的坏账准备时，应按其差额补提，借记“资产减值损失”账户，贷记“坏账准备”账户。

② 当“坏账准备”账户的余额在贷方，并大于按应收款项年末余额的一定比例所计提的坏账准备时，应按其差额冲回，借记“坏账准备”账户，贷记“资产减值损失”账户。

③ 当“坏账准备”账户的余额在贷方，并且正好等于按应收款项年末余额的一定比例所计提的坏账准备时，则不做会计分录。

④ 当“坏账准备”账户的余额在借方，则按应收款项年末余额的一定比例所计提的坏账准备与借方余额之和提取坏账准备，借记“资产减值损失”账户，贷记“坏账准备”账户。

总之，无论在哪种情况下，按应收款项年末余额的一定比例所计提的坏账准备，都应和当年“坏账准备”账户调整后的年末余额相一致。下面以应收账款为例，说明坏账损失核算的会计处理流程，如图 3-1 所示。

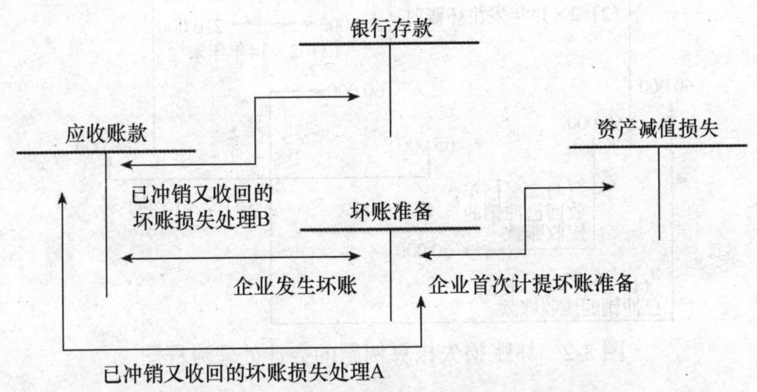

图 3-1　坏账损失核算的会计处理流程图

现举例说明坏账损失核算的会计处理。

【例题3.2.1】2×13年末，施工企业应收账款的余额为3 000 000元，采用备抵法核算坏账损失，提取坏账准备的比例为1%；2×14年，发生了坏账损失220 000元，其中甲企业为100 000元，乙企业为120 000元，应收账款期末余额为2 000 000元；2×15年，已冲销的上年甲企业应收账款60 000元又收回，期末应收账款余额为1 500 000元。施工企业各年坏账准备的计算结果及会计分录如下。

（1）2×13年年末，应提坏账准备=3 000 000×1%=30 000（元），做如下会计分录。

借：资产减值损失　　30 000

　　贷：坏账准备　　30 000

（2）2×14年，发生坏账损失时，做如下会计分录。

借：坏账准备　　220 000

　　贷：应收账款——甲企业　　100 000

　　　　　　　　——乙企业　　120 000

（3）2×14年年末，坏账准备余额=2 000 000×1%=20 000（元），未调整前余额=30 000−220 000=

-190 000（借方余额），应调整坏账准备=20 000+190 000=210 000（元），做如下会计分录。

借：资产减值损失　　210 000

　贷：坏账准备　　210 000

（4）2×15年，收回上年已冲销的应收账款时，做如下会计分录。

借：应收账款——甲企业　　60 000

　贷：坏账准备　　60 000

同时

借：银行存款　　60 000

　贷：应收账款——甲企业　　60 000

（5）2×15年年末，坏账准备余额=1 500 000×1%=15 000（元），未调整前余额=第二年年末余额20 000+第二年贷方发生额60 000=80 000，应调整坏账准备=80 000-15 000=65 000（元），做会计分录如下。

借：坏账准备　　65 000

　贷：资产减值损失　　65 000

本例题的会计处理流程，如图3-2所示。

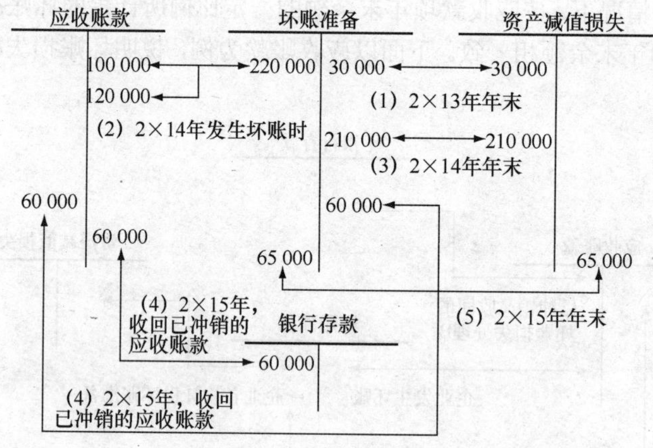

图 3-2　坏账损失核算例题的会计处理流程图

第三节　应收票据的核算

一、应收票据核算的内容

（一）应收票据概念及其分类

应收票据是指施工企业因结算工程价款，对外销售产品、材料等业务时，收到未到期票据所形成的债权。企业持有的尚未到期兑现的票据包括支票、本票、银行汇票和商业汇票等。在我国会计实务中，大部分票据都是即期票据，不需要作为应收票据核算，而这里的应收票据主要是指商业汇票。由于商业汇票流通范围广，因而在施工企业的债权、债务结算过程中起着非常重要的作用。

应收票据按照不同的标准可以分为以下几类。

（1）应收票据按其承兑人不同可以分为商业承兑汇票和银行承兑汇票。

商业承兑汇票是由收款人签发，经付款人承兑，或由付款人签发并承兑的商业汇票。

银行承兑汇票是由收款人或承兑申请人签发，并由承兑申请人向开户银行申请，经银行审查同意承兑的商业汇票。

（2）应收票据按其是否计息可以分为带息票据和不带息票据。

带息票据是指票面上注明利率及付息日期的应收票据。在应收票据到期时，承兑人除了按票面金额向收款人或被背书人支付款项外，还要按票面金额和规定利率计算并支付到期利息的汇票。

不带息票据是指在应收票据到期时，承兑人只按票面金额向收款人或被背书人支付款项的汇票，票据上没有关于利息的规定。

（二）应收票据到期日的计算

按照国际惯例，应收票据到期日的计算有按日计算和按月计算两种方法。具体应用时应根据应收票据签发的期限是天数还是月份加以选择。

如果商业汇票签发的期限是天数，应收票据的到期日一般按日计算，即应从出票日起，按实际经历的天数计算。通常出票日和到期日只可计算一天，采用“算头不算尾”或“算尾不算头”的办法。例如，10 月 10 日出票的一张 50 天到期的商业汇票，其到期日应为 11 月 29 日（10 月份实有 21 天，算尾不算头）。

如果商业汇票签发的期限是月份，应收票据的到期日一般按月计算，即以应到期月份中与出票日相同的那一天为到期日。例如，8 月 18 日出票的一张两个月到期的商业汇票，其到期日应为 10 月 18 日。如果月末出票，不论月份大小，均以到期月份的最后一天为到期日。

（三）应收票据到期值的计算

施工企业收到的应收票据如果是不带息的，则应收票据的到期值即为应收票据的票面价值；如果是带息的，还要计算票据的到期利息，则应收票据的到期值即为应收票据的票面价值加上到期利息。由于我国商业汇票的付款期限最长不得超过 6 个月，因此，带息应收票据的到期利息一般是以单利计算的。其计算公式如下。

票据利息=票据本金×利率×期限

票据到期值=票据本金+票据利息

=票据本金×（1+利率×期限）

公式中的“票据本金”是指应收票据的票面价值；“利率”是指票面规定的利率，没有另外指明的，一般为年利率，如需换算成月利率或日利率时，每月同样统一按 30 天计算，全年按 360 天计算。

【例题3.3.1】2×16年6月末，施工企业持有一张面值为540 000元，利率为3%，3个月到期的应收票据，其到期值的计算步骤如下。

票据到期利息=540 000×3%÷12×3=4 050（元）

票据到期值=540 000+4 050=544 050（元）

再如，一张面值540 000元，利率为3%，60天到期的应收票据，其到期值计算如下。

票据到期利息=540 000×3%÷360×60=2 700（元）

票据到期值=540 000+2 700=542 700（元）

（四）应收票据的计价

（1）施工企业应在收到、开出、承兑商业汇票时，按应收票据的票面价值入账。

（2）带息应收票据，应在期末时，按应收票据的票面价值和确定的利率计算计提利息，计提的利息增加应收票据的账面余额。

（3）到期不能收回的带息应收票据，转入“应收账款”账户核算后，期末不再计提利息，其所包含的利息，在有关备查簿中进行登记，待实际收到时再冲减收到当期的财务费用。

（4）施工企业持有的应收票据如有确凿证据表明其不能够收回或收回的可能性不大时，应按规定计提相应的坏账准备。

（五）应收票据的贴现

施工企业收到商业汇票，如在票据未到期前需要资金周转时，可持未到期的应收票据向银行申请贴现。银行同意受理后，要从票据到期值中扣除票据自贴现日起至票据到期日止的利息，并将其余额即贴现净值支付给企业。这种利用未到期应收票据向银行融资的做法，被称为应收票据贴现。银行所扣的利息被称为银行贴现息，计算贴现息所使用的利率被称为贴现率。贴现行为实质上是银行对企业的一种短期贷款。贴现时会发生各项费用，如贴现手续费、贴现利息等，这些费用一般应由持票人承担。应收票据贴现的计算包括以下几个步骤。

（1）计算应收票据的到期值。不带息票据的到期值就是其面值；带息票据的到期值是它的面值与到期利息之和。

（2）计算应收票据的贴现期。贴现期是指应收票据从贴现日到到期日的时间间隔，它可以按日计算或按月计算。当按日计算时，贴现日与到期日只计算其中的一天。

（3）计算应收票据的贴现息。其计算公式为贴现息=票据到期值×贴现率×贴现期。

（4）计算应收票据的贴现净值。其计算公式为贴现净值=票据到期值-贴现息。

举例说明应收票据贴现的计算方法如下。

【例题3.3.2】施工企业因急需用款，于5月16日持一张面值为30 000元，出票日为4月6日，90天到期的商业承兑汇票向银行办理贴现，贴现率为3.50%。现分带息票据（假设年利率为3%）和不带息票据两种情况，分别计算票据的贴现结果，如表3-2所示。

表 3-2 商业承兑汇票贴现计算表 单位：元

项目	不带息票据	带息票据
①票据到期值	30 000	30 225
其中：票据面值	30 000	30 000
票据到期利息	0	225
②贴现期（天）	50	50
③贴现息：①×②×3.50%÷360	145.83	146.93
④贴现净值：①-③	29 854.17	30 078.07

施工企业贴现不带息的应收票据，其贴现净值一定低于票据面值，二者之差作为利息支出计入财务费用；企业贴现带息的应收票据，其贴现净值可能低于票据面值，也可能高于票据面值，二者之差作为利息支出或利息收入也计入财务费用。

二、应收票据核算应设置的账户及会计处理

为了核算企业因结算工程价款，对外销售产品、材料等业务而收到的商业汇票，施工企业应设置“应收票据”账户。其借方登记企业因工程价款结算，对外销售产品、材料等收到开出、承兑的应收票据的面值及其应计利息；贷方登记到期收回、已背书转让、到期承兑人拒付以及未到期向银行贴现的应收票据的面值和应计利息，以及已结转坏账损失的应收票据。期末借方余额反映企业持有的应收票据的面值和应计利息。

企业还应设置“应收票据备查簿”，逐笔登记每一应收票据的种类、号数和出票日期、票面金额、票面利率、交易合同号和付款人、承兑人、背书人的姓名或单位名称、到期日、背书转让日、贴现日期、贴现率和贴现净额、未计提的利息以及收款日期和收回金额、退票情况等资料，应收票据到

期结清票款或退票后，应当在备查簿内逐笔注销。

举例说明应收票据核算的会计处理如下。

【例题3.3.3】2×16年6月初，施工企业收到甲公司签发的6个月到期的商业承兑汇票一张，票面金额为1 350 000元，票面利率为5%，用以抵顶所欠工程款。做如下会计分录。

（1）收到商业承兑汇票时

借：应收票据　　1 350 000

　　贷：应收账款——甲公司　　1 350 000

（2）每月末计提利息时

　　每月利息=1 350 000×5%÷12=5 625（元）

借：应收票据　　5 625

　　贷：财务费用　　5 625

（3）6个月后票据到期收回本息时

　　票据到期利息=1 350 000×5%÷12×6=33 750（元）

借：银行存款　　1 383 750

　　贷：应收票据　　1 383 750

（4）6个月后票据到期，假设甲公司无款支付时

借：应收账款——甲公司　　1 383 750

　　贷：应收票据　　1 383 750

【例题3.3.4】2×16年6月，施工企业接受乙公司签发的一张3个月到期的银行承兑汇票，面值为270 000元，作为结算工程价款，收到票据后，施工企业应做如下会计分录。

（1）收到银行承兑汇票时

借：应收票据　　270 000

　　贷：工程结算　　270 000

（2）3个月后票据到期收款时

借：银行存款　　270 000

　　贷：应收票据　　270 000

【例题3.3.5】续【例题3.3.2】，施工企业办理票据的贴现时，应做如下会计分录。

（1）不带息时

借：银行存款　　29 854.17

　　财务费用　　145.83

　　贷：应收票据　　30 000

（2）带息时

借：银行存款　　30 078.07

　　贷：财务费用　　78.07

　　　　应收票据　　30 000

已贴现的应收票据如果是银行承兑汇票，在票据到期时，若出现付款人的银行存款账户不足支付的情况，则其开户银行负有向贴现银行无条件支付票款的责任，然后再由其开户银行向付款人执行扣款。由于有银行信用作为保证，所以企业贴现银行承兑汇票时一般不会形成或有负债。

企业贴现的应收票据如果是商业承兑汇票，在票据到期时，若付款人存款账户不足支付，贴现银行将按规定将汇票退给贴现企业，并要求贴现企业退回已贴现票据的到期价值。这样企业就可能发生或有负债，即企业以商业承兑汇票向银行贴现时，要承担由于背书行为而须负担的连带付款责任，这种责任在会计上称为或有负债，它的金额大小需要在会计上予以反映。

第四节 应收利息及应收股利的核算

一、应收利息的核算

应收利息是指施工企业因持有交易性金融资产、持有至到期投资、可供出售金融资产等而应收取的利息。应收利息属于企业的短期债权，与企业的日常施工及生产经营活动没有直接关系，应按照金融服务业相关规定缴纳增值税。

（一）应收利息核算应设置的账户

为了核算企业因持有交易性金融资产、持有至到期投资、可供出售金融资产等而形成的债权，施工企业应设置“应收利息”账户。其借方登记企业在取得交易性金融资产时，其支付的价款中所包含的已到付息期但尚未领取的利息；取得的持有至到期投资中所包含的已到付息期但尚未领取的利息；资产负债表日，企业持有的分期付息、到期还本的持有至到期投资中，按照票面利率计算确定的应收未收利息。贷方登记已收回的应收利息。期末余额一般在借方，反映企业尚未收回的利息。本账户应当按照被投资单位进行明细核算。

需要强调的是，企业购入的到期一次还本付息的持有至到期投资，在持有期间确认的利息收入，应在“持有至到期投资”账户核算，不在本账户进行核算。

（二）应收利息核算的主要会计处理

（1）企业购入的是分期付息、到期还本的持有至到期投资时，其会计处理如下。

借：应收利息（已到付息期按面值和票面利率计算确定的应收未收利息）

　　持有至到期投资——利息调整（票面利息收入小于实际利息收入的差额）

　　贷：投资收益（按摊余成本与实际利率计算确定的实际利息）

　　　　持有至到期投资——利息调整（票面利息收入大于实际利息收入的差额）

（2）企业购入的是分期付息、到期还本的债券并划分为可供出售金融资产时，其会计处理如下。

借：应收利息（已到付息期按面值和票面利率计算确定的应收未收利息）

　　可供出售金融资产——利息调整（票面利息收入小于实际利息收入的差额）

　　贷：投资收益（按摊余成本与实际利率计算确定的实际利息）

　　　　可供出售金融资产——利息调整（票面利息收入大于实际利息收入的差额）

具体核算举例详见第五章投资的相关内容。

二、应收股利的核算

应收股利是指施工企业因金融资产投资或长期股权投资，而应收取的现金股利和应收取其他单位分配的利润。应收股利和应收利息性质相似，同属于企业的短期债权，且与企业的日常施工及生产经营活动没有直接关系。

（一）应收股利核算应设置的账户

为核算企业在持有交易性金融资产、可供出售金融资产和长期股权投资时，所发生的应收取的现金股利和应收取其他单位分配的利润，施工企业应设置“应收股利”账户。其借方登记企业取得交易性金融资产、可供出售金融资产和长期股权投资时，其支付的价款中所包含的、已宣告但尚未发放的现金股利；企业持有交易性金融资产、可供出售金融资产和长期股权投资期间，被投资单位宣告发放的现金股利或利润中，企业按照应享有份额计算的部分。贷方登记企业实际收到的现金股利或利润。期末余额一般在借方，反映企业尚未收回的现金股利或利润。本账户应当按照被投资单位设置明细账，进行明细核算。

（二）应收股利核算的主要会计处理

根据《企业会计准则第 2 号——长期股权投资》，采用成本法核算的长期股权投资，除取得投资时实际支付的价款或对价中包含的已宣告但尚未发放的现金股利或利润外，投资企业应当按照享有被投资单位宣告发放的现金股利或利润确认投资收益，不管有关利润分配是属于对取得投资前还是取得投资后被投资单位实现净利润的分配。

（1）被投资单位宣告发放现金股利或利润时，按应归本企业享有的金额进行会计处理。

借：应收股利

　　贷：投资收益

（2）收到现金股利或利润时的会计处理如下。

借：银行存款

　　贷：应收股利

第五节　预付账款和其他应收款的核算

一、预付账款的核算

（一）预付账款核算的内容

预付账款是指施工企业按照工程合同规定预付给承包单位（即分包商）的款项，包括预付工程款、预付备料款以及按照购货合同规定预付给供应单位的购货款。

预付账款应当按实际发生额记账。施工企业的预付账款，如有客观证据表明发生减值时，应当计算确定减值损失，计提坏账准备。应当注意的是，企业的预付账款如有确凿证据表明其不符合预付账款性质，或者因供货单位破产、撤销等原因已无望再收到所购货物的，应将原记入预付账款的金额转入其他应收款。企业应按预计不能收到所购货物的预付账款的账面余额，借记“其他应收款——预付账款转入”账户，贷记“预付账款”账户。

（二）预付账款核算应设置的账户

为了核算和监督预付账款的增减变化情况，施工企业应设置“预付账款”账户。其借方登记企业预付给分包单位的款项、拨付分包单位抵作备料款的材料以及预付给供应单位的货款；贷方登记企业与分包单位结算工程价款时，从应付的工程款中扣回预付的工程款、备料款和用预付购货款抵作应付供应单位购货款的数额，以及已结转坏账损失的预付账款。期末余额如果在借方，反映企业已经预付但尚未结算的款项；如为贷方余额，反映企业尚未补付的款项。本账户应分别设置“预付分包单位款”和“预付供应单位款”两个明细账户，并分别按工程分包单位和物资供应单位名称设置明细账进行核算。

预付账款不多的企业，可不设置“预付账款”账户，而是将预付的款项直接记入“应付账款”账户的借方。但在期末编制资产负债表时，要将“预付账款”和“应付账款”的金额分别列示。

（三）预付账款核算的会计处理（假设不考虑增值税问题）

1. 企业预付给分包单位账款的核算

（1）预付分包单位工程款和备料款时的会计处理如下。

借：预付账款——预付分包单位款

　　贷：银行存款

（2）拨付分包单位抵作备料款的材料时的会计处理如下。（假设不考虑拨付材料的增值税问题）

借：预付账款——预付分包单位款

　　贷：原材料

（3）企业与分包单位结算工程价款，且根据分包单位提出的“工程价款结算账单”结算工程款时的会计处理如下。（假设不考虑增值税问题）

借：工程施工

　　贷：应付账款——应付工程款

同时，从应付工程款中扣回预付的工程款和备料款。

借：应付账款——应付工程款

　　贷：预付账款——预付分包单位款

施工企业预付分包单位款项核算的会计处理流程如图 3-3 所示。

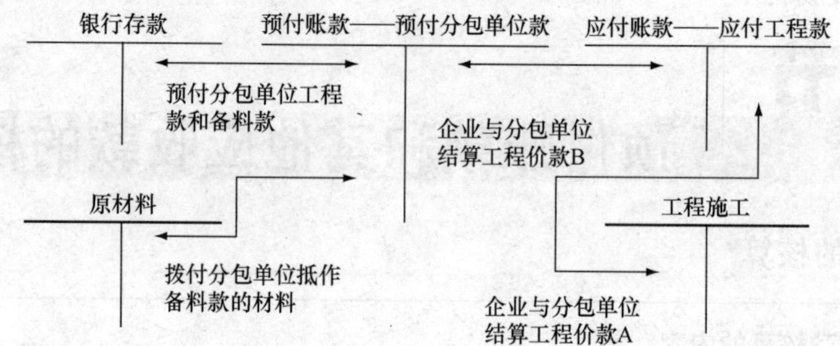

图 3-3　施工企业预付分包单位款项核算的会计处理流程图

2. 企业预付给供应单位预付账款的核算

（1）预付给供应单位货款时的会计处理如下。

借：预付账款——预付供应单位款

　　贷：银行存款

（2）收到所购物资的发票账单时的会计处理如下。（假设不考虑增值税问题）

借：材料采购

　　贷：应付账款

同时

借：应付账款

　　贷：预付账款——预付供应单位款

施工企业预付供应单位预付账款核算的会计处理流程如图 3-4 所示。

举例说明预付账款核算的会计处理如下。

【例题3.5.1】2×16年6月末，施工企业与甲企业就办公楼分包工程签订合同，预付分包甲企业工程款为720 000元，材料款为360 000元。做如下会计分录。

借：预付账款——预付分包单位款（甲企业）　　1 080 000

　　贷：银行存款　　1 080 000

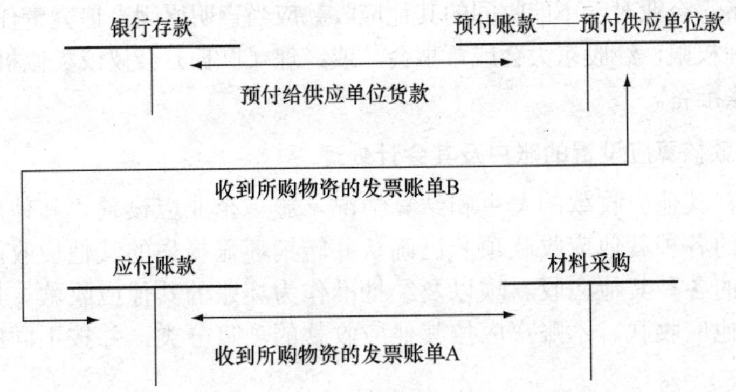

图 3-4　施工企业预付供应单位预付账款核算的会计处理流程图

【例题3.5.2】2×16年6月，施工企业拨付一批材料一批，给分包甲企业抵作备料款，材料作价为258 000元，假设不考虑拨付材料的增值税问题，做如下会计分录。

借：预付账款——预付分包单位款（甲企业）　　258 000

　　贷：原材料　　258 000

【例题3.5.3】2×16年6月，一般纳税人施工企业收到分包乙单位转来的“工程价款结算账单”。根据合同及结算单，应向乙单位支付已完工程款为540 000元，增值税专用发票上注明增值税税款为59 400元，扣还预付工程款为180 000元，扣还预付备料款为108 000元，相关业务用银行存款支付。做如下会计分录。

（1）结算工程价款时的会计处理如下。

借：工程施工　　540 000

　　应交税费——应交增值税（进项税额）　　59 400

　　贷：应付账款——应付工程款（乙单位）　　599 400

同时

借：应付账款——应付工程款（乙单位）　　288 000

　　贷：预付账款——预付分包单位款（乙单位）　　288 000

（2）支付工程余款时的会计处理如下。

借：应付账款——应付工程款（乙单位）　　311 400

　　贷：银行存款　　311 400

二、其他应收款的核算

（一）其他应收款核算的内容

其他应收款是指施工企业对其他单位和个人除了应收票据、应收账款、预付账款、应收股利、应收利息、长期应收款等经营活动以外的其他各种应收、暂付的款项，包括不设置“备用金”账户的企业拨出的备用金，应收的各种赔款、罚款、投标保证金、履约保证金的交纳与收回，应向职工收取的各种垫付款项，以及已不符合预付账款性质而按规定转入的预付账款等。

其他应收、暂付款主要包括应收的各种赔款、罚款；应收出租包装物租金；应向职工收取的各种垫付款项；备用金（向企业各部门拨出的备用金）；保证金，如投标保证金、履约保证金、租入包装物支付的押金（如水泥纸袋押金）、保函押金等；预付账款转入；其他各种应收、暂付款项。

施工企业应当定期或者至少每年年度终了，对其他应收款进行检查，预计其可能发生的坏账损失，并计提坏账准备。企业对于不能收回的其他应收款应当查明原因，追究责任。对确实无法收回的，按照企业的管理权限，经股东大会或董事会，或经理（厂长）会议或类似机构批准作为坏账损失，冲销提取的坏账准备。

（二）其他应收款核算应设置的账户及其会计处理

为了核算和监督其他应收款的发生和结算情况，施工企业应设置“其他应收款”账户。其借方登记企业发生的各种其他应收款项和已确认并转销坏账损失的其他应收款以后又收回的金额；贷方登记收回的各种其他应收款项以及经批准作为坏账的其他应收款。期末借方余额反映企业尚未收回的其他应收款。本账户应按其他应收款的项目分类，并按不同的债务人设置明细账进行核算。

施工企业的备用金数额较大且收支频繁时，可以单独设置“备用金”账户进行核算。

举例说明其他应收款核算的会计处理如下。

【例题3.5.4】2×16年7月，施工企业因自然灾害造成材料物资毁损，保险公司确认赔偿款为46 000元。做如下会计分录。

借：其他应收款——保险公司　　46 000

　　贷：待处理财产损溢——待处理流动资产损溢　　46 000

【例题3.5.5】2×16年8月，施工企业业务部职工李四预借差旅费为6 750元。做如下会计分录。

借：其他应收款——李四　　6 750

　　贷：库存现金　　6 750

【例题3.5.6】收到上述【例题3.5.4】保险公司赔款为46 000元。做如下会计分录。

借：银行存款　　46 000

　　贷：其他应收款——保险公司　　46 000

【例题3.5.7】2×16年8月，李四出差回来报销差旅费5 940元，交回现金为810元。做如下会计分录。

借：库存现金　　810

　　管理费用　　5 940

　　贷：其他应收款——李四　　6 750

【例题3.5.8】2×16年8月，经批准企业有4 050元的其他应收款作为坏账处理。做如下会计分录。

借：坏账准备　　4 050

　　贷：其他应收款　　4 050

第六节　长期应收款的核算

一、长期应收款核算的内容

长期应收款是指施工企业作为出租人融资租赁资产时产生的应收款项，以及采用递延方式分期收款、实质上具有融资性质的销售商品和提供劳务等经营活动产生的应收款项。长期应收款从资产的流动性上看，应属于企业非流动资产的范畴。施工企业对融资租赁的资产在确认租金收入时，根据“营改增”文件规定涉及增值税问题，应按租赁服务计缴增值税。

二、长期应收款核算应设置的账户及其会计处理

（一）长期应收款核算应设置的账户

为了核算施工企业长期应收款的发生和收回，以及实质上构成对被投资单位净投资的长期权益，施工企业应设置下列会计账户。

1.“长期应收款”账户

施工企业设置“长期应收款”账户，其借方登记出租人融资租赁产生的应收租赁款、采用递延方式分期收款销售商品或提供劳务等经营活动产生的长期应收款等；贷方登记收到承租人或购货单位偿还的款项，对被投资单位确认的投资损失，以及已结转坏账损失的长期应收款。本账户的期末借方余额，反映企业尚未收回的长期应收款。本账户应当按照承租人或购货单位（接受劳务单位）等进行明细核算。

2.“未实现融资收益”账户

“未实现融资收益”账户核算企业应当分期计入租赁收入或利息收入的未实现融资收益。本账户应当按照未实现融资收益的项目进行明细核算。借方登记按期采用实际利率法计算确定的租赁收入或利息收入；贷方登记融资租赁时，最低租赁收款额、初始直接费用、未担保余值之和与最低租赁收款额、初始直接费用、未担保余值的现值的差额，以及采用递延方式分期收款销售时，应收合同或协议价款与应收合同或协议价款的公允价值与增值税税额的差额。本账户期末贷方余额，反映企业未实现融资收益的余额。

（二）长期应收款核算的会计处理

出租人融资租赁产生的应收租赁款，应按租赁开始日最低租赁收款额与初始直接费用之和，借记本账户；按未担保余值，借记“未担保余值”账户；按融资租赁资产的公允价值（最低租赁收款额和未担保余值的现值之和），贷记“融资租赁资产”账户；按融资租赁资产的公允价值与账面价值的差额，借记“营业外支出”账户或贷记“营业外收入”账户；按发生的初始直接费用，贷记“银行存款”等账户；按其差额，贷记“未实现融资收益”账户。

施工企业采用递延方式分期收款、实质上具有融资性质的销售商品或提供劳务等经营活动产生的长期应收款，满足收入确认条件的，按应收合同或协议价款，借记“长期应收款”账户；按应收合同或协议价款的公允价值，贷记“主营业务收入”“应交税费”等账户；按其差额，贷记“未实现融资收益”账户。根据合同或协议每期收到承租人或购货单位（接受劳务单位）偿还的款项，借记“银行存款”账户，贷记本账户。

长期应收款核算的内容不是施工企业的典型业务，故不举例说明。

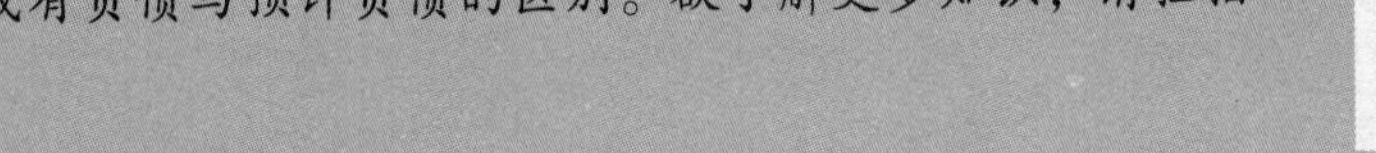

【知识扩展】或有负债与预计负债的区别。欲了解更多知识，请扫描二维码。

思考与练习

1. 施工企业2×16年采用预付账款方式采购材料，具体如下。

（1）3月10日，向甲企业采购木材，开出转账支票一张，预付材料款120 000元。

（2）3月18日，一般纳税人施工企业收到甲企业发出的木材和相关结算单，取得的增值税专用发票上注明材料价款为120 000元，增值税为20 400元，取得的增值税专用发票已通过认证。材料已验收入库，同时开出转账支票一张，补付材料款20 400元。

要求：编制企业上述业务的会计分录。

2. 施工企业从2×14年起开始采用应收账款余额百分比法核算坏账损失，估计坏账率为应收账款余额的3%。已知2×14年年末应收账款账户余额为3 000 000元；2×15年确认坏账240 000元，2×15年年末应收账款账户余额为4 500 000元；2×16年收回已冲销的应收账款90 000元，2×16年年末应收账款账户余额为3 300 000元。

要求：根据上述资料做出2×14—2×16年的相关会计处理。

提示：（1）“坏账准备”账户期末数=应收账款期末余额×估计坏账率

（2）当期应确认的坏账损失数=“坏账准备”期末数-调整前该账户余额数

第四章 存货

【学习目标】

理论目标：掌握施工企业存货的计价方法，掌握存货的初始计量以及各类存货的核算内容；掌握存货期末计价的方法以及存货清查的核算内容；熟悉施工企业存货的含义和分类，熟悉存货可变现净值的含义。

技术目标：掌握库存材料、存货清查和存货跌价准备核算的会计处理，熟悉周转材料、委托加工物资核算的会计处理。

能力目标：掌握库存材料核算的会计处理流程，掌握存货计价方法的应用，掌握存货核算各会计账户核算的内容及具体应用。

引例

中工国际工程股份有限公司存货跌价准备计提

中工国际工程股份有限公司是2001年经中华人民共和国经济贸易委员会批准设立的股份有限公司。公司经营范围为承包各类境外工程及境内国际招标工程，其存货主要分为库存材料、工程施工等。公司2015年度财务报表显示存货的期末余额为264 189万元，较上年同期增加3.52%，同时公司披露存货增加的主要原因为中工老挝投资公司开发成本增加，开发成本归集该公司房地产开发发生的各项成本，包括土地成本、施工成本和其他成本。符合资本化条件的借款费用，亦计入开发成本。2015年，公司有4个重点执行项目实现竣工，分别为委内瑞拉第斯那托斯农业综合发展项目二期、委内瑞拉挖泥船供货及疏浚项目二期、委内瑞拉比西亚火电站项目和肯尼亚电网升级改造LOT-3A&LOT-3B项目。公司2015年度未计提存货跌价准备。

2015年年末年报披露的264 189万元存货项目中，原材料98.70万元，在产品480.18万元，库存商品为2 324.97万元，周转材料1 502.59万元，工程施工（含已完工未结算款）125 121.19万元，开发成本60 609.02万元，开发产品74 052.81万元。

该公司对于存货按照成本进行初始计量。存货具体分为库存商品、工程施工、开发成本、开发产品等。存货发出时采用个别计价法。公司期末存货计价采取成本与可变现净值孰低计价，按账面成本高于可变现净值的差额计提存货跌价准备，计入当期损益。可变现净值按以下原则确认。

（1）积压的库存材料按同类产品的市场价值作为可变现净值。

（2）对在港口准备出运或已经出运、尚未结转成本的存货，如无证据表明不符合客户或工程要求，可变现净值按准备或已经报关的价值确认。

（3）发出存货的可变现净值按预计的可收回金额扣减相关的税费后确定。

存货的初始计量、存货跌价准备的计提政策符合会计准则的规定吗？施工企业所涉及的存货业务是如何进行会计处理的？存货计价方法有哪些？各自的适用范围是什么？企业应如何选择？通过学习本章内容可以解决这些问题。

资料来源：根据2015年度中工国际工程股份有限公司年度财务报告整理

施工企业的存货具有自身的特点，随着工程的开展对存货进行科学的核算和管理是非常必要的。

本章将详细讨论有关施工企业核算的相关内容。

第一节 存货概述

一、存货的含义

存货是指企业在日常活动中持有以备出售的产成品或商品，或者为了出售仍然处在生产过程中的在产品，或者将在生产过程或提供劳务过程中耗用的材料、物料等。存货是施工企业的一项重要流动资产，通常其价值占企业资产的比重较大且种类繁多、流动性较强。存货的确认和计量对确定企业的资产和收益，加速企业流动资金的周转，保护存货的安全与完整都具有十分重要的意义。因此，施工企业必须加强对存货的管理与核算。

二、存货的分类

存货的种类繁多，不同行业存货的内容和分类有所不同。施工企业的存货，通常可分为以下几类。

（1）库存材料，是指施工企业购入的用于施工生产经营的各种材料，包括主要材料、结构件、机械配件、其他材料等。

其中，主要材料是指用于工程或产品并构成工程或产品实体的各种材料，包括黑色金属材料（如钢材等）、有色金属材料（如铜材、铝材等）、木材、硅酸盐材料（如水泥、砖、瓦、石灰、砂、石等）、小五金材料、陶瓷材料、电器材料、化学油漆材料等。

结构件是指经过吊装、拼砌和安装就能构成房屋建筑物实体的各种金属的、钢筋混凝土的、混凝土的和木质的结构物、构件、砌块等，如钢窗、木门、铝合金门窗、塑钢门窗、钢筋混凝土预制件等。

机械配件是指施工机械、生产设备、运输设备等各种机械设备替换、维修使用的各种零件和配件，以及为机械设备准备的备品、备件，如曲轴、活塞、轴承、齿轮、阀门等。

其他材料是指在施工生产过程中并不构成工程实体，但有助于工程的形成或便于施工生产进行的各种材料，如燃料、油料、饲料、润滑油、爆炸材料、催化剂等。

（2）在途材料，是指施工企业已经支付货款，但尚未运到企业，正在运输途中的各种材料，以及虽已运到企业，但尚未办理验收入库手续的各种材料。

（3）周转材料，是指施工企业在施工生产工程中能够多次使用，并可基本保持原来的物质形态，但价值逐渐转移的各种材料，主要包括钢模板、木模板、脚手架、其他周转材料和低值易耗品等。

（4）委托加工物资，是指企业因技术和经济原因而委托外单位代为加工的各种物资。

（5）在建施工产品，是指已经进行施工生产，但月末尚未完成预算定额规定的全部工序和工作内容的工程。

（6）施工产品，是指企业已经完成预算定额规定的全部工序并验收合格，可以按照合同规定的条件移交建设单位或发包单位的工程。

三、存货的初始计量

存货应当按照成本进行初始计量。存货成本包括采购成本、加工成本和其他成本，但并不是每项存货的成本均包括这3部分内容。

存货的采购成本是通过购买而取得的存货成本，一般包括采购价格、相关税费、运输费、装卸费、保险费以及其他可直接归属于存货采购的费用，施工企业采购存货支付的不能抵扣的增值税进项税额也包括在采购成本中。存货的加工成本是指在存货加工过程中发生的追加费用，包括直接人工以及按照一定方法分配的制造费用。存货的其他成本是指除采购成本、加工成本以外的，使存货达到目前场所和状态所发生的其他支出，如为特定客户设计产品所发生的设计费用等。

对于施工企业，下列费用应当在发生时确认为当期损益，不计入存货成本。

其一，非正常消耗的人工费、材料费、机械使用费、其他直接费和间接费用。

其二，仓储费用（不包括在生产过程中为达到下一个生产阶段所必需的费用）。

施工企业可以采用多种方式取得存货，存货的实际成本因存货来源不同而有所不同。

（1）外购存货的实际成本，是指存货的采购成本。

（2）自制存货的实际成本，主要由采购成本和加工成本构成，可能还包括其他成本。

（3）委托加工存货的实际成本，由采购成本、加工成本和其他成本构成。

（4）建设单位（或发包单位）拨入材料的实际成本，应按合同确定的价值计价，即按双方办理材料交接时材料的预算价格计价。

（5）投资人投入存货的实际成本，应按照投资合同或协议确认的价值或者评估确认的公允价值作为实际成本。

（6）盘盈的存货，按照重置成本作为入账价值。

四、存货的计价方法

由于各种存货是分次购入或分批生产形成的，同一种类的存货往往是以不同的单位成本购入或生产出来的，要确定发出存货的价值，就需要确定和选择一定的计算方法。存货的计价方法是指对发出的存货价值和每次发出后存货结存价值的确定方法。只有正确计算和确定发出存货的价值，才能准确地计算施工生产成本和工程结算成本。

我国存货的计价方法包括实际成本计价方法和计划成本计价方法。

（一）实际成本计价方法

实际成本计价方法是指企业在日常核算中，对存货的收入、发出和结存均按实际成本计价。按照《企业会计准则》的规定，施工企业领用或发出存货，用实际成本计价的，可以采用先进先出法、月末一次加权平均法、移动加权平均法、个别计价法确定其实际成本。

1. 先进先出法

先进先出法是假定先收到的存货先发出，并根据这一假定的成本流转程序，对发出存货和期末存货进行计价的方法。采用这种方法，收入存货时要逐笔登记购进的存货数量、单价和金额；发出存货时先购入的存货成本在后购入的存货成本之前转出，并逐笔登记存货发出和结存金额。采用这种方法，存货的成本流动与存货的实物流动较为接近，期末的存货成本比较接近现行市场价值。但这种方法在收发存货业务频繁的情况下，计算工作量大，适用于收发业务不多的企业。

举例说明存货的实际成本计价方法如下。

【例题4.1.1】A公司2×16年4月给出的存货收发情况表显示了B材料的收入、发出数量以及购进单位成本，如表4-1所示。

根据表4-1的资料，发出存货采用先进先出法计算，其发出存货数量、金额和库存存货数量、金额的计算结果如表4-2所示。

表4-1　　2×16年4月存货收发情况表

日期	收入			发出			库存		
	数量（件）	单价（元/件）	金额（元）	数量（件）	单价（元/件）	金额（元）	数量（件）	单价（元/件）	金额（元）
4月1日							400	7.50	3 000
5日	800	8	6 400				1 200		
11日				900			300		
18日	500	8.50	4 250				800		
24日				600			200		
31日				100			100		

表4-2　　采用先进先出法计算的存货情况表

日期	收入			发出			库存		
	数量（件）	单价（元/件）	金额（元）	数量（件）	单价（元/件）	金额（元）	数量（件）	单价（元/件）	金额（元）
4月1日							400	7.50	3 000
5日	800	8	6 400				400	7.50	3 000
							800	8	6 400
11日				400	7.50	3 000			
				500	8	4 000	300	8	2 400
18日	500	8.50	4 250				300	8	2 400
							500	8.50	4 250
24日				300	8	2 400			
				300	8.50	2 550	200	8.50	1 700
31日				100	8.50	850	100	8.50	850
合计	1 300		10 650	1 600		12 800	100		850

2. 月末一次加权平均法

月末一次加权平均法是指以本月全部进货数量与月初存货结存数量作为权数，去除本月全部进货成本加上月初存货成本，计算出存货的加权平均单位成本，从而确定存货的发出成本和期末库存成本的方法。其计算公式如下。

$$存货单位成本=\frac{月初存货结存金额+\sum(本月各批进货的实际单位成本\times本月各批进货的数量)}{月初存货结存数量+本月各批进货数量之和}$$

本月发出存货成本=本月发出存货数量×存货单位成本

期末库存存货成本=期末库存存货数量×存货单位成本

采用这种方法，平时工作量较少，只在月末计算一次加权平均单位成本，比较简单；且单位成本平均化，对存货成本的分摊较为折中，但是，这种方法月末存货成本计算工作量大，平时也无法从账上提供发出和结存存货的单价及金额，影响成本核算的及时性，因而不利于施工企业加强对存货的管理。

【例题4.1.2】根据表4-1的资料，发出存货采用月末一次加权平均法计算，其发出存货数量、金额和库存存货数量、金额的计算结果如表4-3所示。

表 4-3　　采用月末一次加权平均法计算的存货情况表

日期	收入			发出			库存		
	数量（件）	单价（元/件）	金额（元）	数量（件）	单价（元/件）	金额（元）	数量（件）	单价（元/件）	金额（元）
4月1日							400	7.50	3 000
5日	800	8	6 400				1 200		
11日				900			300		
18日	500	8.50	4 250				800		
24日				600			200		
31日				100			100		
合计	1 300		10 650	1 600	8.029 4①	12 847②	100	8.029 4	803③

注：① 8.029 4=（3 000+6 400+4 250）÷（400+800+500）

② 12 847=1 600×8.029 4

③ 803=3 000+6 400+4 250−12 847 或=8.029 4×100

3. 移动加权平均法

移动加权平均法是指用本次进货成本与原有库存成本之和，除以本次进货数量与原有库存数量之和，据以计算新的加权平均单价，并对发出存货和库存存货进行计价的方法。

$$新加权平均单位成本=\frac{新进存货成本+原结存存货成本}{新进存货数量+原结存存货数量}$$

采用这种方法，便于企业及时了解存货的结存情况，且计算的平均单位成本以及发出和结存的存货成本比较客观。但采用这种方法，每次进货都要重新计算加权平均单位成本，工作量较大。

【例题4.1.3】根据表4-1的资料，发出存货采用移动加权平均法计算，其发出存货数量、金额和库存存货数量、金额的计算结果如表4-4所示。

表 4-4　　采用移动加权平均法计算的存货情况表

日期	收入			发出			库存		
	数量（件）	单价（元/件）	金额（元）	数量（件）	单价（元/件）	金额（元）	数量（件）	单价（元/件）	金额（元）
3月1日							400	7.50	3 000
5日	800	8	6 400				1 200	7.83①	9 400
11日				900	7.83	7 047	300	7.83	2 353
18日	500	8.50	4 250				800	8.254②	6 603
24日				600	8.254	4 952	200	8.254	1 651
31日				100	8.254	825	100	8.254	826
合计	1 300		10 650	1 600		12 824	100	8.254	826

注：① 7.83=（3 000+6 400）÷（400+800）

② 8.254=（2 353+4 250）÷（300+500）

4. 个别计价法

个别计价法，是指发出的存货，要根据该存货购入或生产时所确定的实际单位成本作为计价依据。采用这种方法，一般需要具备以下两个条件。一是存货项目必须是可以辨别认定的；二是必须要有详细的记录据以了解每一存货或每批存货项目的具体情况。对于不能替代使用的存货以及为特定项目专门购入或制造的存货，一般应当采用个别计价法确定发出存货的成本。

采用这种方法，得出的发出存货成本和期末存货成本比较合理、准确。但分别记录各批存货的单价和数量，实务操作的工作量较大且困难，进货批次较多时不宜采用。

（二）计划成本计价方法

计划成本计价方法是指企业在日常核算中，对存货的收入、发出和结存均按预先制定的计划成本计价，月终时再将本月发出存货的计划成本调整为实际成本的方法。这种方法包括以下几个方面的内容。

第一，应制定各种存货的计划价格目录，规定各种存货的分类、名称、规格、编号、计量单位和计划单位成本。计划成本确定后，一般在年度内不应随意变更，如若变更，要在财务报表附注中加以说明，并及时修订企业存货目录中的计划价格。

第二，企业收到的存货，应按存货目录的计划单价填制收货单，计算收到存货的计划成本。当所采购的存货验收入库后，应及时结转该存货实际成本与计划成本的差额，作为“材料成本差异”单独组织核算。

第三，领用、发出的存货按计划成本核算，月终时再分摊领用、发出存货应分摊的成本差异，将发出存货的计划成本调整为实际成本；发出存货的成本差异率可以按本月的差异率计算，也可以按上月差异率计算。材料成本差异率的计算公式如下。

$$\text{本月某类存货成本差异率}=\frac{\text{月初结存该类存货的成本差异}+\text{本月收到该类存货的成本差异}}{\text{月初结存该类存货的计划成本}+\text{本月收到该类存货的计划成本}}\times 100\%$$

或

$$\text{本月某类存货成本差异率}=\frac{\text{月初结存该类存货的成本差异}}{\text{月初结存该类存货的计划成本}}\times 100\%$$

本月发出存货应负担的差异=发出存货的计划成本×该存货成本差异率

第四，经过存货成本差异的分配，本月发出存货应分配的成本差异从“材料成本差异”账户转出之后，属于月末库存存货应分配的成本差异仍保留在“材料成本差异”账户内，作为库存存货的调整项目。编制资产负债表时，存货项目应当列示加（减）存货成本差异后的实际成本。

采用这种方法，存货明细账可以只记收入、发出和结存存货的数量，将数量乘以计划成本，随时求得该存货收入、发出、结存的金额，然后通过“材料成本差异”账户计算和调整发出和结存存货的实际成本，简便易行，而且在有了合理的计划成本之后，将实际成本与计划成本对比，可以对采购部门进行考核，促使其降低采购成本，节约支出。

施工企业存货的日常核算采用哪种计价方法，由企业根据实际情况自行决定，但要遵守一致性原则。方法一经确定，不得随意变更，如确有必要变更，应当将变更的原因、变更的情况及其对企业财务状况和经营成果的影响，在财务报告中加以说明。

第二节 库存材料的核算

一、库存材料核算应设置的账户

为了核算材料采购的实际成本（或计划成本），计算实际成本与计划成本的差异以便确认采购业务成果，以及正确反映各种材料物资的增减变动和结存情况，施工企业应设置下列会计账户。

（一）按实际成本计价应设置账户

1.“原材料”账户

“原材料”账户核算施工企业各种库存材料的成本（实际成本或计划成本，下同）。其借方核算企业因各种途径增加并已验收入库的库存材料成本；贷方核算企业因各种原因减少的库存材料成本。期末借方余额，反映库存材料的成本。本账户应按材料保管地点、类别、品名和规格，设置有数量、金额的明细账进行核算。

2.“在途物资”账户

“在途物资”账户核算施工企业购入但尚未到达或尚未验收入库的各种存货（包括库存材料、周转材料等，下同）的实际成本。其借方登记已支付货款或已开出承兑商业汇票而尚未到达或尚未验收入库的各种存货的实际成本；贷方登记已验收入库的各种存货的实际成本。期末借方余额反映已经付款或已开出承兑的商业汇票但尚未验收入库的在途物资。

（二）按计划成本计价应设置账户

1.“材料采购”账户

“材料采购”账户核算施工企业购入各种物资（包括库存材料、周转材料等，下同）的采购成本。其借方登记根据发票、账单等支付的各种物资的采购成本，月终结算材料、低值易耗品的采购实际成本小于计划成本的节约差；贷方登记应向供应单位、运输机构、保险公司或其他责任人收回的物资短缺或其他应冲减采购成本的赔偿款项，已验收入库材料、周转材料、低值易耗品的计划成本以及月终结算采购实际成本大于计划成本的超支差。期末借方余额反映货款已经支付或承付而物资尚未到达或尚未验收入库的在途物资的实际成本。本账户应按物资品种设置明细账进行核算。

2.“材料成本差异”账户

“材料成本差异”账户核算施工企业各种材料的实际成本与计划成本的差异，是采用计划成本进行存货日常核算的企业设置和使用的账户。其借方核算因各种途径而取得的存货（包括外购、自制、委托加工收入的材料、周转材料等，下同）实际成本大于计划成本的差额（超支差）；贷方核算取得的存货实际成本小于计划成本的差额（节约差）以及发出存货应负担的成本差异（超支差用蓝字登记，节约差用红字登记）。期末借方余额反映库存结余各种材料的超支差异，贷方余额反映库存结余各种材料的节约差异。本账户应按材料类别或品种设置明细账进行明细核算。

3.“原材料”账户（如上所述）

二、库存材料核算的会计处理

施工企业在进行库存材料业务核算时，应特别注意下列业务的会计处理。

（1）对于已经验收入库但发票账单尚未到达的材料物资，在月份内可暂不入账，待发票账单到达时再按发票账单的金额记账。如果月终发票账单仍未到达，企业应按合同价格或计划、预算价格暂估入账，直接借记“原材料”账户，贷记“应付账款”账户，以便在月份会计报表上能真实反映库存材料物资的结存情况。但下月初，要用红字冲回，待收到发票账单付款或开出承兑商业汇票时，按正常程序，借记“原材料”“应交税费——应交增值税（进项税额）”科目，贷记“银行存款”或“应付票据”等科目。

（2）企业根据合同规定预付给供应单位的购货定金或部分货款，应作为预付供应单位款在“预付账款”账户核算，而不得将预付款作为购入材料物资的价款入账。企业只有在收到购货发票账单后，才能根据发票账单列示的金额登记“材料采购”账户，同时将预付的货款转入“应付账款”账户。

（3）若发票账单已经收到并已支付或承付货款，但材料尚未到达，应按支付或承付的数额，记入“在途物资”或“材料采购”“应交税费——应交增值税（进项税额）”账户，待材料到达并验收入库后，再按材料的实际成本或计划成本转入“原材料”等账户。

（4）采购的材料物资在运输途中发生的短缺和毁损，应根据不同情况做相应的账务处理。属于定额内的合理损耗计入材料的采购成本；属于供应单位、运输机构、保险公司或其他过失人负责赔偿的损失，应根据赔偿请求单所列的索赔金额，借记“应收账款”“其他应收款”等账户，贷记“材料采购”等账户。

举例说明库存材料核算的会计处理如下。（库存材料按计划成本计价）

一般纳税人施工企业2×16年6月发生如下经济业务。

【例题4.2.1】3日，施工企业购入钢材[①]一批，已验收入库，发票账单已收到，增值税专用发票上注明该批钢材价款为156 000元，增值税税额为26 520元，货款已通过银行支付，该批材料的计划成本为160 200元。取得的增值税专用发票已得到认证，做如下会计分录。

（1）支付材料款时

借：材料采购——主要材料（黑色金属）　156 000

　　应交税费——应交增值税（进项税额）　26 520

　　贷：银行存款　182 520

（2）材料验收入库时

借：原材料——主要材料（黑色金属）　160 200

　　贷：材料采购——主要材料（黑色金属）　160 200

【例题4.2.2】8日，企业采用预付款方式向供应商订购混凝土[②]一批，按照合同规定，事先以银行存款预付价款为90 000元，其余货款于混凝土到达后一次结算。做如下会计分录。

借：预付账款——供应商　90 000

　　贷：银行存款　90 000

【例题4.2.3】11日，企业购入木材[③]一批，增值税专用发票上注明价款为105 000元，增值税税额为17 850元，取得的增值税专用发票已得到认证，以银行存款付清。做如下会计分录。

借：材料采购——主要材料（木材）　105 000

　　应交税费——应交增值税（进项税额）　17 850

　　贷：银行存款　122 850

【例题4.2.4】企业8日订购的混凝土[④]于14日运达并已验收入库，增值税专用发票上注明价款为298 250元，增值税税额为50 702.50元，且企业支付运杂费为16 830元，材料的计划成本为297 000元，取得的增值税专用发票已得到认证。做如下会计分录。

（1）材料到达企业时

借：材料采购——混凝土　298 250

　　应交税费——应交增值税（进项税额）　50 702.50

　　贷：应付账款——主要材料（混凝土）　348 952.50

（2）支付运杂费及其余货款，同时冲转预付材料款

借：材料采购——混凝土　16 830

　　应付账款——主要材料（混凝土）　348 952.50

　　贷：银行存款　275 782.50

---

① 增值税一般纳税人销售或者进口货物，除低税率适用范围外，税率一律为17%，即增值税基本税率。钢材（黑色金属）不属于低税率征收范围，应按17%计税。

② 商品混凝土中水泥混泥土销售方可选择简易计税方法按3%征收率计税，但本题中一般纳税人施工企业收到增值税专用发票，所以为非水泥混凝土，仍按照基本税率17%计税。

③ 根据增值税暂行条例，增值税一般纳税人销售或者进口货物，除低税率适用范围外，税率一律为17%。这里的木材并非适用13%低税率的农产品中隶属于林业的原木，而是经过商业加工的木材，适用税率为17%。

④ 商品混凝土中水泥混泥土销售方可选择简易计税方法按3%征收率计税，但本题中一般纳税人施工企业收到增值税专用发票，所以为非水泥混凝土仍按照基本税率17%计税。

预付账款——主要材料（混凝土） 90 000

（3）材料验收入库时

借：原材料——混凝土 297 000

贷：材料采购——主要材料（混凝土） 297 000

【例题4.2.5】21日，上述于本月11日购入的木材到达企业并验收入库，经确认，其中短缺的4 500元材料应由运输单位负责赔偿，入库材料的计划成本为100 400元。做如下会计分录。

（1）根据赔偿请求单

借：其他应收款——××运输单位 4 500

贷：材料采购——主要材料（木材） 4 500

（2）材料验收入库时

借：原材料——主要材料（木材） 100 400

贷：材料采购——主要材料（木材） 100 400

【例题4.2.6】23日企业又购入混凝土，增值税专用发票上注明价款为255 000元，增值税税额为43 350元，用银行存款付讫，取得的增值税专用发票已得到认证，做如下会计分录。

借：材料采购——主要材料（混凝土） 255 000

应交税费——应交增值税（进项税额） 43 350

贷：银行存款 298 350

【例题4.2.7】25日企业购入一批有色金属材料，贷款未付，材料已到达并验收入库，但发票账单尚未到。

对这类经济业务，平时可暂不做账务处理。月末，如果发票账单仍未到达，则应按计划成本假设567 000元暂估入账。做如下会计分录。

借：原材料——主要材料（有色金属材料） 567 000

贷：应付账款——暂估应付款 567 000

下月初，用红字作同样的会计分录冲回。

借：原材料——主要材料（有色金属材料） [567 000]

贷：应付账款——暂估应付款 [567 000]

待该批材料的发票、账单到达企业付款时，再按【例题4.2.1】的方法正常入账。

【例题4.2.8】月末，结转本月采购入库钢材、木材和混凝土3种材料的材料成本差异。做如下会计分录。

（1）结转已入库钢材成本差异时

借：材料采购——主要材料（黑色金属） 4 200

贷：材料成本差异——主要材料（黑色金属） 4 200

（2）结转已入库木材成本差异时

借：材料成本差异——主要材料（木材） 100

贷：材料采购——主要材料（木材） 100

（3）结转已入库混凝土成本差异时

借：材料成本差异——主要材料（混凝土） 18 080

贷：材料采购——主要材料（混凝土） 18 080

【例题4.2.9】根据“发料凭证汇总表”的资料（格式省略），进行材料发出的账务处理。假设本月施工项目部领用钢材为150 000元，管理部门领用木材为6 000元。

钢材成本差异率=4 200÷160 200×100%=2.62%（节约差）

木材成本差异率=100÷100 400×100%=0.10%（超支差）

（1）结转各消耗单位耗用材料的计划成本。做如下会计分录。

借：工程施工　　150 000

　　贷：原材料——主要材料（黑色金属）　　150 000

借：管理费用　　6 000

　　贷：原材料——主要材料（木材）　　6 000

（2）月末，结转分配的材料成本差异。做如下会计分录。

借：工程施工　　3 930

　　贷：材料成本差异——主要材料（黑色金属）　　3 930

借：管理费用　　6

　　贷：材料成本差异——主要材料（木材）　　6

黑色金属和木材的材料成本差异形成、分配及结存的会计处理流程如图4-1和图4-2所示。

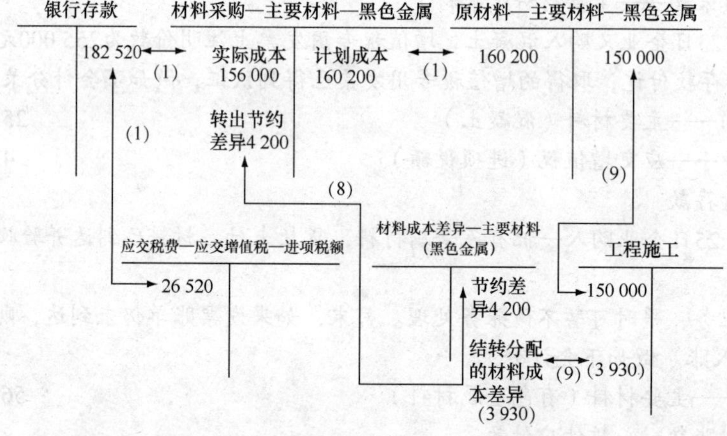

图 4-1　黑色金属材料的材料成本差异流程图

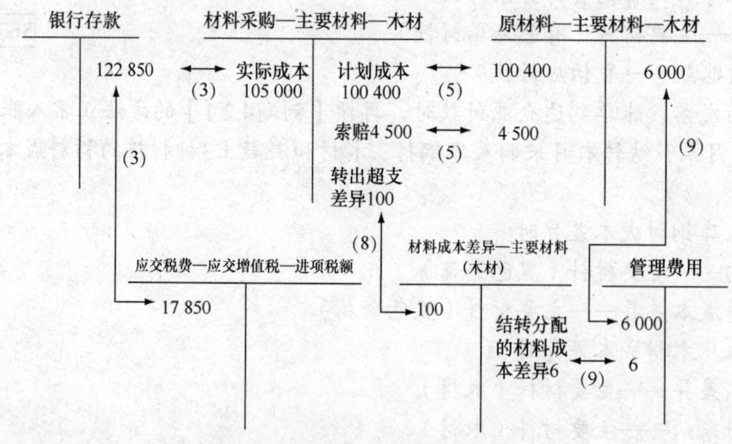

图 4-2　木材的材料成本差异流程图

【知识扩展】中华人民共和国增值税暂行条例。欲了解更多知识，请扫描二维码。

第三节 周转材料与委托加工物资的核算

一、周转材料核算

周转材料是指施工企业在施工过程中能够多次使用，并可基本保持原来的形态而逐渐转移其价值，但不符合固定资产定义的材料。周转材料是施工企业在生产过程中使用的、独具特色的材料品种。其特点是种类繁多，单个产品价值相对较低，用量较大，使用周期较短且频繁，经常需要补充和更换，并且多次参与施工企业生产而不改变其实物形态，其价值通过成色的减少而逐步分摊到工程成本中去。因此，施工企业对周转材料的核算和管理既不同于固定资产，也不同于低值易耗品。但为了简化核算手续，目前《企业会计准则第 1 号——存货》将低值易耗品列入周转材料范畴。

（一）周转材料的分类

周转材料按其在施工生产过程中的用途可以分为以下几类。

（1）模板，是指浇灌混凝土使用的木模、组合钢模以及配合模板使用的支撑材料、滑模材料、构件等。按固定资产管理的固定钢模和现场固定大型钢模板不包括在内。

（2）挡板，是指土方工程使用的挡土板等，包括支撑材料在内。

（3）架料，是指搭设脚手架用的竹竿、木杆、竹木跳板、钢管脚手架及其附件等。

（4）其他周转材料，是指除以上各类之外，作为存货管理的其他周转材料，如塔吊使用的轻轨、枕木等（不包括属于塔吊的钢轨）。

（5）低值易耗品，是指不作为固定资产核算的各种用具物品，如工具、管理用具、玻璃器皿等。它具有劳动资料的明显特征，可以多次参加周转使用而不改变原有的实物形态。但由于其使用期限较短，价值较低，易于损坏，更换比较频繁，为了便于管理与核算，会计上把低值易耗品归入流动资产，视同存货进行核算和管理。

周转材料按其使用情况可分为在库周转材料和在用周转材料两大类。

施工企业应加强对周转材料的管理力度，对周转材料采取科学的手段实行集中统一的动态管理，以避免盲目采购造成大量积压。在保证施工生产活动正常进行的同时，应尽量减少周转材料占用的资金，从而加速资金周转。

（二）周转材料的摊销方法

由于周转材料与一次性消耗材料不同，其损耗价值应分次摊销计入工程成本，因此，施工企业应当根据具体情况对周转材料采用一次转销、分期摊销、分次摊销、五五摊销或者定额摊销的方法。

（1）一次转销法，是指在领用周转材料时，将其全部价值一次计入工程成本或有关费用的方法。这种方法一般应限于易腐、易糟、价值较低且使用期限较短的周转材料。

（2）分期摊销法，是指根据周转材料的预计使用期限、原值、预计残值计算其每期的摊销额，并分期摊入工程成本或有关费用的方法。其计算公式如下。

$$\text{周转材料每期摊销额}=\frac{\text{周转材料原值（或计划成本）}\times(1-\text{残值占原值的百分比})}{\text{预计使用期限}}$$

（3）分次摊销法，是指根据周转材料的预计使用次数、原值、预计残值计算其每期的摊销额，并分期摊入工程成本或有关费用的方法。其计算公式如下。

$$\text{周转材料每期摊销额}=\frac{\text{周转材料原值（或计划成本）}\times(1-\text{残值占原值的百分比})}{\text{预计使用次数}}$$

周转材料本期摊销额=周转材料每次摊销额×本期使用次数

（4）五五摊销法，是指在领用周转材料时先摊销其账面价值的一半，在报废时再摊销其账面价值的另一半，即周转材料分两次平均摊销到工程成本或费用中的方法。

（5）定额摊销法，是指根据实际完成的实物工作量和预算定额规定的周转材料消耗定额，计算确认本期周转材料摊销额，并计入本期工程成本或有关费用的方法。其计算公式如下。

周转材料本期摊销额=本期完成的实物工作量×单位工程周转材料消耗定额

施工企业周转材料的摊销方法，由企业根据实际情况自行决定，但要遵守一致性原则。方法一经确定，不得随意变更，如确有必要变更，应当将变更的原因、变更的情况及其对企业财务状况和经营成果的影响，在财务报告中加以说明。

另外，由于施工企业的周转材料大都在露天使用、堆放，发生的自然损耗较大，而且施工生产过程中安装拆卸周转材料的技术水平和施工生产工艺的高低对周转材料的使用寿命也有直接影响。因此，在实际工作中，周转材料无论采用哪一种摊销方法，其平时计算的摊销额，一般都不可能与实际的价值损耗完全一致，所以，需要在年度终了或工程竣工时，对周转材料进行盘点，根据周转材料的实际损耗来调整账面已提摊销额，以保证工程成本和有关费用的准确性。

① 施工企业在清查盘点中如发现短缺、报废周转材料，应及时办理报废手续，并办理补提摊销。

应提摊销额＝报废、短缺周转材料的计划成本－残料价值（短缺的周转材料无残值）

$$已提摊销额＝报废、短缺周转材料的计划成本\times\frac{该类在用周转材料账面已提摊销额}{该类在用周转材料账面计划成本}$$

② 施工企业对工程竣工或不需用退库的周转材料，应及时办理退库手续，并确定成色补提摊销。

退回周转材料应补提摊销额=应提摊销额-已提摊销额

应提摊销额=退回周转材料的计划成本×（1-退回时确定的成色即新旧程度百分比）

$$已提摊销额＝退回周转材料的计划成本\times\frac{该类在用周转材料账面已提摊销额}{该类在用周转材料账面计划成本}$$

③ 施工企业对于转移到其他工程的周转材料，也应及时办理转移手续，并比照上述方法，确定转移的成色以及应补提的摊销额。

（三）周转材料核算应设置的账户

（1）采用一次转销法时，为了核算企业库存和在用的各种周转材料的实际成本或计划成本，施工企业应设置“周转材料”账户。其借方登记企业库存及在用周转材料的计划成本或实际成本以及报废周转材料的累计已提摊销额；贷方登记周转材料摊销价值以及因盘亏、报废、毁损等原因减少的周转材料价值。期末借方余额，反映施工企业所有在库周转材料的计划成本或实际成本，以及在用周转材料的摊余价值。本账户应按周转材料的种类设置明细账进行核算。

（2）采用其他摊销法时，还应在“周转材料”账户下设置“在库周转材料”“在用周转材料”和“周转材料摊销”三个明细账户进行核算。“在库周转材料”明细账户用来核算企业库存周转材料的计划成本或实际成本，其明细核算与“原材料”账户相同；“在用周转材料”明细账户用来核算企业一次领用分次摊销周转材料的计划成本或实际成本，应按各使用部门设置明细账进行核算；“周转材料摊销”明细账户用来核算企业在用周转材料摊销额的增减变化情况以及退库和转移周转材料的已提摊销额，是“在用周转材料”明细账户的备抵调整账户，施工企业每次摊销周转材料时，记入“周转材料摊销”明细账户的贷方，周转材料报废时，将累计已提摊销额记入“周转材料摊销”明细账户的借方，“周转材料摊销”明细账户的贷方余额反映在用周转材料的累计摊销额。

（3）采用计划成本核算的施工企业，月度终了，应结转当月领用周转材料应分摊的成本差异，通过“材料成本差异”账户，计入有关成本、费用账户。

施工企业对在用周转材料以及使用部门退回仓库的周转材料，应当加强实物管理，并在备查簿上进行登记。余额较小的周转材料，可在领用时一次计入成本费用，以简化核算，但为加强实物管理，也应在备查簿上进行登记。

（四）周转材料核算的会计处理

施工企业购入、委托外单位加工完成并已验收入库的周转材料、施工企业接受的债务人以非现金资产抵偿债务方式取得的周转材料、非货币性交易取得的周转材料等以及周转材料的清查盘点，比照“原材料”账户的相关规定进行账务处理。

1. 施工企业领用、摊销和退回周转材料时，应区分以下情况进行账务处理

（1）采用一次转销法核算的周转材料，在领用时将其全部价值计入有关成本、费用，借记“工程施工”等账户，贷记“周转材料”账户。

（2）采用其他摊销法核算的周转材料，在领用时按其全部价值，借记“周转材料——在用周转材料”账户，贷记“周转材料——在库周转材料”账户；周转材料摊销时，按摊销额，借记“工程施工”等账户，贷记“周转材料——周转材料摊销”账户；周转材料退库时，按其全部价值，借记“周转材料——在库周转材料”账户，贷记“周转材料——在用周转材料”账户。

2. 施工企业的周转材料报废时，应区分以下情况进行账务处理

（1）采用一次转销法核算的周转材料，将报废周转材料的残料价值作为当月周转材料转销额的减少，冲减有关成本、费用，借记“原材料”等账户，贷记“工程施工”等账户。

（2）采用其他摊销法核算的周转材料，将补提摊销额，借记“工程施工”等账户，贷记“周转材料——周转材料摊销”账户；将报废周转材料的残料价值作为当月周转材料摊销额的减少，冲减有关成本、费用，借记“原材料”等账户，贷记“工程施工”等有关账户，同时，将已提摊销额，借记“周转材料——周转材料摊销”账户，贷记“周转材料——在用周转材料”账户。施工企业采用其他转销法核算的周转材料会计处理流程如图 4-3 所示。

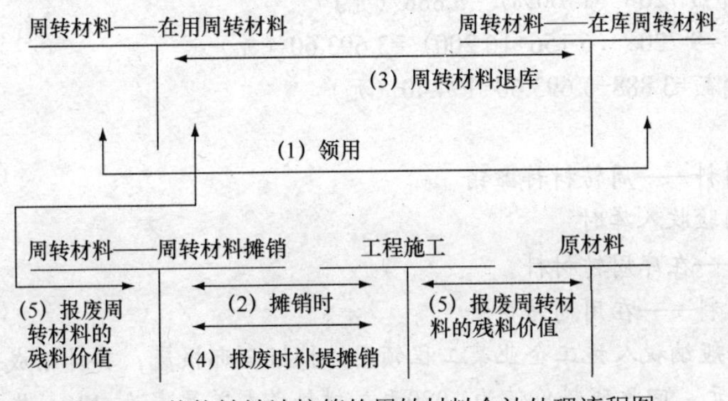

图 4-3 其他转销法核算的周转材料会计处理流程图

举例说明周转材料核算的会计处理如下。

【例题4.3.1】一般纳税人施工企业购入一批周转材料，增值税专用发票注明的价款为94 500元，增值税税额为16 065元，计划成本为90 000元。货款已付，但材料尚未到达。取得的增值税专用发票已得到认证，做如下会计分录。

借：材料采购——周转材料　　94 500

　　应交税费——应交增值税（进项税额）　　16 065

　　贷：银行存款　　110 565

【例题4.3.2】上述周转材料已到达企业并办完验收入库手续。做如下会计分录。

借：周转材料——在库周转材料　　90 000

　　贷：材料采购——周转材料　　90 000

【例题4.3.3】月末，结转购入周转材料的材料成本差异。做如下会计分录。

借：材料成本差异——周转材料　　4 500

　贷：材料采购——周转材料　　4 500

【例题4.3.4】施工企业项目部本月领用周转材料一批，采用一次摊销法摊销，其计划成本为4 500元，材料成本差异率为4%。做如下会计分录。

借：工程施工　　4 680

　贷：周转材料——在库周转材料　　4 500

　　材料成本差异　　180

【例题4.3.5】企业施工项目部领用分次摊销的钢模一批，计划成本为24 300元，预计残值占计划成本的5%，分5次摊销，本月实际使用2次。做如下会计分录。

（1）领用时

借：周转材料——在用周转材料　　24 300

　贷：周转材料——在库周转材料　　24 300

（2）摊销时

周转材料每次摊销额=24 300×（1-5%）÷5＝4 617（元）

借：工程施工　　4 617

　贷：周转材料——周转材料摊销　　4 617

【例题4.3.6】施工企业阶段性工程结束后，将安全网退回仓库，该批安全网计划成本为9 720元，估计成色为60%，安全网在用计划成本为16 200元，账面已提摊销额为6 156元。做如下会计分录。

（1）补提摊销额时

应提摊销额=9 720×（1-60%）=3 888（元）

已提摊销额=9 720×（6 156÷16 200）=3 693.60（元）

应补提摊销额=3 888-3 693.60=194.40（元）

借：工程施工　　194.40

　贷：周转材料——周转材料摊销　　194.40

（2）退回安全网验收入库时

借：周转材料——在库周转材料　　9 720

　贷：周转材料——在用周转材料　　9 720

【例题4.3.7】一般纳税人施工企业某工程领用的挡板全部报废，其计划成本为21 600元，账面已提摊销额为21 060元，回收残料价值为1 080元，材料成本差异率为-1%。做如下会计分录。

（1）补提摊销额时

应提摊销额=21 600-1 080=20 520（元）

已提摊销额=21 060（元）

应补提摊销额=20 520-21 060=-540（元）

借：工程施工　　[540]

　贷：周转材料——周转材料摊销　　[540]

（2）残料入库并转销报废挡板时

借：原材料　　1 080

　周转材料——周转材料摊销　　20 520

　贷：周转材料——在用周转材料　　21 600

（3）分配报废挡板应负担的材料成本差异时

借：工程施工 216

　贷：材料成本差异 216

二、委托加工物资的核算

（一）委托加工物资核算的内容

委托加工物资是指施工企业委托外单位加工的各种材料、商品等物资。企业库存的材料物资有些不能直接供施工生产使用，为此，企业常常需要把某些材料委托外单位加工成另一种材料。发往外单位加工的材料，只是改变了材料的存放地点，而其所有权并未改变，它仍然属于企业存货的范畴。但经过加工，材料的原有实物形态和用途都发生了变化，价值也相应地增加了。因此，会计上要求对委托加工物资单独进行核算。

施工企业委托加工物资核算既可以采用实际成本计价，也可以采用计划成本计价。但是，计价方法一经确定，不得随意变更。

（二）委托加工物资核算应设置的账户及会计处理

为了核算企业委托外单位加工的各种物资的实际成本，施工企业应设置“委托加工物资”账户。其借方登记发给外单位加工的材料物资的实际成本或计划成本、材料成本差异以及支付的加工费和应负担的往返运杂费等；贷方登记加工完成并验收入库的材料物资实际成本。期末借方余额，反映企业委托外单位加工但尚未加工完成物资的实际成本和发出加工物资的运杂费等。本账户应按加工合同和受托加工单位设置明细账户进行核算。

举例说明委托加工物资核算的会计处理如下。（委托加工物资按计划成本计价）

【例题4.3.8】一般纳税人施工企业根据加工合同发出原木一批交加工单位，计划成本为37 800元，材料成本差异为借差为1 350元。做如下会计分录。

借：委托加工物资 39 150

　贷：原材料 37 800

　　材料成本差异 1 350

【例题4.3.9】一般纳税人施工企业通过银行支付加工费及往返运费，增值税专用发票注明的价款为2 700元，增值税税额为459元。取得的增值税专用发票已得到认证，做如下会计分录。

借：委托加工物资 2 700

　应交税费——应交增值税（进项税额） 459

　贷：银行存款 3 159

【例题4.3.10】委托加工材料加工完成验收入库的计划成本为42 660元。做如下会计分录。

借：原材料 42 660

　贷：委托加工物资 41 850

　　材料成本差异 810

第四节 存货清查的核算

一、存货清查概述

施工企业的存货品种多，数量大，收发频繁。在日常的收发、保管过程中，由于计量错误、计算差错、检验疏忽、管理不善、自然损耗、核算失误以及偷窃、贪污等原因，有时会发生存货的盘盈、盘亏和毁损现象，从而造成存货账实不相符。此外，企业因计划不周、盲目采购等原因，还可能引起材料物资超储积压等现象。为了保护企业流动资产的安全和完整，做到账实相符，企业必须对存货进行定期或不定期的清查盘点。对于价值高的存货应按月清查；其他存货在年度终了前必须进行一次全面的盘点清查。企业对存货进行清查盘点后，确定各种存货的实际库存数量，并与账面结存数量核对，从而查明存货盘盈、盘亏和毁损的数量以及造成存货盘盈、盘亏和毁损的原因，明确责任。根据清查结果编制存货盘点报告表，按规定程序报经有关部门批准后，做相应的账务处理，调整存货的账面实存数，使存货账实相符。对于清查过程中发现的多余、积压、呆滞物资，应迅速加以处理，或出售或充分利用，从而加速存货资金的周转。

二、存货清查核算应设置的账户

为了核算企业在清查财产过程中查明的各种财产物资的盘盈、盘亏和毁损情况，施工企业应设置“待处理财产损溢”账户，并在本账户下设置“待处理流动资产损溢”明细账户，用来核算存货的盘盈、盘亏和毁损。其借方登记盘亏和毁损的存货和经批准后转销的存货盘盈数；贷方登记盘盈的存货和经批准后转销的存货盘亏及毁损数。本账户处理前的借方余额，反映企业尚未处理的各种财产的净损失；处理前的贷方余额，反映尚未处理的各种财产的净溢余。期末，经处理后本账户应无余额。

企业会计制度规定，企业清查的各种财产的损益，应于期末前查明原因，并根据企业的管理权限，经股东大会或董事会，或经理（厂长）会议或类似机构批准后，在期末结账前处理完毕。如清查的各种财产的损溢，在期末结账前尚未经批准的，在对外提供财务会计报告时先进行处理，并在财务报表附注中做出说明；如果其后批准处理的金额与已处理的金额不一致，应按其差额调整会计报表相关项目的年初数。

三、存货清查结果的会计处理

（一）存货盘盈的会计处理

施工企业发生盘盈的存货，通过“待处理财产损溢”账户进行会计核算，按照管理权限报经批准后，冲减当期的管理费用或计入营业外收入。

举例说明存货盘盈的会计处理如下。

【例题4.4.1】一般纳税人施工企业经财产清查，发现盘盈钢材一批，其实际成本为40 500元，经查明是由于收发计量上的错误所造成的。做如下会计分录。

（1）报经批准前

	借方	贷方
借：原材料	40 500	
贷：待处理财产损溢——待处理流动资产损溢		40 500

（2）报经批准后

	借方	贷方
借：待处理财产损溢——待处理流动资产损溢	40 500	
贷：管理费用		40 500

（二）存货盘亏和毁损的会计处理

存货发生的盘亏或毁损，应作为待处理财产损溢进行核算。按管理权限报经批准后，根据造成存货盘亏或毁损的原因，区分以下情况进行处理。

（1）属于因管理不善造成的货物被盗、丢失、霉烂变质，以及因违反法律法规或者被依法没收、销毁、拆除造成的存货短缺，应先扣除残料价值、可以收回的保险赔偿或其他过失人的赔偿，同时，对因管理不善造成的损失存货已抵扣的增值税进项税额予以转出，将净损失计入管理费用[①]。

（2）属于自然灾害等非正常原因造成的损失，损失存货已抵扣的增值税进项税额不需要转出，应将扣除处置收入（如残料价值）、过失人赔偿和可以收回的保险赔款后的净损失，计入营业外支出。

举例说明存货盘亏、毁损核算的会计处理如下。

【例题4.4.2】一般纳税人施工企业经财产清查，发现盘亏材料一批，计划成本为189 000元，材料成本差异率为借差2%。经查明，属于定额内损耗的实际成本为27 000元，管理不善损耗的实际成本为28 350元，应由过失人负责赔偿的损失为4 860元，属于自然灾害造成的净损失为132 570元，材料购入时增值税税率为17%，做如下会计分录。

（1）报经批准前

借：待处理财产损溢——待处理流动资产损溢	197 599.50
贷：原材料	189 000
材料成本差异	3 780
应交税费——应交增值税（进项税额转出）	4 819.50

注：应转出的进项税额=28 350×17%=4 819.50元

（2）报经批准后

借：管理费用	60 169.50
其他应收款	4 860
营业外支出——非常损失	132 570
贷：待处理财产损溢——待处理流动资产损溢	197 599.50

第五节 存货期末计价

一、存货期末计价

会计期末，为了客观、真实、准确地反映企业期末存货的实际价值，施工企业在编制资产负债表时，应当按照成本与可变现净值孰低计量确定期末存货的价值。当存货成本高于可变现净值时，存货按可变现净值计量，同时按照成本高于可变现净值的差额计提存货跌价准备，计入当期损益。可变现净值是指在日常活动中，存货的估计售价减去至完工时估计将要发生的成本、估计的销售费用以及相关税费后的金额。

（一）存货可变现净值的确定

《企业会计准则第 1 号——存货》规定，“企业确定存货的可变现净值，应当以取得的确凿证据为基础，并且考虑持有存货的目的、资产负债表日后事项的影响等因素。”具体分为以下情况。

（1）产成品、商品和用于出售的材料等直接用于出售的商品存货，在正常生产经营过程中，应当以该存货的估计售价减去估计的销售费用和相关税费后的金额确定其可变现净值。

（2）需要经过加工的材料存货，在正常生产经营过程中，应当以所生产的产成品的估计售价减去至完工时估计将要发生的成本、估计的销售费用和相关税费后的金额，确定其可变现净值。

① 财税〔2009〕57 号第 10 条规定，“企业因存货盘亏、毁损、报废、被盗等原因不得从增值税销项税额中抵扣的进项税额，可以与存货损失一起在计算应纳税所得额时扣除。”

（二）材料存货的期末计量

对于材料存货应当区分以下两种情况确定其期末价值。

（1）对于为生产而持有的材料等，如果用其生产的产成品的可变现净值预计高于成本，则该材料仍然应当按照成本计量。这里的“材料”指原材料、在产品、委托加工材料等。“可变现净值高于成本”中的成本是指产成品的生产成本。

（2）如果材料价格的下降表明产成品的可变现净值低于成本，则该材料应当按可变现净值计量。

（三）计提存货跌价准备的方法

根据准则的规定，在实际工作中，施工企业预计可变现净值时应以当期取得的最可靠的证据为基础。

存货跌价准备应区别不同情况，分别采用不同的计提方法：企业通常应当按照单个存货项目计提存货跌价准备。对于数量繁多、单价较低的存货，可以按照存货类别计提存货跌价准备。与在同一地区生产和销售的产品系列相关、具有相同或类似最终用途或目的，且难以与其他项目分开计量的存货，可以合并计提存货跌价准备。

（四）存货跌价准备转回

（1）资产负债表日，企业应当确定存货的可变现净值。企业确定存货的可变现净值应当以资产负债表日的状况为基础确定，既不能提前确定存货的可变现净值，也不能延后确定存货的可变现净值，并且在每一个资产负债表日都应当重新确定存货的可变现净值。

（2）企业的存货在符合条件的情况下，可以转回计提的存货跌价准备。存货跌价准备转回的条件是以前减记存货价值的影响因素已经消失，而不是在当期造成存货可变现净值高于成本的其他影响因素。

（3）当符合存货跌价准备转回的条件时，应在原已计提的存货跌价准备的金额内转回。即在对该项存货、该类存货或该合并存货已计提的存货跌价准备的金额内转回。转回的存货跌价准备与计提该准备的存货项目或类别应当存在直接对应关系，但转回的金额以将存货跌价准备余额冲减至零为限。

二、存货跌价准备核算应设置的账户

为了核算企业提取的存货跌价准备，施工企业应设置“存货跌价准备”账户。其贷方登记期末存货可变现净值低于存货账面成本的差额；其借方登记已计提跌价准备的存货价值以后又得以恢复的增加数以及存货减少时的冲销数。本账户期末贷方余额，反映企业已提取的存货跌价准备。本账户可以按照存货项目或者类别进行明细核算。

同时，施工企业应在“存货跌价准备”账户下设置“合同预计损失准备”明细账户，以核算工程施工合同计提的损失准备。“合同预计损失准备”明细账户的贷方登记合同预计总成本将超过合同预计总收入的预计损失；其借方登记合同完工确认工程合同收入、费用时，应转销的合同预计损失准备。期末贷方余额，反映尚未完工工程施工合同已计提的损失准备。本明细账户应按施工合同设置明细账进行核算。

三、存货跌价准备核算的会计处理

施工企业的存货应当在会计期末时，按照账面成本与可变现净值孰低法的原则进行计量，对于可变现净值低于存货账面成本的差额，计提存货跌价准备。但如果账面成本小于可变现净值，一般不做任何会计处理。

举例说明存货跌价准备核算的会计处理如下。

【例题4.5.1】施工企业2×15年12月31日，存货的账面成本为15 000 000元，可变现净值为13 200 000元。做如下会计分录。

借：资产减值损失　　1 800 000

　　贷：存货跌价准备　　1 800 000

【例题4.5.2】承接上例，2×16年6月30日，存货可变现净值为14 100 000元。做如下会计分录。

借：存货跌价准备　　900 000

　　贷：资产减值损失　　900 000

【例题4.5.3】承接上例，2×16年12月31日，存货可变现净值为15 900 000元。做如下会计分录。

借：存货跌价准备　　900 000

　　贷：资产减值损失　　900 000

【例题4.5.4】施工企业甲工程即将完工，根据合同预计总成本将超过合同预计总收入为5 400 000元。做如下会计分录。

借：资产减值损失　　5 400 000

　　贷：存货跌价准备——合同预计损失准备　　5 400 000

施工企业一般应在财务报告中披露下列与存货有关的信息。①材料、在建施工产品等存货的当期期初和期末账面价值；②确定发出存货成本所采用的方法；③确定存货可变现净值的依据、存货跌价准备的计提方法、当期计提的存货跌价准备的金额、当期转回的存货跌价准备的金额以及计提和转回的有关情况及用于担保的存货的账面价值。

【知识扩展】存货可变现净值的特征。欲了解更多知识，请扫描二维码。

思考与练习

一、简答题

1. 施工企业的存货可以分为哪几类？请举例说明。
2. 简述存货的计价方法的内容。
3. 简述“材料采购”与“材料成本差异”账户借贷双方的内容。
4. 简述库存材料核算的会计处理流程。
5. 简述周转材料包括的内容。
6. 简述存货期末计价的方法。
7. 什么是存货的可变现净值？存货成本指的是什么？

二、计算题

1. 2×15年12月31日，施工企业E材料的账面成本为180万元，由于E材料市场价格下跌，导致其可变现净值低于其成本。E材料的预计可变现净值为162万元，由此计提存货跌价准备18万元。现做如下假定。

（1）2×16年6月30日，E材料的账面成本为180万元，由于E材料市场价格有所上升，使得E材料的预计可变现净值变为166.50万元。

（2）2×16年12月31日，E材料的账面成本为180万元，由于E材料市场价格进一步上升，预计E材料的可变现净值为202.50万元。

要求：针对上述假定，做出（1）和（2）两个时点的会计处理。

2. 一般纳税人施工企业，涉及增值税的业务已取得增值税专用发票并得到认证，发生下列有关周转材料的经济业务。

（1）企业购入周转材料一批，买价和运杂费共计294 000元，增值税税额为49 980元，以银行存款支付；该批周转材料现已验收入库，计划成本为300 000元。

（2）施工现场领用一批主要材料作为周转材料，其计划成本为90 000元。

（3）甲工程本月领用木模板20立方米，每立方米计划成本为1 000元，预计使用10次，预计残值占计划成本的4%，本月实际使用5次，采用分次摊销法核算。

（4）年终，对甲工程进行清查盘点，将不需用的5立方米木模板退回仓库。

要求：按照以上经济业务做出会计分录。

3. 一般纳税人施工企业，涉及增值税的业务已取得增值税专用发票并得到认证（购入材料增值税税率为17%），发生下列有关材料清查盘点的经济业务。

（1）企业在材料清查盘点中，发现盘盈木材9立方米，按同类木材的市场价格确定其实际成本为7 200元。

（2）企业在材料清查盘点中，发现盘亏和毁损木材30立方米，其计划成本为6 000元，应负担的材料成本差异为3%。

（3）经查明，盘盈的木材为7 200元，系计量错误造成，报经批准后予以转销。

（4）经查明，盘亏和毁损的木材6 180元中，应由过失人员赔偿1 680元，自然灾害造成的损失3 000元，管理不善损失的实际成本为1 500元，报经批准后予以转销。

要求：按照以上经济业务做出会计分录。

第五章 投资

【学习目标】

理论目标：掌握交易性金融资产的确认条件和长期股权投资的核算范围；熟悉各类投资初始计量与后续计量的方法及不同；了解投资的含义、内容、分类以及分类依据。

技术目标：掌握交易性金融资产、长期股权投资的初始和后续计量方式；掌握投资减值核算的确认条件及其投资减值的核算内容；熟悉持有至到期投资、可供出售金融资产的确认条件、初始计量和后续计量方式。

能力目标：掌握交易性金融资产、持有至到期投资、可供出售金融资产和长期股权投资核算的会计处理；熟悉长期股权投资的成本法核算的会计处理。①

引例

中国交建的对外投资

中国交通建设股份有限公司，A股简称中国交建（601800），成立于2006年10月8日，是经国务院批准，由中国交通建设集团有限公司（国务院国资委监管的中央企业）整体重组改制并独家发起设立的股份有限公司，也是中国第一家成功实现境外整体上市的特大型国有基建企业（股票代码为01800.HK）。中国交建是世界500强企业，主要从事公路、桥梁、港口、码头、航道、铁路、隧道、市政等基础设施的勘察、设计、建设、监理，港口和航道的疏浚，海洋重型装备与港口机械、筑路机械的制造，以及交通基础设施投资、城市综合体开发运营和房地产开发业务等。在2015年7月22日美国《财富》杂志公布的2015年世界500强排行榜中，中国交建以601.19亿美元的营业收入位列第165位，比上年提升了22位，继续保持在世界500强企业的中前列位置。

据2015年度年报列示，截至2015年12月31日，中国交建可供出售金融资产净额合计为22 321 831 732元，其中以公允价值计量的可供出售权益工具为20 666 766 313元，其公允价值根据上海证券交易所有限公司期间最后一个交易日的收盘价确定；以成本计量的可供出售权益工具为1 655 065 419元，该部分金融资产为集团持有的非上市股权投资，无活跃市场报价，公允价值不能可靠计量，且公司尚无处置这些投资的计划。本期可供出售金融资产发生减值242 308 714元。截至2015年12月31日，中国交建纳入合并的子公司有67家，因中国交建对其实施控制，故采用成本法核算，长期股权投资成本合计为97 921 592 048元，本期宣告分派的现金股利合计为3 787 308 000元；合营企业1家，为首都高速公路发展有限公司，持股比例50%，采用权益法核算，投资成本50 000 000元，截至2015年12月31日，长期股权投资账面价值为153 009 686元，本期按权益法调整净损益为10 884 944元，宣告发放现金股利5 000 000元；联营企业4家，分别为太中银铁路有限责任公司（持股比例14.66%）、中交佛山投资发展有限公司（持股比例37.33%）、振华物流集团有限公司（持股比例25%）和北京中科兴仪高端医疗器械产业投资有限公司（持股比例31.30%）。由于中国交建在太中银铁路有限责任公司董事会中派驻董事，有权参与其经营决策，能够对其施加重大影响，因此将其

① 营改增财税〔2016〕36号文件规定，企业在转让金融商品时，应按照卖出价扣除买入价后的余额为销售额，计缴增值税。但本章暂不考虑金融商品转让所涉及的增值税问题。对此问题感兴趣的读者，可以关注营改增财税〔2016〕36号文件相关内容。

作为联营企业按权益法核算。2015年12月31日，中国交建对联营企业投资的账面价值3 094 373 213元。本期按权益法调整的净收益为39 547 703元，本期未发生其他综合收益的变动，未宣告发放现金股利。

该公司对投资的分类符合企业会计准则的规定吗？在进行长期股权投资核算时，成本法和权益法的选择依据有哪些？不同的核算方法对长期股权投资账面价值会产生怎样的影响？当投资发生减值时，应怎样进行核算？请带着上述问题进行本章的学习，相信学完本章的内容，你会找到上述问题的答案。

资料来源：根据中国交通建设股份有限公司2015年年报整理

在施工企业持续扩张的今天，对外投资对于企业的发展起着至关重要的作用。施工企业为了特定的投资目的，可能以现金、实物资产、无形资产或以购买有价证券等方式向企业外部主体进行投资。本章将详细讨论施工企业各类投资及其核算方法和内容。

第一节 投资的分类

施工企业通过分配资产来增加财富，或将资产用于购买股票、债券和基金等，以谋求其他利益。这类行为便是对外投资，其最终目的是通过分配使企业资产增值，财富增加。因此，施工企业应加强对投资业务的核算和管理，尽量降低投资风险，增加投资收益。

本章所介绍的投资是指狭义的投资即对外投资，按照不同的标准，可以进行如下分类。

一、按照投资的性质分类

投资按其性质分类，可分为债权性投资、权益性投资和混合型投资。

（一）债权性投资

债权性投资是指企业通过投资获得被投资企业的债权，被投资企业承担债务，使得投资企业与被投资企业之间形成一种债权债务关系的投资。债权性投资的主要投资对象是债权性证券，包括政府债券、公司债券和金融债券等。债权性投资不仅可以按期收回投资的本金，而且还可以按期获得规定的利息，即债券持有人的收益权是无条件的，但不论被投资企业的经营状况好坏、是否盈利（破产除外），投资企业都无权参与被投资企业的经营管理。因此，债券投资具有投资风险小、一般不承担责任、获取经济利益有限等特点。

（二）权益性投资

权益性投资是指企业为了获取另一企业的权益或净资产所进行的投资。投资企业通过投资取得对被投资企业相应份额的所有权，从而形成投资企业与被投资企业之间的所有权关系。权益性投资主要是通过购买股票或采取合同、协议的方式进行，包括投资于普通股股票，签订合同或协议投资于合资、联营企业、单位等。企业作为投资者认购股票即成为股份有限公司的股东，并按所持股份比例享有权益或承担相应责任。

企业进行股票投资，有权参与企业的经营决策，并按所持股份的比例分享利润、承担风险和亏损。如果股份有限公司破产，股东不但分不到股利，而且还有可能失去入股的本金。因此，股票投资具有风险大、责任大，但可获取较多经济利益的特点。

（三）混合型投资

混合型投资是指企业进行的兼具债权性和权益性双重性质的投资，其形式主要是购买可转换公司债券、购买优先股股票等。

二、按照管理层的持有意图分类

金融资产属于企业资产的重要组成部分，施工企业的金融资产主要包括库存现金、银行存款、应收账款、应收票据、其他应收款项、股权投资、债权投资等。

企业应当结合自身的业务特点、投资策略和风险管理要求，将取得的金融资产在初始确认时划分为以下四类。

（一）以公允价值计量且其变动计入当期损益的金融资产

以公允价值计量且其变动计入当期损益的金融资产是指以近期内出售、回购或赎回为目的的投资，可以进一步分为交易性金融资产和直接指定为以公允价值计量且其变动计入当期损益的金融资产。

（二）持有至到期投资

持有至到期投资是指到期日固定、回收金额固定或可确定，且企业有明确意图和能力持有至到期的非衍生金融资产。

（三）贷款和应收款项

贷款和应收款项是指在活跃市场中没有报价、回收金额固定或可确定的非衍生金融资产。

（四）可供出售金融资产

可供出售金融资产是指初始确认时即被指定为可供出售金融资产的非衍生金融资产，以及除持有至到期投资、贷款及应收款项和以公允价值计量且其变动计入当期损益的金融资产以外的金融资产。

上述分类一经确定，不得随意变更。金融资产的重分类如图 5-1 所示。由于贷款是金融企业的主要业务，且应收款项已在本书第三章中进行介绍，因此相关内容将不在本章赘述。

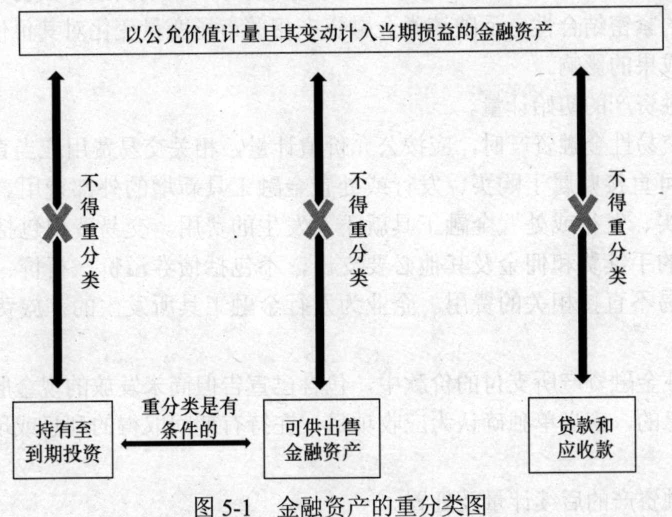

图 5-1　金融资产的重分类图

第二节 以公允价值计量且其变动计入当期损益的金融资产的核算

一、以公允价值计量且其变动计入当期损益的金融资产核算的内容

以公允价值计量且其变动计入当期损益的金融资产，包括交易性金融资产和直接指定为以公允价值计量且其变动计入当期损益的金融资产两部分内容。

（一）交易性金融资产

1. 交易性金融资产的确认

交易性金融资产是指企业能够随时变现、以赚取差价为主要目的的投资。一般来说，交易性金融资产就是短期投资，这种投资的持有时间通常很短，企业随时准备出售，甚至仅持有数日，主要包括在二级市场上购入的债券、股票、基金以及不作为有效套期工具的衍生工具等。企业管理层持有交易性金融资产的目的是在有暂时闲置资金的情况下购买有流动性、变现能力强的金融资产，以便在较短时间内赚取金融资产市价变动利得；当需要现金时，又可随时抛售变现，以满足营业周转的需要。

金融资产满足下列条件之一的，应当划分为交易性金融资产。

（1）取得该金融资产的目的，主要是为了近期内出售或回购，比如企业以赚取差价为目的从二级市场购入的股票、债券、基金等。

（2）属于进行集中管理的可辨认金融工具组合的一部分，且有客观证据表明企业近期采用短期获利方式对该组合进行管理，比如企业基于其投资策略和风险管理的需要，将某些金融资产进行组合从事短期获利活动，对于组合中的金融资产，应采用公允价值计量，并将其相关公允价值变动计入当期损益。

（3）属于衍生金融工具，比如国债期货、远期合同、股指期货等。

2. 交易性金融资产的计量

企业对交易性金融资产，应以公允价值计量且其变动计入当期损益。其会计处理应着重于该金融资产与金融市场的紧密结合性，反映该类金融资产相关市场变量变化对其价值的影响，进而对企业财务状况和经营成果的影响。

（1）交易性金融资产的初始计量。

企业初始确认交易性金融资产时，应按公允价值计量，相关交易费用应当直接计入当期损益。

交易费用是指可直接归属于购买、发行或处置金融工具新增的外部费用。所谓新增的外部费用，是指企业不购买、发行或处置金融工具就不会发生的费用。交易费用包括支付给代理机构、咨询公司、券商等的手续费和佣金及其他必要支出，不包括债券溢价、折价、融资费用、内部管理成本及其他与交易不直接相关的费用。企业为发行金融工具所发生的差旅费等，不属于此处所讲的交易费用。

企业取得交易性金融资产所支付的价款中，包含已宣告但尚未发放的现金股利或已到付息期但尚未领取的债券利息的，应当单独确认为应收项目。在持有期间取得的利息或现金股利，应当确认为投资收益。

（2）交易性金融资产的后续计量及处置。

资产负债表日，企业应将交易性金融资产的公允价值变动计入当期损益。企业在取得交易性金

融资产后，在持有期间会产生一定的收益，如投资股票的报酬为股利收入，投资债券的报酬为利息收入，都应确认为当期的投资收益。

处置该金融资产时，其公允价值与初始入账金额之间的差额应确认为投资收益，同时将原记入“公允价值变动损益”账户的金额按比例转入“投资收益”账户。

（二）直接指定为以公允价值计量且其变动计入当期损益的金融资产

企业不能随意将某项金融资产直接指定为以公允价值计量且其变动计入当期损益的金融资产。只有在满足以下条件之一时，企业才能将某项金融资产直接指定为以公允价值计量且其变动计入当期损益的金融资产。

（1）该指定可以消除或明显减少由于该金融资产的计量基础不同而导致的相关利得或损失在确认和计量方面不一致的情况。

（2）企业的风险管理或投资策略的正式书面文件已载明，该金融资产组合或该金融资产和金融负债组合，以公允价值为基础进行管理、评价，并向关键管理人员报告。

二、交易性金融资产核算应设置的账户及会计处理

（一）交易性金融资产核算应设置的账户

为了核算交易性金融资产的增减变化及其损益情况，施工企业应设置下列会计账户。

1. “交易性金融资产”账户

“交易性金融资产”账户核算企业为交易目的所持有的债券投资、股票投资、基金投资等交易性金融资产的公允价值。

交易性金融资产的借方登记企业取得交易性金融资产时的公允价值以及资产负债表日交易性金融资产公允价值高于其账面余额的差额；贷方登记处置交易性金融资产的账面余额以及在资产负债表日交易性金融资产的公允价值低于其账面余额的差额；期末余额在借方，反映企业持有的交易性金融资产的公允价值。本账户可按交易性金融资产的类别和品种，分别以“成本”“公允价值变动”等进行明细核算。

2. “公允价值变动损益”账户

“公允价值变动损益”账户核算企业交易性金融资产、交易性金融负债以及采用公允价值模式计量的投资性房地产、衍生工具、套期保值业务等公允价值变动形成的应计入当期损益的利得或损失。指定为交易性金融资产或金融负债公允价值变动形成的应计入当期损益的利得或损失，也在本账户核算。

仅对于交易性金融资产而言，该账户的借方登记在资产负债表日交易性金融资产公允价值低于其账面余额的差额和出售交易性金融资产投资时转出原记入该账户的交易性金融资产公允价值变动实现的利得；贷方登记在资产负债表日交易性金融资产公允价值高于其账面余额的差额和出售交易性金融资产投资时转出原记入该账户交易性金融资产公允价值变动发生的损失；期末应将该账户的余额结转至“本年利润”账户，结转后本账户没有余额。

3. “投资收益”账户

“投资收益”账户核算企业各项投资发生的收益或损失。

仅对交易性金融资产投资而言，该账户的借方登记取得交易性金融资产投资时发生的交易费用、出售交易性金融资产投资时实际收到金额小于其账面余额的差额以及同时转销该项交易性金融资产投资公允价值变动的损失；贷方登记交易性金融资产投资持有期间获得的被投资企业宣告发放的现金股利、或在资产负债表日按分期付息、一次还本债券投资的票面利率计算的利息、出售交易性金

融资产投资时实际收到金额大于其账面余额的差额以及同时转销该项交易性金融资产公允价值变动的利得；期末应将该账户的余额结转至“本年利润”账户，结转后该账户没有余额。本账户应该按照投资的项目进行明细核算。

（二）交易性金融资产核算的会计处理

1. 企业取得交易性金融资产时

借：交易性金融资产——成本（公允价值）

投资收益（交易费用）

应收股利（已宣告但尚未发放的股利）

应收利息（已到付息期但尚未支付的利息）

贷：银行存款（实际支付的金额）

2. 资产负债表日，交易性金融资产公允价值发生变动时

借：交易性金融资产——公允价值变动（公允价值高于其账面余额）

贷：公允价值变动损益

或

借：公允价值变动损益

贷：交易性金融资产——公允价值变动（公允价值低于其账面余额）

3. 持有期间获得现金股利或利息时

借：应收股利

应收利息

贷：投资收益

4. 收到上列现金股利或债券利息时

借：银行存款

贷：应收股利

应收利息

5. 处置交易性金融资产时

借：银行存款

贷：交易性金融资产——成本（公允价值）

——公允价值变动

投资收益

同时：

借：公允价值变动损益

贷：投资收益

举例说明交易性金融资产的会计处理如下。

【例题5.2.1】2×15年1月13日，施工企业从二级市场购入甲公司发行的股票15 000股，每股价格为52元（含有已宣告但尚未分配现金股利2元），支付的价款为780 000元，另支付交易费用为8 500元。施工企业将持有的甲公司股权划分为交易性金融资产。

企业其他相关资料如下。

（1）2×15年1月23日，收到甲公司发放的现金股利；

（2）2×15年6月30日，甲公司股票价格涨到每股53.50元；

（3）2×16年3月10日，甲公司宣告发放2×15年现金股利每股2.50元，同年5月25日，施工企业收到甲公司发放的现金股利；

（4）2×16年8月15日，将持有的甲公司股票全部售出，每股售价为56元。

假定不考虑其他因素，企业应做如下会计分录。

（1）2×15年1月13日，购入甲公司股票时

交易性金融资产初始入账成本=52×15 000−2×15 000=750 000（元）

借：交易性金融资产——成本 750 000
　　应收股利 30 000
　　投资收益 8 500
　　贷：银行存款 788 500

（2）2×15年5月23日，收到甲公司发放的现金股利时

借：银行存款 30 000
　　贷：应收股利 30 000

（3）2×15年6月30日，确认股票公允价值变动时

借：交易性金融资产——公允价值变动 22 500
　　贷：公允价值变动损益 22 500

（4）2×16年3月10日，甲公司宣告发放2×15年现金股利时

借：应收股利 37 500
　　贷：投资收益 37 500

（5）2×16年5月25日，收到甲公司发放的现金股利时

借：银行存款 37 500
　　贷：应收股利 37 500

（6）2×16年8月15日，全部售出甲公司的股票

借：银行存款 840 000
　　公允价值变动损益 22 500
　　贷：交易性金融资产——成本 750 000
　　　　　　　　　　——公允价值变动 22 500
　　　　投资收益 90 000

【例题5.2.2】 2×15年1月1日，施工企业从二级市场购入乙公司于2×13年1月1日发行的面值为500 000元、期限4年、票面利率4%的债券，支付的价款为520 000元（含已到付息但尚未领取的利息20 000元），另发生交易费用为2 000元。该债券每年付息一次，施工企业将其划分为交易性金融资产。

施工企业的其他资料如下。

（1）2×15年1月2日，收到该债券2×14年的利息20 000元；

（2）2×15年6月30日，该债券的公允价值为530 000元（不包含利息）；

（3）2×15年12月31日，收到该债券2×15年的利息20 000元；

（4）2×16年9月30日，施工企业将该债券出售，取得价款555 000元（含前3季度利息15 000元）。

假定不考虑其他因素，则施工企业应做如下会计分录。

（1）2×15年1月1日，购入债券时

债券投资的初始成本=520 000−20 000=500 000（元）

借：交易性金融资产——成本 500 000
　　应收利息 20 000
　　投资收益 2 000
　　贷：银行存款 522 000

（2）2×15年1月2日，收到该债券2×14年利息时

借：银行存款　　20 000

　　贷：应收利息　　20 000

（3）2×15年6月30日，确认债券公允价值变动时

借：交易性金融资产——公允价值变动　　30 000

　　贷：公允价值变动损益　　30 000

（4）2×15年12月31日，确认并收到债券利息时

确认利息收入

借：应收利息　　20 000

　　贷：投资收益　　20 000

收到债券利息

借：银行存款　　20 000

　　贷：应收利息　　20 000

（5）2×16年9月30日，将该债券予以出售时

借：应收利息　　15 000

　　贷：投资收益　　15 000

借：银行存款　　540 000

　　公允价值变动损益　　30 000

　　贷：交易性金融资产——成本　　500 000

　　　　　　　　　　　——公允价值变动　　30 000

　　　　投资收益　　40 000

借：银行存款　　15 000

　　贷：应收利息　　15 000

第三节 持有至到期投资的核算①

一、持有至到期投资核算的内容

持有至到期投资，是指到期日固定、回收金额固定或可确定，且企业有明确意图和能力持有至到期的非衍生金融资产。通常情况下，能够划分为持有至到期投资的金融资产主要是债权性投资，如从二级市场上购入的固定利率国债、浮动利率金融债券等。

（一）持有至到期投资的确认

股权投资因其没有固定的到期日，因而不能划分为持有至到期投资。持有至到期投资通常具有长期性，但期限较短（1 年以内）的债券投资，符合持有至到期投资条件的，也可将其划分为持有至到期投资。

持有至到期投资应该同时满足以下三个条件。

1. 该金融资产到期日固定、回收金额固定或可确定

“到期日固定、回收金额固定或可确定”是指相关合同明确了投资者在确定的期间内获得或应收

① 按照营改增财税〔2016〕36 号文件规定，企业以货币资金投资收取的固定利润或者保底利润，应对其按照贷款服务征收增值税。但本节暂不考虑增值税。

取现金流量（如投资利息和本金等）的金额和时间。因此，从投资者角度看，如果不考虑其他条件，在将某项投资划分为持有至到期投资时可以不考虑可能存在的发行方的重大支付风险。

2. 企业有明确意图将该金融资产持有至到期

"有明确意图持有至到期"是指投资者在取得投资时意图就是明确的，除非遇到一些企业所不能控制、预期不会重复发生且难以合理预计的独立事项，否则将持有至到期。

3. 企业有能力将该金融资产持有至到期

"有能力持有至到期"是指企业有足够的财务资源，并不受外部因素影响将投资持有至到期。

准则规定除特殊情况外，企业不得将未到期的持有至到期投资重分类为可供出售金融资产。但是企业应当于每个资产负债表日对持有至到期投资的意图和能力进行评价。发生变化的，应当将其重分类为可供出售金融资产。

企业将某金融资产划分为持有至到期投资后，可能会发生到期前将该金融资产予以处置或重分类的情况。这种情况的发生，通常表明企业违背了将投资持有至到期的最初意图。企业将尚未到期的某项持有至到期投资在本会计年度内出售或重分类为可供出售金融资产的金额，相对于企业全部持有至到期投资在出售或重分类前的总额较大时，违背了划分为持有至到期投资所要求的"有明确意图和能力"。因此企业在处置或重分类后应立即将其剩余的持有至到期投资重分类为可供出售金融资产，且在本会计年度及以后两个完整的会计年度内不得再将该金融资产划分为持有至到期投资。

（二）持有至到期投资的计量

企业对持有至到期投资的计量应着重于该金融资产的持有者打算"持有至到期"，未到期前通常不会出售或重分类，主要应解决该金融资产实际利率的计算、摊余成本的确定、持有期间的收益确认以及将其处置时损益的处理。

1. 持有至到期投资的初始计量

持有至到期投资初始确认时，应当按照公允价值计量和相关交易费用之和作为初始入账金额。实际支付的价款中包括的已到付息期但尚未领取的债券利息，应单独确认为应收项目。

持有至到期投资初始确认时，应当计算确定其实际利率，并在该持有至到期投资预期存续期间或适用的更短期间内保持不变。实际利率，是指将金融资产或金融负债在预期存续期间或适用的更短期间内的未来现金流量，折现为该金融资产或金融负债当前账面价值所使用的利率。持有至到期投资到期时，持有至到期投资的账面价值与债券面值相等。

2. 持有至到期投资的后续计量

企业应当采用实际利率法，按摊余成本对持有至到期投资进行后续计量。实际利率法，是指按照金融资产或金融负债（含一组金融资产或金融负债）的实际利率计算其摊余成本及各期利息收入或利息费用的方法。

摊余成本，是指该金融资产的初始确认金额经下列调整后的结果：①扣除已偿还的本金；②加上或减去采用实际利率法将该初始确认金额与到期日金额之间的差额进行摊销形成的累计摊销额；③扣除已发生的减值损失。

企业应在持有至到期投资持有期间，采用实际利率法，按照摊余成本和实际利率计算确认利息收入，计入投资收益。实际利率应当在取得持有至到期投资时确定，实际利率与票面利率差别较小的，也可按票面利率计算利息收入，计入投资收益。其计算公式如下。

当期计入投资收益的实际利息收入=摊余成本×实际利率

当期应收利息=票面金额×票面利率

上述两者的差额记入"持有至到期投资——利息调整"明细账户。

3. 持有至到期投资的处置和重分类

处置持有至到期投资时，应将所取得价款与持有至到期投资账面价值之间的差额计入当期损益。

企业因持有至到期投资部分出售或重分类的金额较大，且不属于企业会计准则所允许的例外情况，使该投资的剩余部分不再适合划分为持有至到期投资的，企业应当将该投资的剩余部分重分类为可供出售金融资产，并以公允价值进行后续计量。重分类日，该投资剩余部分的账面价值与其公允价值之间的差额计入所有者权益，在该可供出售金融资产发生减值或终止确认时转出，计入当期损益。

关于企业持有至到期投资减值损失的计量，请参见本章第六节投资减值的核算及披露。

二、持有至到期投资核算应设置的账户及会计处理

（一）持有至到期投资核算应设置的账户

为了核算企业持有至到期投资的增减变化及其损益情况，施工企业应设置下列会计账户。

1.“持有至到期投资”账户

“持有至到期投资”账户核算企业持有至到期投资的摊余成本。该账户借方登记企业取得持有至到期投资时的债券面值和债券溢价，持有至到期投资在持有期间按实际利率法计算确定的折价摊销额、持有至到期投资作为一次性还本付息债券投资的，在资产负债表日按票面利率计算确定的应收未收利息，出售持有至到期投资时而转销的尚未摊销完毕的折价；贷方登记取得持有至到期投资时的债券折价、持有至到期投资在持有期间按实际利率法确定的溢价摊销额、出售持有至到期投资时而转销的债券面值和尚未摊销完毕的债券溢价以及应计算的应计利息；期末余额在借方，反映企业持有至到期投资的摊余成本。应按持有至到期投资的类别和品种，分别设置“成本”“利息调整”“应计利息”等明细账。

2.“投资收益”账户

“投资收益”账户核算企业各项投资发生的收益或损失。仅就持有至到期投资而言，该账户登记企业的持有至到期投资在持有期间取得的投资收益和处置损益。贷方登记持有至到期投资在持有期间内按摊余成本和实际利率计算确定的利息收入和处置时的利得；借方登记持有至到期投资处置时的损失；期末应将本账户余额转入“本年利润”账户，结转后应无余额。

此外，施工企业在持有至到期投资核算中还涉及“持有至到期投资减值准备”账户，其核算的主要内容，请参见本章第六节投资减值的核算。

（二）持有至到期投资核算的会计处理

1. 企业取得投资时

借：持有至到期投资——成本

——利息调整（差额）

应收利息（实际支付价款中包含已到付息期但尚未领取的利息）

贷：银行存款（实际支付的价款）

持有至到期投资——利息调整（差额）

2. 企业实际收到支付价款中包含已到付息期但尚未领取的利息时

借：银行存款

贷：应收利息

3. 资产负债表日，企业确定实际利息收入、应收票面利息时

（1）分期付息，一次还本的持有至到期投资

借：应收利息（按面值和票面利率计算的利息）

持有至到期投资——利息调整（差额）

贷：投资收益（按摊余成本和实际利率计算的利息）

持有至到期投资——利息调整（差额）

或

（2）到期一次还本付息的持有至到期投资

借：持有至到期投资——应计利息（按面值和票面利率计算的利息）

——利息调整（差额）

贷：投资收益（按摊余成本和实际利率计算的利息）

持有至到期投资——利息调整（差额）

4. 企业收到票面利息时

借：银行存款

贷：应收利息

5. 持有至到期投资重分类为可供出售金融资产

借：可供出售金融资产（公允价值）

其他综合收益

持有至到期投资——利息调整（账面余额）

贷：持有至到期投资——成本（账面余额）

——利息调整（账面余额）

——应计利息（账面余额）

其他综合收益

注：有关“其他综合收益”账户的核算内容，请参见本书第十一章第三节其他综合收益核算。

6. 投资到期时

借：银行存款

贷：持有至到期投资——成本

——应计利息

应收利息

施工企业持有至到期投资核算的会计处理流程如图 5-2 所示。

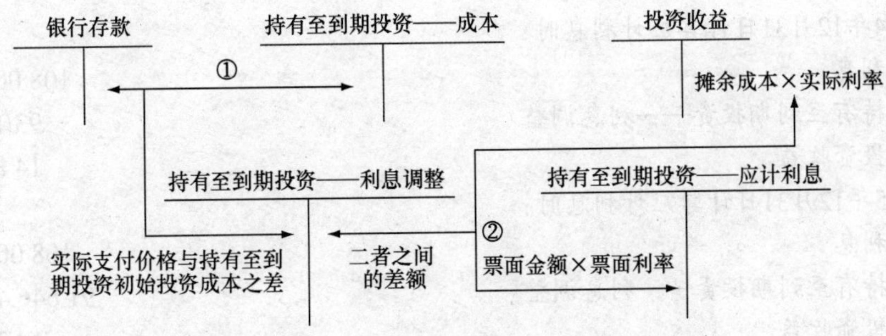

图 5-2 持有至到期投资核算的会计处理流程图

注：①持有至到期投资初始计量中，如果持有至到期投资的初始投资成本小于实际支付的价款，应将两者之差记入“持有至到期投资——利息调整”明细账户的借方；反之，记入“持有至到期投资——利息调整”明细账户的贷方。

②资产负债表日，如果当期计入投资收益的实际利息收入大于当期应收票面利息，则应将两者的差额记入“持有至到期投资——利息调整”明细账户的借方；反之，记入“持有至到期投资——利息调整”明细账户的贷方。

现举例说明持有至到期投资核算的会计处理。

【例题5.3.1】2×13年1月1日，施工企业从活跃市场上购入甲公司即日发行的3年期，年利率为12%，每年付息一次，面值为900 000元的企业债券，支付的价款为944 755元（含交易费用）。假设计算的实际利率为10%。

本例题中，持有至到期投资各期期初摊余成本、实际利息收入、应收利息以及期末摊余成本的具体计算过程如表5-1所示。

表5-1　持有至到期投资摊余成本计算表

单位：元

计息日期	期初摊余成本 a=上年期末摊余成本	实际利息 b=a×实际利率	应收利息 c=面值×票面利率	期末摊余成本 d=a+b−c
2×13年12月31日	944 755.00	94 475.50	108 000.00	931 230.50
2×14年12月31日	931 230.50	93 123.05	108 000.00	916 353.56
2×15年12月31日	916 353.55	91 646.45	108 000.00	900 000.00
合计	—	279 245.00	324 000.00	—

注：数字四舍五入并考虑了计算过程中出现的尾差。

企业应作如下会计分录：

（1）2×13年1月1日购入债券时：

借：持有至到期投资——成本　　900 000

——利息调整　　44 755

贷：银行存款　　944 755

（2）2×13年12月31日计算应计利息时：

借：应收利息　　108 000

贷：持有至到期投资——利息调整　　94 475.50

投资收益　　13 524.50

（3）2×14年1月3日收到利息时：

借：银行存款　　108 000

贷：应收利息　　108 000

以后各年收到利息时，与此分录相同。

（4）2×14年12月31日计算应计利息时：

借：应收利息　　108 000

贷：持有至到期投资——利息调整　　93 123.05

投资收益　　14 876.95

（5）2×15年12月31日计算应计利息时：

借：应收利息　　108 000

贷：持有至到期投资——利息调整　　91 646.45

投资收益　　16 353.55

可见，企业持有至到期投资于资产负债表日计算各年应计利息时，分录相同，但金额不同。

（6）2×15年12月31日收到本金和利息时：

借：银行存款　　1 008 000

贷：应收利息　　108 000

持有至到期投资——成本　　900 000

【例题5.3.2】2×16年7月，施工企业持有的甲公司平价发行的债券价格持续下跌，已知企业原来将该债权划分为持有至到期投资。为此，企业于8月1日对外出售该持有至到期债券投资的10%，收取的价款为724 500元（即所出售债券的公允价值），剩余部分债券的公允价值为6520 500元。该债券出售前的账面余额（成本）为9 000 000元。

（1）出售部分债券账面余额（成本）=9 000 000×10%=900 000（元）。不考虑债券出售手续费等其他相关因素的影响，则企业应作如下会计分录：

借：银行存款 724 500
　　投资收益 175 500
　　贷：持有至到期投资——成本 900 000

同时：

借：可供出售金融资产——成本 6 520 500
　　其他综合收益 1 579 500
　　贷：持有至到期投资——成本 8 100 000

（2）假定8月16日，企业将该债券全部出售，收取价款7 000 000元，则企业应作如下会计分录：

借：银行存款 7 000 000
　　贷：可供出售金融资产——成本 6 520 500
　　　　投资收益 479 500

同时，

借：投资收益 1 579 500
　　贷：其他综合收益 1 579 500

第四节 可供出售金融资产的核算

一、可供出售金融资产核算的内容

可供出售金融资产，是指初始确认时即被指定为可供出售的非衍生金融资产以及除下列各类资产以外的金融资产。①贷款和应收款项；②持有至到期投资；③以公允价值计量且其变动计入当期损益的金融资产。例如，企业购入的在活跃市场上有报价的股票、债券和基金等，没有划分为以公允价值计量且其变动计入当期损益的金融资产或持有至到期投资等金融资产的，可归为此类。

（一）可供出售金融资产的确认

对于在活跃市场上有报价的金融资产，既可划分为以公允价值计量且其变动计入当期损益的金融资产，也可划分为可供出售金融资产。如果该金融资产属于有固定到期日、回收金额固定或可确定的金融资产，则该金融资产还可以划分为持有至到期投资。某项金融资产具体应划分为哪一类，主要取决于企业管理层的风险管理、投资决策等因素。金融资产的分类应是管理层意图的如实表达。

（二）可供出售金融资产的计量

1. 可供出售金融资产的初始确认

可供出售金融资产的初始确认与以公允价值计量且其变动计入当期损益的金融资产的会计处理有类似之处，但有以下不同。①初始确认时，都应按公允价值计量，但对于可供出售金融资产，相关交易费用应计入初始入账金额；②资产负债表日，都应按公允价值计量，但对于可供出售金融资产，公允价值变动不是计入当期损益，而通常应计入所有者权益中的其他综合收益。

此外，企业在对可供出售金融资产进行初始确认时，如果取得可供出售金融资产支付的价款中包含已到付息期但尚未领取的债券利息或已宣告但尚未发放的现金股利，应单独确认为应收项目。

2. 可供出售金融资产的后续计量

可供出售金融资产持有期间取得的利息或现金股利，应当计入投资收益。采用实际利率法计算的可供出售金融资产的利息，应当计入当期损益；可供出售权益工具投资的现金股利，应当在被投资单位宣告发放股利时计入当期损益。资产负债表日，可供出售金融资产应当以公允价值计量，且公允价值变动计入其他综合收益。如果可供出售金融资产是外币货币性金融资产，则其形成的汇兑差额也应计入当期损益。

3. 可供出售金融资产的终止确认

处置可供出售金融资产时，应将取得的价款与该金融资产账面价值之间的差额，计入投资损益；同时，将原直接计入所有者权益的公允价值变动累计额对应处置部分的金额转出，计入投资损益。

关于企业可供出售金融资产减值损失的计量，请参见本章第六节投资减值的核算及披露。

二、可供出售金融资产核算的账户及会计处理

（一）可供出售金融资产核算应设置的账户

为了核算企业可供出售金融资产的增减变化及其损益情况，施工企业应设置下列会计账户。

1.“可供出售金融资产”账户

“可供出售金融资产”账户核算企业持有的可供出售金融资产的公允价值，包括划分为可供出售金融资产的股票投资、债券投资等金融资产。

可供出售金融资产的借方登记企业取得的可供出售金融资产的公允价值、在资产负债表日可供出售金融资产投资公允价值高于其账面余额的差额以及已确认为资产减值损失的可供出售金融资产价值恢复。贷方登记在资产负债表日可供出售金融资产公允价值低于其账面余额的差额以及处置可供出售金融资产的账面余额；可供出售金融资产发生减值的，按减计的金额从所有者权益中转出原计入其他综合收益的累计损失；出售可供出售金融资产而转销的账户余额。期末余额在借方，反映企业可供出售金融资产的公允价值。

本账户按可供出售金融资产的类别和品种，分别设置“成本”“利息调整”“应计利息”“公允价值变动”等明细账户进行核算。可供出售金融资产发生减值的，可以单独设置“可供出售金融资产减值准备”账户。

2.“投资收益”账户

对可供出售金融资产而言，“投资收益”账户核算企业处置可供出售金融资产实现的损益。其贷方登记可供出售金融资产的处置利得以及持有期间由于公允价值累积变动而计入所有者权益的贷方余额对应处置部分的金额转出；借方登记可供出售金融资产的处置损失以及持有期间由于公允价值累积变动而计入所有者权益的借方余额对应处置部分的金额转出；期末，应将本账户余额转入“本年利润”账户，结转后应无余额。

3.“其他综合收益”账户

对可供出售金融资产而言，“其他综合收益”账户核算企业可供出售的金融资产公允价值变动的情况。

该账户的贷方登记在资产负债表日可供出售的金融资产公允价值高于其账面价值的金额、已确认减值损失的可供出售权益工具在随后的会计期间公允价值上升的，在原已计提的减值准备金额内恢复增加的金额、可供出售金融资产发生减值的，应从所有者权益中转出的累计损失及出售可供出售金融资产时转出公允价值累计降低额；借方登记可供出售的金融资产公允价值低于其账

面价值的金额及出售可供出售金融资产时转出公允价值累计提高额。期末贷方余额，反映企业的其他综合收益。

“其他综合收益”账户核算的其他内容，请参见本书第十一章第三节其他综合收益核算。

（二）可供出售金融资产核算的会计处理

可供出售金融资产核算的具体会计处理如下。

1. 企业取得投资时

（1）可供出售金融资产为股票投资时

借：可供出售金融资产——成本（公允价值与交易费用之和）
　　应收股利（实际支付价款中包含已宣告但尚未发放的现金股利）
　　贷：银行存款（实际支付的价款）

（2）若企业取得的可供出售金融资产为债券投资时

借：可供出售金融资产——成本（债券面值）
　　　　　　　　　　——利息调整（差额）
　　应收利息（实际支付价款中包含已到付息期但尚未领取的利息）
　　贷：银行存款（实际支付的价款）
　　　　可供出售金融资产——利息调整（差额）

2. 企业实际收到价款中包含已宣告但尚未发放的现金股利（或实际收到价款中包含已到付息期但尚未领取的利息）时

借：银行存款
　　贷：应收股利（或应收利息）

3. 由于可供出售金融资产可能为股票，也可能为债券，企业分为收到股利和收到利息两种情况

（1）企业可供出售金融资产为股票投资时，确定和收到应收股利时

借：应收股利
　　贷：投资收益

借：银行存款
　　贷：应收股利

（2）可供出售金融资产为债券时，企业确认和收到债券利息时

① 若为分期付息，一次还本债券投资时：

借：应收利息（按面值和票面利率计算的利息）
　　可供出售金融资产——利息调整（差额）
　　贷：投资收益（按摊余成本和实际利率计算的利息）
　　　　可供出售金融资产——利息调整（差额）

借：银行存款
　　贷：应收利息

② 若为一次还本付息债券投资时

借：可供出售金融资产——应计利息（按面值和票面利率计算的利息）
　　　　　　　　　　——利息调整（差额）
　　贷：投资收益（按摊余成本和实际利率计算的利息）
　　　　可供出售金融资产——利息调整（差额）

4. 资产负债表日

（1）金融资产公允价值高于其账面价值的金额时

借：可供出售金融资产——公允价值变动

贷：其他综合收益

（2）金融资产公允价值低于其账面价值的金额时，做相反会计分录。

5. 处置可供出售金融资产时

借：银行存款（实际收到的金额）

投资收益（差额）

其他综合收益（转出公允价值累计变动额）

可供出售金融资产——公允价值变动

——利息调整

贷：可供出售金融资产——成本

——公允价值变动

——利息调整

——应计利息

投资收益（差额）

其他综合收益（转出公允价值累计变动额）

举例说明可供出售金融资产核算的会计处理如下。

【例题5.4.1】2×15年3月8日，施工企业购入甲公司发行的股票800万股，占甲公司有表决权股份的0.60%，支付的价款为12 126万元（含交易费用18万元和已宣告但尚未发放的现金股利126万元），企业将其划分为可供出售金融资产。

（1）2×15年3月16日，施工企业收到甲公司发放的现金股利126万元；

（2）2×15年6月30日，该股票市价为每股16.2元；

（3）2×15年12月31日，该股票市价下跌至每股14.3元；

（4）2×16年3月29日，甲公司宣告发放股利18 000万元；

（5）2×16年5月27日，施工企业收到甲公司发放的现金股利；

（6）2×16年5月30日，施工企业以每股16元的价格将股票全部转让。

假定不考虑其他因素，施工企业应做如下会计分录。

（1）2×15年3月8日购入股票时

	借方	贷方
借：应收股利	1 260 000	
可供出售金融资产——成本	120 000 000	
贷：银行存款		121 260 000

（2）2×15年3月16日，收到现金股利时

	借方	贷方
借：银行存款	1 260 000	
贷：应收股利		1 260 000

（3）2×15年6月30日，确认股票价格变动时

股票公允价值变动额=8 000 000×16.2−121 260 000=8 340 000（元）

	借方	贷方
借：可供出售金融资产——公允价值变动	8 340 000	
贷：其他综合收益		8 340 000

（4）2×15年12月31日，确认股票价格变动时

股票公允价值变动额=8 000 000×（14.3−16.2）=−15 200 000（元）

	借方	贷方
借：其他综合收益	15 200 000	
贷：可供出售金融资产——公允价值变动		15 200 000

（5）2×16年3月29日，确认应收现金股利

确认应收现金股利=180 000 000×0.6%=1 080 000（元）

借：应收股利　　1 080 000

　贷：投资收益　　1 080 000

（6）2×16年5月27日，收到现金股利时

借：银行存款　　1 080 000

　贷：应收股利　　1 080 000

（7）2×16年5月30日，出售股票时

出售时"可供出售金融资产——公允价值变动"账户贷方余额=8 340 000-15 200 000=-6 860 000（元）

借：银行存款　　128 000 000

　可供出售金融资产——公允价值变动　　6 860 000

　贷：可供出售金融资产——成本　　120 000 000

　　其他综合收益　　6 860 000

　　投资收益　　8 000 000

第五节 长期股权投资的核算

一、长期股权投资核算的范围

长期股权投资是指投资单位通过让渡资产[①]从而拥有被投资单位的股权，投资单位成为被投资单位的股东，按所持股份比例享有权益并承担相应责任的投资。它是指除了交易性金融资产、指定为以公允价值计量且其变动计入当期损益的金融资产、可供出售金融资产、持有至到期投资以及贷款和应收款项以外的投资。依据长期股权投资对被投资单位产生的影响，分为以下3种类型。

（一）控制

控制是指有权决定一个企业的财务和经营政策，并能据以从该企业的经营活动中享有可变回报，即对子公司的投资。达到控制的条件如下。

（1）投资企业直接拥有被投资单位50%以上的表决权资本。

（2）投资企业虽然拥有被投资单位50%以下的表决权资本，但对被投资单位具有实质控制权。具体可通过以下一项或若干项情况断定：①通过与其他投资者的协议，投资企业拥有被投资单位50%以上表决权资本的控制权；②根据章程或协议，投资企业有权控制被投资单位的财务和经营政策；③有权任免被投资单位董事会等类似权力机构的多数成员；④在董事会或类似的权力机构会议上有半数以上的投票权。

（二）共同控制

共同控制是指按合同约定对某项经济活动所共有的控制，即对合营企业的投资。共同控制仅指共同控制实体，不包括共同控制经营、共同控制财产等。共同控制实体，是指由两个或多个企业共同投资建立的实体，该被投资单位的财务和经营政策必须由投资双方或若干方共同决定。

① 根据1994年1月1日实施的《增值税暂行条例》及营改增财税〔2016〕36号文件相关规定，企业通过让渡资产所有权，进而拥有被投资单位的股权时，需要考虑增值税征收问题。施工企业让渡不动产和无形资产以获得被投资单位股权的行为，视同有偿转让不动产和无形资产。但对企业让渡不动产和无形资产如何征收增值税，具体实施办法目前尚未出台。

（三）重大影响

重大影响是指对一个企业的财务和经营政策有参与决策的权利，但并不决定这些政策，即对联营企业投资。当投资企业直接或通过子公司间接拥有被投资单位20%以上但低于50%的表决权资本时，一般认为对被投资单位具有重大影响。

此外，虽然投资企业直接拥有被投资单位20%以下的表决权资本，但符合下列情况之一的，也应确认为对被投资单位具有重大影响：

第一，在被投资单位的董事会或类似机构的权利机构中派有代表；第二，参与被投资单位的政策制定过程；第三，与被投资单位之间发生重要交易；第四，向被投资单位派出管理人员；第五，依赖投资企业的技术资料；第六，其他足以证明投资企业对被投资单位具有重大影响的情形。

二、长期股权投资的计量

（一）长期股权投资的初始计量

施工企业在取得长期股权投资时，应当按照初始投资成本入账。长期股权投资的初始计量是长期股权投资初始投资成本的计量，应区分两种情况，即企业合并形成的长期股权投资初始成本的计量和其他方式取得的长期股权投资初始成本的计量。

1. 企业合并形成的长期股权投资

企业合并形成的长期股权投资，应区分企业合并的类型，分为同一控制下控股合并与非同一控制下控股合并确定其初始投资成本。

（1）同一控制下企业合并形成的长期股权投资。

同一控制下企业合并是指参与合并的企业在合并前后均受同一方或相同的多方最终控制，且该控制并非暂时性的。同一控制下的企业合并，合并方应当在合并日按照取得被合并方所有者权益账面价值的份额作为长期股权投资的初始投资成本。长期股权投资的初始投资成本与合并方支付的现金、转让非现金资产或承担债务账面价值的差额，应当调整资本公积，资本公积不够冲减的调整留存收益。

举例说明同一控制下企业合并形成的长期股权投资如下。

【例题5.5.1】2×16年6月30日，施工企业以银行存款35 000万元取得同一集团内B企业所有者权益的90%，合并当日B企业所有者权益的账面价值为40 000万元。企业应做如下会计分录。

借：长期股权投资	360 000 000	
贷：银行存款		350 000 000
资本公积——股本溢价		10 000 000

（2）非同一控制下企业合并形成的长期股权投资。

非同一控制下的控股合并中，购买方应当按照确定的企业合并成本作为长期股权投资的初始投资成本。企业合并成本包括购买方付出的资产、发生或承担的负债、发行的权益性证券的公允价值以及为进行企业合并发生的各项直接相关费用之和。通过多次交换交易，分步取得股权最终形成企业合并的，企业合并成本为每一单项交换交易的成本之和。

举例说明非同一控制下企业合并形成的长期股权投资如下。

【例题5.5.2】2×16年7月，施工企业以一套生产设备和银行存款300万元作为出资，购入B公司的股票200万股，取得的股权占B公司注册资本的80%，其固定资产的账面原价为8 000万元，已计提累计折旧为2 000万元，已计提固定资产减值准备为200万元，公允价值为6 300万元。不考虑其他相关税费，做如下会计分录。

长期股权投资的初始投资成本为=6 300+300=6 600（万元）

借：固定资产清理　　58 000 000
　　累计折旧　　20 000 000
　　固定资产减值准备　　2 000 000
　　贷：固定资产　　80 000 000

借：长期股权投资　　66 000 000
　　贷：固定资产清理　　58 000 000
　　　　银行存款　　3 000 000
　　　　营业外收入　　5 000 000

2. 除企业合并外以其他方式取得的长期股权投资

企业除合并形成的长期股权投资以外，还可以通过以下不同的方式取得长期股权投资，并按照要求确定初始投资成本。

（1）以支付现金方式取得的长期股权投资。

企业以支付现金方式取得的长期股权投资，应当按照实际支付的全部价款（包括支付的税费、手续费等相关费用）作为初始投资成本；实际支付的价款中包含已宣告但尚未领取的现金股利，按实际支付的价款减去已宣告但尚未领取的现金股利后的差额，作为初始投资成本。

（2）以发行权益性证券方式取得的长期股权投资。

企业以发行权益性证券方式取得的长期股权投资，应当按照所发行权益性证券的公允价值，但不包括被投资单位收取的已宣告但尚未发放的现金股利或利润，作为初始投资成本。

（3）投资者投入的长期股权投资。

企业投资者投入的长期股权投资，应当按照投资合同或协议约定的价值作为初始投资成本，但合同或协议约定的价值不公允的除外。投资者投入的长期股权投资，是指投资者以其持有的对第三方的投资作为出资投入企业。

此外，施工企业还可能以债务重组方式和非货币性资产交换方式取得长期股权投资。

（二）长期股权投资的后续计量

长期股权投资在持有期间，根据投资企业对被投资单位的影响程度及是否存在活跃市场、公允价值能否可靠取得等情况，分别采用成本法及权益法进行核算。

1. 成本法核算的内容

（1）成本法的适用范围。

成本法是指施工企业持有的长期股权投资按取得成本计价的方法。成本法适用于企业持有的能够对被投资单位实施控制的长期股权投资，即投资方持有的对子公司投资应当采用成本法核算。

（2）成本法核算的一般程序。

施工企业长期股权投资采用成本法核算的一般程序如下。

第一步，初始投资或追加投资时，按照初始投资或追加投资时的投资成本增加长期股权投资的账面价值。除此之外，长期股权投资的账面价值一般应当保持不变。

第二步，被投资单位宣告分派的利润或现金股利中，投资企业按应享有的部分，确认为当期投资收益。

2. 权益法核算的内容

（1）权益法的适用范围。

权益法是指投资最初以投资成本计量后，在投资持有期间根据投资企业享有被投资单位所有者权益份额的变动对投资的账面价值进行调整的方法。

企业对被投资单位具有共同控制或重大影响时，长期股权投资应采用权益法核算，即对合营企业的投资及对联营企业的投资，应当采用权益法核算。

当投资企业对被投资单位因追加投资导致原持有的对合营企业投资或对联营企业投资转变为对子公司的投资的，应中止采用权益法，改按成本法核算。

（2）权益法核算的一般程序。

施工企业长期股权投资采用权益法核算的一般程序如下。

第一步，初始投资或追加投资时，按照初始投资或追加投资时的投资成本增加长期股权投资的账面价值。

第二步，比较初始投资成本与投资时应享有被投资单位可辨认净资产公允价值的份额，对于取得投资时初始投资成本与应享有被投资单位可辨认净资产公允价值份额之间的差额，应分以下情况处理。

① 如果初始投资成本大于取得投资时应享有被投资单位可辨认净资产公允价值份额的，该部分差额是投资企业在取得投资过程中通过作价体现出的与所取得股权份额相对应的商誉及不符合确认条件的资产价值，这种情况下不要求对长期股权投资的成本进行调整。

② 如果初始投资成本小于取得投资时应享有被投资单位可辨认净资产公允价值份额的，两者之间的差额体现为双方在交易作价过程中转让方的让步，该部分经济利益流入应作为收益处理，计入取得投资当期的营业外收入，同时调整增加长期股权投资的账面价值。

第三步，持有投资期间，随着被投资单位所有者权益的变动相应调整增加或减少长期股权投资的账面价值，并分以下情况处理。

① 如果被投资单位当年实现净利润而影响所有者权益变动时，投资企业应按所持表决权资本比例计算应享有的份额，增加长期股权投资的账面价值，并确认为当期投资收益。

② 如果被投资单位当年发生净亏损而影响所有者权益变动时，投资企业确认承担被投资单位发生的净亏损，应以长期股权投资的账面价值以及其他实质上构成对被投资单位净投资的长期权益减记至零为限，按照投资合同或协议约定负有承担额外损失义务的，还应按照应承担的损失义务进一步确认损失。这里所讲“其他实质上构成对被投资单位净投资的长期权益”通常是指长期应收项目，如企业对被投资单位的长期债权，该债权没有明确的清收计划、且在可预见的未来期间不准备收回的，实质上构成对被投资单位的净投资。应予说明的是，该类长期权益不包括投资企业与被投资单位之间因销售商品、提供劳务等日常活动所产生的长期债权。

投资企业在确认应分担被投资单位发生的亏损时，应首先减记长期股权投资的账面价值。其次，在长期股权投资的账面价值减记至零的情况下，考虑是否有其他实质上构成对被投资单位净投资的长期权益项目，如果有，则以其他长期权益的账面价值为限，继续确认投资损失，冲减长期应收项目等的账面价值。最后，按照投资合同或协议约定，投资企业仍需要承担额外损失弥补等义务的，应按预计将承担的义务金额确认预计负债，计入当期投资损失。

被投资单位在以后期间实现盈利的，应按以上相反顺序分别减记已确认的预计负债、恢复其他长期权益及长期股权投资的账面价值，同时确认投资收益。

需要强调的是，投资企业按被投资单位实现的净利润或发生的净亏损，计算应享有或应分担的份额时，应以取得被投资单位股权后发生的净损益为基础，投资前被投资单位实现的净损益不包括在内。

③ 被投资单位确认的其他综合收益及其变动，也会影响被投资单位所有者权益总额，进而影响投资企业应享有被投资单位所有者权益的份额。因此，当被投资单位其他综合收益发生变动时，投资企业应当按照归属于本企业的部分，相应调整长期股权投资账面价值，同时增加或减少其他综合收益。

④ 如果投资企业对于被投资单位除净损益以外所有者权益的其他变动，在持股比例不变的情况下，应按照持股比例与被投资单位除净损益以外所有者权益的其他变动中归属于本企业的部分，相应调整长期股权投资的账面价值，同时增加或减少资本公积。

第四步，被投资单位宣告分派利润或现金股利时，投资企业按持股比例计算应分得的部分，一般应冲减长期股权投资的账面价值。

（3）权益法下投资损益的确认。

需要强调的是，采用权益法核算的长期股权投资，在确认应享有或应分担被投资单位的净利润或净亏损时，在被投资单位账面净利润的基础上，应考虑以下因素的影响进行适当调整。

① 被投资单位采用的会计政策及会计期间与投资企业不一致的，应按投资企业的会计政策及会计期间对被投资单位的财务报表进行调整，在此基础上确定被投资单位应分享的收益或应承担的损失。

② 以取得投资时被投资单位固定资产、无形资产的公允价值为基础计提的折旧额或摊销额，以及以投资企业取得投资时有关资产的公允价值为基础计算确定的资产减值准备金额等对被投资单位净利润的影响。

如果无法合理确定取得投资时被投资单位各项可辨认资产等的公允价值；或投资时被投资单位可辨认资产的公允价值与其账面价值两者之间的差额较小，不具重要性的；或其他原因导致无法取得被投资单位的有关资料，不能对被投资单位的净损益进行调整的，投资企业可以被投资单位的账面净利润为基础计算确认投资损益，同时应在附注中说明不能按照准则中规定进行核算的原因。

（三）长期股权投资成本法与权益法的转换

长期股权投资在持有期间，因各方面情况的变化，可能导致其核算需要由一种方法转换为另外的方法。

1. 成本法转为权益法

因处置投资导致对被投资单位的影响能力下降，由控制转为具有重大影响或者与其他投资方一起实施共同控制的情况下，首先应按处置或收回投资的比例结转应终止确认的长期股权投资成本。

在此基础上，应当比较剩余的长期股权投资成本与按照剩余持股比例计算原投资时应享有被投资单位可辨认净资产公允价值的份额，属于投资作价中体现的商誉部分，不调整长期股权投资的账面价值；属于投资成本小于原投资时应享有被投资单位可辨认净资产公允价值份额的，在调整长期股权投资成本的同时，应调整留存收益。

对于原取得投资后至转变为权益法核算之间被投资单位实现净损益中应享有的份额，一方面应当调整长期股权投资的账面价值，同时对于原取得投资时至处置投资当期期初被投资单位实现的净损益（扣除已发放及已宣告发放的现金股利和利润）中应享有的份额，调整留存收益，对于处置投资当期期初至处置投资之日被投资单位实现的净损益中享有的份额，调整当期损益；其他原因导致被投资单位所有者权益变动中应享有的份额，在调整长期股权投资账面价值的同时，应当记入“资本公积——其他资本公积”账户。

2. 公允价值计量或权益法转换为成本法

因追加投资导致原持有的分类为以公允价值计量且其变动计入当期损益的金融资产，或分类为可供出售金融资产，以及对联营企业或合营企业的投资转变为对子公司投资的，购买日应对长期股权投资账面价值进行调整，将长期股权投资的账面余额调整至最初取得成本，并加上购买日新支付对价的公允价值作为长期股权投资的成本。

（四）长期股权投资的处置

企业由于各方面的考虑，决定将所持有的对被投资单位的股权全部或部分对外出售时，应相应结转与所售股权相对应的长期股权投资的账面价值，出售所得价款与处置长期股权投资账面价值之间的差额，应确认为处置损益。

采用权益法核算的长期股权投资，原计入“其他综合收益”或“资本公积”中的金额，在处置时亦应进行结转，将与所出售股权相对应的部分在处置时自其他综合收益或资本公积转入当期损益。

三、长期股权投资核算应设置的账户

为了核算长期股权投资的增减变化及其损益情况，施工企业应设置下列会计账户。

（一）“长期股权投资”账户

“长期股权投资”账户核算企业长期股权投资的增减变化情况。该账户借方登记取得股权时的初始投资成本；权益法下长期股权投资的初始投资成本小于投资时应享有被投资单位可辨认净资产公允价值份额的差额；权益法下资产负债表日，企业根据被投资单位实现的净利润或经调整的净利润计算享有的份额及根据被投资单位实现的净利润及净损益以外的其他所有者权益变动，按持股比例调增的长期股权投资账面价值的金额。贷方登记长期股权投资处置时转销的账面余额；权益法下企业根据被投资单位发生的亏损计算分担的份额及根据被投资单位发生的净亏损及净损益以外的其他所有者权益变动，按持股比例调减的长期股权投资账面价值的金额。本账户期末借方余额，反映企业持有的长期股权投资的价值。本账户应按被投资单位设置明细账进行核算。采用权益法核算的企业，还应在本账户下分别设置“成本”“损益调整”“其他综合收益”“其他权益变动”明细账户进行核算。

（二）“投资收益”账户

“投资收益”账户核算企业投资发生的收益或损失。仅就长期股权投资而言，本账户核算企业持有以及处置长期股权投资的投资损益。其贷方登记长期股权投资的投资收益，若长期股权投资采用成本法核算的，企业按被投资单位宣告发放的现金股利或利润中应由本企业享有的部分，以及处置长期股权投资时实际收到的价款大于长期股权投资账面价值的差额；若长期股权投资采用权益法核算，资产负债表日根据被投资单位实现的净利润或经调整的净利润计算应享有的份额。借方登记长期股权投资的投资损失，长期股权投资采用权益法核算下被投资单位发生净亏损时企业应分担的损失以及处置长期股权投资时实际收到的价款小于长期股权投资账面价值的差额。

（三）其他综合收益

在权益法核算下，被投资单位确认的其他综合收益及其变动，也会影响被投资单位所有者权益总额，进而影响投资企业应享有被投资单位所有者权益的份额。因此，当被投资单位其他综合收益发生变动时，投资企业应当按照归属于被企业的部分，相应地调整长期股权投资的账面价值，同时增加或减少其他综合收益。当被投资单位的其他综合收益增加时，应按照相应的份额贷记其他综合收益，同时调整增加长期股权投资的账面价值；当被投资单位的其他综合收益减少时，应借记其他综合收益，同时调整减少长期股权投资的账面价值。当企业处置采用权益法核算的长期股权投资时，原计入其他综合收益的金额也要进行结转，将与所售股权相对应的部分自其他综合收益转入当期损益，即借记或贷记“其他综合收益”，贷记或借记“投资收益”账户。

此外，施工企业在长期股权投资核算中还涉及“长期股权投资减值准备”账户，其核算的主要内容请参见本章第六节“投资减值的核算”。“其他综合收益”账户的核算内容请参见本书第十一章第三节“其他综合收益核算”的内容。

四、长期股权投资核算的会计处理

（一）成本法下长期股权投资的核算

1. 企业取得投资时

（1）同一控制下企业合并形成长期股权投资时

借：长期股权投资（享有被合并方所有者权益账面价值的部分）

应收股利（实际支付的款项中包含已经宣告但尚未领取的现金股利）
负债类账户（抵减负债的账面价值）
贷：资产类账户（支付资产的账面价值）
资本公积——股本溢价（差额）

（2）非同一控制下企业合并形成长期股权投资时

① 以银行存款、固定资产等作为对价的长期股权投资

借：长期股权投资（合并成本）
应收股利（实际支付的款项中包含已经宣告但尚未领取的现金股利）
贷：资产类账户（账面价值）
营业外收入（资产的公允价值与账面价值的差额）
银行存款（发生的直接相关费用）

② 以发行权益性证券取得的长期股权投资

借：长期股权投资（合并成本）
贷：股本（股票面值）
资本公积——股本溢价
银行存款（发生的直接相关费用）

2. 被投资单位宣告发放现金股利或利润分配时

借：应收股利
贷：投资收益

3. 实际领取现金股利或利润时

借：银行存款
贷：应收股利

4. 如果被投资单位无力支付股利，企业不做任何会计处理

5. 企业处置股权投资时

借：银行存款等（实际取得的价款）
长期股权投资减值准备（已计提的减值准备）
投资收益（发生的处置净损失）
贷：长期股权投资（股权投资的账面余额）
应收股利（尚未领取的现金股利或利润）
投资收益（实现的处置净收益）

施工企业长期股权投资成本法核算的会计处理流程如图 5-3 所示。

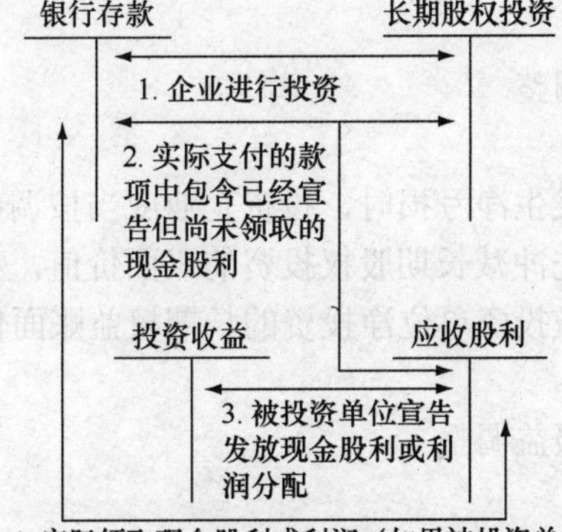

图 5-3 长期股权投资成本法核算的会计处理流程图

施工企业在处置长期股权投资时，采用成本法核算会计处理方式的会计处理流程如图 5-4 所示。

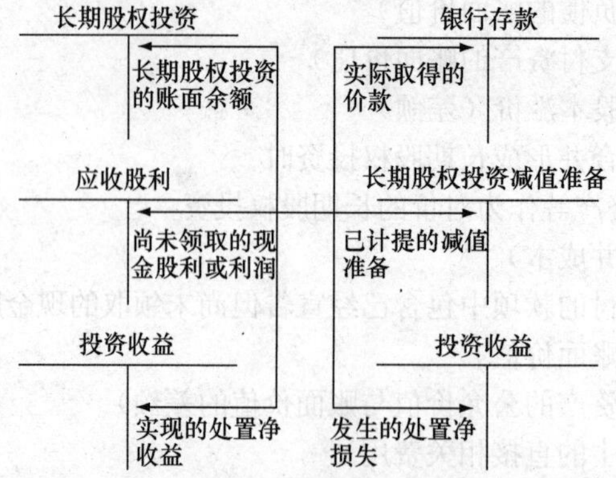

图 5-4　成本法下处置长期股权投资核算的会计处理流程图

举例说明采用成本法核算长期股权投资的会计处理如下。

【例题5.5.3】2×16年2月10日，施工企业以银行存款36 000万元自公开市场中购入甲公司90%的股份，并支付手续费等相关费用为900万元。企业取得该部分股权后能够对甲公司形成控制。企业应做如下会计处理。

借：长期股权投资　　369 000 000

　　贷：银行存款　　369 000 000

（二）权益法下长期股权投资的核算

（1）企业取得投资时

借：长期股权投资——成本

　　贷：银行存款

（2）若取得投资时，初始投资成本高于企业应享有被投资单位可辨认净资产公允价值的份额，不调整长期股权投资的初始投资成本。

（3）若取得投资时，初始投资成本低于企业应享有被投资单位可辨认净资产公允价值的份额，其差额应计入当期损益，同时调整长期股权投资的成本。

借：长期股权投资——成本

　　贷：营业外收入

（4）会计期末，被投资单位实现净利润时，投资企业应当以取得投资时被投资单位各项可辨认资产等的公允价值为基础对被投资单位的净利润进行调整后，再按照持股比例进行确认应享有的份额。

借：长期股权投资——损益调整

　　贷：投资收益

（5）会计期末，被投资单位发生净亏损时，投资企业应当按调整后的净亏损金额与企业的持股比例确认企业应分担的数额，首先冲减长期股权投资的账面价值，如长期股权投资的账面价值不足冲减的，应以其他实质上构成对被投资单位净投资的长期权益账面价值为限继续确认投资损失。

借：投资收益

　　贷：长期股权投资——损益调整

或

借：投资收益

　　贷：长期应收款

（6）被投资单位宣告分派现金股利或利润时，企业按持股比例计算应享有的份额。

借：应收股利

　　贷：长期股权投资——损益调整

（7）实际收到被投资单位分来的现金股利或利润时

借：银行存款

　　贷：应收股利

（8）被投资单位分派的股票股利，投资企业不做会计处理，但应于除权日注明所增加的股数，以反映股份的变化情况。

（9）被投资单位确认的其他综合收益及其变动，也会影响被投资单位所有者权益总额，进而影响投资企业应享有被投资单位所有者权益的份额。因此，当被投资单位其他综合收益发生变动时，投资企业应当按照归属于被企业的部分，相应地调整长期股权投资的账面价值，同时增加或减少其他综合收益。

借：长期股权投资——其他综合收益

　　贷：其他综合收益

或做相反的会计分录。

（10）在持股比例不变的情况下，被投资单位除净损益、其他综合收益以及利润分配以外所有者权益的其他变动。

借：长期股权投资——其他权益变动

　　贷：资本公积——其他资本公积

（11）企业处置股权投资时

借：银行存款等（实际取得的价款）

　　长期股权投资减值准备（已计提的减值准备）

　　投资收益（发生的处置净损失）

　　贷：长期股权投资（股权投资的账面余额）

　　　　应收股利（尚未领取的现金股利或利润）

　　　　投资收益（实现的处置净收益）

权益法下，企业处置股权投资时原计入其他综合收益、资本公积的金额也要进行结转，将与所售股权相对应的部分自其他综合收益和资本公积转入当期损益，即借记或贷记“其他综合收益”“资本公积——其他资本公积”账户，贷记或借记“投资收益”账户。

施工企业长期股权投资权益法核算的会计处理流程如图 5-5 所示。

施工企业在处置长期股权投资时，采用权益法核算的会计处理流程如图 5-6 所示。

股权投资核算采用权益法，在企业的账面上能够充分地反映企业与接受投资单位之间的经济关系。施工企业与其他单位之间相互参股和控股的情况会越来越多，成为企业的投资渠道，使投资主体多元化。

（三）长期股权投资成本法与权益法的转换

1. 成本法转换为权益法

施工企业因减持股份的原因，能够对被投资单位实施共同控制或重大影响但不构成控制的，应该将成本法改成权益法，应以成本法下长期股权投资的账面价值作为按照权益法核算的初始投资成本，并在此基础上比较该初始投资成本与应享有被投资单位可辨认净资产公允价值的份额，确定是否需要对长期股权投资的账面价值进行调整。

因处置投资，使长期股权投资的核算由成本法转为权益法时，首先应按处置或收回投资的比例结转应终止确认的长期股权投资成本。

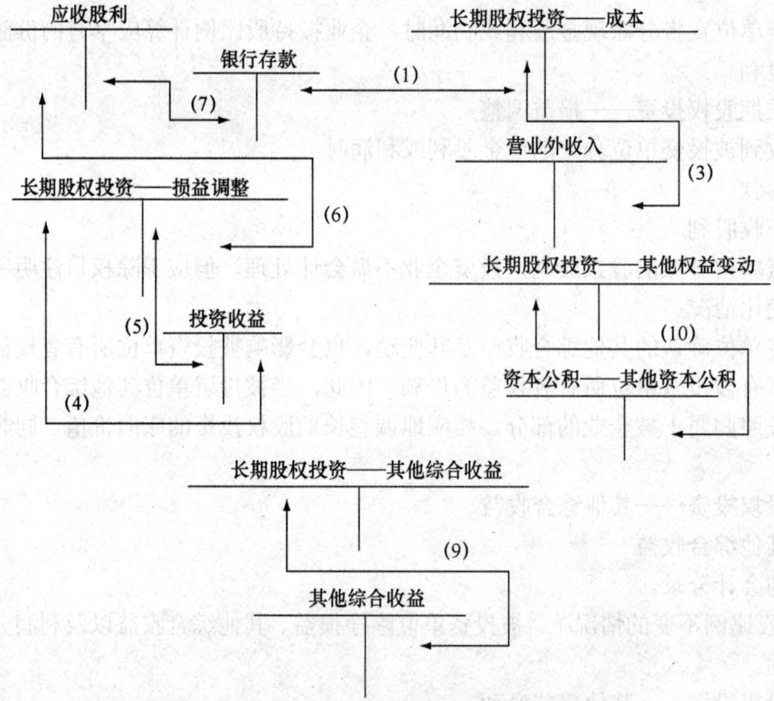

图 5-5　长期股权投资权益法核算的会计处理流程图

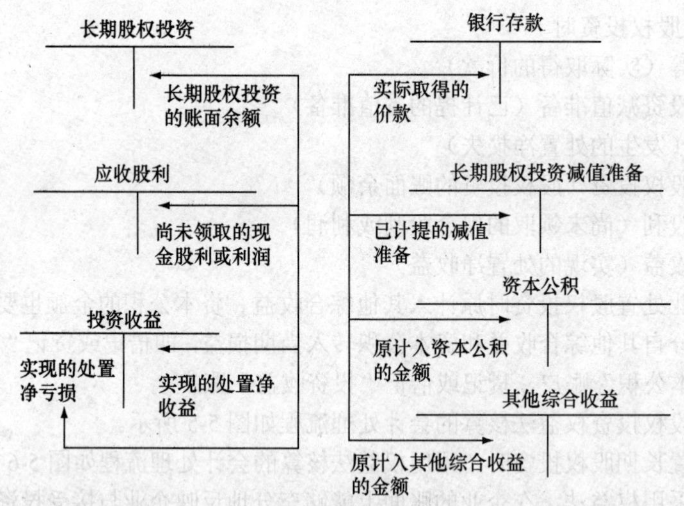

图 5-6　权益法下处置长期股权投资核算的会计处理流程图

① 比较剩余的长期股权投资成本与按照剩余持股比例计算原投资时应享有被投资单位可辨认净资产公允价值的份额，属于投资作价中体现的商誉部分，不调整长期股权投资的账面价值；属于投资成本小于原投资时应享有被投资单位可辨认净资产公允价值份额的。

借：长期股权投资

　贷：盈余公积

　　　利润分配——未分配利润

② 对于原取得投资后至转变为权益法核算之间被投资单位实现净损益中应享有的份额。

借：长期股权投资

　贷：盈余公积

利润分配——未分配利润

投资收益

其他原因导致被投资单位所有者权益变动中应享有的份额如下处理。

借：长期股权投资

贷：资本公积——其他资本公积

2. 权益法转换为成本法

因追加投资使长期股权投资的核算由权益法转换为成本法时

① 购买日应对原取得的长期股权投资账面价值进行调整。

借：盈余公积

利润分配——未分配利润

投资收益

贷：长期股权投资——损益调整

借：资本公积——其他资本公积

贷：长期股权投资——其他权益变动

借：其他综合收益

贷：长期股权投资——其他综合收益

② 对追加投资的成本进行确认。

借：长期股权投资

贷：银行存款

长期股权投资的账面余额调整至最初取得成本后，加上购买日新支付对价的公允价值作为长期股权投资的成本。

第六节 投资减值的核算

一、投资减值核算的内容

投资减值包括金融资产减值以及长期股权投资减值。企业应当在资产负债表日对以公允价值计量且其变动计入当期损益的金融资产以外的金融资产以及长期股权投资的账面价值进行检查。有客观证据表明，该金融资产发生减值的，应当确认减值损失，计提减值准备。

（一）投资减值的确认

1. 金融资产减值的确认条件

金融资产减值的确认条件是表明金融资产发生减值的客观证据，即金融资产初始确认后实际发生的、对该金融资产的预计未来现金流量有影响，且企业能够对该影响进行可靠计量的事项。金融资产发生减值的客观证据，包括下列各项内容。

（1）发行方或债务人发生严重财务困难；

（2）债务人违反了合同条款，如偿付利息或本金发生违约或逾期等；

（3）债权人出于经济或法律等方面因素的考虑，对发生财务困难的债务人做出让步；

（4）债务人很可能倒闭或进行其他财务重组；

（5）因发行方发生重大财务困难，该金融资产无法在活跃市场继续交易；

（6）无法辨认一组金融资产中的某项资产的现金流量是否已经减少，但根据公开的数据对其进行总体评价后发现，该组金融资产自初始确认以来的预计未来现金流量确已减少且可计量，如该组金融资产的债务人支付能力逐步恶化或债务人所在国家或地区失业率提高、担保物在其所在地区的价格明显下降、所处行业不景气等；

（7）债务人经营所处的技术、市场、经济或法律环境等发生重大不利变化，使权益工具投资人可能无法收回投资成本；

（8）权益工具投资的公允价值发生严重或非暂时性下跌；

（9）其他表明金融资产发生减值的客观证据。

本节将以持有至到期投资以及可供出售金融资产为例介绍金融资产减值。

2. 长期股权投资减值的确认条件

（1）对施工企业有市价的长期投资是否应当计提减值准备，可以根据下列迹象判断。

① 市价持续 2 年低于账面价值；

② 该项投资暂停交易 1 年或 1 年以上；

③ 被投资单位当年发生严重亏损；

④ 被投资单位持续 2 年发生亏损；

⑤ 被投资单位进行清理整顿、清算或出现其他不能持续经营的迹象。

（2）对施工企业无市价的长期投资是否应当计提减值准备，可以根据下列迹象判断。

① 影响被投资单位经营的政治或法律环境的变化，如税收、贸易等法规的颁布或修订，可能导致被投资单位出现巨额亏损；

② 被投资单位所提供的商品或提供的劳务因产品过时或消费者偏好改变而使市场的需求发生变化，从而导致被投资单位财务状况发生严重恶化；

③ 被投资单位所在行业的生产技术等发生重大变化，被投资单位已失去竞争能力，从而导致财务状况发生严重恶化，如进行清理整顿、清算等；

④ 有证据表明该项投资实质上已经不能再给企业带来经济利益的其他情形。

（二）投资减值的计量

1. 持有至到期投资减值损失的计量

（1）持有至到期投资以摊余成本进行后续计量，其发生减值时，应当将该金融资产的账面价值与预计未来现金流量现值之间差额，确认为减值损失，计入当期损益。

以摊余成本计量的金融资产的预计未来现金流量现值，应当按照该金融资产的原实际利率折现确定，并考虑相关担保物的价值（取得和出售该担保物发生的费用应当予以扣除）。原实际利率是初始确认该金融资产时计算确定的实际利率。短期应收款项的预计未来现金流量与其现值相差很小的，在确定相关减值损失时，可不对其预计未来现金流量进行折现。

（2）对于存在大量性质类似且以摊余成本进行后续计量金融资产的企业，在考虑金融资产减值测试时，应当先将单项金额重大的金融资产区分开来，单独进行减值测试。如有客观证据表明其已发生减值，应当确认减值损失，计入当期损益。对单项金额不重大的金融资产，可以单独进行减值测试，也可以包括在具有类似信用风险特征的金融资产组合中进行减值测试。在实务中，企业可以根据具体情况确定单项金额重大的标准。该项标准一经确定，应当一致运用，不得随意变更。

（3）对以摊余成本计量的金融资产确认减值损失后，如有客观证据表明该金融资产价值已恢复，且客观上与确认该损失后发生的事项有关（如债务人的信用评级已提高等），原确认的减值损失应当予以转回，计入当期损益。但是，该转回后的账面价值不应当超过假定不计提减值准备情况下该金融资产在转回日的摊余成本。

2. 可供出售金融资产减值损失的计量

（1）可供出售金融资产发生减值时，即使该金融资产没有终止确认，原直接计入所有者权益中的因公允价值下降形成的累计损失，应当予以转出，计入当期损益。该转出的累计损失，等于可供出售金融资产的初始取得成本扣除已收回本金和已摊余金额、当前公允价值和原已计入损益的减值损失后的余额。

在活跃市场中没有报价且其公允价值不能可靠计量的权益工具投资，发生减值时应当将该项权益工具投资或衍生金融资产的账面价值，与按照类似金融资产当时市场收益率对未来现金流量折现确定的现值之间的差额，确认为减值损失，计入当期损益。与该权益工具挂钩并需通过交付该权益工具结算的衍生金融资产发生的减值，也应当采用类似的方法确认减值损失。

（2）对于已确认减值损失的可供出售债务工具，在随后的会计期间公允价值已上升且客观上与确认原减值损失确认后发生的事项有关的，原确认的减值损失应当予以转回，计入当期损益。

（3）可供出售权益工具投资发生的减值损失，不得通过损益转回。但是，在活跃市场中没有报价且其公允价值不能可靠计量的权益工具投资，或与该权益工具挂钩并需通过交付该权益工具结算的衍生金融资产发生的减值损失，不得转回。

3. 长期股权投资减值损失的计量

长期股权投资在按照规定进行核算确定其账面价值的基础上，如果存在减值迹象的，应当按照相关准则的规定计提减值准备。其中对子公司、联营企业及合营企业的投资，应当按照《企业会计准则第 8 号——资产减值》的规定确定其可收回金额及应计提的减值准备；企业持有的对被投资单位不具有共同控制或重大影响、在活跃市场中没有报价、公允价值不能可靠计量的长期股权投资，应当按照《企业会计准则第 22 号——金融工具确认和计量》的规定确定其可收回金额及应予计提的减值准备。上述有关长期股权投资的减值准备在提取以后，均不允许转回。

长期股权投资中对子公司、联营企业及合营企业的投资，应当估计其可收回金额，然后将所估计的资产可收回金额与其账面价值相比较，以确定资产发生的减值损失。资产可收回金额的估计，应当根据其公允价值减去处置费用后的净额与资产预计未来现金流量的现值两者之间较高者确定；企业持有的对被投资单位不具有共同控制或重大影响、在活跃市场中没有报价、公允价值不能可靠计量的长期股权投资，应当将该权益工具投资的账面价值，与按照类似金融资产当时市场收益率对未来现金流量折现确定的现值之间的差额，确认为减值损失，计入当期损益。

二、投资减值核算应设置的账户及会计处理

（一）投资减值核算应设置的账户

1.“持有至到期投资减值准备”账户

“持有至到期投资减值准备”账户核算企业持有至到期投资的减值准备。

该账户贷方登记资产负债表日确定持有至到期投资发生减值的金额；借方登记已计提减值准备的持有至到期投资价值以后又得以恢复，在原已计提的减值准备金额内恢复增加的金额；期末余额在贷方，反映企业已计提但尚未转销的持有至到期投资减值准备。本账户可按持有至到期投资类别和品种进行明细核算。

2.“长期股权投资减值准备”账户

“长期股权投资减值准备”账户核算企业提取的长期股权投资减值准备。

该账户贷方登记期末长期股权投资预计可收回金额低于其账面价值的差额；借方登记处置长期股权投资时，应同时结转的已计提的长期股权投资减值准备。本账户期末贷方余额反映企业已提取的长期股权投资减值准备。资产减值损失一经确定，在以后会计期间不得转回。以前期间计提的资产减值准备，需等到资产处置时才可转出。本账户应当按照被投资单位进行明细核算。

（二）投资减值的会计处理

1. 持有至到期投资减值的会计处理

（1）计提持有至到期投资的减值损失时

借：资产减值损失——持有至到期投资减值损失

　　贷：持有至到期投资减值准备

（2）有客观证据表明该项投资的价值得以恢复，转回原确认的减值损失

借：持有至到期投资减值准备

　　贷：资产减值损失——持有至到期投资减值损失

2. 可供出售金融资产减值的会计处理

（1）可供出售金融资产发生减值时：

借：资产减值损失

　　贷：其他综合收益

　　　　可供出售金融资产——公允价值变动

（2）对于已确认减值损失的可供出售债务工具，在随后的会计期间公允价值已上升，且客观上与确认原减值损失后发生的事项有关的情况。

① 可供出售金融资产为债券投资时

借：可供出售金融资产——公允价值变动

　　贷：资产减值损失

② 可供出售金融资产为权益工具投资（不含在活跃市场上没有报价、公允价值无法可靠计量的权益工具投资）时

借：可供出售金融资产——公允价值变动

　　贷：其他综合收益

3. 长期股权投资减值的会计处理

借：资产减值损失——长期股权投资减值损失

　　贷：长期股权投资减值准备

举例说明持有至到期投资减值准备核算的会计处理如下。

【例题5.6.1】2×15年12月31日，施工企业持有的持有至到期投资账面价值为850 000元，未来现金流量现值为720 000元。做如下会计分录。

借：资产减值损失——持有至到期投资减值损失　　130 000

　　贷：持有至到期投资减值准备　　130 000

举例说明可供出售金融资产减值准备核算的会计处理如下。

【例题5.6.2】2×13年1月1日，施工企业按面值从债券二级市场购入甲公司发行的债券60 000张，每张面值为100元，票面利率为5%，划分为可供出售金融资产。

（1）2×13年12月31日，该债券的市场价格为每张100元。

（2）2×14年，甲公司发生严重财务困难，但仍可支付该债券当年的票面利息。2×14年12月31日，该债券的公允价值下降为每张70元。公司预计债券的公允价值会持续下跌。

（3）2×15年，甲公司上年发生的财务困难大为好转。2×15年12月31日，该债券的公允价值已上升至每张90元。

假定不考虑其他因素，做如下会计分录。

（1）2×13年1月1日购入债券时

借：可供出售金融资产——成本　　6 000 000

　　贷：银行存款　　6 000 000

（2）2×13年12月31日确认利息、公允价值变动时

借：应收利息　　300 000

　　贷：投资收益　　300 000

同时

借：银行存款　　300 000

　　贷：应收利息　　300 000

债券的公允价值变动为零，故不做账务处理。

（3）2×14年12月31日确认利息收入及减值损失时

借：应收利息　　300 000

　　贷：投资收益　　300 000

借：银行存款　　300 000

　　贷：应收利息　　300 000

同时

借：资产减值损失　　1 800 000

　　贷：可供出售金融资产——公允价值变动　　1 800 000

由于该债券的公允价值预计会持续下跌，施工企业应确认减值损失。

（4）2×15年12月31日确认利息收入及减值损失转回时

应确认的利息收入=（期初摊余成本 6 000 000-发生的减值损失 1 800 000）×5%
=210 000（元）

借：应收利息　　300 000

　　贷：投资收益　　210 000

　　　　可供出售金融资产——利息调整　　90 000

同时

借：银行存款　　300 000

　　贷：应收利息　　300 000

减值损失转回前该债券的摊余成本=6 000 000-1 800 000-90 000=4 110 000（元）

2×15 年 12 月 31 日该债券的公允价值=5 400 000（元）

应转回的金额=5 400 000-4 110 000=1 290 000（元）

借：可供出售金融资产——公允价值变动　　1 290 000

　　贷：资产减值损失　　1 290 000

举例说明长期投资减值准备核算的会计处理如下。

【例题5.6.3】2×15年年末，施工企业“长期股权投资”的账面余额为830 000元，股票市值为640 000元。做如下会计分录。

借：资产减值损失——长期股权投资减值损失　　190 000

　　贷：长期股权投资减值准备　　190 000

此外，为了真实反映投资减值对企业财务状况、经营成果的影响，施工企业一般应在财务报告中披露与投资减值有关的信息。

【知识扩展】财政部对《企业会计准则第2号——长期股权投资》进行了修订，自2014年7月1日起在所有执行企业会计准则的企业范围内施行，鼓励在境外上市的企业提前执行。欲了解更多知识，请扫描二维码。

思考与练习

1. 施工企业2×13年度至2015年度对甲公司债券投资业务的相关资料如下。

（1）2×13年1月1日，施工企业以银行存款1 800万元购入甲公司当日发行的5年期公司债券，作为持有至到期投资核算，该债券面值总额为2 000万元，票面年利率5%，每年年末支付当年利息，到期一次偿还本金，但不得提前赎回。施工企业该债券的实际年利率为7.47%。

（2）2×13年12月31日，施工企业收到甲公司支付的债券利息100万元，当日，债权不存在减值迹象。

（3）2×14年12月31日，施工企业收到甲公司支付的债券利息100万元，当日，施工企业获悉，甲公司发生财务困难，对该债券投资进行减值测试，预计该债券未来现金流量的现值为1 500万元。

（4）2×15年1月1日，施工企业以1 505万元的价格将所持甲公司债券全部出售，款项存入银行。

除上述资料外，不考虑其他的因素。

要求：

（1）计算施工企业2×13年度持有至到期投资的投资收益。

（2）计算施工企业2×14年度持有至到期投资的减值损失。

（3）计算施工企业2×15年1月1日出售持有至到期投资的损益。

（4）根据资料（1）～（4）逐笔编制施工企业持有至到期投资相关的会计分录。

2. 甲公司为一施工企业，2×14—2×15年有关投资如下。

（1）2×14年1月1日，按面值购入100万份一公司公开发行的分次付息、一次还本债券，款项用银行存款支付，该债券每份面值100元，票面年利率5%，每年年末支付利息，期限为5年，甲公司将该债券投资分类为可供出售金融资产。

（2）2×14年11月乙公司债券价格开始下跌，2014年12月31日债券价格下跌为每份90元。2015年12月31日，价格为每份50元，但乙公司仍能如期支付利息。

甲公司对可供出售金融资产计提减值的政策是，价格下跌持续时间在1年以上或价格下跌至成本的50%以下（包含50%）。

要求：

（1）编制甲公司取得乙公司债券的会计分录。

（2）计算甲公司2×14年因持有甲公司债权对当年损益和权益的影响金额，并编制会计分录。

（3）计算甲公司2×15年12月31日应确认的减值损失金额，并编制相关会计分录。

3. 某施工企业甲公司于2×15年7月1日，以6 300万元取得乙公司60%的股权，形成非同一控制下企业合并，能够对乙公司实施控制。当日乙公司可辨认净资产账面价值和公允价值相等，为10 000万元。2×17年7月1日，甲公司对外出售20%乙公司股权，售价2 300万元，出售后甲公司对乙公司不再具有控制，但具有重大影响。

要求：

（1）编制甲公司取得乙公司60%股权时的会计分录。

（2）编制甲公司出售乙公司20%股权时的会计分录。

第六章 投资性房地产

【学习目标】

理论目标：掌握投资性房地产的计量和核算内容；熟悉投资性房地产计提累计折旧和减值准备的核算内容；熟悉投资性房地产的特征及其核算范围。

技术目标：掌握投资性房地产在成本模式下初始计量、后续计量、后续支出的会计处理；熟悉投资性房地产在公允价值模式下初始计量的会计处理。

能力目标：掌握投资性房地产的转换和处置的会计处理，熟悉投资性房地产核算应设置的账户及核算内容。

引例

中国中冶投资性房地产的变动

中国冶金科工集团有限公司（简称中冶集团）是国务院国资委监管的特大型企业集团。1982年，经国务院批准正式成立中国冶金建设公司，隶属于原冶金工业部。2008年12月，中冶集团发起设立中国冶金科工股份有限公司。2009年9月，中国中冶在上海、香港两地成功上市。中冶集团是全球领先的冶金建设承包商和冶金企业运营服务商；是国家确定的重点资源类企业之一；是国内产能领先的钢结构生产企业；是国务院国资委首批确定的以房地产开发为主业的16家中央企业之一；也是中国基本建设的主力军，在改革开放初期，创造了著名的"深圳速度"。2015年公司在"世界500强企业"排名中位居第326位，"中国企业500强"排名第23位。

2015年12月31日，中国中冶披露年度报告显示，公司2014年年末投资性房地产账面价值186 438.60万元，其中房屋、建筑物账面价值为155 475.80万元，土地使用权账面价值为30 962.80万元。2015年全年公司房屋、建筑物由固定资产转入投资性房地产9 231.30万元，土地使用权由无形资产转入投资性房地产22 047万元，其他项目转入投资性房地产15 095万元，此外，投资性房地产转入固定资产1 257.50万元，企业本年处置投资性房地产1 240万元。公司采用成本模式对所有投资性房地产进行后续计量，按其预计使用寿命及净残值率对建筑物和土地使用权计提折旧或摊销。2015年12月31日，投资性房地产账面价值217 027.60万元，其中房屋、建筑物账面价值为168 746.20万元，土地使用权账面价值为48 281.40万元。

投资性房地产的特征和范围有哪些？什么是投资性房地产后续计量的成本模式和公允价值模式？二者的会计处理有何具体的不同？企业该如何选择？投资性房地产的转换是如何进行会计处理的？

资料来源：根据中国冶金科工集团有限公司2015年年度报告

随着我国经济发展，房地产市场日益活跃和发展。企业持有投资性房地产这项非流动资产的主要目的是赚取租金或持有并增值。本章将详细讨论施工企业投资性房地产的核算内容和方法。

第一节 投资性房地产的特征和范围

随着我国社会主义市场经济的发展和完善，房地产市场日益活跃，除了房地产开发企业将房地产用作产品生产和对外销售以外，其他行业企业也出现了利用房地产赚取租金或增值收益的活动。用于出租或增值的房地产就是投资性房地产，它在用途、状态、目的等方面与企业自用的厂房、办公楼和房地产开发企业用于销售的存货是不同的。将投资性房地产单独作为一项非流动资产进行核算，能够更清晰地反映企业所持有房地产的构成情况和盈利水平。投资性房地产，对于施工企业而言主要是指以赚取租金为目的的兼营房屋租赁以及持有并用于增值收益活动的房地产。

一、投资性房地产的特征

投资性房地产是指为赚取租金或资本增值，或者两者兼有而持有的房地产，包括已出租的土地使用权、持有并准备增值后转让的土地使用权以及已出租的建筑物。投资性房地产应当能够单独计量和出售。

房地产是指土地和房屋及其权属的总称，它作为基本生产要素和稀缺资源是人类赖以生存的基础，包括土地、建筑物和固着在土地、建筑物上不可分离的部分及其衍生的权利与义务关系的总和。房地产中的建筑物包括房屋和构筑物两大类。在我国，土地归国家或集体所有，企业只能取得土地使用权。因此，房地产中的土地是指土地使用权。房屋是指固着在土地上的建筑物和构筑物。企业将房屋和土地使用权出租，是投资性房地产的主要形式，其实质属于一种让渡资产使用权行为。房地产租金就是让渡资产使用权取得的使用费收入。投资性房地产的另一种形式是持有并准备增值后转让的土地使用权，尽管其增值收益通常与市场供求、经济发展等因素有关，但目的是为了增值后转让以赚取增值收益。因此，企业出租房地产、转让土地使用权均视为一种经营活动，是企业为完成其经营目标所从事的经营性活动以及与之相关的其他活动形成的经济利益总流入。就施工企业而言，投资性房地产属于与经营性活动相关的其他经营活动，形成的租金收入或转让增值收益构成企业的其他业务收入。

根据税法的规定，企业取得的房地产租赁收入或土地使用权转让收益应当缴纳增值税，增值税税率为11%。按照国家有关规定认定的闲置土地，不属于持有并准备增值后转让的土地使用权。在我国，持有并准备增值后转让土地使用权的情况较少。

二、投资性房地产的核算范围

施工企业已出租的土地使用权、持有并准备增值后转让的土地使用权、已出租的建筑物，属于投资性房地产的核算范围。

（一）已出租的土地使用权

已出租的土地使用权，是指企业通过出让或转让方式取得的、以经营租赁方式出租的土地使用权。企业取得的土地使用权通常包括在一级市场上以缴纳土地出让金的方式取得的土地使用权，也包括在二级市场上接受其他单位转让的土地使用权。例如，施工企业与A公司签署了土地使用权租赁协议，A公司以年租金48万元租赁使用施工企业拥有的300平方米土地使用权。那么，自租赁协议约定的租赁期开始日起，这项土地使用权属于施工企业的投资性房地产。

对于以经营租赁方式租入土地使用权再转租给其他单位的，不能确认为投资性房地产。企业计划用于出租但尚未出租的土地使用权，也不属于投资性房地产的核算范围。例如，假设施工企业将其持有使用权的一块土地出租给甲公司，以赚取租金，为期5年。甲公司又将这块土地出租给丙公司，以赚取租金差价，为期3年。假设其他条件都符合国家相关规定，则施工企业自租赁期开始日起，土地使用权属于施工企业的投资性房地产，而甲公司不能确认土地使用权，也不属于投资性房地产。

（二）持有并准备增值后转让的土地使用权

持有并准备增值后转让的土地使用权，是指企业通过出让或转让方式取得的、并准备增值后转让的土地使用权，这类土地使用权很可能给企业带来资本增值收益。例如，企业厂址搬迁，致使土地使用权停止自用，企业管理层决定继续持有这部分土地使用权，待其增值后转让以赚取增值收益。

（三）已出租的建筑物

已出租的建筑物是指企业拥有产权并以经营租赁方式出租的建筑物，包括自行建造或开发活动完成后用于出租的建筑物。例如，施工企业将其拥有的某栋办公楼整体出租给乙公司，租赁期2年。对于施工企业而言，自租赁期开始日起，该栋办公楼属于投资性房地产。企业在判断和确认已出租的建筑物时，应当把握以下要点。

（1）用于出租的建筑物是指企业拥有产权的建筑物。企业以经营租赁方式租入再转租的建筑物不属于投资性房地产。例如，施工企业与乙企业签订了一项经营租赁合同，乙企业将其持有产权的一栋办公楼出租给施工企业，为期5年。企业一开始将该办公楼改装后用于自行经营餐馆。2年后，由于连续亏损，企业将餐馆转租给丙公司，以赚取租金差价。在这种情况下，对于施工企业而言，该栋楼不属于其投资性房地产。

（2）已出租的建筑物是企业已经与其他方签订了租赁协议，约定以经营租赁方式出租的建筑物。一般应自租赁协议规定的租赁期开始日起，经营租出的建筑物才属于已出租的建筑物。在通常情况下，对企业持有以备经营出租的空置建筑物或在建建筑物，如董事会或类似机构做出书面决议，明确表明将其用于经营出租，且持有意图短期内不再发生变化的，即使尚未签订租赁协议，也应视为投资性房地产。

（3）企业将建筑物出租，按租赁协议向承租人提供的相关辅助服务在整个协议中不重大的，应当将该建筑物确认为投资性房地产。例如，企业将其办公楼出租，同时向承租人提供维护、保安等日常辅助服务，企业应当将其确认为投资性房地产。再如，某施工企业在某地购买了一栋写字楼，共20层。其中，1、2层出租给某家大型超市，3～20层经营出租。企业同时为该写字楼提供保安、维修等日常辅助服务。企业将写字楼出租，同时提供的辅助服务不重大。对于企业而言，这栋写字楼属于投资性房地产。

需要注意的是，企业自用房地产不属于投资性房地产项目。自用房地产是指为生产商品、提供劳务或者经营管理而持有的房地产。例如，企业自用办公大楼属于固定资产，企业生产经营用的土地使用权属于无形资产。自用房地产的特征在于服务于企业自身的生产经营，其价值会随着房地产的使用而逐渐转移到企业的产品或服务中去，通过销售商品或提供服务为企业带来经济利益，在产生现金流量的过程中与企业持有的其他资产密切相关。

例如，企业出租给本企业职工居住的房屋，虽然也收取租金，但间接为企业自身的生产经营服务，因此具有自用房地产的性质。又如，企业拥有并自行经营的宾馆、酒店也属于自用房地产。宾馆、酒店的经营者在向顾客提供住宿服务的同时，还提供餐饮、娱乐等其他服务，其经营目的主要是通过向客户提供服务取得服务收入，因此，企业自行经营的宾馆、酒店是企业的经营场所，应当属于自用房地产。

在实务中，存在某项房地产部分用于生产商品、提供劳务或者经营管理，或者直接作为存货出售；部分用于赚取租金或资本增值的情形。其中，用于赚取租金或资本增值的部分，如果能够单独计量和出售，应当确认为投资性房地产；用于赚取租金或资本增值的部分，如果不能够单独计量和出售，应当与自用部分一起确认为固定资产或无形资产。例如，某施工企业建造了一栋写字楼，一部分签订经营租赁合同用于出租；另一部分作为自己的办公楼。这种情况下，如果出租部分能够单独计量和出售，应当确认为该企业的投资性房地产，其余自用部分作为企业的固定资产。

第二节 投资性房地产的计量

施工企业将某个项目确认为投资性房地产，首先应当符合投资性房地产的概念，其次应同时满足资产的确认条件。

一、投资性房地产的初始计量

企业取得的投资性房地产，应当按照取得时的成本进行初始计量。施工企业投资性房地产的取得方式主要是外购和自行建造，因此主要针对这两种方式说明投资性房地产的初始计量。

（一）外购的投资性房地产

外购投资性房地产的成本，应当按照取得时的实际成本进行初始计量，其成本包括购买价款和可直接归属于该资产的其他支出。另外，根据营改增的规定，可以抵扣的增值税进项税额单独核算。这里首先应明确何种情况属于外购的投资性房地产。企业购入的房地产，只有在购入的同时（购入日和租赁开始日相同或相近）即对外出租或用于资本增值的，才能称之为外购的投资性房地产。

如果企业购入房地产，先自用之后再出租或资本增值的，应当在购入时，先将房地产确认为固定资产或无形资产，自租赁开始日或用于资本增值日起，再从固定资产或无形资产转为投资性房地产。企业购入的房地产，部分用于出租（或资本增值）、部分自用，用于出租（或资本增值）的部分应当予以单独确认的，应按照不同部分的公允价值占公允价值总额的比例将成本在不同部分之间进行合理分配。

（二）自行建造的投资性房地产

企业自行建造投资性房地产的成本，由建造该项资产达到预定可使用状态前所发生的必要支出构成，包括土地开发费、建筑安装成本、应予以资本化的借款费用、支付的其他费用和分摊的间接费用等。建造过程中发生的非正常性损失直接计入当期损益，不计入建造成本。企业只有在自行建造的房地产达到预定可使用状态的同时开始对外出租或用于资本增值，才能将自行建造的房地产确认为投资性房地产。同样值得注意的是，自行建造的投资性房地产也涉及增值税进项税额抵扣问题。

企业自行建造的房地产达到预定可使用状态后，并没有立即对外出租或用于资本增值，应先将该房地产确认为固定资产或无形资产。在其后对外出租或用于资本增值时，再从租赁开始日或用于资本增值日起，从固定资产或无形资产转为投资性房地产。

二、投资性房地产的后续计量

投资性房地产应当按照取得时的成本进行初始确认和计量。而投资性房地产的后续计量具有两种模式，即成本模式和公允价值模式。企业在后续计量时，通常应当采用成本模式计量，如果满足特定条件时也可以采用公允价值模式。但是，同一企业只能采用一种模式对所有投资性房地产进行后续计量，不得同时采用两种计量模式。

（一）采用成本模式计量的投资性房地产

采用成本模式进行后续计量的投资性房地产，其会计处理比较简单，可比照固定资产或无形资产的有关规定，按期（月）计提折旧或摊销。投资性房地产存在减值迹象的，还应当按照资产减值的有关规定处理。经减值测试后确定发生减值的，应当计提减值准备。如果已经计提减值准备的投资性房地产的价值又得以恢复，不得转回。

（二）采用公允价值模式计量的投资性房地产

企业只有存在确凿证据表明投资性房地产的公允价值能够持续可靠取得的情况下，才可以对投资性房地产采用公允价值模式进行后续计量。企业一旦选择公允价值模式，就应当对其所有投资性房地产均采用公允价值模式进行后续计量。采用公允价值模式计量的投资性房地产，应当同时满足以下两个条件，缺一不可。

（1）投资性房地产所在地有活跃的房地产交易市场。

（2）企业能够从房地产交易市场上取得同类或类似房地产的市场价格及其他相关信息，从而对投资性房地产的公允价值做出合理的估计。

企业可以参照活跃市场上同类或类似房地产的现行市场价格（市场公开报价）来确定投资性房地产的公允价值；无法取得同类或类似房地产现行市场价格的，可以参照活跃市场上同类或类似房地产的最近交易价格，并考虑交易情况、交易日期、所在区域等因素予以确定。

采用公允价值模式计量的投资性房地产，不对其计提折旧或进行摊销，应当以资产负债表日投资性房地产的公允价值为基础调整其账面价值，公允价值与原账面价值之间的差额计入当期损益。

企业对投资性房地产的计量模式一经确定，不得随意变更。从成本模式转为公允价值模式，视为会计政策变更，应当根据相关规定进行会计处理。已采用公允价值模式计量的投资性房地产，不得从公允价值模式转换为成本模式。

三、投资性房地产的后续支出

（一）资本化的后续支出

与投资性房地产有关的后续支出，满足投资性房地产确认条件的应当计入投资性房地产成本。例如，企业为了提高投资性房地产的使用效能，往往需要对投资性房地产进行改建、扩建使其更加坚固耐用，或者通过装修改善其室内装潢。改扩建或装修支出满足确认条件的，应当将其资本化。企业对某项投资性房地产进行改扩建等再开发且将来仍作为投资性房地产的，在开发期间应继续将其作为投资性房地产，在开发期间不计提折旧或摊销。

（二）费用化的后续支出

与投资性房地产有关的后续支出，不满足投资性房地产确认条件的应当在发生时计入当期损益，即其他业务成本。

四、投资性房地产的转换和处置

（一）投资性房地产的转换

房地产的转换，实质上是因房地产用途发生改变而对房地产进行的重新分类。企业必须有确凿证据表明房地产用途发生改变，才能将投资性房地产转换为非投资性房地产或者将非投资性房地产转换为投资性房地产。这里的确凿证据包括以下两个方面。一方面是企业管理当局应当就改变房地产用途形成正式的书面决议，另一方面是房地产因用途改变而发生实际状态上的改变，如从自用状态改为出租状态。

施工企业有确凿证据表明房地产用途发生改变，并满足下列条件之一的，应当将房地产进行转换。

（1）投资性房地产开始自用。

（2）自用土地使用权停止自用，用于赚取租金或资本增值。

（3）自用建筑物停止自用，改为出租。

在成本模式下，施工企业将原本用于赚取租金或资本增值的房地产改用于生产商品、提供劳务或者经营管理时，应于转换日将相应的投资性房地产转换为固定资产或无形资产。例如，企业将出租的办公楼收回，并用于本企业自用。在这种情况下，转换日为房地产达到自用状态，企业开始将房地产用于经营管理的日期。企业将原本用于经营管理的房地产改用于出租，应于租赁期开始日，将相应的固定资产或无形资产转换为投资性房地产，将房地产转换前的账面价值作为转换后的入账价值。

在公允价值模式下，企业将投资性房地产转换为自用房地产时，应当以其转换当日的公允价值作为自用房地产的账面价值，公允价值与原账面价值的差额计入当期损益。企业将自用房地产转换为投资性房地产时，投资性房地产按照转换当日的公允价值计价，转换当日的公允价值小于原账面价值的，其差额计入当期损益；转换当日的公允价值大于原账面价值的，其差额计入所有者权益中的其他综合收益。待该项投资性房地产处置时，因转换计入其他综合收益的部分应转入当期的其他业务收入。

（二）投资性房地产的处置

当投资性房地产被处置，或者永久退出使用且预计不能从其处置中取得经济利益时，应当终止确认该项投资性房地产。

企业可以通过对外出售或转让的方式处置投资性房地产，取得投资收益。对于那些由于使用而不断磨损直到最终报废，或者由于遭受自然灾害等非正常损失发生毁损的投资性房地产也应当及时进行清理。此外，企业因其他原因，如非货币性交易等而减少投资性房地产也属于投资性房地产的处置。企业出售、转让、报废投资性房地产或者发生投资性房地产毁损，应当将处置收入扣除其账面价值和相关税费后的金额计入当期损益。

第三节 投资性房地产核算应设置的账户及会计处理

一、投资性房地产核算应设置的账户

为了核算投资性房地产的增加、转换、处置以及减值情况，施工企业应设置“投资性房地产”“投资性房地产累计折旧（摊销）”“投资性房地产减值准备”“公允价值变动损益”和“资产减值损失”等相关的会计账户。

（一）“投资性房地产”账户

“投资性房地产”账户核算企业投资性房地产的价值，包括采用成本模式计量的投资性房地产和采用公允价值模式计量的投资性房地产。

其借方登记成本或公允价值模式计量下企业从不同渠道取得的投资性房地产的初始成本；将自用土地使用权或建筑物转换为采用成本模式计量的投资性房地产在转换日的原价或者采用公允价值模式计量的投资性房地产在转换日的公允价值；投资性房地产进行改良或装修时的公允价值变动；资产负债表日，投资性房地产的公允价值高于其账面余额的差额；将采用公允价值模式计量的投资性房地产转为自用时的公允价值变动损失；出售投资性房地产时的公允价值变动损失；投资性房地产改扩建支出中属于资本化的后续支出等；以及出售投资性房地产时转出的累计公允价值变动损失。贷方登记成本或公允价值模式计量下企业处置投资性房地产的账面余额；投资性房地产进行改良或装修时的成本和公允价值变动；资产负债表日，投资性房地产的公允价值低于其账面余额的差额；将采用公允价值模式计量的投资性房地产转为自用时的成本和公允价值变动收益；出售投资性房地产时的成本和公允价值变动收益；以及出售投资性房地产时转出的累计公允价值变动收益。期末借方余额，反映企业投资性房地产的价值。

企业应当按照投资性房地产的类别和项目并分别“成本”和“公允价值变动”进行明细核算。

（二）“投资性房地产累计折旧（摊销）”账户

“投资性房地产累计折旧（摊销）”账户核算企业在成本模式计量下，作为投资性房地产的建筑物因使用而损耗掉的价值以及土地使用权因出租使用而摊销的价值。

其贷方登记企业按月计提的投资性房地产的累计折旧和因增加投资性房地产而转入的已计提累计折旧以及按月计提的投资性房地产摊销；借方登记企业因各种原因减少投资性房地产而相应转出的账面已提累计折旧和账面已提累计摊销。期末贷方余额反映企业提取的投资性房地产折旧累计数和摊销累计数。本账户应按建筑物和土地使用权项目进行明细核算，分别核算投资性房地产累计折旧和投资性房地产累计摊销的价值。

（三）“投资性房地产减值准备”账户

“投资性房地产减值准备”账户核算企业在成本模式计量下，提取的投资性房地产减值准备。其贷方登记期末投资性房地产可收回金额低于其账面价值的差额；其借方登记转让、处置投资性房地产时转出的投资性房地产减值准备数。本账户期末贷方余额，反映企业已提取的投资性房地产减值准备。

二、投资性房地产核算的会计处理

（一）采用成本模式计量的外购或自行建造的投资性房地产

在成本模式下，外购或自行建造投资性房地产的会计处理如下。

（1）企业外购取得投资性房地产时

借：投资性房地产（实际成本）
　　应交税费——应交增值税（进项税额）①
　　贷：银行存款

（2）企业自行建造取得投资性房地产时

借：投资性房地产（实际成本）
　　贷：在建工程等

（3）按期（月）对投资性房地产计提折旧或进行摊销时

借：其他业务成本
　　贷：投资性房地产累计折旧（摊销）

（4）取得租金收入时

借：银行存款
　　贷：其他业务收入
　　应交税费——应交增值税（销项税额）

（5）投资性房地产存在减值迹象，经测试后发生减值时

借：资产减值损失
　　贷：投资性房地产减值准备

举例说明采用成本模式计量的外购或自行建造投资性房地产核算的会计处理如下。

【例题6.3.1】2×16年3月，施工企业以2 700万元的成本在B地购入一块土地的使用权，用于自行建造3栋写字楼。2×16年8月，企业预计写字楼可达到预定可使用状态，与C公司签订了经营租赁合同，将其中的两栋写字楼租给C公司使用。租赁合同约定，该写字楼于完工时（达到预定可使用状态）开始起租。2×16年8月20日，3栋写字楼同时完工（达到预定可使用状态），3栋写字楼的造价均为8 000万元，可以单独出售。做如下会计分录。

土地使用权中的对应部分同时转换为投资性房地产的金额=2 700×（16 000÷24 000）
=1 800（万元）

借：投资性房地产——写字楼	160 000 000	
贷：在建工程		160 000 000
借：投资性房地产——土地使用权	18 000 000	
贷：无形资产——土地使用权		18 000 000

① 根据附2《营业税改征增值税试点有关事项的规定》进项税额分期抵扣规定，是指纳税人取得不动产，包括以直接购买、接受捐赠、接受投资入股、自建以及抵债等各种形式取得不动产，不包括房地产开发企业自行开发的房地产项目需要计算进项税额。2016 年 5 月 1 日后取得并在会计制度上不按“固定资产”核算（如投资性房地产）的不动产或者不动产在建工程，其进项税额可以一次性全额抵扣（投资性房地产进项税额抵扣问题目前国家尚无统一的政策）。本章假设资性房地产涉及的进项税额可以一次性抵扣。

（二）采用公允价值模式计量的外购或自行建造的投资性房地产

在公允价值模式下，外购或自行建造投资性房地产的会计处理如下。

（1）企业外购取得投资性房地产时

借：投资性房地产——成本（实际成本）

　　应交税费——应交增值税（进项税额）

　　贷：银行存款

（2）企业自行建造取得投资性房地产时

借：投资性房地产——成本（实际成本）

　　贷：在建工程等

（3）资产负债表日，投资性房地产的公允价值高于其账面余额时

借：投资性房地产——公允价值变动

　　贷：公允价值变动损益（投资性房地产的公允价值高于其账面余额的差额）

（4）资产负债表日，投资性房地产的公允价值低于其账面余额时

借：公允价值变动损益（投资性房地产的公允价值低于其账面余额的差额）

　　贷：投资性房地产——公允价值变动

举例说明采用公允价值模式计量的外购或自行建造投资性房地产核算的会计处理如下。

【例题6.3.2】2×16年6月，一般纳税人施工企业计划购入一栋办公楼用于对外出租。6月8日，企业与E企业签订了经营租赁合同，约定自办公楼购买日起将这栋办公楼出租给E企业，为期3年。6月10日，企业实际购入办公楼，开具的增值税专用发票上注明办公楼价格为9 900万元，增值税税额为1 089万元（增值税税率为11%），增值税专用发票已得到认证。假设2×16年12月31日，该办公楼的公允价值为12 150万元。做如下会计分录。

（1）2×16年6月10日购入时

借：投资性房地产——成本（办公楼）	99 000 000
应交税费——应交增值税（进项税额）	10 890 000
贷：银行存款	109 890 000

（2）2×16年12月31日

借：投资性房地产——公允价值变动	22 500 000
贷：公允价值变动损益	22 500 000

假设2×16年12月31日，该办公楼的公允价值为9 000万元。做如下会计分录。

借：公允价值变动损益	9 000 000
贷：投资性房地产——公允价值变动	9 000 000

（三）成本模式下投资性房地产的转换

在成本模式下，投资性房地产转换的会计处理如下。

（1）经营性自用建筑物转换为投资性房地产时

借：投资性房地产

　　累计折旧（原已计提的累计折旧）

　　固定资产减值准备（原已计提的减值准备）

　　贷：固定资产（账面余额）

　　　　投资性房地产累计折旧

　　　　投资性房地产减值准备

（2）自用土地使用权转换为投资性房地产时

借：投资性房地产

累计摊销（原已计提的累计摊销）

无形资产减值准备（原已计提的减值准备）

贷：无形资产（账面余额）

投资性房地产累计摊销

投资性房地产减值准备

（3）投资性房地产转换为经营性自用建筑物时

借：固定资产

投资性房地产累计折旧（原已计提的折旧）

投资性房地产减值准备（原已计提的减值准备）

贷：投资性房地产（账面余额）

累计折旧

固定资产减值准备

（4）投资性房地产转换为自用土地使用权时

借：无形资产

投资性房地产累计摊销（原已计提的摊销）

投资性房地产减值准备（原已计提的减值准备）

贷：投资性房地产（账面余额）

累计摊销

无形资产减值准备

举例说明成本模式下投资性房地产转换的会计处理如下。

【例题6.3.3】 2×16年7月初，一般纳税人施工企业购入一栋办公楼，企业将其作为投资性房地产，开具的增值税专用发票上注明办公楼价款为144 000万元，增值税税额为15 840万元，增值税专用发票已得到认证。办公楼预计尚可使用年限为40年。办公楼的预计净残值为零，采用直线法进行计提折旧。假定按年进行计提折旧。同时，该企业与乙企业签订租赁协议，将该办公楼整体出租给乙企业，租期为2.5年，合同约定2×16年租金于租赁当日收取，其余租金于每年年初收取当年租金为7 650万元。租赁期满后，将办公楼转为自用办公楼。该施工企业采用成本模式对投资性房地产进行后续计量，适用的增值税税率为11%。做如下会计分录。

（1）2×16年7月购入房地产时

借：投资性房地产——办公楼	1 440 000 000	
应交税费——应交增值税（进项税额）	158 400 000①	
贷：银行存款		1 598 400 000

（2）7月初收到租金时

借：银行存款	42 457 500	
贷：其他业务收入		38 250 000
应交税费——应交增值税（销项税额）		4 207 500

（3）按年对投资性房地产计提折旧时

每年应计提的折旧额=1 440 000 000÷40=36 000 000（元）

计提2×16年半年折旧时

借：其他业务成本	18 000 000	
贷：投资性房地产累计折旧		18 000 000

① 158 400 000=1 440 000 000×11%。

（4）租赁期满后，将办公楼转为自用办公楼时

办公楼已计提的累计折旧额=1 440 000 000÷40×2.5=90 000 000（元）

借：固定资产　　1 440 000 000

投资性房地产累计折旧　　90 000 000

贷：累计折旧　　90 000 000

投资性房地产——办公楼　　1 440 000 000

（四）公允价值模式下投资性房地产的转换

在公允价值模式下，投资性房地产转换的会计处理如下。

（1）经营性自用建筑物转换为投资性房地产时

借：投资性房地产——成本

累计折旧（原已计提的累计折旧）

固定资产减值准备（原已计提的减值准备）

公允价值变动损益（转换日公允价值小于账面价值的差额）

贷：固定资产（账面余额）

（2）自用土地使用权转换为投资性房地产时

借：投资性房地产——成本

累计摊销（原已计提的累计摊销）

无形资产减值准备（原已计提的减值准备）

贷：无形资产（账面余额）

其他综合收益（转换日公允价值大于账面价值的差额）[①]

（3）投资性房地产转换为经营性自用建筑物时

借：固定资产（投资性房地产转换日的公允价值）

投资性房地产——公允价值变动（投资性房地产的累计公允价值变动损失）

公允价值变动损益（转换日公允价值小于账面价值的差额）

贷：投资性房地产——成本

——公允价值变动（投资性房地产的累计公允价值变动收益）

（4）投资性房地产转换为自用土地使用权时

借：无形资产（投资性房地产转换日的公允价值）

投资性房地产——公允价值变动（投资性房地产的累计公允价值变动损失）

贷：投资性房地产——成本（账面余额）

——公允价值变动（投资性房地产的累计公允价值变动收益）

公允价值变动损益（转换日公允价值大于账面价值的差额）

举例说明公允价值模式下自用房地产转换为投资性房地产的会计处理如下。

【例题6.3.4】施工企业计划将一栋闲置的办公楼出租，以赚取租金。2×16年3月，企业与F企业签订了租赁协议，将办公楼租赁给F企业使用，租赁期开始日为2×16年4月1日，租赁期限为3年。2×16年4月1日，该办公楼的公允价值为162 000万元，其账面原值为180 000万元，已计提的累计折旧为36 000万元。企业应当于租赁期开始日（2×16年4月1日）将自用房地产转换为投资性房地产。做如下会计分录。

借：投资性房地产——成本——办公楼　　1 620 000 000

累计折旧　　360 000 000

① 关于“其他综合收益”账户的核算内容参见本书第十一章第三节“其他综合收益核算”的内容。

贷：固定资产　　1 800 000 000

　其他综合收益　　180 000 000

【例题6.3.5】2×16年3月10日，企业因租赁期满，将出租的办公楼收回作为经营性自用。2×16年3月31日，该办公楼正式自用，当日公允价值为14 400万元。该办公楼在转换前采用公允价值模式计量，原账面价值为9 450元，其中成本为9 000万元，公允价值变动为增值450万元。其会计处理如下。

借：固定资产　　144 000 000

贷：投资性房地产——成本　　90 000 000

　——公允价值变动　　4 500 000

　公允价值变动损益　　49 500 000

（五）与投资性房地产有关的后续支出

（1）采用成本模式计量的投资性房地产转入改良或装修时

借：投资性房地产（在建）

　投资性房地产累计折旧（摊销）

　贷：投资性房地产

（2）采用公允价值模式计量的投资性房地产转入改良或装修时

借：投资性房地产（在建）

　投资性房地产——公允价值变动（投资性房地产的累计公允价值变动损失）

　贷：投资性房地产——成本

　——公允价值变动（投资性房地产的累计公允价值变动收益）

（3）支付工程费用时

借：投资性房地产（在建）

　贷：银行存款等

（4）改良或装修完工时

借：投资性房地产

　贷：投资性房地产（在建）

（5）投资性房地产进行日常维修时

借：其他业务成本

　贷：银行存款等

举例说明与投资性房地产有关的后续支出的会计处理如下。

【例题6.3.6】施工企业与丁企业的一项办公楼经营租赁合同即将到期，该办公楼按照成本模式进行后续计量，账面余额为21 600万元，计提的累计折旧为5 400万元。为了提高办公楼的租金收入，企业决定在租赁期满后对房屋进行改扩建和装修，并与乙企业新签订了经营租赁合同，约定完工时将办公楼出租给乙企业。2×16年5月，与丁企业的租赁合同到期，房屋随即转入改扩建和装修工程。8月1日，房屋改扩建装修工程完工，共发生费用2 160万元（支付扩建工程款未取得增值税专用发票），即日按照租赁合同出租给乙企业。做如下会计分录。

（1）2×16年5月，投资性房地产转入扩建装修工程时

借：投资性房地产——办公楼（在建）　　162 000 000

　投资性房地产累计折旧　　54 000 000

　贷：投资性房地产——办公楼　　216 000 000

（2）支付工程费用时

借：投资性房地产——办公楼（在建）　　21 600 000

　贷：银行存款等　　21 600 000

（3）2×16年8月1日，工程完工时

借：投资性房地产——办公楼　183 600 000

　　贷：投资性房地产——办公楼（在建）　183 600 000

【例题6.3.7】2×16年6月，施工企业对其某项投资性房地产进行日常维修，用银行存款支付维修工程费为40 000元（支付维修工程款未取得增值税专用发票）。做如下会计分录。

借：其他业务成本　40 000

　　贷：银行存款　40 000

（六）投资性房地产的处置

在成本模式下，投资性房地产处置的会计处理如下。

（1）实际收到金额时

借：银行存款

　　贷：其他业务收入

　　　　应交税费——应交增值税（销项税额）

（2）结转账面价值时

借：其他业务成本（账面价值）

　　投资性房地产累计折旧（摊销）（原已计提的折旧或摊销）

　　投资性房地产减值准备（原已计提的减值准备）

　　贷：投资性房地产（账面余额）

在公允价值模式下，投资性房地产处置的会计处理如下。

（1）实际收到金额时

借：银行存款

　　贷：其他业务收入

　　　　应交税费——应交增值税（销项税额）

（2）结转账面价值时

借：其他业务成本（账面余额）

　　投资性房地产——公允价值变动（累计公允价值变动损失）

　　贷：投资性房地产——成本

　　　　　　　　　　——公允价值变动（累计公允价值变动收益）

（3）结转累计公允价值变动

借：公允价值变动损益

　　贷：其他业务收入

或

借：其他业务收入

　　贷：公允价值变动损益

（4）结转原转换日计入其他综合收益的金额

借：其他综合收益

　　贷：其他业务收入

举例说明投资性房地产处置的会计处理如下。

【例题6.3.8】2×16年6月，一般纳税人施工企业将出租的一栋旧房屋确认为投资性房地产，采用成本模式计量。租赁期届满后，企业以405 000万元价款将其出售给乙公司，开具的增值税专用发票上注明增值税税额为44 550万元，乙公司已用银行存款付清。出售时，该栋房屋的成本为378 000万元，已计提折旧为31 500万元。做如下会计分录。

借：银行存款　　4 495 500 000

　　贷：其他业务收入　　4 050 000 000

　　　　应交税费——应交增值税（销项税额）　　445 500 000

借：其他业务成本　　3 465 000 000

　　投资性房地产累计折旧　　315 000 000

　　贷：投资性房地产——房屋　　3 780 000 000

施工企业应当在附注中披露与投资性房地产有关的下列信息。①投资性房地产的种类、金额和计量模式；②采用成本模式的，投资性房地产的折旧或摊销以及减值准备的计提情况；③采用公允价值模式的，说明公允价值的确定依据和方法以及公允价值变动对损益的影响；④房地产转换情况、理由以及对损益或所有者权益的影响；⑤当期处置的投资性房地产及其对损益的影响等。

【知识扩展】土地使用权。欲了解更多知识，请扫描二维码。

思考与练习

1．一般纳税人施工企业计划购入一栋房屋用于对外出租。2×16年5月10日，企业与丙企业签订了经营租赁合同，约定自房屋购买日起将这栋房屋出租给丙企业，为期5年。5月15日，企业实际购入房屋，开具的增值税专用发票上注明房屋价格为8 000万元，增值税税额为880万元（增值税税率为11%），增值税专用发票已得到认证（假设不考虑其他因素）。

要求：根据上述资料编制相应的会计分录。

2．F企业按照计划将自己使用的办公楼，与丁企业签订了经营租赁协议，将这栋办公楼整体出租给丁企业使用，租赁期开始日为2×16年5月2日，为期5年；2×16年5月2日，这栋办公楼的账面余额为5 865万元，已计提折旧2 400万元，公允价值为4 000万元。假设该企业对投资性房地产采用公允价值模式计量，不考虑增值税。

要求：根据上述资料编制相应的会计分录。

3．施工企业将出租在外的办公楼收回，开始用于本企业办公。该办公楼账面价值为30 000万元，其中原价为36 000万元，累计已提折旧6 000万元。

要求：根据上述资料编制相应的会计分录。

4．2×16年6月，一般纳税人施工企业将其出租的一栋写字楼租赁期届满后，出售给雪海公司，合同价款为200 000万元，开具的增值税专用发票上注明增值税税额为22 000万元，雪海公司已用银行存款付清。出售时，该栋写字楼的成本为170 000万元，已计提折旧20 000万元。

要求：根据上述资料编制相应的会计分录。

第七章 固定资产

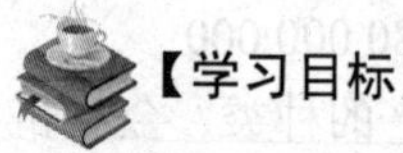

【学习目标】

理论目标：掌握固定资产的计价方式和折旧方法及其初始计量和后续计量；熟悉固定资产减值、处置和清查盘点的核算内容；熟悉固定资产的含义、特征及分类；了解固定资产租赁的核算内容。

技术目标：掌握固定资产计量、折旧、减值、清查盘点和处置的会计核算内容；熟悉固定资产的计价、固定资产修理、固定资产租赁的会计核算具体内容。

能力目标：掌握不同取得方式下购入固定资产的会计处理；掌握固定资产处置的步骤及会计处理，固定资产盘点清查应设置的账户及会计处理；熟悉折旧计算方法和会计处理的具体应用。

引例

上海浦东路桥建设股份有限公司的固定资产

上海浦东路桥建设股份有限公司（简称：浦东建设）成立于1998年，于2004年3月16日公开发行A股股票并在上海证券交易所上市，股票代码为600284。截至2015年12月31日，公司注册资本为人民币690 304 000元，总资产规模达13 364 000 000元。公司目前主要业务为基础设施项目投资、建筑工程施工、沥青砼及相关产品生产销售、环保业务。建筑工程施工业务是公司营业收入的主要组成部分，浦东建设拥有市政公用工程施工总承包一级、公路路面工程专业承包一级、公路工程施工总承包二级及水利水电工程施工总承包三级等多项专业资质。丰富的专业资质资源和领先的施工技术能力为公司承接各类工程项目提供坚实有力的基础，并拓宽了公司开展工程施工业务的渠道。

2015年上海浦东路桥建设股份有限公司的固定资产账面价值为144 154 263.15元，该公司的固定资产包括房屋建筑物、机器设备、电子设备、运输设备等。其中，占比最大的是房屋与建筑物。2015年末房屋及建筑物在固定资产中的比重为81.30%，但2015年房屋与建筑物减少了104 735 302.99 元，主要是由于本年新增了办公物业出租业务，将其从固定资产转入投资性房地产项目。因此使得固定资产账面价值同比下降42.98%。

该公司在其附注中指出其所披露的固定资产按取得时的实际成本进行初始计量，根据各类固定资产的性质和使用情况，确定其使用寿命和预计净残值，采用年限平均法计提折旧。2015年计提折旧数额为15 244 999.28元，房屋及建筑物的折旧数额占总数额的42.12%，机器设备的折旧数额占总数额的34.65%，可以看出虽然房屋及建筑物账面价值的比重较大，但是相比之下，机器设备等的折旧较快。

可见，在施工企业中，固定资产的种类包括房屋及建筑物、机器设备、办公室设备等，不同的固定资产有不同的特征，计量、折旧和减值的方式方法都可能存在不同之处。上海浦东路桥建设股份有限公司的固定资产是如何计价的？除了外购，固定资产还有哪些取得方式？固定资产有哪些折旧方法？折旧金额受哪些因素的影响？固定资产发生减值如何进行相关的会计处理？减值又会受到哪些因素的影响？公司在年末盘亏设备的处理方式是否正确？

资料来源：根据上海浦东路桥建设股份有限公司2015年年报整理

对于施工企业来说，施工机械、生产设备等作为企业的固定资产对于企业的发展起着至关重要的作用。本章将详细讨论施工企业固定资产的基本内容及其具体核算方法。

第一节 固定资产概述

固定资产是指使用期限较长，单位价值较高，并且在使用过程中保持原有实物形态的资产，它是施工企业从事施工生产活动的主要劳动资料。固定资产随着使用和磨损，通过计提折旧的方式逐渐减少账面价值。计提的折旧根据用途计入相关资产的成本或当期损益，其核算方法与存货有所不同。固定资产是企业的一项重要资产，其核算的正确与否，不仅会影响企业资产负债表信息的质量，而且还会影响利润表信息的质量。因此，施工企业应加强对固定资产的核算和管理。

一、固定资产的含义和特征

固定资产，是指同时具有以下特征的有形资产。①为生产商品、提供劳务、出租或经营管理而持有的；②使用寿命超过一个会计年度。本章固定资产是指会计准则确认的固定资产，与《关于全面推开营业税改征增值税试点的通知》（财税〔2016〕36号）确定的固定资产不一致[①]。

施工企业的固定资产具有以下3个特征。

（1）为生产商品、提供劳务、出租或经营管理而持有。这是固定资产最基本的特征，企业持有固定资产的目的是为了生产商品、提供劳务、出租或经营管理，而不是直接用于出售。否则，应将其列为存货等流动资产。其中，“出租”的固定资产，是指用于出租的机器设备类固定资产，不包括以经营租赁方式出租的建筑物，后者属于企业的投资性房地产，不属于固定资产。

（2）使用寿命超过一个会计年度。固定资产通常表现为机器、机械、房屋建筑物、运输工具等实物形态，其使用年限至少超过一年，或者超过长于一年的一个营业周期，并且能多次参加生产经营过程而不改变其原有的实物形态。固定资产使用寿命超过一个会计年度，意味着固定资产属于非流动资产，随着使用和磨损，通过计提折旧的方式逐渐减少账面价值。

（3）固定资产为有形资产。固定资产具有实物特征，这一特征将固定资产与无形资产区别开来。有些无形资产可能同时符合固定资产的其他特征，如无形资产为生产商品、提供劳务而持有，使用寿命超过一个会计年度，但是由于其没有实物形态，所以不属于固定资产。

需要说明的是，《企业会计准则第4号——固定资产》中没有给出固定资产具体的价值判断标准，这样做既符合国际会计惯例，也符合我国会计改革的基本思路。因为不同行业的企业以及同行业的不同企业，由于其经营方式、资产规模以及资产管理方式往往存在较大差别，强制要求所有企业执行同样的固定资产价值判断标准，既不切合实际，也不利于真实地反映企业的固定资产信息。因此，在实务中，企业应根据固定资产的不同性质和消耗方式，结合本企业的经营管理特点，具体确定固定资产的价值判断标准。

二、固定资产的分类

施工企业所使用的固定资产种类繁多，规格不一，其性能、用途和使用年限也不相同。为了加强管理，便于组织核算，正确计提折旧，应当对其进行科学、合理的分类。根据不同的管理需要和

① 根据营改增财税〔2016〕36号文件中确定的固定资产是指使用期限超过12个月的机器、机械、运输工具以及其他与生产经营有关的设备、工具、器具等有形动产，不含不动产及不动产在建工程。

核算要求以及不同的分类标准，可以对固定资产进行不同的分类，主要可以分为以下几种。

（一）按固定资产的经济用途分类，可分为经营用固定资产和非经营用固定资产

（1）经营用固定资产是指企业直接用于施工生产方面的各种固定资产，具体包括以下内容。

① 房屋及建筑物，是指企业为施工生产所使用的房屋和建筑物以及与房屋、建筑物不可分割的各种附属设备，如水、暖、电、卫生、通信等设备。

② 施工机械，是指企业为施工生产所使用的各种施工机械，如起重机械、挖掘机械、土方铲运机械、凿岩机械、基础及凿井机械、钢筋及混凝土机械等。

③ 运输设备，是指企业运载物资用的各种运输工具，如汽车、火车、轮船等，包括作为运输设备组成部分的附属装置。

④ 生产设备，是指企业加工、维修用的各种机器设备，如木工加工机械、金属切削机床、锻压设备、焊接及切割设备、动力设备、维修专用设备及其他加工设备等。

⑤ 仪器及试验设备，是指企业对材料、工艺等进行研究试验用的各类仪器和设备，如计量仪器、测绘仪器、探测仪器等。

⑥ 其他经营用固定资产，是指不属于以上各类的其他经营用固定资产，如办公用具、消防用具以及行政管理用车等。

（2）非经营用固定资产是指企业不直接用于施工生产方面的固定资产，如职工宿舍、招待所、幼儿园、食堂、浴室、理发室等使用的房屋、设备和其他固定资产等。

按固定资产的经济用途分类，可以反映施工企业经营用固定资产和非经营用固定资产各自所占的比重，便于分析固定资产的组成、用途及其变化情况，从而了解企业的生产能力和职工生活条件的改善情况。

（二）按固定资产使用情况分类，可分为使用中固定资产、未使用固定资产和不需用固定资产

（1）使用中固定资产，是指企业正在使用中的经营性和非经营性固定资产。由于季节性生产经营或大修理等原因，暂时停止使用的固定资产仍属于企业使用中的固定资产，企业出租给其他单位使用的固定资产和内部替换使用的固定资产也属于使用中的固定资产。

（2）未使用固定资产，是指企业已完工或已购建的尚未达到预定可使用状态的新增固定资产以及因进行改建、扩建等原因暂停使用的固定资产，如企业购建的尚待安装的固定资产、因经营任务变更而停止使用的固定资产等。

（3）不需用固定资产，是指本企业多余或不适用，需要调配处理的各种固定资产。

按固定资产的使用情况分类，有助于反映施工企业固定资产的使用情况，便于企业分析和考核固定资产的利用效率，也便于企业合理地计提固定资产折旧，促使企业及时处理不需用的固定资产，从而提高固定资产的利用率。

（三）按固定资产的所有权分类，可分为自有固定资产和租入固定资产

（1）自有固定资产，是指所有权归企业所有的固定资产，包括自用固定资产和租出固定资产。其中，租出固定资产是指企业以经营租赁方式出租给外单位使用的多余、闲置的固定资产。

（2）租入固定资产，是指企业采用租赁方式从其他单位租入的，企业只有使用权而没有所有权，且使用时需要支付租金的固定资产。租入固定资产可以分为经营租入固定资产和融资租入固定资产两类。

按固定资产的所有权分类，有助于反映施工企业固定资产的产权关系，便于了解企业固定资产的来源，有利于企业合理地确定计提折旧的范围，便于企业加强对固定资产实物的管理。

（四）按固定资产的经济用途和使用情况综合分类，可将固定资产分为以下7类

（1）经营用固定资产。

（2）非经营用固定资产。

（3）租出固定资产，是指以经营性租赁方式出租给外单位使用的固定资产。

（4）不需用固定资产。

（5）未使用固定资产。

（6）融资租入固定资产，是指企业以融资租赁方式租入的固定资产，在租赁期内应视同企业自有固定资产进行管理。

（7）土地，是指过去已经估价单独入账的土地。因征地而支付的补偿费，应计入与土地有关的房屋、建筑物的价值内，不单独作为土地价值入账。企业取得的土地使用权不能作为固定资产进行核算和管理。

按固定资产的经济用途和使用情况综合分类，有助于反映施工企业固定资产的构成情况、使用情况和所有权状况，促使企业合理使用和配备固定资产，充分挖掘固定资产的潜力，不断提高固定资产的利用率。

施工企业除可以按上述方法进行分类以外，还可以根据自身的经营状况和经营规模，选择适合本企业的分类方法，对固定资产进行核算与管理。

第二节 固定资产的计价和初始计量

一、固定资产的计价

固定资产应当按其成本进行初始计量。这里的成本指历史成本，亦称原始价值。由于固定资产价值比较高，其价值会随着磨损程度而逐渐减少，这就需要揭示固定资产净值。因此，固定资产的计价方法主要有原始价值、重置完全价值、净值和现值。

1. 按原始价值计价

原始价值也称历史成本或原始购置成本，它是指企业购建某项固定资产达到预定可使用状态前所发生的一切合理、必要的支出。一般包括固定资产买价、运杂费、保险费、包装费、安装成本和缴纳的税金等。这种计价方法具有客观性和可验证性，是固定资产的基本计价方法。但在经济环境和社会物价水平发生变化时，按这种方法计价则不能反映固定资产的真实价值，以此为前提所反映的企业财务状况的真实性也必然会有“水分”。

2. 按重置完全价值计价

重置完全价值也称现时重置成本，它是指在当前的生产技术和市场条件下，重新购建同样的固定资产所需支付的全部代价。这种计价方法可以比较真实地反映固定资产的现时价值，从理论上讲，比采用原始价值计价更为合理。但由于重置完全价值本身经常变化，如果将其作为基本计价方法，势必会引起一系列复杂的会计问题，在会计实务中也不具备可操作性。因此，这种方法一般仅在财产清查中发现盘盈的固定资产且无法确定其原始价值时使用。

3. 按净值计价

固定资产净值也称折余价值，它是指固定资产原始价值或重置完全价值减去累计折旧后的净额。这种方法可以反映企业在固定资产上实际占用的资金数额，是计算固定资产盘盈、盘亏、减值和毁损等溢余或损失的依据。将净值与原始价值或重置完全价值相比较，还可以了解固定资产的新旧程度，便于企业适时地对固定资产进行更新。

4. 按现值计价

现值即折现价值，它是指固定资产按照预计从其持续使用和最终处置中所产生的未来现金流量的折现金额。若企业通过延期支付价款购买固定资产，固定资产的成本以购买价款的现值为基础确定，这种方法可以反映企业融资的货币时间价值及融资费用。

二、固定资产核算应设置的账户

为了核算固定资产增加、减少、磨损以及减值情况，施工企业应设置下列会计账户。

（一）“固定资产”账户

“固定资产”账户核算施工企业持有固定资产的原价，其借方登记从不同渠道增加的固定资产的原价；贷方登记因各种原因而减少的固定资产的原价。期末借方余额，反映企业期末固定资产的账面原价。企业应设置“固定资产登记簿”和“固定资产卡片”，按固定资产类别、使用部门和每项固定资产进行明细核算。

（二）“累计折旧”账户

“累计折旧”账户核算施工企业固定资产的累计折旧，其贷方登记企业按月计提的固定资产折旧和因增加固定资产而转入的折旧；借方登记企业因各种原因减少固定资产而相应转出的账面已提折旧。期末贷方余额反映企业提取的固定资产折旧累计数。本账户可按固定资产的类别或项目进行明细分类核算，处置固定资产时应同时结转累计折旧。如果需要查明某项固定资产的已提折旧，可以根据固定资产卡片上所记载的该项固定资产原值、折旧率和实际使用年数等资料进行核算。

（三）“固定资产清理”账户

“固定资产清理”账户核算施工企业因出售、报废、对外投资、非货币性资产交换、债务重组等原因转出的固定资产价值及其在清理过程中所发生的清理费用和清理收入等。其借方登记因各种原因转入清理的固定资产账面价值、清理过程中发生的费用和清理后的净收益；贷方登记清理过程中收回的出售固定资产的价款、残料价值、变价收入等，以及应由保险公司或过失人赔偿的损失和清理后的净损失。企业以固定资产清偿债务、以固定资产换入其他资产的，也应通过本账户核算。本账户期末余额反映尚未清理完毕固定资产的价值以及清理净损益（清理收入减去清理费用），结转固定资产清理的净收益或净损失后，本账户应无余额。本账户应按被清理的固定资产设置明细账进行核算。需要注意的是在固定资产清理时凡出售、非正常原因报废、对外投资、非货币性资产交换、债务重组等，均涉及增值税业务。

（四）“工程物资”账户

“工程物资”账户核算施工企业为基建工程、更改工程和大修理工程准备的各种物资的实际成本，包括工程用材料、尚未交付安装设备的实际成本，以及预付大型设备款和基本建设期间根据项目概算购入为生产准备的工具及器具等的实际成本。其借方登记企业购入为工程准备物资的实际成本（包括专用发票上注明的增值税税额）、企业为购置大型设备而预付的款项以及工程完工后对领出的剩余物资办理的退库手续等；贷方登记工程领用物资、工程完工将为生产准备的工具及器具交付生产使用时的实际成本等。期末借方余额反映工程购入但尚未领用的专用材料的实际成本、购入需要安装设备的实际成本以及为生产准备但尚未交付的工具及器具的实际成本等。本账户应设置“专用材料”“专用设备”“预付大型设备款”“为生产准备的工具及器具”等明细账户进行核算。

（五）“在建工程”账户

“在建工程”账户核算施工企业进行各项固定资产购建工程所发生的实际支出。包括新建固定资产工程、改扩建固定资产工程、大修理工程以及购入需要安装设备的安装工程等。其借方登记固定资产购建工程已经发生的全部支出；贷方登记改扩建工程发生的变价收入和已完工交付使用工程的实际成本。

期末借方余额反映企业尚未达到预定可使用状态的在建工程的成本。本账户应设置“建筑工程”“安装工程”“在安装设备”“技术改造工程”“大修理工程”“其他支出”等明细账户进行核算。

（六）“待处理财产损溢——待处理固定资产损溢”账户

本账户及其明细账户核算施工企业在清查财产过程中查明的各种固定资产的盘盈、盘亏和毁损的价值。其借方登记盘亏和毁损的固定资产和经批准后转销的固定资产盘盈数；贷方登记盘盈的固定资产和经批准后转销的固定资产盘亏及毁损数。本账户处理前的借方余额反映尚未处理的各种固定资产的净损失，处理前的贷方余额反映企业尚未处理的各种固定资产的净收益，期末处理后本账户应无余额。

（七）“固定资产减值准备”账户

“固定资产减值准备”账户核算施工企业提取的固定资产减值准备。其贷方登记期末固定资产可收回金额低于其账面价值的差额；其借方登记固定资产减少时的冲销数。本账户期末贷方余额，反映企业已计提但尚未转销的固定资产减值准备。

三、固定资产的初始计量

2016 年 5 月 1 日，我国将建筑业、房地产业、金融业、生活服务业 4 个行业全部纳入营改增范围，自此，原营业税纳税人全部改征增值税。其中，建筑业适用 11%税率。房屋、建筑物等不动产，属于 2016 年 4 月 30 日前取得的或发生的不动产及在建工程，凡选择简易计税的，5 月 1 日后其增值税进项税额不能从销项税额中扣除，而是进入所购的资产成本中；属于 2016 年 5 月 1 日后取得的或发生的不动产及在建工程，其增值税进项税额应分 2 年从销项税额中抵扣，第一年抵扣比例为 60%，第二年抵扣比例为 40%。取得的不动产，包括以直接购买、接受捐赠、接受投资入股以及抵债等各种形式取得的不动产；不动产在建工程，包括新建、改建、扩建、修缮、装饰不动产。

施工企业 2016 年 5 月 1 日后购进货物和设计服务、建筑服务，用于新建不动产，或者用于改建、扩建、修缮、装饰不动产并增加不动产原值超过 50%的，其进项税额分两年从销项税额中抵扣，第一年抵扣比例为 60%，第二年抵扣比例为 40%。其中，不动产原值，是指取得不动产时的购置原价或作价。上述分两年从销项税额中抵扣的购进货物，是指构成不动产实体的材料和设备，包括建筑装饰材料和给排水、采暖、卫生、通风、照明、通信、煤气、消防、中央空调、电梯、电气、智能化楼宇设备及配套设施。具体参见国家税务总局〔2016〕15 号公告。

施工企业固定资产初始计量的基本原则是按成本入账。其中，成本包括企业为购建某项固定资产达到预定可使用状态前所发生的一切合理的、必要的支出。但由于固定资产的取得方式不同，其价值构成的具体内容也有所不同，下面就不同的取得方式予以阐述。

（一）外购的固定资产

外购的固定资产，按照实际支付的买价、相关税费以及为使固定资产达到预定可使用状态前所发生的可直接归属于该资产的其他支出，如场地整理费、运输费、装卸费、安装费、专业人员服务费和相关税费（不含允许抵扣的增值税进项税额）等作为入账价值。如果以一笔款项购入多项没有单独标价的固定资产，按各项固定资产公允价值的比例对总成本进行分配，分别确定各项固定资产的入账价值。购买固定资产的价款超过正常信用条件延期支付、实质上是具有融资性质的，固定资产的成本要以购买价款的现值为基础来确定。实际支付的价款与购买价款现值之间的差额，除满足借款费用资本化条件应当计入固定资产成本外，应当在信用期间内计入当期损益。

（1）购入不需要安装的固定资产，是指购入的固定资产可以直接交付使用。在会计核算上，如果购入的是新的固定资产，则按其实际支出直接记入“固定资产”账户；如果购入的是已使用过的固定资产，则应按售出单位的固定资产账面原价作为固定资产原价，按实际支付的价款作为固定资产净值，将二者差额作为已提折旧。如果实际支付的价款大于售出单位的固定资产账面原价，则以实际支付的价款作为购入固定资产的原价。

（2）购入需要安装的固定资产，是指购入的固定资产需要经过安装以后才能交付使用。在会计核算上，企业购入的固定资产以及发生的安装费用等均应通过“在建工程”账户核算，待安装完毕交付使用时再由“在建工程”账户转入“固定资产”账户；如果购入的是已使用过的固定资产，则应按售出单位的固定资产账面原价扣除原安装成本加上新安装成本和运杂费等其他支出作为固定资产原价，实际支付的价款作为固定资产净值，将二者之间的差额作为已提折旧。

举例说明购入固定资产核算的会计处理如下。

【例题7.2.1】 2×16年6月，一般纳税人施工企业购入一台不需要安装的生产设备，取得的增值税专用发票上注明设备价款为200 000元，运杂费为3 500元，增值税税额为34 595元，取得的增值税专用发票已得到认证，所有价款费用已全部通过银行存款支付。做如下会计分录。

借：固定资产——生产设备　　203 500
　　应交税费——应交增值税（进项税额）　　34 595
　　贷：银行存款　　238 095

【例题7.2.2】 2×16年7月，施工企业购入已使用过的不需安装的生产设备一台，购入时设备的账面原价为270 000元，已计提的折旧为45 000元，实际支付的价款为230 000元，运杂费为5 500元，已全部通过银行存款支付。做如下会计分录。

借：固定资产——生产设备　　270 000
　　贷：银行存款　　235 500
　　　　累计折旧　　34 500

【例题7.2.3】 2×16年8月初，一般纳税人施工企业购入一台工程器械，取得的增值税专用发票上注明的设备买价为600 000元，运杂费为7 500元，增值税税额为103 275元，安装费为22 522.52元（安装工程税率11%），增值税税额为2 477.48元，取得的增值税专用发票已得到认证，所有价款费用已全部通过银行存款支付。该器械现已达到预定可使用状态。做如下会计分录。

（1）购入时

借：在建工程——在安装设备　　607 500
　　应交税费——应交增值税（进项税额）　　103 275
　　贷：银行存款　　710 775

（2）支付安装费时

借：在建工程——在安装设备　　22 522.52
　　应交税费——应交增值税（进项税额）　　2477.48
　　贷：银行存款　　25 000

（3）达到预定可使用状态时

借：固定资产——设备　　630 022.52
　　贷：在建工程——在安装设备　　630 022.52

【例题7.2.4】 2×16年6月，一般纳税人施工企业从A公司购入一幢办公楼，取得的增值税专用发票上注明的买价为150 000 000元，增值税税额为16 500 000元，取得的增值税专用发票已得到认证，全部价款已通过银行存款支付。做如下会计分录。

借：固定资产——办公楼　　150 000 000
　　应交税费——待抵扣进项税额　　16 500 000
　　贷：银行存款　　166 500 000

当月取得扣税凭证允许抵扣60%时（余下的40%允许在取得扣税凭证后的第13月开始抵扣），做如下会计分录。

借：应交税费——应交增值税（进项税额）　　9 900 000[①]

　　贷：应交税费——待抵扣进项税额　　9 900 000

（二）自行建造的固定资产

自行建造固定资产是施工企业为了新建、改建、扩建固定资产或对固定资产进行技术改造、设备更新而由其自营建造或出包建造固定资产的一种经济业务。自行建造的固定资产，按施工方式的不同可分为自营工程和出包工程两种。

1. 自营建造固定资产

企业自营建造的固定资产，应当按照建造该项固定资产达到预定可使用状态前所发生的必要支出，包括工程用物资成本、人工成本、应予以资本化的固定资产借款费用、缴纳的相关税金以及应分摊的其他间接费用等确定其工程成本，并单独核算。工程项目较多且工程支出较大的企业，应当按照工程项目的性质分别核算。需要注意的是，纳税人自行建造固定资产或不动产及不动产在建工程的行为，不征收增值税。

工程达到预定可使用状态后，按其发生的实际成本结转企业的固定资产成本。工程完工后，剩余的工程物资转作原材料的，应按其实际成本或计划成本进行结转。盘盈、盘亏、报废及毁损的工程物资，减去残料价值以及保险公司、过失人赔偿后的净损益，分别按以下情况处理。如果工程项目正在建设中，计入或冲减所建工程项目的成本；如果工程项目已经完工，计入当期损益。工程达到预定可使用状态前因必须进行试运转所发生的净支出，计入工程成本。所建造的固定资产已达到预定可使用状态，但尚未办理竣工决算的，应当自达到预定可使用状态之日起，根据工程预算、造价或者工程实际成本等，按暂估价值转入固定资产成本，并按有关计提固定资产折旧的规定，计提固定资产折旧。待办理竣工结算手续后再调整原来的暂估价值，但不需要调整原已计提的折旧额。

2. 出包建造固定资产

企业通过出包工程方式建造的固定资产，按应支付给承包单位的工程价款作为该项固定资产的成本，其成本由建造该项固定资产达到预定可使用状态前所发生的必要支出构成，包括发生的建筑工程支出、安装工程支出以及需分摊计入各固定资产价值的待摊支出。

在会计核算上，企业自行建造固定资产发生的必要支出，应先在“在建工程”账户核算，待工程达到预定可使用状态时，再由“在建工程”账户转入“固定资产”账户。

举例说明自行建造固定资产核算的会计处理如下。

【例题7.2.5】 2×16年6月初，一般纳税人施工企业自行建造办公楼一栋，购入工程相关物资时取得的增值税专用发票上注明支付价款为480 000元，增值税税额为81 600元，取得的增值税专用发票已得到认证。实际领用工程物资为450 000元，发生工程人员薪酬为360 000元，工程借款产生利息为120 000元，办公楼现已达到预定可使用状态并交付使用。做如下会计分录。

（1）购入为工程准备的物资时

借：工程物资　　480 000

　　应交税费——应交增值税（进项税额）　　81 600

　　贷：银行存款　　561 600

（2）工程领用物资时

借：在建工程——建筑工程　　450 000

　　贷：工程物资　　450 000

① 9 900 000=16 500 000×60%。

同时，由于购进的工程物资在购入时已全额抵扣，需对购入时全额抵扣的工程物资，在转用于在建工程时对已抵扣进项税额的40%，按照领用的工程物资成本（购入时已不含增值税）转为“待抵扣进项税额”。

借：应交税费——待抵扣进项税额（450 000×17%×40%）　30 600
　　贷：应交税费——应交增值税（进项税额转出）　30 600

（3）分配工程人员工资时

借：在建工程——建筑工程　360 000
　　贷：应付职工薪酬　360 000

（4）发生借款利息时

借：在建工程——建筑工程　120 000[1]
　　贷：应付利息　120 000

（5）达到预定可使用状态时

借：固定资产　930 000
　　贷：在建工程——建筑工程　930 000

（三）投资人投入的固定资产

施工企业接受投资人投入的固定资产，在会计核算上，一方面反映企业固定资产的增加，另一方面反映投资人的资本投资额的增加。投资人投入的固定资产，应按投资合同或协议约定的价值加上应支付的相关税费作为固定资产的入账价值，但合同或协议约定价值不公允的除外。另外，单位或者个人以固定资产向其他单位或者个人进行投资，应视同销售，也要按相应的税率缴纳增值税。

举例说明投资人投入固定资产核算的会计处理如下。

【例题7.2.6】2×16年6月，一般纳税人施工企业收到乙公司投资的设备一台，双方协议定价，该设备的账面原价为700 000元，投资当日已提折旧为70 000元。取得的增值税专用发票上注明该设备的价款为810 000元，增值税税额为137 700元，取得的增值税专用发票已得到认证。做如下会计分录。

借：固定资产　810 000
　　应交税费——应交增值税（进项税额）　137 700
　　贷：实收资本　947 700

若投资人投入的固定资产需要安装，应先通过“在建工程”进行核算，待安装完毕达到预定可使用状态时，再由“在建工程”转入“固定资产”账户核算。

（四）改建、扩建或者改良的固定资产

施工企业的固定资产投入使用后，为了适应新技术发展的需要以及维护或提高固定资产的使用效率，往往需要对现有固定资产进行改建、扩建或者改良。如果这项支出增强了固定资产获取未来经济利益的能力，提高了固定资产的性能（如延长了固定资产的使用寿命、使产品质量实质性提高或使产品成本实质性降低），即使可能流入企业的经济利益超过了原先的估计，应将该后续支出计入固定资产的账面价值，其增计金额不应超过该固定资产的可收回金额；否则，应将这些后续支出予以费用化，计入发生当期的损益。施工企业改建、扩建或者改良的固定资产是在原有固定资产基础上进行的。在会计核算上，对改建、扩建过程所发生的有关经济业务，先通过“在建工程”账户核算，待改建、扩建工程完工后，再将新增加的固定资产价值自“在建工程”账户转入“固定资产”账户。

---

① 按照财税〔2016〕36号文件规定，增值税一般纳税人购进的旅客运输服务、贷款服务、餐饮服务、居民日常服务和娱乐服务等费用，其进项税额不得从销项税额中抵扣。因此，借款利息中的增值税进项税额不得抵扣，而应计入在建工程成本。

举例说明改建、扩建固定资产核算的会计处理如下。

【例题7.2.7】2×16年8月，施工企业由于经营规模的扩大，需扩建办公楼。该办公楼原价为2 520 000元，扩建中拆除的旧料作价为24 000元已入库，支付扩建工程价款为660 000元（支付扩建工程款未取得增值税专用发票），工程应负担的职工薪酬为180 000元，办公楼现已达到预定可使用状态。做如下会计分录。

（1）转入扩建时

借：固定资产——未使用固定资产　　2 520 000

　　贷：固定资产——非生产经营用固定资产　　2 520 000

（2）旧料入库时

借：原材料　　24 000

　　贷：在建工程——建筑工程　　24 000

（3）支付工程款及分配职工薪酬时

借：在建工程——建筑工程　　840 000

　　贷：银行存款　　660 000

　　　　应付职工薪酬　　180 000

（4）结转新增固定资产价值时

借：固定资产——未使用固定资产　　816 000

　　贷：在建工程——建筑工程　　816 000

（5）达到预定可使用状态时

借：固定资产——非生产经营用固定资产　　3 336 000

　　贷：固定资产——未使用固定资产　　3 336 000

（五）接受捐赠的固定资产

单位或者个人向其他单位或者个人无偿转让固定资产的（用于公益事业或者以社会公众为对象的除外）应视同销售，也要按相应的税率缴纳增值税。企业接受捐赠的固定资产，应按以下规定确定其入账价值。

（1）捐赠方提供了有关凭据的，按凭据上标明的金额加上应支付的相关税费，作为入账价值。

（2）捐赠方没有提供有关凭据的，按以下顺序确定其入账价值。

① 同类或类似固定资产存在活跃市场的，按同类或类似固定资产的市场价格估计的金额，加上应支付的相关税费，作为入账价值；

② 同类或类似固定资产不存在活跃市场的，按该接受捐赠的固定资产的预计未来现金流量现值，作为入账价值。

（3）如接受捐赠的是旧的固定资产，按上述方法确定的新固定资产价值，减去按该项资产的新旧程度估计的价值损耗后的余额，作为入账价值。

施工企业接受捐赠的固定资产按照上述会计规定确定入账价值应计入“固定资产”账户，按接受捐赠金额，计入“营业外收入”账户。

举例说明接受捐赠固定资产核算的会计处理如下。

【例题7.2.8】2×16年7月，施工企业接受某单位捐赠的一台设备，按照同类设备的市场价格确认其原价为870 000元（含税），不考虑所得税的影响，做如下会计分录。

借：固定资产　　870 000

　　贷：营业外收入　　870 000

此外，施工企业还可能通过债务重组取得的固定资产，非货币性资产交换换入固定资产等。对于融资租入固定资产和盘盈固定资产的核算将在本章第四节和第五节中加以介绍。

第三节 固定资产折旧和修理的核算

一、固定资产折旧核算的内容

施工企业的固定资产可以长期参加施工生产过程并保持其原有的实物形态，而其价值则随着固定资产的使用逐渐地、部分地转移到工程成本或企业的期间费用中去，这部分逐渐转移的价值就是固定资产折旧，它将随着产品销售收入的实现而得到补偿。

（一）固定资产计提折旧的范围

确定固定资产折旧的范围，就是要确定哪些固定资产应当计提折旧、哪些固定资产不应当计提折旧、什么时间计提折旧。

计提折旧的固定资产，包括房屋及建筑物；在用的施工机械、运输设备、生产设备、仪器仪表、工具器具；季节性停用、大修理停用的固定资产；融资租赁方式租入和经营租赁方式租出的固定资产；未使用和不需用的固定资产。

不计提折旧的固定资产，包括已提足折旧仍继续使用的固定资产；按照规定单独估价作为固定资产入账的土地。

在会计实务中，企业一般应按月计提固定资产折旧。当月增加的固定资产，当月不计提折旧，从下月起计提折旧；当月减少的固定资产，当月照提折旧，从下月起停止计提折旧。提前报废的固定资产，不补提折旧，其净损失计入营业外支出；固定资产提足折旧后，不论能否继续使用，均不再提取折旧。已达到预定可使用状态但尚未办理竣工决算的固定资产，应当按照估计价值确定其成本，并计提折旧；待办理竣工决算后再按实际成本调整原来的暂估价值，但不需要调整原已计提的折旧额。其中，提足折旧是指已经提足该项固定资产的应计折旧总额。应计折旧总额是指应当计提折旧的固定资产原价扣除其预计净残值后的余额，如果已对固定资产计提减值准备，还应当扣除已计提的固定资产减值准备累计金额。

（二）影响固定资产折旧的因素

影响固定资产折旧的因素主要有 3 个方面，即折旧的基数、固定资产的预计净残值和固定资产的预计使用年限。

1. 折旧的基数

计算固定资产折旧的基数一般为取得固定资产的原始成本，即固定资产的账面原价。

2. 预计净残值

预计净残值是指假定固定资产预计使用寿命已满并处于使用寿命终了时的预期状态，企业从该项资产处置中获得的扣除预计处置费用后的金额。

3. 预计使用年限

预计使用年限是指企业使用固定资产的预计期间。固定资产使用年限的长短直接影响各期应计提的折旧数额。固定资产有两种使用年限。一种是物质年限，另一种是经济年限。在预计使用年限时要综合考虑物质年限和经济年限。

施工企业应当根据固定资产的性质和消耗方式，合理地确定固定资产的预计使用寿命和预计净残值，并根据科技发展、环境及其他因素，选择合理的固定资产折旧方法，按照管理权限，经股东大会或董事会，或经理（厂长）会议或类似机构批准，作为计提折旧的依据。同时，按照法律、行政法规的规定报送有关各方备案，并备置于企业所在地，以供投资者等有关各方查阅。企业已经确定并对外报送或备置于企业所在地的有关固定资产预计使用年限和预计净残值、折旧方法等，一经确定不得随意变更，如需变更，仍然应当按照上述程序，经批准后报送有关各方备案，并在财务报表附注中予以说明。

二、固定资产折旧的计算方法

固定资产折旧的计算方法是指将应计折旧总额如何分摊于各使用期间的方法。按企业会计准则规定，企业应当根据与固定资产有关的经济利益的预期实现方式，合理选择固定资产折旧方法。施工企业计提固定资产折旧，一般采用平均年限法和工作量法。对技术进步较快或使用寿命受工作环境影响较大的施工机械和运输设备，可以采用双倍余额递减法或年数总和法计提折旧。固定资产的折旧方法一经确定，不得随意变更。

（一）平均年限法

平均年限法又称直线法，是指将固定资产的应计折旧额平均地分摊到固定资产预计使用寿命内的一种方法。采用这种方法计算的每期（年、月）折旧额都是相等的。其计算公式如下。

$$固定资产年折旧率=\frac{固定资产原值-预计净残值}{固定资产原值\times固定资产预计使用寿命}\times100\%$$

或

$$固定资产年折旧率=\frac{1-预计净残值率}{固定资产预计使用寿命}\times100\%$$

固定资产月折旧率=固定资产年折旧率÷12

固定资产月折旧额=固定资产原值×固定资产月折旧率

（二）工作量法

工作量法是按照固定资产预计可完成的工作量计算应计提的折旧额的一种方法。其基本计算公式如下。

$$单位工作量折旧额=\frac{固定资产原值\times(1-预计净残值率)}{预计总工作量}$$

某项固定资产月折旧额=该项固定资产当月工作量×单位工作量折旧额

由于固定资产完成的工作量可以用多种方式表示。因此，工作量法也有很多种。施工企业常用的有以下两种方法。

（1）行驶里程法是按照行驶里程平均计算折旧的方法。它适用于车辆、船舶等运输设备计提折旧。其计算公式如下。

$$单位里程折旧额=\frac{固定资产原值\times(1-预计净残值率)}{总行驶里程}$$

某项固定资产月折旧额=该项固定资产当月行驶里程×单位里程折旧额

（2）工作小时法是按照工作小时数平均计算折旧的方法。它适用于机器、设备等计提折旧。其计算公式如下。

$$每工作小时折旧额=\frac{固定资产原值\times(1-预计净残值率)}{总工作小时}$$

某项固定资产月折旧额=该项固定资产当月工作小时×每工作小时折旧额

【例题7.3.1】企业车队有货车一辆，原值为480 000元，规定在使用期内行驶60万公里，预计净残值率为4%，本月行驶了8 000公里。计算结果如下。

单位里程折旧额=480 000（1-4%）/600 000=0.768（元）

本月折旧额=8 000×0.768=6 144（元）

（三）双倍余额递减法

双倍余额递减法是指在不考虑固定资产预计净残值的情况下，根据每期期初固定资产原价减去累计折旧后的金额和双倍的直线法折旧率计算固定资产折旧的一种方法。采用这种方法，固定资产账面价值随着折旧的计提逐年减少，而折旧率不变，因此，各期计提的折旧额必然逐年减少。其计算公式如下。

$$固定资产年折旧率=\frac{2}{固定资产预计使用寿命}\times100\%$$

固定资产月折旧率=固定资产年折旧率÷12

固定资产月折旧额=每月月初固定资产账面净值×月折旧率

需要注意的是，由于双倍余额递减法没有考虑固定资产的预计净残值，所以不能使固定资产净值小于它的预计净残值。通常的做法是在折旧期最后两年内采用直线法，将固定资产净值减去预计净残值的余额平均摊销。

【例题7.3.2】2×16年年初，企业购入某项设备，原值为200 000元，预计使用年限为5年，预计净残值为4 000元。采用双倍余额递减法计算折旧，各年应计提的折旧额如表7-1所示。

表 7-1　　采用双倍余额递减法应计提的各年折旧额金额表　　单位：元

年份	固定资产年初净值	年折旧率（%）	年折旧额	累计折旧额	固定资产年末净值
	①	②	③=①×②	④	⑤=①-③
2×16	200 000	40	80 000	80 000	120 000
2×17	120 000	40	48 000	128 000	72 000
2×18	72 000	40	28 800	156 800	43 200
2×19	43 200		19 600	176 400	23 600
2×20	23 600		19 600	196 000	4 000

注：折旧率=2÷5×100%=40%。

第 4 年和第 5 年的折旧额=（43 200-4 000）÷2=19 600（元）。

（四）年数总和法

年数总和法，是指将固定资产的原值减去净残值后的余额，乘以一个逐年递减的分数计算每年折旧额的一种方法。逐年递减分数的分子为该项固定资产年初时尚可使用的年数，分母为该项固定资产使用年数的逐年数字总和，假设使用年限为 N 年，分母即为 $1+2+3+\cdots+N=N(N+1)\div2$。这个分数逐年递减为一个变数，而作为计提折旧依据的固定资产原值和净残值各年相同，因此，采用年数总和法计提折旧各年提取的折旧额必然逐年递减。其计算公式如下。

$$固定资产年折旧率=\frac{预计使用年限-已使用年限}{预计使用年限\times(预计使用年限+1)\div2}\times100\%$$

或

$$固定资产年折旧率=\frac{固定资产尚可使用年数}{固定资产预计使用年限的年数总和}\times100\%$$

固定资产月折旧率=固定资产年折旧率÷12

固定资产月折旧额=（固定资产原值-预计净残值）×月折旧率

【例题7.3.3】仍用前例资料，采用年数总和法计算的各年折旧额如表7-2所示。

表 7-2　采用年数总和法计算的各年折旧额表　单位：元

年份	尚可使用年限	原值-净残值	年折旧率	年折旧额	累计折旧额
	①	②	③	④=②×③	⑤
2×16	5	196 000	5/15	65 333.33	65 333.33
2×17	4	196 000	4/15	52 266.67	117 600
2×18	3	196 000	3/15	39 200	156 800
2×19	2	196 000	2/15	26 133.33	182 933.33
2×20	1	196 000	1/15	13 066.67	196 000

注：年数总和=5×（5+1）÷2=15。

上述几种固定资产计提折旧的方法中，双倍余额递减法和年数总和法属于加速计提折旧的方法。施工企业可以根据具体情况选用折旧方法，折旧方法一经确定，不得随意变更。企业至少应当于每年年度终了，对固定资产的使用寿命、预计净残值和折旧方法进行复核。固定资产使用寿命、预计净残值和折旧方法的改变应当作为会计估计变更，按照《企业会计准则第 28 号——会计政策、会计估计变更和差错更正》的规定进行会计处理。

三、固定资产折旧核算的会计处理

对固定资产计提折旧的过程，实质上就是固定资产的价值转移过程。企业按月计提的固定资产折旧应通过"累计折旧"账户核算，并根据用途计入相关资产的成本或当期损益。"累计折旧"账户只进行总分类核算，不进行明细分类核算。当需要查明某项固定资产的已提折旧时，可以根据固定资产卡片上所记载的该项固定资产原价、折旧率和实际使用年数等资料进行计算。

在实际工作中，为了便于计算固定资产折旧和进行固定资产的总分类核算，企业应根据有关固定资产使用的原始记录和其他有关资料，按月编制"固定资产折旧计算及分配表"作为计算和分配折旧费的依据。

【例题7.3.4】2×16年3月，施工企业编制的"固定资产折旧计算及分配表"如表7-3所示。

表 7-3　固定资产折旧计算及分配表　单位：元

固定资产类别	固定资产原价	月折旧率（%）	月折旧额	按使用对象分配			
				工程施工	机械作业	管理费用	其他业务成本
房屋及建筑物	1 600 000	0.30	4 800	2 800		2 000	
运输设备	1 000 000	0.80	8 000	6 400		1 600	
施工机械	880 000	0.50	4 400		4 400		
其他固定资产	200 000	0.60	1 200			800	400
合　计	3 680 000	—	18 400	9 200	4 400	4 400	400

企业根据表7-3的资料，可做如下会计分录。

借：工程施工　9 200
　　机械作业　4 400
　　管理费用　4 400
　　其他业务成本　400
　贷：累计折旧　18 400

四、固定资产修理的核算及会计处理

固定资产在使用过程中，由于各组成部分耐用程度不同或者使用的条件不同，往往会导致固定资产的局部损坏。为了维护固定资产的正常运转和使用，充分发挥其使用效能，必须对固定资产进行必要的修理。施工企业固定资产的修理按其修理范围的大小和修理时间间隔的长短可以分为经常性修理和大修理。

固定资产的经常性修理也叫中小修理，是指为了保持固定资产正常工作所进行的日常维护和修缮工作。如设备的局部检修、个别零件的更换、排除障碍、清洗设备以及房屋建筑物的局部修缮等。固定资产经常性修理的范围小、费用支出少，在整个使用期间修理的次数比较多，每次修理的间隔时间较短。

固定资产的大修理属于固定资产的局部更新。如机器设备主要部件、配件的更换，房屋建筑物的翻修等。固定资产大修理的范围大、费用支出多，在整个使用期间修理的次数少，每次修理的间隔时间长。

企业发生的固定资产大修理支出属于维护性支出，不符合资本化的条件，应在发生时直接计入当期损益。

需要注意的是，施工企业对固定资产进行修理，如果是接受外部维修，则涉及增值税进项税抵扣问题，尤其是纳税人 2016 年 5 月 1 日后购进货物和设计服务、建筑服务，用于新建不动产或者用于改建、扩建、修缮、装饰不动产并增加不动产原值超过 50%的，其进项税额依照有关规定分 2 年从销项税额中抵扣。其中，不动产原值，是指取得不动产时的购置原价或作价。

举例说明固定资产修理核算的会计处理如下。

【例题7.3.5】2×16年6月，施工企业自行对一台起重机进行大修理，在修理期间支付修理费60 000元（不考虑增值税），支付人员工资3 400元，领用原材料1 200元。做如下会计分录。

	借方	贷方
借：工程施工	64 600	
贷：银行存款		60 000
应付职工薪酬		3 400
原材料		1 200

【例题7.3.6】2×16年6月，一般纳税人施工企业行政管理部门使用的一台打印机发生故障并进行维修，增值税专用发票上注明修理费为800元，增值税税额为136元，取得的增值税专用发票已得到认证，款项已通过银行支付。做如下会计分录。

	借方	贷方
借：管理费用	800	
应交税费——应交增值税（进项税额）	136	
贷：银行存款		936

第四节 固定资产减值和租赁的核算

一、固定资产减值准备的核算

由于企业经营环境的变化和科学技术的进步，或者企业经营管理不善等原因，往往导致固定资产创造未来经济利益的能力大大下降，从而发生固定资产减值。固定资产的减值是指固定资产的可收回金额低于其账面价值。其中，固定资产可收回金额是指资产的销售净价与预期从该资产的持续使用和使用寿命结束时的处置中形成的现金流量的现值两者中的较高者。销售净价是指资产的销售价格减去处置资产所发生的相关税费后的余额。

（一）固定资产减值的判断

施工企业应当在期末或者至少在每年年度终了，对固定资产逐项进行检查。根据《企业会计准则第 8 号——资产减值》判断其是否存在减值迹象，若存在减值迹象的，应计算其可收回金额，确认发生的减值损失。

（二）确认固定资产减值损失的步骤

企业确认固定资产减值损失一般需要经过以下 4 个步骤。

（1）根据固定资产发生减值的迹象，判断固定资产发生减值。

（2）计算确定固定资产可收回金额。

（3）比较固定资产账面价值与可收回金额。固定资产可收回金额低于账面价值的，应当将可收回金额低于其账面价值的差额作为固定资产减值准备。

（4）进行账务处理。计提的固定资产减值准备，借记“资产减值损失”账户，贷记“固定资产减值准备”账户。如果当期应计提的固定资产减值准备金额高于已计提的固定资产减值准备的账面余额，企业应按其差额补提减值准备，借记“资产减值损失”账户，贷记“固定资产减值准备”账户，固定资产减值准备一经计提，不得转回。

【例题7.4.1】2×16年年末，施工企业的一台塔吊的账面余额为1 680 000元，已提折旧300 000元，经过评估测试，该项塔吊由于技术进步等原因，预计可收回金额为1 180 000元。以此应确认的减值损失为200 000元。做如下会计分录。

借：资产减值损失——固定资产减值损失　　200 000

　　贷：固定资产减值准备　　200 000

（三）确认减值损失后计提固定资产折旧

固定资产计提减值准备后，企业应当重新复核固定资产的折旧方法、预计使用寿命和预计净残值，在未来计提折旧时，应当以新的固定资产账面价值为基础计提每期折旧。

【例题7.4.2】2×16年6月1日，施工企业为管理部门购买一台不需安装的生产设备，该设备入账价值为150 000元，预计可使用年限为5年，预计净残值为零，采用直线法计提折旧。至2×16年年末，该设备账面价值为135 000元，对该项设备进行检查后，估计其可收回金额为120 000元。减值测试后，该设备的折旧方法、预计使用寿命和净残值均不变。

该企业 2×17 年应计提折旧=120 000÷4=30 000（元）

做如下会计分录。

借：管理费用　　30 000

　　贷：累计折旧　　30 000

二、固定资产租赁的核算及会计处理

施工企业在生产经营过程中，有时会将某些多余或暂时闲置的固定资产出租给其他单位使用，有时也会向其他单位租入固定资产。固定资产的租出和租入业务统称为固定资产租赁业务。

（一）租出固定资产核算的内容

施工企业将不需用或闲置的固定资产出租给其他单位，仅仅出让了固定资产的使用权，所有权仍归企业。企业出租固定资产的账面原价不动，照常计提固定资产折旧。但企业应单独设置

“租出固定资产登记簿”，来详细记录出租固定资产的有关资料。企业出租固定资产应按照合同的规定收取租金，租金收入计入其他业务收入，租出固定资产按期计提的折旧费计入其他业务成本。

（二）租入固定资产核算的内容

根据租赁目的，以与租赁资产所有权相关的风险和报酬归属于出租人或承租人的程度为依据，租赁可分为经营性租赁和融资租赁，这是两种不同性质的租赁方式，在会计核算上也应采用不同的处理方法。

（1）经营性租赁也称临时性租赁，是企业为了解决临时需要而租入的固定资产。企业经营性租入的固定资产只有使用权而没有所有权，不作为企业自有固定资产入账核算，只在备查簿中做备查登记。经营性租入的固定资产由出租方计提折旧，承租方在租赁期内支付的租金按直线法或其他方法计入有关成本或费用。另外需要注意的是，根据营改增政策规定，企业经营性出租其 2016 年 5 月 1 日后取得的有形动产按照 17%的税率缴纳增值税，2016 年 4 月 30 日前取得的有形动产，可以按照 17%一般计税，也可以选择适用简易计税方法，按照 3%的征收率缴纳增值税。企业出租其 2016 年 4 月 30 日前取得的不动产，可以按照 11%一般计税，也可以选择适用简易计税方法，按照 5%的征收率缴纳增值税；出租其 2016 年 5 月 1 日后取得的不动产，按照 11%的税率缴纳增值税。

（2）融资租赁，是指实质上转移了与资产所有权有关的全部风险和报酬的租赁。这种租赁方式与经营性租赁相比，它的租赁期限较长，租赁费用包括了设备的价款、租赁费、借款利息等，而且在租赁期届满时，承租人有购买租赁资产的选择权。因此，融资租赁实质上是以融资方式分期付款购买固定资产。融资租赁在会计核算时，应注意以下几点。

① 为了核算融资租入的固定资产，企业应在“固定资产”账户下，设置“融资租入固定资产”明细账户进行核算。企业应在租赁开始日，按租赁开始日租赁资产的公允价值与最低租赁付款额的现值两者中较低者作为入账价值。

② 如果融资租赁资产占企业资产总额比例等于或小于 30%的，在租赁开始日，企业也可以按最低租赁付款额作为固定资产的入账价值。

③ 最低租赁付款额，是指在租赁期内，承租人应支付或可能被要求支付的各种款项（不包括或有租金和履约成本），加上由承租人或与其有关的第三方担保的资产余值。

④ 承租人在计算最低租赁付款额的现值时，如果知悉出租人的租赁内含利率，应当采用出租人的租赁内含利率作为折现率；否则，应当采用租赁合同规定的利率作为折现率。

⑤ 融资租入的固定资产应由承租企业计提折旧。

另外需要注意的是，根据营改增政策的规定，提供融资租赁服务也需要缴纳增值税；固定资产租赁核算的具体会计处理举例，详见本书第十三章第三节销售商品、提供劳务和让渡资产使用权收入的核算具体内容。

第五节 固定资产处置及清查盘点的核算

一、固定资产处置的核算

（一）固定资产处置的原因

施工企业固定资产被处置的原因有多种，如因长期使用丧失工作能力而正常报废；由于技术进步等原因发生的提前报废；因遭受自然灾害或非常事故而造成的毁损；将多余不需用或不适用的固定资产出售给其他单位；向其他单位投资转出固定资产；捐赠转出固定资产；发生固定资产盘亏，等等。不论是何种原因造成的固定资产处置，企业都应当按照规定程序办理手续，填制有关凭证，据以进行账务处理。

（二）固定资产终止确认的条件

固定资产准则规定，固定资产满足下列条件之一的，应当予以终止确认。

（1）该固定资产处于处置状态。固定资产处置包括固定资产的出售、转让、报废或毁损、对外投资、非货币性资产交换、债务重组等。处于处置状态的固定资产不再用于生产商品、提供劳务、出租或经营管理，因此不再符合固定资产的定义，应予终止确认。

（2）该固定资产预期通过使用或处置不能产生经济利益。固定资产的确认条件之一是“与该固定资产有关的经济利益很可能流入企业”，如果一项固定资产预期通过使用或处置不能产生经济利益，就不再符合固定资产的定义和确认条件，应予终止确认。

（三）固定资产处置的步骤

企业出售、转让、报废固定资产或发生固定资产毁损，应当将处置收入扣除账面价值和相关税费后的金额计入当期损益。固定资产处置一般通过“固定资产清理”账户进行核算。

企业因出售、报废或毁损、对外投资、非货币性资产交换、债务重组等处置固定资产，其会计处理一般经过以下几个步骤。

第一步，固定资产转入清理，即转销处置固定资产的原价和已提折旧。

第二步，计算处置固定资产发生的清理费用。

第三步，计算处置固定资产的价款收入和残料收入等，比如出售固定资产会涉及的价款收入。

第四步，计算处置固定资产的保险赔偿。

第五步，结转出售固定资产的净收益和净损失，处置固定资产的净损益计入企业的营业外收支。

（四）固定资产处置的会计处理

1. 出售固定资产

企业因调整经营方针或因考虑技术进步等因素，以充分发挥固定资产的使用效能，减少不合理的资金占用，应将多余不需用和不适用的固定资产及时进行出售。出售过程中转销的原有固定资产的账面净值，发生的拆卸、搬运等清理费用，出售取得的收入均应通过“固定资产清理”账户核算。另外，根据规定，出售固定资产应缴纳增值税，有形动产税率为 17%，不动产税率为 11%。而当一般纳税人企业出售自己使用过的有形动产时，可按简易计税办法[3%征收率减按 2%征收率，即卖价 /（1+3%）×2%]征收增值税；若 2016 年 5 月 1 日后取得作为固定资产核算的有形动产，用于不得抵扣项目（如集体福利、个人消费等），出售时仍适用上述简易计税办法。

举例说明出售固定资产核算的会计处理如下。

【例题7.5.1】2×16年8月，一般纳税人施工企业出售多余的设备一台，原价3 000 000元，已使用12年，已提折旧480 000元，开具的增值税普通发票上注明出售价款为2 400 000元，增值税税额为46 601.94元，支付处置费用12 000元（不考虑增值税），均已通过银行转账结算。做如下会计分录。

（1）转销固定资产的原价和累计折旧时

借：固定资产清理	2 520 000	
累计折旧	480 000	
贷：固定资产		3 000 000

（2）支付处置费用时

借：固定资产清理	12 000	
贷：银行存款		12 000

（3）收到出售设备价款及增值税时

借：银行存款　　2 446 601.94

　　贷：固定资产清理　　2 400 000

　　　　应交税费——未交增值税　　46 601.94[2 400 000÷（1+3%）×2%]

说明：由于采取简易计税办法下，销项税额无对应的进项税额，因此，销售时的“销项税额”未计入“应交税费——应交增值税(销项税额)”科目中，此会计处理与纳税申报表的填写存在差异。

（4）结转出售固定资产净损失时

借：营业外支出——处理固定资产净损失　　132 000

　　贷：固定资产清理　　132 000

2. 报废、毁损固定资产

企业固定资产报废有两种情况。一种是属于正常报废，包括由于磨损或陈旧，使用期满不能继续使用而报废和由于技术进步而提前报废的固定资产；另一种是属于非正常报废，包括由于自然灾害和责任事故造成的固定资产毁损。需要说明的是，固定资产由于管理不善（自然灾害原因除外）报废、毁损，已抵扣的进项税额需要按照固定资产净值计算转出。固定资产报废和毁损，一方面由于固定资产退出企业引起企业固定资产的减少；另一方面在清理过程中还会发生一些清理费用，同时，还可能取得一定的变价收入及保险公司、过失人的赔偿。因此，报废、毁损固定资产会计处理的步骤除与出售固定资产会计处理步骤相同外，如果涉及保险公司、过失人赔偿的，应对其数额进行核算。

举例说明报废、毁损固定资产核算的会计处理如下。

【例题7.5.2】施工企业一幢办公楼原价为4 560 000元，已提折旧240 000元，2×16年6月18日因发生火灾毁损而报废，经保险公司核定应赔偿损失2 880 000元，以银行存款支付清理费用30 000元，残料估价18 000元，已入库。做如下会计分录。

（1）转销固定资产的原价和累计折旧时

借：固定资产清理　　4 320 000

　　累计折旧　　240 000

　　贷：固定资产　　4 560 000

（2）核定应由保险公司赔偿损失时

借：其他应收款　　2 880 000

　　贷：固定资产清理　　2 880 000

（3）支付清理费用时

借：固定资产清理　　30 000

　　贷：银行存款　　30 000

（4）残料入库时

借：原材料　　18 000

　　贷：固定资产清理　　18 000

（5）结转固定资产清理净损失时

报废净损失=4 320 000−2 880 000+30 000−18 000=1 452 000（元）

借：营业外支出——处理固定资产净损失　　1 452 000

　　贷：固定资产清理　　1 452 000

二、固定资产清查盘点的核算及其会计处理

为了加强对固定资产的管理，维护企业财产的安全完整，保证固定资产核算的真实性，掌握固定资产的实有数和质量状况，施工企业应对固定资产定期进行清查盘点，每年至少实地盘点清查一

次。在清查过程中，如果发现有盘盈、盘亏、毁损的固定资产，应查明原因，填制固定资产盘盈、盘亏报告表和写出书面报告，并根据企业的管理权限，经股东大会或董事会，或经理（厂长）会议或类似机构批准后，在期末结账前处理完毕。如盘盈、盘亏或毁损的固定资产，在期末结账前尚未经批准的，在对外提供财务会计报告时应按上述规定进行处理，并在财务报表附注中做出说明；如果其后批准处理的金额与已处理的金额不一致，应按其差额调整会计报表相关项目的年初数。

（一）盘盈的固定资产

施工企业对清查中发现的盘盈固定资产，必须进行鉴定，经查明确属本企业所有，应根据盘存凭证填制固定资产交接凭证，为盘盈固定资产设立固定资产卡片，按同类或类似固定资产的市场价格，减去按该项固定资产的新旧程度估计的价值损耗后的余额作为前期差错处理。一般情况下，盘盈的固定资产已在清查年度前存在，因此，应通过“以前年度损益调整”账户核算。期末转入“利润分配——未分配利润”账户。

（二）盘亏的固定资产

施工企业对清查中发现的盘亏固定资产，必须认真分析，查明原因，并及时办理固定资产注销手续。企业盘亏的固定资产在按规定程序批准之前，应先作为待处理财产损溢处理，并将固定资产卡片从原来的归类中抽出，单独保管。按规定程序报经批准后再将盘亏固定资产的净损失计入营业外支出。

举例说明固定资产清查盘点核算的会计处理如下。

【例题7.5.3】2×15年12月31日，企业在财产清查中，盘盈吊车一辆，确定其重置完全价值为240 000元，估计已提折旧为80 000元，净值为160 000元。做如下会计分录。

（1）盘盈固定资产时

借：固定资产	240 000
贷：累计折旧	80 000
以前年度损益调整——固定资产盘盈	160 000

（2）期末时

借：以前年度损益调整——固定资产盘盈	160 000
贷：利润分配——未分配利润	160 000

【例题7.5.4】2×15年12月31日，企业在财产清查中，发现非管理不善原因盘亏机器设备一台，原值为330 000元，已提折旧为240 000元，按规定程序报经批准后入账。做如下会计分录。

（1）报经批准前

借：待处理财产损溢——待处理固定资产损溢	90 000
累计折旧	240 000
贷：固定资产	330 000

（2）报经批准后

借：营业外支出——固定资产盘亏	90 000
贷：待处理财产损溢——待处理固定资产损溢	90 000

【知识扩展】2015年进一步完善固定资产加速折旧政策的主要内容——根据国务院扩大固定资产加速折旧优惠范围的决定，《财政部、国家税务总局关于进一步完善固定资产加速折旧企业所得税政策的通知》（财税〔2015〕106号）对此次完善固定资产加速折旧企业所得税政策做了明确。欲了解更多知识，请扫描二维码。

根据营改增的有关规定，国家税务总局制定了《不动产进项税额分期抵扣暂行办法》，自2016年5月1日起施行。欲了解更多知识，请扫描二维码。

思考与练习

1. 一般纳税人施工企业2×16年6月发生如下经济业务。

（1）企业购入需要安装的设备一台，取得的增值税专用发票上注明价款为132 000元及运杂费3 600元，增值税税额为23 052元，安装费为6 000元，（安装工程税率11%），增值税税额为660元，全部款项已通过银行转账支付。在安装过程中，领用材料7 200元，支付职工薪酬4 800元，该设备已达到预定可使用状态。

（2）企业接受外单位投资转入的挖掘机一台，该挖掘机的账面原价为276 000元，经双方协议定价，取得的增值税专用发票上注明该设备的价款为228 000元，增值税税额为38 760元，取得的增值税专用发票已得到认证。

（3）企业由于经营需要改建办公楼。该办公楼原价为4 580 000元，扩建中拆除的旧料价值50 000元已验收入库，支付改建工程价款为400 000元（支付扩建工程款未取得增值税专用发票），改建工程应负担的职工薪酬为80 000元，办公楼现已达到预定可使用状态。

要求：根据上述经济业务编制有关会计分录（取得的增值税专用发票已通过认证）。

2. 乙施工企业2×16年7月发生如下固定资产折旧业务。

（1）运输汽车一辆，原值为360 000元，估计净残值率5%，预计全部行驶里程360 000千米，本月行驶27 000千米，采用工作量法计算折旧。

（2）管理部门新购入计算机一台，原值为5 000元，预计可使用4年，估计净残值率为4%，采用年数总和法计算折旧。

要求：计算上述固定资产的月折旧额。

3. 施工企业2×16年8月发生如下经济业务。

（1）企业因火灾烧毁一幢厂房，该厂房原值为1 000 000元，已提折旧400 000元，清理时以银行存款支付费用9 000元，残料变卖收入为30 000元存入银行，另外收到保险公司赔偿清单，金额为400 000元，款项未收到（本题中的清理费用和残料变卖收入不考虑增值税）。

（2）企业在财产清查中，发现账外设备一台，其重置完全价值为40 000元，估计已提折旧10 000元；另外企业还发现因管理不善损失一台计算机，原价为15 000元，已提折旧3 000元，按规定程序报经批准后入账。提示：损失的计算机已抵扣的增值税进项税额需要按照固定资产的净值计算转出，购入时增值税税率为17%。

要求：根据上述经济业务编制有关的会计分录。

第八章 无形资产与其他非流动资产

【学习目标】

理论目标：掌握无形资产的核算内容，掌握施工企业其他非流动资产的概念及分类，掌握其他非流动资产的核算内容；熟悉无形资产的特征及范围。

技术目标：掌握无形资产的初始计量、后续计量以及具体会计核算内容；掌握无形资产减值的会计核算内容；掌握其他非流动资产的核算方法及会计核算内容；熟悉无形资产的概念及确认条件。

能力目标：掌握无形资产取得、摊销、减值及处置应设置的账户以及具体的会计处理；掌握其他非流动资产核算的具体会计处理。

引例

中国化学工程有限公司的无形资产

中国化学工程股份有限公司是由中国化学工程集团公司作为主发起人、联合神华集团有限责任公司和中国中化集团公司共同发起设立的股份有限公司。其承袭了中国化学工程集团公司的优质主营业务资产和优良的企业文化，既是我国工业工程领域内资质最齐全、功能最为完备、业务链最为完整的工程公司，又是我国工业工程领域的开拓者和领先者。2015年，中国企业联合会、中国企业家协会发布了“2015年中国企业500强榜单”，其中，中国化学工程股份有限公司以69 255.7百万元的营业收入排行88位。

该企业对于无形资产的计量，严格按照《企业会计准则第6号——无形资产》的规定，对于取得的无形资产按照购买价款入账，后续对使用寿命确定的无形资产在持有期间进行摊销。通过查看2015年年度报表会发现，公司无形资产有2 273 457 175.55元，其中包含土地使用权2 338 377 312.17元，专利权及专有技术127 763 197.05元，非专有技术128 290 526.48元，计算机软件199 440 834.75元及房屋使用权2 138 975.00元，相较于2014年同比降低了3.18%。这些账面价值的变化大部分由于无形资产的购置、摊销及出售引起，但2015年有一项价值为13 391 423.73元的土地使用权显示为其他转出，具体事项是其下属子公司天辰科技园开发（天津）有限公司土地转入投资性房地产。

同时，该企业遵守准则规定，与每年资产负债表日对其所有无形资产进行减值测试，如果资产存在减值迹象，以单项资产为基础估计其可收回金额；难以对单项资产的可收回金额进行估计的，以该资产所属的资产组为基础确定资产组的可收回金额。从该企业近3年的年报来看，尽管显示企业进行了减值测试，但企业所有无形资产均没有减值迹象。

施工企业如何对无形资产进行初始及后续计量？企业自行研发无形资产所发生的费用哪些可以进入无形资产的成本？如何进行减值测试？哪些迹象可以表明企业无形资产发生了减值？通过学习本章内容可以解决这些问题。

资料来源：根据中国化学工程有限公司2015年年度报告等相关信息整理

对于施工企业来说，土地使用权、专利权、非专利技术等无形资产是衡量一个企业能力的重要项目。所以，施工企业对无形资产的管理越来越重视。本章将详细讨论无形资产的核算内容与会计

处理方法。

第一节 无形资产概述

一、无形资产的概念及特征

（一）无形资产的概念和内容

无形资产是指企业拥有或者控制的没有实物形态的可辨认非货币性资产。施工企业的无形资产主要包括专利权、商标权、著作权、自然资源使用权、非专利技术、其他权益性无形资产等。

1. 专利权

专利权，是指国家专利主管机关依法授予发明创造专利申请人，对其发明创造在法定期限内所享有的专有权利，包括发明专利权、实用新型专利权和外观设计专利权。专利权可以由创造发明者申请获得，也可以购买取得，并且专利权给予持有者独家使用或控制某项发明的特殊权利。但专利权并不保证一定能给持有者带来经济利益。有的专利可能无经济价值或具有很小的价值，或者被另外更有经济价值的专利所淘汰等。因此，作为企业无形资产予以确认的专利权，必须具备其产生的经济利益很可能流入企业这项基本条件。而某项专利权是否具备这一基本条件，则需要企业实施职业判断，企业的财务部门应对无形资产在预计使用年限内存在的各种因素做出最稳健的估计。

2. 商标权

商标是用来辨认特定的商品或劳务的标记。商标权，是指专门在某类指定的商品或产品上使用特定的名称或图案的权利。商标权包括独占使用权和禁止权两个方面。独占使用权，是指商标权享有人在商标的注册范围内独家使用其商标的权利；禁止权，是指商标权享有人排除和禁止他人对商标独占使用权进行侵犯的权利。商标经过注册登记就获得了国家法律的保护。商标的价值在于商标的文化和显著性，商标的显著性决定了企业产品未来的创收能力，商标的价值在于显著易记，一旦消费者认可了某一商标，他便认可了某一商标下的产品，如此，企业便可以低成本推销带来高销量。经商标局核准注册的商标为注册商标，注册商标的有效期为 10 年，自核准注册之日起计算。注册商标有效期满，需要继续使用的，应当在期满前 6 个月内申请续展注册；在此期间未能提出申请的，可以给予 6 个月的宽展期。宽展期满仍未提出申请的，注销其注册商标。每次续展注册的有效期为 10 年。

能够给企业带来获利能力的商标，常常是通过多年的广告宣传和其他传播商标名称的手段以及客户的信赖而建立起来的。广告费在发生时直接作为期间费用，计入当期损益。因此，企业自创商标一般不作为无形资产核算。根据商标法的规定，商标可以转让，但受让人应当保证使用该注册商标的产品质量。

3. 著作权

著作权又称版权，是指作者对其创作的文学、科学和艺术作品等依法享有的某些特殊权利。著作权包括精神权利（人身权利）和经济权利（财产权利）两个方面。精神权利，是指作品署名、发表作品、确认作者身份、保护作品的完整性、修改已经发表的作品等项权利，包括发表权、作品署名权、修改权和保护作品完整权。经济权利，是指以出版、表演、广播、展览、录制唱片、摄制影片等方式使用作品以及因授权他人使用作品而获得经济利益的权利，包括复制权、发行权、出租权、展览权、表演权、放映权、广播权、信息网络传播权、摄制权、改编权、翻译权、汇编权以及应当由著作权人享有的其他权利。这种专有权除法律另有规定外，未经著作人许可或转让，他人不得占有和行使。作者本人或授权他人以合法方式利用作品而取得物质利益的权利，受法律保护。

4. 自然资源使用权

自然资源使用权，包括土地使用权、海域使用权、探矿权、采矿权、取水权和其他自然资源使用权。

土地使用权，是指国家准许某企业在一定期间内对国有土地享有开发、利用、经营的权利。根据我国法律规定，中华人民共和国实行土地的全民所有制和劳动群众集体所有制，任何单位和个人不得侵占、买卖或者以其他形式非法转让土地。国有土地可以依法确定给全民所有制单位或者集体所有制单位使用，国有土地和集体所有的土地可以依法确定给个人使用。国有土地和集体所有土地的使用权可以依法转让。

企业取得土地使用权有以下几种情况。第一种情况是企业原先通过行政划拨获得土地使用权，但并没有入账，这时就不能作为无形资产进行核算。在将土地使用权有偿转让、出租、抵押、作价入股和投资时，应按规定将补交的土地出让价款予以本金化，作为无形资产入账核算。第二种情况是企业根据《中华人民共和国城镇国有土地使用权出让和转让暂行条例》，向政府土地管理部门申请土地使用权，企业要支付一笔出让金，这时企业应予以资本化，将取得时所发生的一切支出，计入土地使用权成本，作为无形资产核算。第三种情况是接受投资者投入的土地使用权。

需要注意的是，企业已出租的土地使用权和持有并准备增值后转让的土地使用权并不作为企业的无形资产核算，而是作为企业的投资性房地产核算。

海域使用权，是指民事主体基于县级以上人民政府海洋行政主管部门的批准和颁发的海域使用权证书，依法在一定期限内使用一定海域的权利。

探矿权是指在依法取得的勘查许可证规定的范围内勘查矿产资源的权利。依法取得探矿权的自然人、法人或其他经济组织称为探矿权人。

采矿权是指具有相应资质条件的法人、公民或其他组织在法律允许的范围内，对国家所有的矿产资源享有的占有、开采和收益的一种特别法上的物权，在物权法概括性规定基础上由《矿产资源法》予以具体明确。

5. 非专利技术

非专利技术又称专有技术，是指不为外界所知、在生产经营活动中已采用了的、不享有法律保护的、可以带来经济效益的各种技术和诀窍。非专利技术一般包括工业专有技术、商业贸易专有技术、管理专有技术等。非专利技术可以用蓝图、配方、技术记录、操作方法的说明等具体资料表现出来，也可以通过卖方派出技术人员进行指导，或接受买方人员进行技术实习等手段实现。非专利技术具有经济性、机密性和动态性等特点。

非专利技术是相对于专利技术而言的，它和专利技术一样能增强企业的竞争能力，给企业带来经济效益，特别是属于制造方法和加工工艺方面的非专利技术。但非专利技术与专利技术又有区别，主要表现在以下几个方面。第一，是否受到法律保护。专利技术受专利法的保护，对专利技术的保护，可按照专利说明书和专利请求书中记载的项目，确认权利的保护内容和范围；非专利技术则没有专门法律予以保护，只有通过签订非专利技术许可证，非专利技术的权利内容才能表现出来。第二，技术是否公开。专利以公开为原则，专利技术只有公开以后，发明人的专利权才能得到专利法的保护；非专利技术因为得不到法律的保护，所以其技术内容是不公开的，拥有非专利技术的企业或个人，靠自己的保密来维护其权益。当向别人转让其专有技术的使用权时，则是依靠转让合同来保密并维护其权益。第三，享受的权利是否有期限。依照专利法的规定，专利权有一定的法律期限，期限届满专利权就终止，专利技术也就失去了法律保护，任何企业和个人都可以使用；而非专利技术则没有规定的期限，如能保密下去，则可以长期享有其利益，一旦泄露被普遍采用，就不称其为非专利技术了。根据营改增相关规定，经纳税人所在地省级科技主管部门进行认定，报主管税务机关备查，对符合免征条件的纳税人提供技术转让（属于无形资产）、技术开发（属于现代服务）和与之相关的技术咨询、技术服务，免征增值税。

6. 其他权益性无形资产

其他权益性无形资产，包括基础设施资产经营权、公共事业特许权、配额、经营权（包括特许经营权、连锁经营权、其他经营权）、经销权、分销权、代理权、会员权、席位权、网络游戏虚拟道具、域名、名称权、肖像权、冠名权、转会费等。

根据营改增相关规定，纳税人购进其他权益性无形资产无论是专用于简易计税项目、免征增值税项目、集体福利或者个人消费，还是兼用于上述项目，均可以抵扣进项税额。

（二）无形资产的特征

无形资产具有以下主要特征。

1. 无形资产不具有实物形态

无形资产通常表现为某种权利、某项技术或是某种获取超额利润的综合能力。它们不具有实物形态，看不见，摸不着，如土地使用权、非专利技术等。无形资产为企业带来经济利益的方式与固定资产不同，固定资产是通过实物价值的磨损和转移来为企业带来未来经济利益，而无形资产很大程度上是通过自身所具有的技术等优势为企业带来未来经济利益，不具有实物形态是无形资产区别于其他资产的特征之一。

2. 无形资产具有可辨认性

无形资产必须是能够区别于其他资产可单独辨认的，从可辨认性角度考虑，商誉是与企业整体价值联系在一起的，无法单独辨认其价值，所以虽然商誉也是没有实物形态的非货币性资产，但不构成无形资产。符合以下条件之一的，则认为其具有可辨认性。

第一，能够从企业中分离或者划分出来，并能单独用于出售或转让等，而不需要同时处置在同一获利活动中的其他资产，则说明无形资产可以辨认。某些情况下无形资产可能需要与有关的合同一起用于出售、转让等，这种情况下也视为可辨认无形资产。

第二，产生于合同性权利或其他法定权利，无论这些权利是否可以从企业或其他权利和义务中转移或者分离。例如，一方通过与另一方签订特许权合同而获得的特许使用权，通过法律程序申请获得的商标权、专利权等。

内部产生的品牌、报刊名、刊头、客户名单和实质上类似项目的支出不能与整个业务开发成本区分开来。因此，这类项目不应确认为无形资产。

3. 无形资产属于非货币性资产

非货币性资产是指企业持有的货币资金和将以固定或可确定的金额收取的资产以外的其他资产。无形资产由于没有发达的交易市场，一般不容易转化成现金，在持有过程中为企业带来未来经济利益的情况不确定，不属于以固定或可确定的金额收取的资产，属于非货币性资产。

4. 在创造经济利益方面具有较大的不确定性

无形资产所能提供的未来经济效益具有很大的不确定性。无形资产创造经济利益的能力受企业内外诸多因素的影响，在未来提供的经济效益一般是很难确定的。因此，对无形资产进行核算时应持更加谨慎的态度。

二、无形资产的分类

无形资产可按不同的标准进行分类，通常按取得方式、存在形式或按预计收益期进行分类。

（一）按无形资产的取得方式分类

无形资产按取得方式不同可划分为外部取得的无形资产和内部自创的无形资产两大类。其中，外部取得的无形资产又可分为外购的无形资产、投资者投入的无形资产、通过债务重组取得的无形资产、非货币性交易取得的无形资产、接受捐赠的无形资产等。内部自创的无形资产指企业自行研究与开发取得的无形资产。

（二）按无形资产的存在形式分类

无形资产按其存在形式分为法定权利和合同约定权利两类。法定权利类无形资产是一种独占权利，是指该类无形资产是法律或法规所赋予的一种特殊权利，如专利权、著作权、商标权等。合同约定类无形资产是根据企业间、企业与政府间签订的合同所赋予的一种独占权利，如特许权、土地使用权等。

（三）按无形资产的预计收益期分类

无形资产按照预计的收益期可分为收益期确定的无形资产和收益期不确定的无形资产。收益期确定的无形资产是指在有关法律中规定有最长有效期限的无形资产，如专利权、商标权、著作权、土地使用权和特许权等。收益期不确定的无形资产是指法律上没有规定有效期限，其收益期限难以预先正确估计的无形资产，如非专利技术等。

第二节 无形资产的计量

一、无形资产的初始计量

无形资产通常是按实际成本计量，即以取得（包括以直接购买、接受捐赠、接受投资入股、自创以及抵债等各种形式）无形资产并使之达到预定用途而发生的全部支出作为无形资产的成本。对于不同来源取得的无形资产，其初始成本构成不尽相同。

2016 年 5 月 1 日全面实行营改增之后，企业取得无形资产时允许抵扣增值税进项税额，其中，除了土地使用权按照 11%的税率抵扣之外，其余的无形资产都按照 6%的税率进行抵扣。依据财税〔2016〕36 号第 27 条的规定，下列项目的进项税额不得从销项税额中抵扣。用于简易计税方法计税项目、免征增值税项目、集体福利或者个人消费的购进货物、加工修理修配劳务、服务、无形资产和不动产。其中涉及的固定资产、无形资产、不动产，仅指专用于上述项目的固定资产、无形资产（不包括其他权益性无形资产）、不动产。纳税人的交际应酬消费属于个人消费。

（一）外购的无形资产成本

外购的无形资产，其初始成本包括购买价款、相关税费以及直接归属于使该项资产达到预定用途所发生的其他支出。其中，直接归属于使该项资产达到预定用途所发生的其他支出包括使无形资产达到预定用途所发生的专业服务费用、测试无形资产是否能够正常发挥作用的费用等，但不包括为引入新产品进行宣传发生的广告费、管理费用及其他间接费用，也不包括在无形资产已经达到预定用途以后发生的费用。

企业采用分期付款方式购买无形资产，购买无形资产的价款超过正常信用条件延期支付（如付款期在 3 年以上），实际上具有融资性质的，无形资产的成本应为购买价款的现值。这是因为，企业在发生这项业务的过程中，实际上可以区分为两项业务。一项业务是购买无形资产；另一项业务实质上是向销售方借款。因此，所支付的货款必须考虑货币的时间价值，根据无形资产准则的规定，要采用现值计价的模式，无形资产的成本为购买价款的现值。

（二）投资者投入的无形资产成本

投资者投入的无形资产的成本，应当按照投资合同或协议约定的价值确定其初始成本，在投资合同或协议约定价值不公允的情况下，应按无形资产的公允价值入账。

（三）土地使用权的特殊处理

企业取得的土地使用权通常应确认为无形资产。土地使用权用于自行开发建造厂房等地上建筑物时，土地使用权的账面价值不与地上建筑物合并计算其成本，而仍作为无形资产进行核算，土地使用权与地上建筑物分别进行摊销和提取折旧。但下列情况除外，企业外购的房屋建筑物，实际支付的价款中包括土地以及建筑物的价值，则应当对支付的价款按照合理的方法（如公允价值）在土地和地上建筑物之间进行分配；如果确实无法在地上建筑物与土地使用权之间进行合理分配的，应当全部作为固定资产核算。

企业改变土地使用权的用途，将其作为用于出租或增值目的时，应将其转为投资性房地产。

此外，施工企业还可能发生因接受捐赠而取得无形资产，通过非货币性资产交换取得无形资产，通过债务重组取得无形资产，合并中取得无形资产等。

二、企业内部研究开发费用的确认和计量

为了对企业内部自行研究开发取得的无形资产成本进行计量，企业应将资产的形成过程划分为研究阶段和开发阶段，以便有效地区分研发过程中应予以资本化和费用化的支出。

（一）无形资产形成阶段的划分

1. 研究阶段

研究阶段是指为获取并理解新的科学或技术知识等进行的独创性的有计划的调查，研究活动包括以下内容。①为获取知识而进行的活动；②研究成果或其他知识的应用研究、评价和最终选择；③材料、设备、产品、工序、系统或服务替代品的研究，以及新的或经改进的材料、设备、产品、工序、系统或服务的可能替代品的配制、设计、评价和最终选择。此阶段具有计划性和探索性的特点。从其特点看，其研究是否能在未来形成成果，即通过开发后是否会形成无形资产均有很大的不确定性，因此，研究阶段的有关支出在发生时应当费用化，计入当期损益。

2. 开发阶段

开发阶段是指在进行商业性生产或使用前，将研究成果或其他知识应用于某项计划或设计，以生产出新的或具有实质性改进的材料、装置、产品等。开发活动包括以下内容。①生产前或使用前的原型和模型的设计、建造和测试；②含新技术的工具、夹具、模具和冲模的设计；③不具有商业性生产经济规模的试生产设施的设计、建造和运营；④新的或改造的材料、设备、产品、工序、系统或服务所选定的替代品的设计、建造和测试等。此阶段的特点是有针对性、形成成果的可能性较大。相对于研究阶段而言，开发阶段在很大程度上具备了形成一项新产品或新技术的基本条件，此时如果企业能够证明满足无形资产的定义及相关确认条件，则所发生的开发支出可资本化，确认为无形资产的成本。

（二）开发阶段有关支出资本化的条件

在开发阶段，可将有关资本化支出计入无形资产的成本，但必须同时满足下列条件。

（1）完成该无形资产以使其使用或出售在技术上具有可行性。企业在判断是否满足该条件时，应以目前阶段的成果为基础，说明在此基础上进一步进行开发所需的技术条件等已经具备，不存在

技术上的障碍或其他不确定性，企业在判断时，应提供相关的证据和材料。

（2）具有完成该无形资产并使用或出售的意图。开发某项产品或专利技术产品等，通常是根据管理当局决定该项研发活动的目的或者意图加以确定，即研发项目形成成果以后，是为出售，还是为自己使用并从使用中获得经济利益，应当以管理当局意图而定。因此，企业的管理当局应能够说明其持有拟开发无形资产的目的，并具有完成该项无形资产开发并使其能够使用或出售的可能性。

（3）无形资产产生经济利益的方式。企业开发的无形资产，应能够证明运用该无形资产生产的产品存在市场或无形资产自身存在市场，如果无形资产将在企业内部使用，应当证明其有用性。

作为无形资产确认，其基本条件是能够为企业带来未来经济利益。就其能够为企业带来未来经济利益的方式而言，如果有关的无形资产在形成以后，主要是用于形成新产品或新工艺的，企业应对运用该无形资产生产的产品市场情况进行估计，应能够证明所生产的产品存在市场，能够带来经济利益的流入；如果有关的无形资产开发以后主要是用于对外出售的，则企业应能够证明市场上存在对该类无形资产的需求，开发以后存在外在的市场可以出售并带来经济利益的流入；如果无形资产开发以后不是用于生产产品，也不是用于对外出售，而是在企业内部使用的，则企业应能够证明在企业内部使用时对企业的有用性。

（4）有足够的技术、财务资源和其他资源支持，以完成该无形资产的开发，并有能力使用或出售该无形资产。这一条件主要包括以下内容。第一，完成该项无形资产开发具有技术上的可靠性。开发的无形资产并使其形成成果在技术上的可靠性是继续开发活动的关键，因此，必须有确凿证据证明企业继续开发该项无形资产有足够的技术支持和技术能力。第二，财务资源和其他资源支持。财务和其他资源支持是能够完成该项无形资产开发的经济基础，因此，企业必须能够证明为完成该项无形资产的开发所需的财务和其他资源，是否能够足以支持完成该项无形资产的开发。第三，能够证明企业获取在开发过程中所需的技术、财务和其他资源，以及企业获得这些资源的相关计划等。如在企业自有资金不足以提供支持的情况下，是否存在外部其他方面的资金支持，如银行等金融机构愿意为该无形资产的开发提供所需资金的声明等来证实。第四，有能力使用或出售该无形资产以取得收益。

（5）归属于该无形资产开发阶段的支出能够可靠计量。企业对于研究开发活动发生的支出应单独核算，如发生的研究开发人员的工资、材料费等，在企业同时从事多项研究开发活动的情况下，所发生的支出同时用于支持多项研究开发活动的，应按照一定的标准在各项研究开发活动之间进行分配，无法明确分配的，应予费用化计入当期损益，不计入开发活动的成本。

（三）内部开发的无形资产成本的计量

企业内部研发活动形成的无形资产成本，由可直接归属于该资产的创造、生产并使该资产能够以管理层预定的方式运作的所有必要支出组成。可直接归属成本包括开发该无形资产时耗费的材料、劳务成本、注册费，在开发该无形资产过程中使用的其他专利权和特许权的摊销，以及按照借款费用的处理原则可资本化的利息支出。在开发无形资产过程中发生的除上述可直接归属于无形资产开发活动的其他销售费用、管理费用等间接费用，无形资产达到预定用途前发生的可辨认的无效和初始运作损失，为运行该无形资产发生的培训支出等不构成无形资产的开发成本。

值得说明的是，内部开发无形资产的成本仅包括在满足资本化条件的时点至无形资产达到预定用途前发生的支出总和，对于同一项无形资产在开发过程中达到资本化条件之前已经费用化计入损益的支出不再进行调整。

三、无形资产的后续计量

无形资产初始确认和计量后，在其后使用该项无形资产期间内还会发生后续支出。无形资产的后续支出，是指无形资产入账后，为确保该无形资产能够给企业带来预定的经济利益而发生的支出，比如相关的宣传活动支出。由于这些支出仅是为了确保已确认的无形资产能够为企业带来预定的经济利益，因而应在发生当期确认为费用。

无形资产的后续计量应以成本减去累计摊销额和累计减值损失后的余额计量。可见，无形资产累计摊销额是后续计量中的关键。要确定无形资产在使用过程中的累计摊销额，其基础是估计无形资产的使用寿命，只有使用寿命有限的无形资产才需要在估计的使用寿命内采用系统合理的方法进行摊销，对于使用寿命不确定的无形资产则不需要摊销，但每年应进行减值测试。

（一）无形资产使用寿命的确定

无形资产准则规定，企业应当于取得无形资产时分析判断其使用寿命。无形资产的使用寿命如为有限的，应当估计该使用寿命的年限或者构成使用寿命的产量等类似计量单位数量；无法预见无形资产为企业带来未来经济利益期限的，应当视为使用寿命不确定的无形资产。

1. 估计无形资产使用寿命应考虑的因素

估计无形资产使用寿命应考虑的主要因素如下。第一，该资产通常的产品寿命周期以及可获得的类似资产使用寿命的信息；第二，技术、工艺等方面的现实情况及对未来发展的估计；第三，该资产在该行业运用的稳定性和生产的产品或服务的市场需求情况；第四，现在或潜在的竞争者预期采取的行动；第五，为维持该资产产生未来经济利益的能力所需要的维护支出以及企业预计支付有关支出的能力；第六，对该资产的控制期限以及对该资产使用的法律或类似限制，如特许使用期间、租赁期间等；第七，与企业持有的其他资产使用寿命的关联性等。

2. 无形资产使用寿命的确定

企业持有的无形资产，通常来源于合同性权利或是其他法定权利，且合同规定或法律规定有明确的使用年限。源自合同性权利或其他法定权利取得的无形资产，其使用寿命不应超过合同性权利或其他法定权利的期限。如果合同性权利或其他法定权利能够在到期时因续约等延续，当有如下证据表明企业续约不需要付出重大成本时，续约期才能够包括在使用寿命的估计中。

（1）有证据表明合同性权利或法定权利将被重新延续，如果在延续之前需要第三方同意，则还需有第三方将会同意的证据；

（2）有证据表明为获得重新延续所必需的所有条件将被满足，且企业为延续持有无形资产所付出的成本相对于预期从重新延续中流入企业的未来经济利益相比不具有重要性。

没有明确的合同或法律规定的无形资产，企业应当综合各方面情况，如聘请相关专家进行论证或与同行业的情况进行比较以及企业的历史经验等，来确定无形资产为企业带来未来经济利益的期限，如果经过这些努力确实无法合理确定无形资产为企业带来经济利益的期限，再将其作为使用寿命不确定的无形资产。

3. 无形资产使用寿命的复核

企业至少应当于每年年度终了，对无形资产的使用寿命及摊销方法进行复核，如果有证据表明无形资产的使用寿命及摊销方法不同于以前的估计，如由于合同的续约或无形资产应用条件的改善，延长了无形资产的使用寿命，则对于使用寿命有限的无形资产，应改变其摊销年限及摊销方法并按照会计估计变更进行处理。对于使用寿命不确定的无形资产，如果有证据表明其使用寿命是有限的，则应视为会计估计变更，应当估计其使用寿命并按照使用寿命有限的无形资产的处理原则进行处理。

（二）无形资产的摊销

无形资产的摊销是针对使用寿命有限的无形资产而言的，而使用寿命不确定的无形资产不需要进行摊销。对于使用寿命有限的无形资产，应在其预计的使用寿命内采用系统合理的方法对其应摊销金额进行摊销。其中，应摊销金额是指无形资产的成本扣除残值后的金额。无形资产摊销包括摊销期、摊销方法和应摊销金额的确定。

1. 无形资产的摊销期和摊销方法

无形资产的摊销期自其可供使用（即其达到预定用途）时起至终止确认时止。

企业无形资产的摊销方法，应当反映与该项无形资产有关的经济利益的预期实现方式，并一致地运用于不同会计期间。无形资产摊销存在多种方法，包括直线法、生产总量法等。

无形资产的摊销金额一般应当计入当期损益。某项无形资产包含的经济利益通过所生产的产品或其他资产实现的，无形资产的摊销金额可以计入产品或其他资产成本。

2. 无形资产的应摊销金额

无形资产的应摊销金额为其成本扣除预计残值后的金额。已计提减值准备的无形资产，还应扣除已计提的无形资产减值准备累计金额。使用寿命有限的无形资产，其残值一般为零，除非有第三方承诺在无形资产使用寿命结束时购买该项无形资产，或是存在活跃的市场能得到无形资产预计残值信息，并且该市场在该项无形资产使用寿命结束时可能存在。

（三）无形资产减值

由于无形资产所带来的效益具有很大的不确定性，为了更好地体现谨慎性原则，企业应当定期或每期期末检查各项无形资产预计给企业带来经济利益的能力，对预计可收回金额低于其账面价值的，应当计提减值准备。

当存在下列一项或若干项情况时，企业应该计提无形资产减值准备。

（1）某项无形资产已被其他新技术等所替代，使其为企业创造经济利益的能力受到重大不利影响。

（2）某项无形资产的市价在当期大幅下跌，在剩余摊销年限内预期不会恢复。

（3）某项无形资产已经超过了法律保护年限，但仍具有部分使用价值。

（4）其他足以证明某项无形资产实质上发生减值的情形。

如果施工企业无形资产的账面价值超过其可收回金额，则应按超过部分确认无形资产减值准备。企业计提的无形资产减值准备，记入“资产减值损失”账户。如果可收回金额高于账面价值，一般不做会计处理。无形资产减值损失一经确认，在以后会计期间不得转回。对于使用寿命有限的无形资产，在计提完减值损失后，应重新计算每期的摊销金额；对于使用寿命不确定的无形资产，无论是否存在减值迹象，都应当在每个会计期间进行减值测试。

在资产负债表中，无形资产项目应当按照期末余额减去无形资产累计摊销和减值准备后的净额反映。

（四）无形资产处置

企业处置无形资产主要包括无形资产出售、对外出租、对外捐赠，或者是无法为企业带来未来经济利益时，应予转销并终止确认。

1. 无形资产出售

企业将无形资产出售，表明企业放弃无形资产的所有权。无形资产准则规定，企业出售无形资产时，应将所取得的价款与该无形资产账面价值的差额作为资产处置利得或损失，计入当期损益，即营业外收入或者营业外支出。同时，出售无形资产时还应缴纳增值税。

2. 无形资产出租

企业将所拥有的无形资产的使用权让渡给他人并收取租金，属于日常活动收入范围，在满足收入准则规定的确认标准的情况下，应确认相关的收入及成本。企业转让无形资产使用权获得的收入，作为企业的其他业务收入处理，履行转让使用权合同所发生的费用，作为转让成本计入企业的其他业务成本。需要注意的是，我国税法及营改增规定中，没有无形资产出租的概念，无形资产出租按照转让无形资产，计算缴纳增值税。

3. 无形资产报废

如果无形资产预期不能为企业带来未来经济利益，不再符合无形资产的定义，应将其转销。如该无形资产已被其他新技术所替代，不能为企业带来经济利益；再如无形资产不再受到法律保护，且不能给企业带来经济利益等。例如，甲企业的某项无形资产法律保护期限已过，用其生产的产品没有市场，则说明该无形资产无法为企业带来未来经济利益，应予转销。无形资产报废的净损失应计入企业当期的营业外支出。

第三节 无形资产核算应设置的账户及会计处理

一、无形资产核算应设置的账户

为了核算无形资产的取得、转让、摊销和减值情况，施工企业应设置下列会计账户。

（一）“无形资产”账户

“无形资产”账户核算施工企业持有专利权、非专利技术、商标权、著作权、土地使用权等无形资产的成本。其借方登记企业以各种方式取得的无形资产的成本；贷方登记无形资产处置时转出的账面余额。期末借方余额反映企业无形资产的成本。本账户应按无形资产项目设置明细账进行核算。

（二）“研发支出”账户

“研发支出”账户核算施工企业进行研究与开发无形资产过程中发生的各项支出。其借方登记企业自行开发无形资产发生的各种支出；贷方登记期末转出的费用化支出以及研究开发项目达到预定用途而转出的资本化支出。期末借方余额反映企业正在进行中的研究开发项目中满足资本化条件的支出。本账户应当按照研究开发项目，分别“费用化支出”与“资本化支出”进行明细核算。

（三）“无形资产减值准备”账户

“无形资产减值准备”账户核算施工企业计提的无形资产减值准备，属于“无形资产”的备抵调整账户。其贷方登记资产负债表日无形资产发生减值时，企业计提的无形资产减值准备；借方登记无形资产处置时转销的已计提无形资产减值准备。期末贷方余额反映企业已提取但尚未转销的无形资产减值准备。本账户应按无形资产项目设置明细账，进行明细核算。

（四）“累计摊销”账户

“累计摊销”账户核算施工企业对使用寿命有限的无形资产计提的累计摊销，属于“无形资产”的备抵调整账户。其贷方登记企业按期计提的无形资产摊销；借方登记处置无形资产时转出的无形资产累计摊销。期末贷方余额反映企业无形资产的累计摊销额。本账户应按无形资产项目设置明细账，进行明细核算。

二、无形资产核算的会计处理

【例题8.3.1】2×16年6月，一般纳税人施工企业购入了一项非专利技术，增值税普通发票注明价款为1 920 000元，增值税税额为115 200元。合同规定非专利技术的使用年限为10年。做如下会计分录。

（1）购入时

借：无形资产——非专利技术　　2 035 200

　贷：银行存款　　2 035 200

（2）当月摊销时

借：管理费用——无形资产摊销　　16 960

　贷：累计摊销　　16 960

【例题8.3.2】2×16年7月，一般纳税人施工企业接受投资人投资的一项特许权，双方协商定价，取得的增值税专用发票上注明该特许权的价款为156 000元，增值税税额为9 360元，增值税专用发票已得到认证。做如下会计分录。

借：无形资产——特许权　　156 000

　应交税费——应交增值税（进项税额）　　9 360

　贷：实收资本　　165 360

【例题8.3.3】假设【例题8.3.2】中，特许权的寿命为10年，每月应摊销1 300元。做如下会计分录。

借：管理费用——无形资产摊销　　1 300

　贷：累计摊销　　1 300

【例题8.3.4】2×16年6月，一般纳税人施工企业将一项无形资产出售给其他单位，开具的增值税专用发票上注明该无形资产价款为1 760 000元，增值税税额为105 600元，无形资产成本为2 000 000元，已摊销额为800 000元，已计提的减值准备为60 000元。做如下会计分录。

借：银行存款　　1 865 600

　累计摊销　　800 000

　无形资产减值准备　　60 000

　贷：无形资产　　2 000 000

　　应交税费——应交增值税（销项税额）　　105 600

　　营业外收入　　620 000

【例题8.3.5】一般纳税人施工企业将一项专利权出租给其他单位，根据租赁合同，租期为五年，每年年初收取租金，开具的增值税专用发票上注明每年租金为1 770 000元，增值税税额为106 200元，该专利权每年摊销额为1 350 000元。做如下会计分录。

（1）收到租金时

借：银行存款　　1 876 200

　贷：其他业务收入　　1 770 000

　　应交税费——应交增值税（销项税额）　　106 200

（2）摊销专利权时

借：其他业务成本　　1 350 000

　贷：累计摊销　　1 350 000

【例题8.3.6】2×15年年末，施工企业外购的某项专利技术，账面价值为240 000元，由于技术更新换代，经企业评估，预计该无形资产可收回金额为221 000元，低于其账面价值19 000元。做如下会计分录。

借：资产减值损失　　19 000

　　贷：无形资产减值准备　　19 000

此外，为了真实完整地反映无形资产对企业财务状况、经营成果的影响，体现会计核算的相关性、重要性以及成本效益原则，施工企业应当按照《企业会计准则第 6 号——无形资产》的要求在附注中披露与无形资产有关的信息。

第四节　其他非流动资产的核算

一、商誉的核算

（一）商誉的计量

商誉是指企业在经营上具有优越获利能力的潜在经济价值。换而言之，凡一个企业能够获得超越同行业的正常投资收益率时，即有商誉的存在。作为一种产生超过正常利润的资产，商誉实际上是某一企业的整体价值超过各项有形资产及可辨认无形资产扣除所承担负债后的剩余部分。因此，就本质而言，商誉实际上是一个总评价账户。商誉在非同一控制下的企业合并中确认。所谓非同一控制下的企业合并，是指参与合并的各方在合并前后不受同一方或相同多方的最终控制。

购买方在购买日应当对合并成本进行分配，购入商誉的成本应根据合并成本大于被购买方可辨认净资产的公允价值份额的差额确定。如果合并成本小于合并中取得的被购买方可辨认净资产公允价值份额的，其差额计入当期损益。

（二）商誉核算应设置的账户

为了进行商誉的核算，施工企业应设置下列会计账户。

1. “商誉”账户

“商誉”账户核算非同一控制下施工企业合并中形成的商誉价值。其借方登记非同一控制下企业合并中取得的商誉价值；贷方登记不单独设置“商誉减值准备”账户时，商誉发生减值时应减记的金额。本账户期末借方余额反映企业商誉的价值。

2. “商誉减值准备”账户

“商誉减值准备”账户核算施工企业商誉的减值准备，属于“商誉”的调整账户。其贷方登记施工企业计提的商誉减值准备；借方登记商誉减少时的冲销数。期末贷方余额反映企业已提取但尚未转销的商誉减值准备。企业除单独设置“商誉减值准备”账户进行核算外，还可以在“商誉”总账下设置“减值准备”明细账户进行核算。

（三）商誉的减值

企业合并所形成的商誉，至少应当在每年年度终了进行减值测试。由于商誉难以独立产生现金流量，因此，商誉应当结合与其相关的资产组或者资产组组合进行减值测试。

企业在对包含商誉的相关资产组或者资产组组合进行减值测试时，如与商誉相关的资产组或者资产组组合存在减值迹象的，应当按照以下步骤进行处理。

第一，对不包含商誉的资产组或者资产组组合进行减值测试，计算可收回金额，并与相关账面价值相比较，确认相应的减值损失。

第二，对包含商誉的资产组或者资产组组合进行减值测试，比较这些相关资产组或者资产组组合的账面价值（包括所分摊的商誉的账面价值部分）与其可收回金额，如相关资产组或者资产组组合的可收回金额低于其账面价值的，应当就其差额确认减值损失。减值损失金额应当首先抵减分摊至资产组或者资产组组合中商誉的账面价值。

第三，根据资产组或者资产组组合中除商誉之外的其他各项资产的账面价值所占比重，按比例抵减其他各项资产的账面价值。

上述资产组如发生减值的，应当首先抵减商誉的账面价值，但由于根据上述方法计算的商誉减值损失包括了应由少数股东权益承担的部分，而少数股东权益拥有的商誉价值及其减值损失都不在合并财务报表中反映，合并财务报表只反映归属于母公司的商誉减值损失，因此应当将商誉减值损失在可归属于母公司和少数股东权益部分之间按比例进行分摊，以确认归属于母公司的商誉减值损失。

（四）商誉核算的会计处理

1. 非同一控制下企业合并中取得商誉时

在非同一控制下的企业合并，如果合并方式为控股合并，则商誉将在合并财务报表的非流动资产下单独列示；如果合并方式是吸收合并，则商誉将在母公司单独财务报表中的非流动资产下单独列示。

2. 商誉发生减值时

借：资产减值损失（应减记的金额）

　　贷：商誉减值准备

举例说明商誉减值的会计处理如下。

【例题8.4.1】资产负债表日，施工企业经过测试发现商誉发生减值270 000 000元。做如下会计分录。

借：资产减值损失　　270 000 000

　　贷：商誉减值准备　　270 000 000

此外，根据企业会计准则，在同一控制下的企业合并，合并企业不确认商誉。同时，会计准则还要求企业应披露商誉的金额、其确定方法以及商誉的减值情况等。

二、长期待摊费用的核算

（一）长期待摊费用核算的内容及应设置的账户

长期待摊费用是指企业发生的不能全部计入当期损益，而应当在以后年度分期摊销的各项长期预付费用。长期待摊费用包括开办费、以经营租赁方式租入的固定资产改良支出以及摊销期限在一年以上的其他待摊费用。应当由本期负担的借款利息、租金等，不得作为长期待摊费用处理。长期待摊费用在本质上亦非真正的资产，而是为达成收入与费用适当配比的目的，将预期于未来可获得效益的各项支出递延至以后各年度。

长期待摊费用应按预计受益期间分期平均摊销，并以实际支出减去累计摊销后的净额列示。如果长期待摊费用不能使以后会计期间受益的，将尚未摊销的该项目的摊余价值全部转入当期损益。所有筹建期间发生的费用，先在长期待摊费用中归集，待企业开始生产经营当月一次计入损益。我国税法规定，经营租赁方式租入的固定资产改良支出、固定资产的大修理支出达到取得固定资产时的计税基数50%以上，并延长其使用寿命2年以上的，应按照固定资产尚可使用年限分期摊销。其他长期待摊费用，应自支出发生月份的次月起，分期摊销，摊销年限不得低于3年。会计摊销核算年限与税法规定摊销年限不一致的，应以税法规定为准，进行企业所得税纳税调整。

为了核算长期待摊费用的增加、摊销及减少情况，施工企业应设置“长期待摊费用”账户。其借方登记企业发生的各项长期待摊费用；贷方登记按规定在摊销期内摊销的长期待摊费用以及在筹建期间内发生的一次计入开始生产经营当月的费用。期末借方余额反映企业尚未摊销完毕的各项长期待摊费用的摊余价值。本账户应按照费用项目设置明细账户进行核算。

（二）长期待摊费用核算的会计处理

1. 企业发生长期待摊费用时

借：长期待摊费用

　　贷：有关账户

2. 摊销长期待摊费用时

借：管理费用

　　工程施工等

　　贷：长期待摊费用

举例说明长期待摊费用核算的会计处理如下。

【例题8.4.2】2×16年5月30日，施工企业自行对其经营租赁方式租入的一台管理设备进行大修理，共支付修理费450 000元（不考虑增值税），该设备到租赁期满还有5年。做如下会计分录。

借：长期待摊费用——经营租入固定资产改良支出　　450 000

　　贷：银行存款　　450 000

企业应按5年摊销长期待摊费用，月摊销额=450 000÷5÷12=7 500（元）。

借：管理费用　　7 500

　　贷：长期待摊费用——经营租入固定资产改良支出　　7 500

【例题8.4.3】企业对一台施工机械进行改良，该机械是以经营租赁方式租入的，改良工程支出189 000元（不考虑增值税），全部以银行存款方式结算。假设租赁期为3年。做如下会计分录。

（1）发生改良支出时

借：长期待摊费用——经营租入固定资产改良支出　　189 000

　　贷：银行存款　　189 000

（2）在租赁期内按月摊销时

借：工程施工　　5 250

　　贷：长期待摊费用——经营租入固定资产改良支出　　5 250

【例题8.4.4】企业在筹建期间发生的开办费1 080 000元，在开始生产经营的当月一次摊销。做如下会计分录。

借：管理费用　　1 080 000

　　贷：长期待摊费用——开办费　　1 080 000

三、临时设施的核算

（一）临时设施核算的内容

临时设施是指施工企业为保证施工生产活动和管理活动的正常进行而在施工现场建造的供施工生产和生活使用的临时房屋、建筑物、构筑物和其他各种临时性的简易设施。临时设施主要包括施工现场临时作业棚、机具棚、材料库、办公室、休息室、茶炉棚、厕所、化灰池、储水池、沥青锅灶等设施；临时铁路专用线、轻便铁道；临时道路、围墙、护栏、刺丝网等；临时给排水、供电、供热等管线；现场预制构件、加工材料和混凝土搅拌站等所需的临时建筑物；临时性简易周转房以及现场临时搭建的施工人员的宿舍、食堂、浴室、医务室等临时性福利设施。

施工企业的临时设施以建造时的实际支出计价，各种临时设施应根据使用年限和服务对象合理确定分摊方法，按月分期平均摊入工程成本。

施工企业应尽量利用施工现场可供用作临时设施的原有设施。如果必须搭建临时设施时，应本着节约使用资金的原则，根据自然条件、施工期限的长短和施工现场的具体条件合理安排。对于拆除临时设施的残余材料，应及时处理，防止资产流失。

另外，根据"营改增"的规定，一般纳税人施工企业在施工现场修建的临时建筑物、构筑物其取得的进项税额，可以一次性抵扣。

（二）临时设施核算应设置的账户

为了核算临时设施的增加、减少以及摊销情况，施工企业应设置下列会计账户。

1. "临时设施"账户

"临时设施"账户核算施工企业为保证施工和管理的正常进行而建造的各种临时设施的实际成本。其借方登记企业购置或搭建各种临时设施的实际成本；贷方登记企业出售、拆除、报废、毁损和盘亏等原因不需用或不能继续使用的临时设施的实际成本。期末借方余额反映企业期末临时设施的实际成本。本账户应按临时设施的种类和使用部门设置明细账进行核算。

2. "临时设施摊销"账户

"临时设施摊销"账户核算施工企业各种临时设施的摊销情况。其贷方登记企业按月计提的摊入工程成本的临时设施摊销额；借方登记企业因出售、拆除、报废、毁损和盘亏临时设施而转出已提的摊销额。期末贷方余额反映企业在用临时设施的已提摊销额。本账户应按临时设施的种类和使用部门设置明细账进行核算。

3. "临时设施清理"账户

"临时设施清理"账户核算施工企业因出售、拆除、报废和毁损等原因转入清理的临时设施价值及其在清理过程中所发生的清理费用和清理收入等。其借方登记因各种原因转入清理的临时设施账面价值、发生的清理费用和清理后的净收益；贷方登记清理过程中取得的变价收入和收回的残料价值以及清理后的净损失。本账户期末余额反映尚未清理完毕临时设施的价值以及清理净损益（清理收入减去清理费用）。结转临时设施清理净损益后，本账户应无余额。本账户应按被清理的临时设施名称设置明细账进行核算。

（三）临时设施核算的会计处理

施工企业购置临时设施所发生的各项实际支出，可以直接记入"临时设施"账户。对于需要通过建筑安装活动才能完成的临时设施，其实际支出可以先通过"在建工程"账户核算，待临时设施搭建完成达到预定可使用状态时，再将其实际成本从"在建工程"账户转入"临时设施"账户。施工企业临时设施的清理，在"临时设施清理"账户进行核算。

举例说明临时设施核算的会计处理如下。

【例题8.4.5】 2×16年6月，一般纳税人施工企业为进行日常工程管理，在施工现场附近购置旧房屋一栋作为临时现场办公室，取得的增值税专用发票上注明价款为1 080 000元，增值税税额为54 000元，预计工程的受益期限为3年，房屋已交付使用，增值税专用发票已得到认证。做如下会计分录。

（1）支付款项时

借：临时设施	1 080 000	
应交税费——应交增值税（进项税额）	54 000	
贷：银行存款		1 134 000

（2）按月计提临时设施摊销额时

借：工程施工　30 000

　贷：临时设施摊销　30 000

【例题8.4.6】2×16年7月，施工企业承建甲工程项目，并在施工搭设现场临时机具棚和办公室，本月共发生临时设施支出72 000元，其中领用材料45 000元，本月材料成本差异率为-2%，应付工人工资19 800元，支付其他费用8 100元。做如下会计分录。

（1）发生各项支出时

借：在建工程　72 000

　贷：原材料　45 000

　　材料成本差异　（900）

　　应付职工薪酬　19 800

　　银行存款　8 100

（2）临时设施达到预定可使用状态时

借：临时设施　72 000

　贷：在建工程　72 000

【例题8.4.7】因工程竣工，企业将【例题8.4.5】中的临时现场办公室拆除，临时现场办公室已提摊销额为700 000元，发生清理费用11 000元，收回残料作价5 400元已入库。做如下分录。

（1）临时设施转入清理时

借：临时设施清理　380 000

　临时设施摊销　700 000

　贷：临时设施　1 080 000

（2）发生清理费用时

借：临时设施清理　11 000

　贷：银行存款　11 000

（3）残料入库时

借：原材料　5 400

　贷：临时设施清理　5 400

（4）结转清理净损益时

借：营业外支出　385 600

　贷：临时设施清理　385 600

另外，施工企业其他长期资产中，除了商誉、临时设施和长期待摊费用以外，还包括特准储备物资、银行冻结存款、冻结物资和涉及诉讼中的财产等其他非流动资产。需要说明的是，其他非流动资产核算的经济业务不经常发生且会计处理比较简单。因此，会计准则指南附录中的会计科目和主要账务处理并没有设置专门的账户对其进行核算，施工企业如有该项业务发生，可以增设相应的会计账户，如“特准储备物资”“银行冻结存款”“冻结物资”“诉讼中财产”等进行核算。

【知识扩展】租赁商标，即商标的许可使用行为。一般来说，租赁商标包括将自己的商标许可给他人使用，或将他人的商标许可给自己使用。欲了解更多知识，请扫描二维码。

思考与练习

一、简答题

1. 什么是无形资产？无形资产的特征有哪些？

2. 自行开发无形资产时，其研究与开发阶段的会计处理有何不同？

3. 企业内部研究开发项目开发阶段的支出，应当具备哪些条件才能确认为无形资产的成本？

4. 影响无形资产摊销的因素有哪些？如何确定无形资产的摊销年限？

5. 无形资产发生减值时，如何进行会计处理？

6. 长期待摊费用主要核算哪些内容？

7. 临时设施包括哪些内容？

二、计算题

1. 一般纳税人施工企业2×16年发生如下业务。

（1）4月份，企业购入了一项商标权，实际付款2 862 000元（含6%增值税税额），合同规定使用寿命为10年。

（2）5月份，企业接受外单位捐赠专利权一项，经评估确认其价值为148 400元（含6%增值税税额），年末进行减值测试时，由于市价大幅度下跌，预计该项专利权可收回金额105 000元，估计在剩余年限内不会恢复，按规定计提减值准备。

上述业务中取得的增值税专用发票已通过认证。

要求：根据上述经济业务编制有关的会计分录。

2. 一般纳税人施工企业将其购买的一项特许权转让给甲公司，该特许权的成本为6 000 000元，预计使用寿命10年，已摊销1 800 000元，开具的增值税专用发票上注明价款为3 000 000元，增值税税额为180 000元，款项已存入银行。

要求：根据上述经济业务编制有关的会计分录。

3. 施工企业在施工现场搭建的临时办公室，实际使用3年后，因承包的工程已经竣工，将其拆除，其账面累计已提摊销额为273 600元，应付拆除人员的工资为6 000元，收回残料2 400元，已验收入库，清理工作已结束。

要求：

（1）编制将临时设施转入清理时的会计分录；

（2）编制将收回的残料验收入库时的会计分录；

（3）编制结转清理净损失时的会计分录。

第九章 流动负债

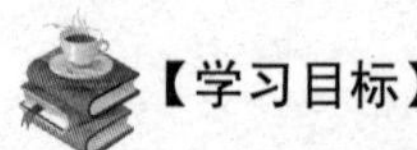

【学习目标】

理论目标：掌握应付账款、短期借款、预收账款的核算内容；掌握施工企业营改增的相关规定；熟悉应付职工薪酬和应交税费的范围和核算内容；了解流动负债的概念、特征及核算内容；了解或有负债的含义和核算内容；了解应付票据、应付股利和应付利息的核算内容。

技术目标：掌握短期借款、应付账款、预收账款核算应设置的账户及会计处理；熟悉应付票据、应付职工薪酬、应交税费、应付股利、应付利息和或有负债核算应设置的账户及会计处理。

能力目标：掌握应付账款、短期借款和预收账款的具体会计处理方法；掌握施工企业增值税核算的相关会计处理方法；熟悉应付票据、应付职工薪酬、应交税费、应付股利、应付利息和或有负债的会计处理方法。

引例

中国电力建设股份有限公司的流动负债

中国电力建设股份有限公司，A股简称中国电建（601669），是我国唯一提供水利电力工程及基础设施规划、勘测设计、咨询监理、建设管理、投资运营为一体的综合性建设集团。集团电力建设（规划、设计、施工等）能力和业绩位居全球行业第一。位居2015年《财富》世界500强企业第253位、2015年中国跨国公司100大企业第17位；2015年ENR最大250家全球承包商排名第7位；2015年度ENR全球工程设计公司150强第3位和国际工程设计公司225强第30位，双双排名中企第一；2012—2014年在中央企业经营业绩考核中连续3年获评A级企业，2014年考核结果名列A级央企第25位。

2015年4月28日，中国电建披露2015年年度报告显示，集团公司短期借款为18 178 603 163.99元，预收账款为57 617 164 476.11元，应付票据为4 297 661 058.34元。其中，商业承兑汇票为410 000 000.00元，银行承兑汇票为3 887 661 058.34元；应付账款为62 908 606 403.01元，应交税费为3 676 301 748.34元，应付股利为109 683 837.94元；期末应付利息为596 449 817.20元。其中，企业债券应付利息为476 674 526.81元，短期借款应付利息为33 273 865.19元，分期付息到期还本的长期借款利息为86 501 425.20元；期末应付职工薪酬为1 444 977 985.31元，其中，工资、奖金、津贴和补贴为908 062 009.74元，社会保险费为168 636 585.11元，住房公积金为71 116 881.75元，工会经费和职工教育经费为259 729 288.71元，劳务派遣费用为8 443 789.60元，其他为28 989 430.40元。

中国电建2015年年度报告中上述各项流动负债分别代表什么含义？它们有什么特点？每一项目下还具体包括什么内容？它们的共同点是什么？从这个案例我们可以进一步思考，施工企业对这些业务应该如何进行会计处理？施工企业基于不同的目的应如何选择不同类型的流动负债？

资料来源：根据中国电力建设股份有限公司2015年年度报告整理

在施工企业的发展过程中，只依靠自身的资本进行经营是不够的，通常都会从外部进行借款，这就形成了企业的负债。根据《企业会计准则——基本准则》的规定，负债是指企业过去的交易或者事项形成的、预期会导致经济利益流出企业的现时义务。负债按照偿还期限的长短可以分为流动负债和非流动负债。本章将详细讨论企业流动负债的分类及其核算方法。

第一节 流动负债概述

流动负债，是指将在一年（含一年）或者超过一年的一个营业周期内偿还的债务。施工企业的流动负债包括短期借款、以公允价值计量且其变动计入当期损益的金融负债、应付票据、应付账款、预收账款、应付职工薪酬、应交税费、应付利息、应付股利、其他应付款、或有负债等。流动负债的会计核算是财务会计的重要内容。

一、流动负债的特点

流动负债除具备负债的一般特征外，还具有如下特点。

（1）流动负债的偿还期限为债权人提出要求时即期偿付，或者作为一年内或一个营业周期内必须履行的义务，即自资产负债表日起一年内到期并予以清偿，或者预计在一个正常营业周期中清偿。

（2）流动负债作为义务，主要用企业的流动资产或新的流动负债来清偿。

（3）主要为交易目的而持有。

（4）企业无权自主地将清偿推迟至资产负债表日后一年以上。

需要强调的是，有些流动负债，如应付账款、应付职工薪酬等，属于企业正常营业周期中使用的营运资金的一部分。尽管这些经营性项目有时在资产负债表日后超过一年才到期清偿，但是它们仍应划分为流动负债。

二、流动负债的分类

流动负债可以按照不同的标准进行分类。

1. 按照流动负债产生的原因分类

按照流动负债产生的原因，可以分为以下几类。

（1）借贷形成的流动负债，如向银行和其他金融机构借入的短期借款。

（2）结算过程中产生的流动负债，如企业采购的原材料已经到货，在货款尚未支付前所形成的待结算应付款项。

（3）经营过程中产生的流动负债。按照权责发生制原则，有些费用需要预先提取，如应付职工薪酬、应付利息等。

（4）利润分配产生的流动负债，如应付股利等。

2. 按照流动负债应付金额是否肯定分类

按照流动负债应付金额是否肯定，可以分为以下几类。

（1）应付余额肯定的流动负债。这类流动负债一般在确认一项义务的同时，根据合同、契约或法律的规定具有确切的金额，乃至有确切的债权人和预付日期，并且到期必须偿还的债务，如应付账款、应付票据、其他应付款等。

（2）应付金额视经营情况而定的流动负债。这类流动负债要根据企业在一定会计期间的经营情况，到该会计期末才能确定其金额，如应交税费、应付股利等。

（3）应付金额予以估计的流动负债。这类流动负债虽然是过去发生的现时义务，但其金额乃至偿还日期和债权人，在编制资产负债表日仍然难以确定，如产品质量担保债务，应按以往的经验或依据有关的资料估计确定其应承担义务的金额。

三、流动负债的计价

负债计价以现值入账比较准确，但由于流动负债偿还期限短，到期值与现值差距不大，因此，基于重要性原则，并为了简化账务处理，各项流动负债一般按照到期值或面值记账。

第二节 流动负债的核算

一、短期借款的核算

（一）短期借款核算的内容

短期借款是指企业向银行或其他金融机构等借入的期限在一年以下（含一年）的各种借款。企业借入短期借款后，无论用于哪个方面均构成施工企业的一项流动负债。

施工企业归还短期借款时，除了归还借入的本金以外，还应按规定支付利息。其利息支出作为期间费用，在借款收益期间内计入财务费用。由于企业的短期借款利息一般是按季度结算支付的，为了保证会计核算准确，企业应按月或按季确认应负担的财务费用。企业的应计利息可通过“应付利息”账户进行核算。另外，借款利息也涉及增值税进项税额问题，但根据《关于全面推开营业税改征增值税试点的通知》（财税〔2016〕36 号）规定，增值税一般纳税人购进的旅客运输服务、贷款服务、餐饮服务、居民日常服务和娱乐服务等费用，其进项税额不得从销项税额中抵扣。因此，支付的借款利息中的进项税额不得抵扣。

（二）短期借款核算应设置的账户及其会计处理

为了核算和监督短期借款的借入和归还情况，施工企业应设置“短期借款”账户。其贷方登记企业借入的各种短期借款；借方登记偿还的各种短期借款。期末贷方余额反映企业尚未偿还的短期借款。本账户应按借款种类、贷款人和币种设置明细账进行核算。

举例说明短期借款核算的会计处理如下。

【例题9.2.1】2×16年1月，一般纳税人施工企业向银行借入为期半年的短期借款为27 000 000元，借款利率为月息7‰，按月计息[①]。做如下会计分录。

（1）借入款项时

借：银行存款　　27 000 000

　　贷：短期借款　　27 000 000

（2）每月计提利息时

借：财务费用　　189 000

　　贷：应付利息　　189 000

（3）每月支付利息时

借：应付利息　　189 000

　　贷：银行存款　　189 000

① 贷款服务的增值税税率为 6%，但该进项税额不得抵扣。

（4）归还借款本金时

借：短期借款　　27 000 000

　　贷：银行存款　　27 000 000

二、应付账款的核算

（一）应付账款核算的内容

应付账款是指施工企业因购买材料、商品和接受劳务供应等而应付给供应单位的款项，因出包工程而应付给其他单位的工程价款等，以及需要支付的增值税税款等，在核算上具体包括应付购货款的核算和应付工程款的核算。应付账款是施工企业流动负债的重要组成部分。

1. 应付账款入账时间的确定

应付账款一般应以与所购买物资所有权有关的风险和报酬已经转移或劳务已经接受为标志，但在实际工作中，应区别以下情况处理。①在货物与发票账单同时到达的情况下，应付账款往往待货物验收入库以后，才按发票账单登记入账；②在货物与发票不是同时到达的情况下，由于应付账款要根据发票账单登记入账，有时候货物已到而发票账单要间隔较长时间才能到达，为真实反映企业所拥有的资产和已经成立的负债，在实际工作中采用在月份终了再入账的办法，即在月终时对已发生的债务按暂估价入账，待下月初用红字冲回，直到发票账单到达再按实际数额入账。

2. 应付购货款入账金额的确定

应付购货款一般应按到期应付金额入账，而不按到期应付金额的现值入账。如果购入的资产在形成一笔应付账款时是带有折扣的，应付账款的入账金额的确定应采用总价法，按发票上记载的应付金额的总值记账。在这种核算方法下，应按发票上记载的全部应付金额，借记有关科目，贷记“应付账款”科目；获得的现金折扣冲减财务费用。

3. 应付账款的支付

应付账款一般在较短期限内支付，但在实际工作中可能会出现应付账款无法支付的情况。对于确实无法支付的应付账款，直接转入营业外收入。

（二）应付账款核算应设置的账户及其会计处理

为了核算企业应付购货款和应付工程款的发生及归还情况，施工企业应设置“应付账款”账户。其贷方登记企业购入材料物资、接受供应单位劳务而发生的应付款项以及企业与承包单位结算工程价款时，根据经审核的承包单位提出的“工程价款结算账单”结算的应付已完工程价款和应支付的增值税税额；借方登记支付的应付购货款和支付给承包单位的工程款，企业开出、承兑商业汇票抵付的应付账款以及因债务重组方式而发生的应付账款的减少数。期末贷方余额表示企业应付而尚未支付的购货款、应付承包单位的已完工程价款和应付的增值税进项税额。本账户应按应付账款类别设置明细账户，并分别供应单位和承包单位设置明细账进行核算。

举例说明应付账款核算的会计处理如下。

【例题9.2.2】2×16年6月12日，某一般纳税人施工企业购买一批钢材，已验收入库但发票账单未到，货款尚未支付。做如下会计分录。

（1）6月末，按材料暂估价（假设材料暂估价为5 400 000元，不考虑增值税）入账时

借：原材料　　5 400 000

　　贷：应付账款　　5 400 000

（2）7月初冲账时

借：应付账款　　5 400 000

　　贷：原材料　　5 400 000

（3）企业收到发票账单时（假设取得的增值税专用发票账单上注明货款金额为6 000 000元，增值税税额为1 020 000元，且增值税专用发票已得到认证）

借：材料采购　　6 000 000

　　应交税费——应交增值税（进项税额）　　1 020 000

　　贷：应付账款　　7 020 000

（4）企业支付货款时

借：应付账款　　7 020 000

　　贷：银行存款　　7 020 000

三、应付票据的核算

（一）应付票据核算的内容

应付票据是施工企业在商品购销活动中由于采用商业汇票结算方式而发生的，由收款人（或承兑申请人）签发，承兑人承兑的票据，它包括商业承兑汇票和银行承兑汇票。按照我国《支付结算办法》的规定，商业汇票的付款期限，最长不得超过6个月。因此，将应付票据归于流动负债进行管理和核算。

应付票据按是否带息分为带息应付票据和不带息应付票据两种。如为带息票据，应于期末按照确定的利率按期计提利息，计入当期损益；到期不能支付的带息应付票据，在转入“应付账款”账户核算后，期末时不再计提利息；如为不带息票据，面值即票据到期时应付金额，直接按票面价值入账。

（二）应付票据核算应设置的账户

为了核算和监督企业购买材料、商品和接受劳务供应等而开出、承兑的商业汇票的实际情况，施工企业应设置“应付票据”账户。其贷方登记企业开出承兑商业汇票或以承兑商业汇票抵付应付账款时的金额；借方登记票据到期支付的金额或票据到期无力支付而转为应付账款的金额。期末贷方余额反映企业尚未到期的应付票据本息。

施工企业还应设置“应付票据备查簿”，详细登记每一笔应付票据的种类、号数、签发日期、到期日、票面金额、票面利率、合同交易号、收款人姓名或单位名称以及付款日期和金额等详细资料。应付票据到期结清时，应在备查簿内逐笔注销。

（三）应付票据核算的会计处理

（1）施工企业开出承兑商业汇票采购或以商业汇票抵付应付账款时

借：材料采购

　　应交税费——应交增值税（进项税额）

　　应付账款

　　贷：应付票据

（2）支付银行承兑汇票的手续费时

借：财务费用

　　贷：银行存款

（3）带息票据期末计算应付利息时

借：财务费用

　　贷：应付票据

（4）到期偿还票据时

借：应付票据

　　财务费用（带息票据未计提的利息）

　　贷：银行存款

（5）施工企业开出并承兑的银行承兑汇票，如果不能按期支付时，承兑银行除凭票向持票人无条件付款外，对出票人尚未支付的汇票金额按天计收利息并转作逾期贷款处理。

借：应付票据

　　贷：短期借款

（6）对于带息商业承兑汇票，到期如果企业不能按期支付时

借：应付票据

　　贷：应付账款

施工企业应付票据核算的会计处理流程如图 9-1 所示。

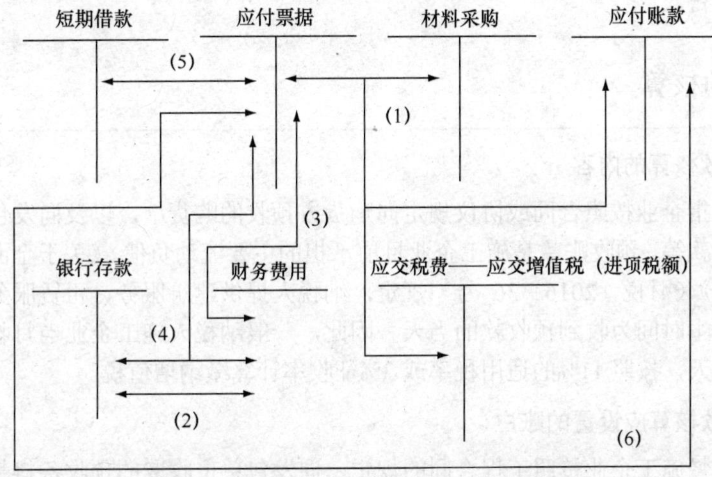

图 9-1　应付票据核算的会计处理流程图

举例说明应付票据核算的会计处理如下。

【例题9.2.3】2×16年6月，一般纳税人施工企业开出一张为期9个月的商业承兑汇票，用于购进一批木材，增值税专用发票上注明材料价款为5 400 000元，增值税税额为918 000元。该增值税专用发票已得到认证。做如下会计分录。

（1）开出票据时

借：材料采购　　5 400 000

　　应交税费——应交增值税（进项税额）　　918 000

　　贷：应付票据　　6 318 000

（2）票据到期承兑时

借：应付票据　　6 318 000

　　贷：银行存款　　6 318 000

（3）票据到期，企业无力支付时

借：应付票据　　6 318 000

　　贷：应付账款　　6 318 000

【例题9.2.4】2×16年6月，施工企业开出并承兑一张为期半年的银行承兑汇票，面值为2 700 000元，票面利率为5%。做如下会计分录。

（1）开出票据时

借：应付账款　　2 700 000

　　贷：应付票据　　2 700 000

（2）按月计提利息时

　　每月应计提的利息=2 700 000×5%÷12=11 250（元）

借：财务费用　　11 250

　　贷：应付票据　　11 250

（3）票据到期承兑时

借：应付票据　　2 767 500

　　贷：银行存款　　2 767 500

（4）票据到期，企业无力支付时

借：应付票据　　2 767 500

　　贷：短期借款　　2 767 500

四、预收账款的核算

（一）预收账款核算的内容

预收账款，是指企业按照合同或协议规定向购货方预收的购货款，以及向发包单位收取的预收备料款和预收工程款等。预收账款是施工企业目前承担的主要流动负债。《关于全面推开营业税改征增值税试点的通知》（财税〔2016〕36 号）规定，纳税人提供建筑服务、租赁服务采取预收款方式的，其纳税义务发生时间为收到预收款的当天。因此，一般纳税人施工企业当月收取的预收款项，应当在预收款的当天，按照 11%的适用税率或 3%征收率计算缴纳增值税。

（二）预收账款核算应设置的账户

为了核算和监督施工企业按照工程合同的规定，向发包单位收取的预收备料款和预收工程款以及按照购销合同的规定向购货单位收取的预收购货款的增减变化情况，施工企业应设置“预收账款”账户。其贷方登记企业收到的预收备料款和预收工程款、发包单位拨入抵作备料款的材料以及向购货单位预收的销货款等；借方登记企业从应收账款中扣还的预收备料款和预收工程款等。期末贷方余额反映企业尚未扣还的预收备料款和预收工程款。本账户应按预收账款的类别设置明细账，如“预收销货款”“预收工程款”等，并分别按预收账款的单位或个人进行明细核算。预收账款不多的企业，可不设置“预收账款”账户，而是将预收的款项直接记入“应收账款”账户的贷方。但在期末编制资产负债表时，要将“预收账款”和“应收账款”的金额分别列示。

（三）预收账款核算的会计处理

由于施工企业可以根据预收账款发生的多少来决定是否单独设置“预收账款”账户，因此，在会计处理上就相应地出现了两种核算方法。

1. 单独设置“预收账款”账户的会计处理

（1）收到预收备料款和预收工程款时

借：银行存款

　　贷：预收账款

（2）预收款缴纳增值税时

借：应交税费——应交增值税（已交税金）

　　贷：银行存款

（3）收到发包单位拨来抵作备料款的材料时（不考虑增值税）

借：原材料

　　贷：预收账款

（4）扣还预收的备料款和工程款时

借：预收账款

　　贷：应收账款

（5）退还多收的预收备料款和预收工程款时

借：预收账款

　　贷：银行存款

施工企业单独设置“预收账款”账户的会计处理流程如图 9-2 所示。

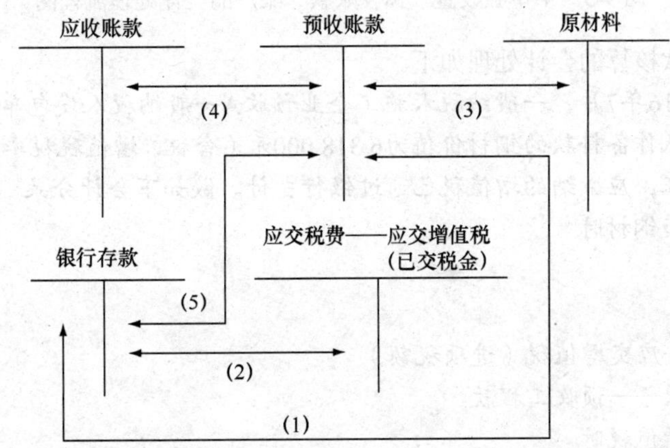

图 9-2　单独设置“预收账款”账户的会计处理流程图

2. 不单独设置“预收账款”账户的会计处理

（1）发生预收款项时

借：银行存款（或原材料）

　　贷：应收账款

（2）预收款缴纳增值税时

借：应交税费——应交增值税（已交税金）

　　贷：银行存款

（3）按结算价格进行结算时[①]

借：应收账款

　　贷：工程结算

（4）收取扣除预收款项后不足结算价格的结算价款时

借：银行存款

　　贷：应收账款

（5）退回多收的预收款项时

借：应收账款

　　贷：银行存款

施工企业不单独设置“预收账款”账户的会计处理流程如图 9-3 所示。

① 在实务中，开具结算单与确认合同完工进度和主营业务收入基本是同时发生的，故计提的增值税销项税额在确认主营业务收入的分录里体现，具体分录详见第十三章收入。

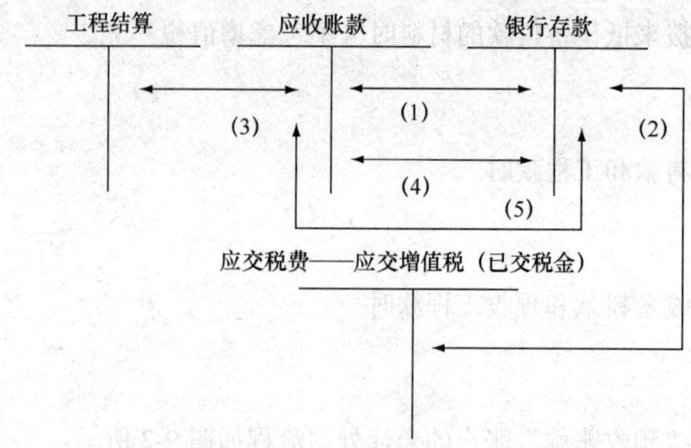

图 9-3　不单独设置“预收账款”账户的会计处理流程图

举例说明预收账款核算的会计处理如下。

【例题9.2.5】2×16年7月，一般纳税人施工企业预收A一般纳税人发包单位从银行转来来的工程款为8 991 000元和抵作备料款的钢材价值为6 318 000元（含税，增值税税率为17%）。取得的增值税专用发票已得到认证，应缴纳的增值税已通过银行支付。做如下会计分录。

（1）收到工程款和钢材时

借：银行存款　　8 991 000

　　原材料　　5 400 000

　　应交税费——应交增值税（进项税额）　　918 000

　　贷：预收账款——预收工程款　　15 309 000

（2）预收款缴纳增值税时

借：应交税费——应交增值税（已交税金）　　1 517 108.11①

　　贷：银行存款　　1 517 108.11

【例题9.2.6】上述工程完工，并验收合格，一般纳税人企业与该发包单位办理竣工结算手续，结算单上注明的结算价格为21 500 000元。做如下会计分录。

（1）结算工程价款时

借：应收账款　　21 500 000

　　贷：工程结算　　21 500 000

（2）扣还预收工程款时

借：预收账款——预收工程款　　15 309 000

　　贷：应收账款　　15 309 000

（3）收到发包单位交来的欠付工程款6 191 000元。做如下会计分录。

借：银行存款　　6 191 000

　　贷：应收账款　　6 191 000

五、应付职工薪酬的核算

（一）职工薪酬的定义

职工薪酬是施工企业为获得职工提供的服务或解除劳动关系而给予的各种形式的报酬或补偿。

① 1 517 108.11=（8991 000+6 318 000）/（1+11%）×11%，因为承包企业为一般纳税人施工企业，故适用的增值税税率为 11%。（预收工程款和抵作备料款的材料价款都属于施工合同款的一部分，故需要缴纳增值税。）

从薪酬的涵盖时间和支付形式来看，职工薪酬包括企业在职工在职期间和离职后给予的所有货币性薪酬和非货币性福利；从薪酬的支付对象来看，职工薪酬包括企业提供给职工本人及其配偶、子女或其他被赡养人的福利，比如支付给因公伤亡职工的配偶、子女或其他被赡养人的抚恤金。总之，企业与职工之间因职工提供服务形成的关系，大多数构成企业的现时义务，将导致企业未来经济利益的流出，从而形成企业的一项负债。

这里所称职工，是指与企业订立劳动合同的所有人员，含全职、兼职和临时职工，也包括虽未与企业订立劳动合同但由企业正式任命的人员。未与企业订立劳动合同或未由其正式任命，但向企业所提供服务与职工所提供服务类似的人员，也属于职工的范畴，包括通过企业与劳动中介公司签订用工合同而向企业提供服务的人员。

（二）职工薪酬核算的内容

根据《企业会计准则第 9 号——职工薪酬》规定，职工薪酬主要包括短期薪酬、离职后福利、辞退福利和其他长期职工福利。

1. 短期薪酬

短期薪酬，是指企业预期在职工提供相关服务的年度报告期间结束后 12 个月内将全部予以支付的职工薪酬，因解除与职工的劳动关系给予的补偿除外[①]。短期薪酬主要包括以下内容。

（1）职工工资、奖金、津贴和补贴，是指企业按照构成工资总额的计时工资、计件工资、支付给职工的超额劳动报酬等的劳动报酬，为了补偿职工特殊或额外的劳动消耗和因其他特殊原因支付给职工的津贴，以及为了保证职工工资水平不受物价影响支付给职工的物价补贴等。其中，企业按照短期奖金计划向职工发放的奖金属于短期薪酬，按照长期奖金计划向职工发放的奖金属于其他长期职工福利。

（2）职工福利费，是指企业向职工提供的生活困难补助、丧葬补助费、抚恤费、职工异地安家费、防暑降温费等职工福利支出。

（3）医疗保险费、工伤保险费和生育保险费等社会保险费，是指企业按照国家规定的基准和比例计算，向社会保险经办机构缴存的医疗保险费、工伤保险费和生育保险费。

（4）住房公积金，是指企业按照国家规定的基准和比例计算，向住房公积金管理机构缴存的住房公积金。

（5）工会经费和职工教育经费，是指企业为了改善职工文化生活、为职工学习先进技术和提高文化水平和业务素质，用于开展工会活动和职工教育及职业技能培训等相关支出。

（6）短期带薪缺勤，是指职工虽然缺勤但企业仍向其支付报酬的安排，包括年休假、病假、婚假、产假、丧假、探亲假等。长期带薪缺勤属于其他长期职工福利。

（7）短期利润分享计划，是指因职工提供服务而与职工达成的基于利润或其他经营成果提供薪酬的协议。长期利润分享计划属于其他长期职工福利。

（8）其他短期薪酬，是指除上述薪酬以外的其他为获得职工提供的服务而给予的短期薪酬。

2. 离职后福利

离职后福利，是指企业为获得职工提供的服务而在职工退休或与企业解除劳动关系后，提供的各种形式的报酬和福利，属于短期薪酬和辞退福利的除外。离职后福利计划，是指企业与职工就离职后福利达成的协议，或者企业为向职工提供离职后福利制定的规章或办法等。离职后福利计划按照企业承担的风险和义务情况，可以分为设定提存计划和设定受益计划。其中，设定提存计划，是指企业向独立的基金缴存固定费用后，不再承担进一步支付义务的离职后福利计划。设定受益计划，

① 因解除与职工的劳动关系给予的补偿属于辞退福利的范畴。

是指除设定提存计划以外的离职后福利计划。

3. 辞退福利

辞退福利，是指企业在职工劳动合同到期之前解除与职工的劳动关系，或者为鼓励职工自愿接受裁减而给予职工的补偿。辞退福利主要包括如下内容。

（1）在职工劳动合同尚未到期前，不论职工本人是否愿意，企业决定解除与职工的劳动关系而给予的补偿。

（2）在职工劳动合同尚未到期前，为鼓励职工自愿接受裁减而给予的补偿，职工有权利选择继续在职或接受补偿离职。

4. 其他长期职工福利

其他长期职工福利，是指除短期薪酬、离职后福利、辞退福利之外所有的职工薪酬，包括长期带薪缺勤、长期残疾福利、长期利润分享计划等。

（三）职工薪酬的确认和计量

1. 短期薪酬的确认与计量

根据《企业会计准则第 9 号——职工薪酬》规定，企业应当在职工为其提供服务的会计期间，将实际发生的短期薪酬确认为负债，并计入当期损益，其他会计准则要求或允许计入资产成本的除外。

（1）职工工资、奖金、津贴和补贴。企业应当根据职工提供服务情况和工资标准计算应计入职工薪酬的工资总额，按照收益对象计入当期损益或相关资产成本。

（2）职工福利费。企业发生的职工福利费，应当在实际发生时根据实际发生额计入当期损益或相关资产成本。职工福利费为非货币性福利的，应当按照公允价值计量。按照营改增文件规定，企业将购进货物、加工修理修配劳务、服务、无形资产（不包括其他权益性无形资产）和不动产，用于简易计税方法计税项目、免征增值税项目、集体福利或者个人消费的，其进项税额不得抵扣。其中，已抵扣进项税额的不动产，按照下列公式计算不得抵扣的进项税额。不得抵扣的进项税额=（已抵扣进项税额+待抵扣进项税额）×不动产净值率，不动产净值率=（不动产净值÷不动产原值）×100%。不得抵扣的进项税额小于或等于该不动产已抵扣进项税额的，应于该不动产改变用途的当期，将不得抵扣的进项税额从进项税额中扣减。不得抵扣的进项税额大于该不动产已抵扣进项税额的，应于该不动产改变用途的当期，将已抵扣进项税额从进项税额中扣减，并从该不动产待抵扣进项税额中扣减不得抵扣进项税额与已抵扣进项税额的差额。

（3）社会保险费、住房公积金、工会经费和职工教育经费。企业为职工缴纳的医疗保险费、工伤保险费、生育保险费等社会保险费和住房公积金，以及按规定提取的工会经费和职工教育经费，应当在职工为其提供服务的会计期间，根据规定的计提基础和计提比例计算确定相应的职工薪酬金额，并确认相应负债，按照受益对象计入当期损益或相关资产成本。

其中，对于工会经费和职工教育经费，企业应当按照财务通则等相关规定，分别按照职工工资总额的 2%和 1.5%的计提标准，计量应付职工薪酬（工会经费、职工教育经费）义务金额和应相应计入成本费用的薪酬金额；从业人员技术要求高、培训任务重、经济效益好的企业，可根据国家相关规定，按照职工工资总额的 2.5%计量应计入成本费用的职工教育经费。

（4）带薪缺勤。企业可能对各种原因产生的缺勤进行补偿，比如年休假、生病、短期伤残、婚假、产假、丧假、探亲假等。根据带薪权利能否结转下期使用，带薪缺勤可以分为以下两类。

第一，非累积带薪缺勤，是指带薪权利不能结转下期的带薪缺勤，即如果当期权利没有行使完，就予以取消，并且职工在离开企业时对未使用的权利也无权获得现金支付。我国企业职工休婚假、产假、丧假、探亲假、病假期间的工资通常属于非累积带薪缺勤。由于职工提供服务本身不能增加其能够享受的福利金额，企业应当在职工缺勤时确认负债和相关资产成本或当期损益。实务中，我国企业一般是在缺勤期间计提应付工资时一并处理。

第二，累积带薪缺勤，是指带薪权利可以结转下期的带薪缺勤，如果本期的权利没有用完，可以在未来期间使用，并且职工在离开企业时对未使用的权利也有权获得现金支付。当职工提供了服务从而增加了其享有的未来带薪缺勤的权利时，企业就产生了一项义务，应当予以确认和计量，并按照带薪缺勤计划予以支付。

（5）短期利润分享计划。利润分享计划同时满足下列条件的，企业应当确认相关的应付职工薪酬。

（1）企业因过去事项导致现在具有支付职工薪酬的法定义务或推定义务；

（2）因利润分享计划所产生的应付职工薪酬义务金额能够可靠估计。属于下列 3 种情形之一的，视为义务金额能够可靠估计。①在财务报告批准报出之前企业已确定应支付的薪酬金额；②该短期利润分享计划的正式条款中包括确定薪酬金额的方式；③过去的惯例为企业确定推定义务金额提供了明显证据。

2. 离职后福利的确认与计量

（1）设定提存计划。企业应当在职工为其提供服务的会计期间，将根据设定提存计划计算的应缴存金额确认为负债，并计入当期损益或相关资产成本。

（2）设定受益计划。在设定受益计划下，企业的义务是为现在及以前的职工提供约定的福利，它可能是不注入资金的，或者可能全部或部分地企业（有时由其职工）向法律上独立于报告主体的企业或基金，以缴纳提存金形式注入资金，并由其向职工支取福利。到期时已注资福利的支付不仅取决于基金的财务状况和投资业绩，而且取决于企业补偿基金资产短缺的能力和意愿，故其中的精算风险和投资风险实质上是由企业来承担的。

设定受益计划的核算涉及以下 4 个步骤。

① 确定设定受益义务现值和当期服务成本；

② 确定设定受益计划净负债或净资产；

③ 确定应当计入当期损益的金额；

④ 确定应当计入其他综合收益的金额。

报告期末，企业应当将设定受益计划产生的职工薪酬成本确认为下列组成部分。

① 服务成本，包括当期服务成本、过去服务成本和结算利得或损失。其中，当期服务成本，是指职工当期提供服务所导致的设定受益计划义务现值的增加额；过去服务成本，是指设定受益计划修改所导致的与以前期间职工服务相关的设定受益计划义务现值的增加或减少。

② 设定受益计划净负债或净资产的利息净额，包括计划资产的利息收益、设定受益计划义务的利息费用以及资产上限影响的利息。

③ 重新计量设定受益计划净负债或净资产所产生的变动。

除非其他会计准则要求或允许职工福利成本计入资产成本，上述第①项和第②项应计入当期损益，其中，企业应当在下列日期孰早日将过去服务成本确认为当期费用，即修改设定受益计划时、企业确认相关重组费用或辞退福利时；第③项应计入其他综合收益，并且在后续会计期间不允许转回至损益，但企业可以在权益范围内转移这些在其他综合收益中确认的金额。

3. 辞退福利的确认和计量

辞退福利通常采取解除劳动关系时一次性支付补偿的方式，也有通过提高退休后养老金或其他离职后福利的标准，或者在职工不再为企业带来经济利益后，将职工工资支付到辞退后未来某一期间的方式。需要强调的是，辞退福利与正常退休养老金应当区分对待。

（1）辞退福利的确认。职工薪酬准则规定，企业在职工劳动合同到期之前解除与职工的劳动关系，或者为鼓励职工自愿接受裁减而提出给予补偿的建议。同时满足下列条件的，应当确认因解除与职工的劳动关系给予补偿而产生的预计负债，并计入当期管理费用。

第一，企业已经制订正式的解除劳动关系计划或提出自愿裁减建议，并即将实施。第二，企业不能单方面撤回解除劳动关系计划或裁减建议。如果企业能够单方面撤回解除劳动关系计划或裁减建议，则表明未来经济利益流出不是很可能，因而不符合负债确认条件。

（2）辞退福利的计量。企业应当根据职工薪酬准则和《企业会计准则第 13 号——或有事项》，严格按照辞退计划条款的规定，合理预计并确认辞退福利产生的负债。

4. 其他形式职工薪酬的确认和计量

除上述短期薪酬、离职后福利和辞退福利等常规薪酬外，实务中，企业还存在长期带薪缺勤以及递延酬劳等职工薪酬形式，在这里不再详细叙述。

（四）职工薪酬核算应设置的账户

为了核算企业根据有关规定应付给职工的各种薪酬，施工企业应设置“应付职工薪酬”账户。其贷方登记月份终了企业根据职工提供服务的受益对象，分配实际发生的职工薪酬；借方登记实际支付给职工的薪酬。本账户可以设置“工资”“职工福利”“社会保险费”“住房公积金”“工会经费”“职工教育经费”“非货币性福利”“辞退福利”“股份支付”等明细科目进行核算。本账户期末贷方余额，反映企业应付未付的职工薪酬。

1. 工资及职工福利费核算应设置的账户

为了核算和监督企业应付给职工的工资总额，施工企业应设置“应付职工薪酬——工资”明细账户。其贷方登记月份终了按职工工作部门和服务对象分配本月应发放的工资；借方登记实际支付给职工的工资。本账户期末一般应无余额，如果企业本月实发工资是按上月考勤记录计算的，实发工资与按本月考勤记录计算的应付工资的差额，即为本账户的期末余额。如果企业实发工资与应付工资相差不大的，也可以按本月实发工资作为应付工资进行分配，这样本账户期末即无余额。如果不是由于上述原因引起的应付工资大于实发工资的，期末贷方余额反映企业工资结余。企业应设置“应付工资明细账”，按照职工类别分设账页，按照工资的组成内容分设专栏，根据“工资单”或“工资汇总表”进行明细核算。

2. 职工福利核算应设置的账户

为了核算和监督职工福利费使用情况，施工企业应设置“应付职工薪酬——职工福利”明细账户，其贷方登记本月实际发生的应付职工福利费的情况，即应付职工福利费的分配数；借方登记本月实际支付的职工福利费。期末贷方余额反映企业尚未支付的应付职工福利费的结余，资产负债表日该明细账户应无余额。

3. 辞退福利核算应设置的账户

为了核算企业因辞退福利产生的预计负债，施工企业应设置“应付职工薪酬——辞退福利”明细账户。该账户贷方登记应当支付的辞退福利；借方登记实际支付的辞退福利。期末贷方余额登记应付未付的辞退福利。

由于应付职工薪酬的其他核算事项在企业日常经营活动中发生的较少，在这里就不一一介绍，企业可以参考上述各明细账户的结构进行核算。

（五）应付职工薪酬核算的会计处理

（1）企业发生应付职工工资和福利费等时，应根据部门或者产生原因，借记相关账户，贷记“应付职工薪酬”账户。

借：工程施工

　　管理费用

　　在建工程

　　未确认融资费用（辞退福利支付超过一年）

　　贷：应付职工薪酬

（2）企业发放货币性福利时

借：应付职工薪酬——工资

——职工福利

——社会保险费

——住房公积金

——工会经费

——职工教育经费

贷：银行存款

库存现金

（3）企业将拥有的房屋等资产无偿提供给职工使用时

借：应付职工薪酬——非货币性福利

贷：累计折旧

同时，如果该企业拥有的房屋在取得时，已抵扣进项税额，在转用职工福利时，应按规定计算转出。

借：固定资产

贷：应交税费——应交增值税（进项税额转出）

（4）企业租赁住房供员工无偿使用时

借：应付职工薪酬——非货币性福利

贷：其他应付款

同时，如果该企业所租赁的住房，取得的进项税额已抵扣，在提供给员工无偿使用时，应按规定计算转出。

借：管理费用

贷：应交税费——应交增值税（进项税额转出）

（5）因解除与职工的劳动关系，各期支付辞退福利款项时

借：应付职工薪酬——辞退福利

贷：银行存款

同时

借：财务费用

贷：未确认融资费用

举例说明应付职工薪酬核算的会计处理如下。

【例题9.2.7】施工企业月末分配本月应付的工资总额，其中，工程施工现场人员工资为657 000元，企业行政管理人员工资为45 000元，改、扩建工程人员工资为153 000元。

另外，企业预计该月应承担的职工福利费义务金额为职工工资的14%。

（1）应计入各个科目的职工薪酬金额如下。

应计入工程施工的职工薪酬金额=675 000+675 000×14%=769 500（元）

应计入管理费用的职工薪酬金额=45 000+45 000×14%=51 300（元）

应计入在建工程的职工薪酬金额=153 000+153 000×14%=174 420（元）

（2）月份终了分配工资时，做如下会计分录。

借：工程施工	769 500	
管理费用	51 300	
在建工程	174 420	
贷：应付职工薪酬——工资		873 000
——职工福利		122 220

【例题9.2.8】乙企业根据人事部做出的辞退计划，将某施工队的5名员工辞退，每人补偿70 000元。做如下会计分录。

借：管理费用　　350 000

　贷：应付职工薪酬——辞退福利　　350 000

六、应交税费的核算

企业在一定时期内取得的营业收入和实现的利润，按规定要向国家缴纳相关税费。施工企业按规定应向国家缴纳的税费有多种，主要包括增值税、城市维护建设税、企业所得税、房产税、车船税、城镇土地使用税、印花税、代扣职工个人所得税等。

（一）增值税

2011年11月16日，财政部、国家税务总局发布的《关于印发〈营业税改征增值税试点方案〉的通知》（财税〔2011〕110号）规定，建筑业适用增值税一般计税方法，适用的税率为11%。同天发布的《财政部、国家税务总局关于在上海市开展交通运输业和部分现代服务业营业税改征增值税试点的通知》（财税〔2011〕111号）规定，2012年1月1日，我国首先从上海的交通运输业和部分现代服务业开始营业税改征增值税（简称“营改增”）的试点工作。2012年10月21日，国务院召开扩大“营改增”试点范围座谈会，提出要适时将建筑业等行业纳入改革试点范围，由此，建筑业“营改增”被提上了日程。2016年3月23日，财政部、国家税务总局发布的《关于全面推开营业税改征增值税试点的通知》（财税〔2016〕36号）规定，2016年5月1日起，在全国范围内全面推开营业税改征增值税（以下称“营改增”）试点，建筑业、房地产业、金融业、生活服务业、现代服务业全部营业税纳税人，纳入试点范围，由缴纳营业税改为缴纳增值税。施工企业属于建筑服务业，一般计税增值税税率为11%，简易计税增值税征收率为3%。

1. 增值税的概念

增值税是对在境内销售货物、不动产[①]、无形资产或者提供加工、修理修配、服务等，以及进口货物的单位和个人就其实现的增值额征收的一个税种。按照《增值税暂行条例》及《关于全面推开营业税改征增值税试点的通知》（财税〔2016〕36号）规定，纳税人购入货物、不动产、无形资产或接受应税服务支付的增值税（即进项税额），可以从其销售货物、不动产、无形资产或提供服务和劳务按规定收取的增值税（即销项税额）中抵扣。

2. 增值税的计算

纳税人销售货物、不动产、无形资产或提供应税服务和劳务，其应纳税额采用扣税法计算。其计算公式如下。

应纳增值税税额=当期销项税额-当期进项税额

（1）当期销项税额的计算。当期销项税额，指纳税人在当期销售货物、不动产、无形资产或提供应税服务和劳务时，按照销售额和适用税率或征收率计算并向购买方收取的增值税税款。销项税额计算公式如下。

销项税额=销售额×税率或征收率

其中，销售额是指纳税人销售货物或提供应税服务和劳务时向购买方收取的全部价款和价外费用，但不包括向购买方收取的销项税额。即销售额=向购买方收取的全部价款和价外费用/（1+税率或征收率）。

（2）当期进项税额的计算。当期进项税额，是指纳税人在当期购进货物、不动产、无形资产或

① 不动产是指不能移动，移动后会引起性质、形状改变的财产。

接受应税服务和劳务时，支付或负担的增值税税额。根据我国增值税法规定，下列进项税额准予从销项税额中抵扣。

① 从销售方取得的增值税专用发票上注明的增值税税额。

② 从海关取得的海关进口增值税专用缴款书上注明的增值税税额。

③ 购进农产品，除取得增值税专用发票或海关进口增值税专用缴款书外，按照农产品收购发票或销售发票上注明的农产品买价和13%的扣除率计算的进项税额。其计算公式如下。

进项税额=买价×扣除率

④ 购进或销售货物以及在生产经营过程中支付运输费用的，按照运输费用结算单据上注明的运输费用金额和7%的扣除率计算的进项税额。其计算公式如下。

进项税额=运输费用金额×扣除率

⑤ 另外，2016 年 3 月 18 日召开的国务院常务会议允许将新增不动产纳入抵扣范围。但下列项目的进项税额不得从销项税额中抵扣。

第一，用于简易计税方法计税的项目、免征增值税项目、集体福利或个人消费（包括交际应酬）。其中涉及的无形资产、不动产，仅指专用于上述项目的无形资产（不包括其他权益性无形资产）、不动产；

第二，非正常损失的购进货物，以及相关的加工修理修配劳务和交通运输服务；

第三，非正常损失的在产品、产成品所耗用的购进货物（不包括固定资产）、加工修理修配劳务和交通运输服务；

第四，非正常损失的不动产，以及该不动产所耗用的购进货物、设计服务和建筑服务；

第五，非正常损失的不动产在建工程所耗用的购进货物、设计服务和建筑服务。纳税人新建、改建、扩建、修缮、装饰不动产，均属于不动产在建工程；

第六，购进的旅客运输服务、贷款服务、餐饮服务、居民日常服务和娱乐服务；

第七，财政部和国家税务总局规定的其他情形。

（3）税率。施工企业适用的增值税税率，属于建筑服务的范畴。建筑服务又分为适用一般计税方法的项目和适用简易计税方法的项目两类，分别适用不同的税率（征收率）。具体内容如表 9-1 所示。

表 9-1　　施工企业销售商品、提供劳务适用增值税税目、税率表

税目	分类	详细分类	税率
建筑服务	适用一般计税方法的项目	工程服务	11%
		安装服务	
		维修服务	
		装饰服务	
		其他建筑服务	
	适用简易计税方法的项目	以清包方式提供的建筑服务	3%
		甲供工程[①]	
		为建筑工程老项目[②]提供的建筑服务	

即施工企业在销售商品、提供劳务时分别按照对应的增值税税率来计算增值税销项税额，但施工企业在购入货物或接受应税劳务、服务时，支付的增值税税额是根据销售方适用的不同增值税税率或征收率来确定。具体内容如表 9-2 所示。

① 甲供工程是指全部或部分设备、材料、动力由工程发包方自行采购的建筑工程。

② 建筑工程老项目是指：第一《建筑工程施工许可证》注明的合同开工日期在 2016 年 4 月 30 日前的建筑工程项目；第二未取得《建筑工程施工许可证》的，建筑工程承包合同注明的开工日期在 2016 年 4 月 30 日前的建筑工程项目。

表 9-2　　施工企业购入货物或接受应税劳务、服务适用增值税税目、税率简表

纳税人	税率	应税行为	具体范围
原增值税一般纳税人	17%	销售或进口货物（另有列举的货物除外）；提供加工、修理修配劳务	
	13%	① 自来水、暖气、冷气、热气、煤气、石油液化气、天然气、沼气、居民用煤炭制品 ② 图书、报纸、杂志 ③ 国务院规定的其他货物	
一般纳税人	17%	租赁服务	有形动产租赁服务
	11%	租赁服务	不动产租赁服务
		销售不动产	① 建筑物 ② 构筑物
		土地使用权	
	6%	金融服务	① 贷款 ② 融资性售后回购
		销售无形资产	① 技术 ② 商标 ③ 商誉 ④ 著作权
适用简易征收办法的一般纳税人	3%	① 县级及县级以下小型水力发电单位生产的电力。小型水力发电单位，是指各类投资主体建设的装机容量为 5 万千瓦以下（含 5 万千瓦）的小型水力发电单位 ② 建筑用和生产建筑材料所用的砂、土、石料 以自己采掘的砂、土、石料或其他矿物连续生产的砖、瓦、石灰（不含黏土实心砖、瓦） ③ 自来水 ④ 商品混凝土（仅限于以水泥为原料生产的水泥混凝土）	
小规模纳税人	3%	应税行为的年应征增值税销售额未超过财政部和国家税务总局规定标准的纳税人为小规模纳税人	

3. 增值税核算的会计处理

一般纳税人企业应交纳的增值税，在“应交税费”账户下设置“应交增值税”明细账户进行核算。“应交增值税”明细科目的借方发生额反映企业购进货物或接受应税劳务支付的进项税额、实际已缴纳、月终转出当月应缴未缴的增值税；贷方发生额反映销售货物或提供应税劳务应交纳的增值税以及出口企业收到出口退税、进项税额转出数额、转出多交增值税。期末借方余额反映企业尚未抵扣的增值税。

同时，在“应交税费——应交增值税”科目下设三级科目，应交增值税各三级科目具体核算内容如表 9-3 所示。

表 9-3　　施工企业应交增值税各三级明细科目具体核算内容表

规定设置科目	核算内容
应交税费——应交增值税（销项税额）	记录企业销售货物或提供应税劳务应收取的增值税税额。发生销售退回，用红字在贷方登记
应交税费——应交增值税（进项税额）	记录企业购入货物或接受应税劳务、服务而支付的、准予从销项税额中抵扣的增值税税额。发生销售退回，用红字在贷方登记
应交税费——应交增值税（已交税金）	记录企业本月预缴的增值税金额。适用一个月内分次预交增值税的纳税人。预缴税退回时做反方向分录
应交税费——应交增值税（减免税额）	应交税费——应交增值税（减免税额）核算经税务部门批准，实际减免的增值税税额。例如，企业初次购进增值税税控系统专用设备及其发生的技术维护费，应按增值税专用发票额抵减的应纳税额
应交税费——应交增值税（转出多交增值税）	记录企业月终将当月多交的增值税的转出额（仅针对并限于“已交税金”的额度转出）。即月终转入“应交税费——未交增值税”科目

续表

规定设置科目	核算内容
应交税费——应交增值税（出口抵减内销产品应纳税额）	核算企业按照国务院规定的退税率计算的出口货物的进项税额抵减内销产品的应纳税额
应交税费——应交增值税（进项税额转出）	核算企业购进货物、劳务、服务等发生非正常损失等及将已抵扣的进项税额项目用于非增值税应税项目、免征增值税应税项目、简易办法征税等不得从销项税额中抵扣进项税额行为时，所抵扣进项税额需在发生用途改变当月进行进项税额转出的金额
应交税费——应交增值税（转出未交增值税）	记录企业月终将本期发生的应交未交增值税的转出额。即月终转入“应交税费——未交增值税”科目
应交税费——应交增值税（出口退税）	核算企业出口适用零税率的货物，向海关办理报关出口手续后，凭出口报关单等有关凭据，向税务机关办理退税而收到的退回税款
应交税费——应交增值税（营改增抵减的销项税额）	核算企业因按规定扣减销售额而减少的销项税额

“应交增值税”下的明细科目其数据只允许在一方反映，凡发生方向相反的数据时，用红字记录。另外，应交税费这个科目应采用多栏账的形式进行核算。

月末，企业在向税务部门实际缴纳本期的增值税税额时，按照实际缴纳的增值税金额，借记“应交税费——未交增值税”科目，贷记“银行存款”等科目。同时，企业应在月末先计算出应交未交的增值税，借记“应交税费——应交增值税（转出未交增值税）”科目，贷记“应交税费——未交增值税”科目；当月多交的增值税，借记“应交税费——未交增值税”科目，贷记“应交税费——应交增值税（转出多交增值税）”科目。期末，“应交增值税——未交增值税”科目的余额如果在贷方，表示企业当期应交未交的增值税；余额如果在借方，表示企业本月多交的增值税。

举例说明营改增后施工企业增值税核算的会计处理如下。

【例题9.2.9】一般纳税人施工企业购入一批钢材用于施工项目，共计2 000吨，取得的增值税专用发票上注明钢材的价款为20 000 000元，增值税税额为3 400 000元，增值税税率为17%，款项已通过银行存款付清，且该批钢材已验收入库。取得的增值税专用发票已得到认证。做如下会计分录。

借：原材料——钢材　　20 000 000
　　应交税费——应交增值税（进项税额）　　3 400 000
　贷：银行存款　　23 400 000

【例题9.2.10】一般纳税人施工企业承接了一项建筑工程，期末，企业根据建造合同确认合同收入为55 500 000元（含税），确认合同费用45 000 000元，已知建筑施工企业增值税税率为11%，企业开出增值税专用发票。做如下会计分录。

确认的增值税税额=55 500 000÷（1+11%）×11%=5 500 000（元）

借：主营业务成本　　45 000 000
　　工程施工——合同毛利　　10 500 000
　贷：主营业务收入　　50 000 000
　　　应交税费——应交增值税（销项税额）　　5 500 000

【例题9.2.11】沿用上2例，期末计算该企业应缴纳的增值税，并通过银行支付。做如下会计分录。

应交增值税=5 500 000−3 400 000=2 100 000（元）

（1）月末计算应交增值税并转出时

借：应交税费——应交增值税（转出未交增值税）　　2 100 000
　贷：应交税费——未交增值税　　2 100 000

（2）缴纳增值税时

借：应交税费——未交增值税　　2 100 000
　贷：银行存款　　2 100 000

（二）城市维护建设税

1. 城市维护建设税的概念

城市维护建设税简称城建税，是国家对从事工商经营缴纳消费税、增值税的单位和个人就其实际交纳的消费税、增值税税额为依据而征收的一种税，是国家为了加强城市的维护建设，扩大和稳定城市维护建设资金的来源而采取的一项税收措施，属于特定目的税。

城市维护建设税的纳税义务人是在征税范围内从事工商经营并缴纳消费税、增值税义务的单位和个人。自 2010 年 12 月 1 日起，对外商投资企业、外国企业及外籍个人征收城市维护建设税。

2. 城市维护建设税的计算

城市维护建设税的应纳税额，以纳税人实际缴纳的消费税、增值税税额为计税依据乘以适用税率计算。其计算公式如下。

应纳税额=（纳税人实际交纳的消费税+增值税税额）×适用税率

其中，税率因纳税人所在地不同而有所不同。纳税人所在地为市区的，税率为 7%；纳税人所在地为县城、镇的，税率为 5%；纳税人所在地不在市区、县城或镇的，税率为 1%。城市维护建设税的税率应当按照纳税人所在地的规定税率执行。

3. 城市维护建设税的会计处理

施工企业应缴纳的城市维护建设税，在“应交税费”账户下设置“应交城市维护建设税”明细账户。企业计算出应缴纳的城市维护建设税时，借记“营业税金及附加”“其他业务成本”等账户，贷记“应交税费——应交城市维护建设税”账户；实际缴纳时，借记“应交税费——应交城市维护建设税”账户，贷记“银行存款”账户。

举例说明城市维护建设税核算的会计处理如下。

【例题9.2.12】施工企业本月交纳的增值税为350 000元，已知城市维护建设税税率为7%。做如下会计分录。

（1）计算应交城市维护建设税时

本月应交城市维护建设税=350 000×7%=24 500（元）

借：营业税金及附加　　24 500

　　贷：应交税费——应交城市维护建设税　　24 500

（2）上交税金时

借：应交税费——应交城市维护建设税　　24 500

　　贷：银行存款　　24 500

（三）房产税、城镇土地使用税、车船税和印花税

1. 房产税

房产税是以房屋作为征收对象，以房屋的计税余值（不含增值税）或租金收入（不含增值税）为计税依据，向房屋产权所有人征收的一种财产税。企业自用的房产，房产税借方计入“管理费用”，出租的房产，房产税借方计入“其他业务支出”，作为投资性房地产的房产税借方计入“营业税金及附加”。

(1) 房产税的纳税义务人，是指房屋的产权所有人，包括产权所有人、经营管理单位、承典人、房产代管人或者使用人。房产税的征税对象是房产 。房产税的征税范围为城市、县城、建制镇和工矿区。

(2) 房产税的计税依据通常是房产的价值（不含增值税）。经营自用的房屋以房产计税余值作为计税依据，对出租的房屋按租金（不含增值税）作为计税依据。按照房产计税价值征税的，称为从价计征；按照房产租金收入（不含增值税）征税的，称为从租计征。相应地，房产税的税率也有两种，一种是从价计征的，按照房产原值一次减除 10%～30%后的余值计算缴纳，税率 1.2%；另一种是从租计征的，按照房产出租的租金收入计算缴纳，税率为 12%。因此，房产税应纳税额的计算也采用两种方法。

第一种方法是从价计征的计算，即以房产的原值（不含增值税）减除一定比例后的余值作为计税的依据，其计算公式如下。

应纳税额=应税房产原值×（1−减除比例）×1.2%

第二种方法是从租计征的计算，即以房产的租金收入（不含增值税）作为计税的依据，其计算公式如下。

应纳税额=租金收入×12%

2. 城镇土地使用税

城镇土地使用税是以城镇土地为征税对象，以实际占用的土地面积为计税标准，按规定税额对拥有土地使用权的单位和个人征收的一种税。城镇土地使用税于 1988 年 11 月 1 日起对国内企业、单位和个人开征。需要说明的是，自 2007 年 1 月 1 日起，国家将外商投资企业、外国企业列为城镇土地使用税的纳税人。

城镇土地使用税的计税依据，是以纳税人实际占用的土地面积为计税依据，按照规定的税额计算征收。其计算公式如下。

全年应纳税额=计税土地面积（平方米）×适用税额

城镇土地使用税实行定额税制，即采用有幅度的差别税额，按大、中、小城市和县城、建制镇和工矿区分别规定每平方米城镇土地使用税年应纳税额。具体标准为，大城市 1.50 元至 30 元；中等城市 1.20 元至 24 元；小城市 0.90 元至 18 元；县城、建制镇、工矿区 0.60 元至 12 元。

3. 车船税

车船税是对在中华人民共和国境内车辆、船舶（以下简称车船）的所有人或者管理人依法征收的一种税。

（1）在中华人民共和国境内，车船税的纳税义务人是车辆、船舶的所有人或管理人。管理人是指对车船具有管理使用权，不具有所有权的单位和个人。

（2）车船税的征收范围，是指依法应在车船管理部门登记的车船。车船管理部门是指公安、交通、农业、渔业、军事等依法具有车船管理职能的部门。在机场、港口以及其他企业内部场所行驶或者作业且在车船管理部门登记的车船，应当缴纳车船税。

（3）车船税实行定额税率。车船税以车船的计税标准和适用税率计算交纳。其中，车辆中除载货汽车按净吨位计征外，其余无论机动车还是非机动车均按辆计征；机动船按净吨位计征；非机动船按载重吨位计征。

4. 印花税

印花税是对经济活动和经济交往中书立、使用、领受具有法律效力的凭证的单位和个人征收的一种税。印花税是一种具有行为税性质的凭证税，凡发生书立、使用、领受应税凭证的行为，必须依照印花税法的有关规定履行纳税义务，它具有覆盖面广、税率低、税负轻、纳税人自行完税等特点。

（1）印花税的纳税义务人，是指在中国境内书立、使用、领受印花税法所列举的凭证并应依法履行纳税义务的单位和个人。其按照书立、使用、领受应税凭证的不同，可以分别确定为立合同人、立据人、立账簿人、领受人和使用人 5 种。

（2）印花税的征税范围是只对在《印花税暂行条例》列举的凭证征收，对没有列举的凭证不征税。正式列举的凭证分为 5 类，即经济合同、产权转移书据、营业账簿、权利和许可证照以及经财政部门确认的其他凭证。

（3）印花税的税率有两种形式，即比例税率和定额税率。其中各类合同以及具有合同性质的凭证、产权转移书据、营业账簿中记载金额的账簿，适用比例税率。印花税的比例税率分 4 个档次，分别是万分之零点五、万分之三、万分之五、千分之一；而“权利和许可证照”以及“营业账簿”税目中的其他账簿，适用定额税率，均为按件贴花，每件税额为 5 元。

（4）印花税纳税人的应纳税额，根据应纳税凭证的性质，分别按比例税率或者定额税率计算。其计算公式如下。

应纳税额=应税凭证计税金额（或应税凭证件数）×适用税率

5. 房产税、城镇土地使用税、车船税和印花税的会计处理

施工企业应缴纳的房产税、城镇土地使用税、车船税，在“应交税费”账户下设置“应交房产税”“应交城镇土地使用税”“应交车船税”等明细账户进行核算。月份终了，企业计算出当月应交纳的房产税、城镇土地使用税、车船税时，借记“管理费用”等账户，贷记“应交税费——应交房产税”“应交税费——应交城镇土地使用税”“应交税费——应交车船税”等账户；实际上交时，借记“应交税费——应交房产税”“应交税费——应交城镇土地使用税”“应交税费——应交车船税”账户，贷记“银行存款”账户。

企业缴纳的印花税，应根据税额大小、贴花次数以及税收征收管理的需要，分别采用自行贴花办法、汇贴或汇缴办法和委托代征办法。实行自行贴花办法的施工企业，由纳税人根据应纳税凭证的性质和适用的税目税率，自行计算应纳税额，自行购买印花税票，自行一次贴足印花税票并加以注销或划销。因此，不需要通过“应交税费”账户核算，在购买印花税票时，直接记入“管理费用”账户。

第三节 其他流动负债的核算

一、应付股利的核算

（一）应付股利核算的内容

应付股利，是指施工企业在实现利润之后，按照税法及有关法规的规定交纳相关税费后应给予投资者的回报，作为投资者应该分享的所得税后的利润分配而取得的投资收益。其具体包括经董事会或类似机构决议确定分配的应付国家投资利润、应付其他单位投资利润和应付个人的投资利润以及应支付给投资者个人的现金股利（需按照20%代扣个人所得税）等。应付利润和现金股利在尚未实际支付给投资者之前，构成了施工企业的一项流动负债。

（二）应付股利核算应设置的账户

为了核算和监督企业对投资者分配的现金股利或利润情况，施工企业应设置“应付股利”账户。其贷方登记企业根据通过的股利或利润分配方案计算的，应支付给投资者的现金股利或利润；借方登记企业实际支付的现金股利或利润。期末贷方余额反映企业尚未支付的现金股利或利润。

（三）应付股利核算的会计处理

施工企业计算出应支付给投资人的现金股利或利润时，借记“利润分配——应付现金股利或利润”账户，贷记“应付股利”账户；企业实际支付现金股利或利润时，借记“应付股利”账户，贷记“银行存款”等账户。

举例说明应付股利核算的会计处理如下。

【例题9.3.1】2×16年施工企业实现净利润3 000 000元，按规定分配普通股股利150 000元。做如下会计分录。

（1）分配时

借：利润分配——应付现金股利或利润	150 000	
贷：应付股利		150 000

（2）支付时

借：应付股利　　150 000

　　贷：银行存款　　150 000

二、应付利息

应付利息是指企业按照合同约定应支付的利息，包括分期付息到期还本的长期借款、企业债券等应支付的利息。

（一）应付利息核算应设置的账户

为了正确核算企业按照合同约定应支付的利息，施工企业应设置“应付利息”账户。其贷方登记企业发生的各种应付利息；借方登记实际支付的各项利息。期末贷方余额反映企业应付未付的利息。本账户可按存款人或债权人设置明细账进行核算。

（二）应付利息核算的会计处理

（1）资产负债表日，按摊余成本和实际利率计算确定利息费用时

借：在建工程

　　财务费用

　　研发支出

　　贷：应付利息（按合同利率计算确定的应付未付利息）

合同利率与实际利率差异较小的，也可以采用合同利率计算确定利息费用。

（2）实际支付利息时

借：应付利息

　　贷：银行存款

三、其他应付款的核算

（一）其他应付款核算的内容

其他应付款，是指施工企业除应付票据、应付账款、预收账款、应付职工薪酬、应付利息、应付股利、应交税费等以外的其他各项应付、暂收的款项。其具体包括以下内容。

（1）应付经营租入固定资产和包装物的租金；

（2）职工未按期领取的工资；

（3）存入保证金（如收入包装物押金等）；

（4）应付、暂收所属单位、个人的款项；

（5）其他应付、暂收款项。

（二）其他应付款核算应设置的账户及其会计处理

为了核算和监督企业其他应付款的应付、暂收及支付情况，施工企业应设置“其他应付款”账户。其贷方登记企业发生的各种应付、暂收款项；企业采用售后回购方式融入资金的实际收到金额；按照回购价格与原销售价格之间的差额，在售后回购期间内按期计提的利息费用等。其借方登记实际支付的各种其他应付款项以及按照合同约定购回售后回购商品时实际支付的金额。期末贷方余额反映企业应付但尚未支付的各种其他应付款项。本账户应按应付或暂收款项的类别和单位或个人设置明细账进行核算。

举例说明其他应付款核算的会计处理如下。

【例题9.3.2】2×16年5月，施工企业代扣当月职工应交的房租费8 400元。做如下会计分录。

（1）代扣水电费时

借：应付职工薪酬——工资　　8 400

　　贷：其他应付款——应付房租费　　8 400

（2）实际支付时

借：其他应付款——应付房租费　　8 400

　　贷：银行存款　　8 400

【例题9.3.3】2×16年6月，一般纳税人施工企业租入有形动产，取得的增值税专用发票上注明应付经营租入固定资产的租金为60 000元，增值税税额为10 200元①，取得的增值税专用发票已得到认证。做如下会计分录。

（1）发生时

借：工程施工　　60 000

　　应交税费——应交增值税（进项税额）　　10 200

　　贷：其他应付款——应付经营租入固定资产租金　　70 200

（2）支付时

借：其他应付款——应付经营租入固定资产租金　　70 200

　　贷：银行存款　　70 200

四、或有负债的核算

（一）或有负债核算的内容

1. 或有负债的概念及特点

或有负债，是指过去的交易或事项形成的潜在义务，其存在须通过未来不确定事项的发生或不发生予以证实；或过去的交易或事项形成的现时义务，履行该义务不是很可能导致经济利益流出企业或该义务的金额不能可靠地计量。其中，不是很可能导致经济利益流出企业是指，该现时义务导致经济利益流出企业的可能性不超过 50%（含 50%）。金额不能可靠地计量是指，该现时义务导致经济利益流出企业的金额难于预计。或有负债具有以下特点。

第一，或有负债由过去的交易或事项产生；

第二，或有负债的结果具有不确定性。

或有负债涉及两类义务。一类是潜在义务，是指结果取决于不确定未来事项的可能义务。也就是说，潜在义务最终是否转变为现时义务，由某些未来不确定事项的发生或不发生才能决定。或有负债作为一项潜在义务，其结果如何只能由未来不确定事项的发生或不发生来证实。另一类是现时义务，是指企业在现行条件下已承担的义务。或有负债作为现时义务，其特征在于，该现时义务的履行不是很可能导致经济利益流出企业，或者该现时义务的金额不能可靠地计量。

第三，或有负债的结果须由未来事项决定。

2. 或有负债的表现形式

在我国的会计实务中，或有负债主要表现在以下几个方面。

第一，已贴现商业承兑汇票形成的或有负债；第二，未决诉讼、仲裁形成的或有负债；第三，为其他单位提供债务担保形成的或有负债；第四，产品质量保证形成的或有负债；第五，亏损合同形成的或有负债；第六，重组义务形成的或有负债。

① 根据“营改增”的规定，提供有形动产经营租赁服务一般计税适用的增值税税率为 17%。

（二）或有负债的确认

与或有事项相关的义务同时满足下列条件的，应当确认为预计负债。

（1）该义务是企业承担的现时义务，即与或有事项相关的义务是在企业当前条件下已承担的义务，企业没有其他现实的选择，只能履行该现时义务（包括法定义务和推定义务）。

（2）履行该义务很可能导致经济利益流出企业，即履行与或有事项相关的现时义务时，导致经济利益流出企业的可能性超过50%但小于或等于95%。

（3）该义务的金额能够可靠地计量，即与或有事项相关的现时义务的金额能够合理地估计。由于或有事项具有不确定性，因或有事项产生的现时义务的金额也具有不确定性，需要估计。要对或有事项确认一项预计负债，相关现时义务的金额应当能够可靠地估计。

（三）预计负债的计量

预计负债的计量主要涉及两个问题。一是最佳估计数的确定；二是预期可获得补偿的处理。

企业应当在资产负债表日对预计负债的账面价值进行复核。有确凿证据表明该账面价值不能真实反映当前最佳估计数的，应当按照当前最佳估计数对该账面价值进行调整。企业应当按照规定的项目以及确认标准，合理地计提各项可能发生的负债。

（四）或有负债核算应设置的账户

为了核算企业确认的对外提供担保、未决诉讼、产品质量保证、重组义务、亏损性合同等而可能发生的各项预计负债，施工企业应设置“预计负债”账户。其贷方登记企业按规定的预计项目和预计金额确认的预计负债；借方登记实际偿付的负债。期末贷方余额反映企业已预计但尚未支付的债务。本账户可按形成预计负债的交易或事项设置明细账户进行核算。

（五）或有负债核算的会计处理

（1）确认预计负债金额时

借：管理费用

　　财务费用

　　营业外支出

　　贷：预计负债

（2）实际偿付负债时

借：预计负债

　　贷：银行存款

（3）根据确凿证据需要对已确认的预计负债进行调整时

借：有关账户

　　贷：预计负债（调整增加的预计负债）

或

借：预计负债（调整减少的预计负债）

　　贷：有关账户

【知识扩展】营改增36号文件的权威解释，欲了解更多知识，请扫描二维码。

思考与练习

一、简答题

1. 什么是流动负债？流动负债应如何计价？试举出几个流动负债的例子。

2. 应付票据和应付账款在核算上有什么区别？

3. 应付债券的发行方式有哪几种？分别该怎样核算？

4. 一般纳税人施工企业应交增值税的金额如何确定？如何核算？

5. 什么是或有负债？有哪些表现形式？

6. 施工企业应交税费包括哪些内容？

二、计算题

1. 2×16年，一般纳税人施工企业增值税税率为11%，取得的增值税专用发票均已得到认证，发生如下经济业务。

（1）1月1日，施工企业向银行借入期限6个月的短期借款15 000 000元，借款年利率为6%，每月计提并按季支付利息，借入款项已转入存款账户。

（2）6月10日，施工企业购买一批生铁，原材料连同增值税发票同时到达，已验收入库，发票上载明该批材料价款270 000元，增值税税额为45 900元，货款已经支付。

（3）6月12日，施工企业开出一张面值2 400 000元、票面利率5%、期限为7个月的银行承兑汇票，用于抵顶前欠应付账款，年末无力支付转为应付账款。

（4）6月30日，分配本月应付的工资总额，其中，工程施工现场人员工资2 250 000元，企业行政管理人员的工资135 000元，改、扩建工程人员工资990 000元。

（5）6月30日，施工企业确认上半年的建造合同收入108 000 000元。

（6）7月23日，企业购买印花税票5 500元。

要求：

（1）根据上述资料（1）至（4），编制相关的会计分录。

（2）根据上述资料（5）至（6），计算本期施工企业应缴纳的各项税费（城市维护建设税税率为7%），并编制相关的会计分录。

2. 一般纳税人施工企业，适用增值税税率为11%，涉及增值税的业务已取得增值税专用发票并得到认证。2×16年6月发生如下经济业务。

（1）6月1日，购入一批工程用原材料，不含税价款500 000元，适用税率17%，增值税税额为85 000元，并开出3个月商业承兑汇票抵付全部价税款，该票据为不带息票据。

（2）6月3日，企业收到甲公司欠付的工程款100 000元并存入银行。

（3）6月10日，企业为建设某工程项目向银行借入为期半年的流动资金600 000元，借款利息为月息7‰。

（4）6月15日，企业对外提供安装劳务，取得含税收入111 000元存入银行，确认收入并计算应交增值税。

（5）计提应支付的利息。

要求：编制上述业务的会计分录。

第十章 非流动负债

【学习目标】

理论目标：掌握长期借款的核算内容；熟悉应付债券的范围和核算内容；了解非流动负债的概念、特征及核算内容；了解长期应付款的范围和核算内容。

技术目标：掌握长期借款的会计处理；了解应付债券运用实际利率法的计算方法。

能力目标：掌握长期借款的会计处理方法；熟悉应付债券的会计处理方法；了解长期应付款的会计处理方法。

引例

中国葛洲坝集团有限公司的非流动负债

中国葛洲坝集团有限公司（英文简称：CGGC），A股简称葛洲坝（600068），总部位于湖北武汉，以建筑工程及相关工程技术研究、勘测、设计、服务，水电投资建设与经营，房地产开发经营为主业，是隶属于国务院国资委的国有大型企业（又称中央企业），是实行国家计划单列的国家首批56家大型试点企业集团之一，享有省级对外工程承包权和进出口贸易权，拥有国家特批的企业财务公司，是国家创新型试点企业。集团因整体承建万里长江第一坝——葛洲坝工程而得名，是世界最大的水利工程——三峡工程建设的主力军，承担了三峡工程65%以上的工程量。2013年12月，葛洲坝集团基础公司参建的河南省燕山水库工程作为唯一入选的水利工程荣获"中国建设工程质量最高奖"——鲁班奖。2013年11月，葛洲坝集团报送的《三峡升船机超大薄型高精度混凝土平衡重块制造技术研究与应用》获得中国能源化学工会、中国电力企业联合会共同组织评审的2013年度（第五届）全国电力职工技术成果一等奖。

2016年3月30日，葛洲坝公司披露的2015年年度报告显示，本公司全资子公司中国葛洲坝集团置业有限公司以其开发的葛洲坝世纪花园B2北区、A区项目为抵押标的向华夏银行武昌支行贷款600 000 000元；本公司全资子公司中国葛洲坝集团投资控股有限公司所属控股子公司湖北寺坪水电开发有限公司向日本协力银行取得借款120 249 800元，保康县财政局为此借款提供担保；本公司全资子公司中国葛洲坝集团第一工程有限公司以其应收账款为质押标的向中国工商银行三峡分行葛洲坝支行取得借款100 000 000元。另外，公司全资子公司湖北大广北高速公路有限责任公司2015年12月向太平石化金融租赁有限责任公司售后融资租回路面资产，租赁利率为4.655%，截至2015年12月31日，应付太平石化金融租赁有限责任公司租赁款余额为1 888 868 507.99元，未确认融资费用400 618 507.99 元。并且，2014年12月24日葛洲坝发行了5年期的中期票据，平价发行，发行金额为550 000 000.00元，票面利率为2.5%。

葛洲坝上述业务该如何归类？业务发生时的会计核算和会计处理应如何做？由此可以进一步思考，针对这几类科目我们该如何定义？它们有什么特点？每一类科目还包括什么项目？它们的共同点是什么？施工企业针对不同的目的应如何选择不同类型的非流动负债？

资料来源：根据中国葛洲坝集团有限公司2015年年报整理

施工企业为了购置大型设备进行施工生产活动以及固定资产的改建、扩建等，需要投入大量的资金，而企业所拥有的经营资金是无法满足这些需要的。如果等待企业内部形成的资本积累，很可能会错失良机。除此之外，适量举借外债也有利于企业降低资金成本，获得财务杠杆收益。因此，非流动负债成为企业筹资的一种重要方式。本章将详细讨论企业非流动负债的分类及其核算方法。

第一节 非流动负债概述

一、非流动负债

非流动负债，是指偿还期在一年或者超过一年的一个营业周期以上的负债，包括长期借款、应付债券和长期应付款等。与流动负债相比，非流动负债具有数额较大、偿还期限较长等特点。

企业筹集长期资金主要有以下方式。一是增发股票，由股东投入新的资金；二是举借长期债务。

对企业而言，通过银行借款或发放债券举借长期债务更为有利。首先，举借长期债务有利于保持投资人控制企业的权利；其次，举借长期债务的成本相对较低；再次，长期负债的利息支出，可以在交纳所得税前全额扣除，从而减少了企业的应交所得税，而股息却只能在交纳所得税后的净利润中扣除。

然而，企业举借长期债务也有不利的一面。首先，长期负债的利息是企业根据合同必须承担的一项长期固定支出，当市场情况逆转或企业经营管理不善、经济效益欠佳时，这笔固定的利息支出就会成为企业沉重的负担；其次，长期负债到期必须偿还，企业在长期负债到期前应准备好足够的资金，以偿还到期债务的本息。因此，是否以举借长期债务的形式来筹集长期资金，是企业一项重要的财务决策。

施工企业的各项非流动负债应当分别进行核算，并在资产负债表中分列项目反映。将于 1 年内到期偿还的非流动负债，在资产负债表中应当作为一项流动负债单独反映。

二、非流动负债的计价

由于非流动负债的偿还期限较长且金额较大，未来的现金流出量（未来支付的利息和本金）与其现值之间的差额较大，因而理论上讲，大部分非流动负债应当考虑货币时间价值，以现值列报，而不宜按其未来应偿付金额入账。

第二节 非流动负债的核算

非流动负债主要包括长期借款、应付债券和长期应付款等。施工企业应正确划分流动负债与非流动负债，因为两者的内容会直接影响到对企业短期和长期偿债能力的判断。如果混淆了负债的类别，将会歪曲企业的实际偿债能力，误导报表使用者的决策。

一、长期借款的核算

（一）长期借款核算的内容

长期借款，是指企业向银行或其他金融机构借入的期限在一年以上（不含一年）的各项借款。

长期借款应当以实际发生额入账。

长期借款核算时应注意以下问题。

(1) 其在所购建的固定资产达到预定可使用状态前发生的，应当予以资本化，计入所购建固定资产的成本；在所购建的固定资产达到预定可使用状态后所发生的，应于当期直接计入财务费用。

(2) 企业发生的除与固定资产购建有关的借款费用（包括利息、汇兑损失等），属于筹建期间的，计入长期待摊费用；属于生产经营期间的，计入财务费用。

(3) 长期借款利息的计算目前有单利和复利两种方法。

(4) 企业将长期借款划转出去，或者无需偿还的长期借款，直接转入营业外收入。

（二）长期借款核算应设置的账户

为了核算和监督企业长期借款的借入、应计利息和归还本息情况，施工企业应设置“长期借款”账户。本账户应按贷款单位和贷款种类进行明细核算。长期借款应设置的明细账户如下。

1. “长期借款——本金”账户

“长期借款——本金”账户核算企业向银行或其他金融机构借入和归还的长期借款本金数额。其贷方登记企业借入的长期借款本金数额；借方登记企业偿还的本金数额。期末贷方余额反映企业尚未偿还的本金数额。

2. “长期借款——利息调整”账户

企业借入的长期借款分为溢价和折价两种情况，“长期借款——利息调整”账户核算企业实际收到的资金数额与本金之间的差额。

当企业折价借入长期借款时，“长期借款——利息调整”账户借方登记本金与实际收到的借款之间的差额，即折价金额；贷方登记每期按实际利率法计算的利息调整摊销额。期末借方余额反映企业尚未摊销的利息调整数额。长期借款到期后，该账户无余额。

当企业溢价借入长期借款时，“长期借款——利息调整”账户贷方登记本金与实际收到的借款之间的差额，即溢价金额；借方登记每期按实际利率法计算的利息调整摊销额。期末贷方余额反映企业尚未摊销的利息调整数额。同样，长期借款到期后，该账户也无余额。

3. “长期借款——应计利息”账户

“长期借款——应计利息”账户核算企业在到期一次还本付息的情况下每期计提的利息。其贷方登记每期按借款本金和合同规定的利率计算确定的利息数额；借方登记长期借款到期时利息的偿还数额。长期借款到期后，该账户无余额。

（三）长期借款核算的会计处理

1. 企业借入长期借款时

借：银行存款（实际收到的金额）

　　长期借款——利息调整（借贷双方的借方差额）

　　贷：长期借款——本金

　　　　　　　　——利息调整（借贷双方的贷方差额）

2. 每期计提利息时

(1) 对于分期付息、到期还本的长期借款，企业应按照长期借款的摊余成本和实际利率计算确定利息，按照本金和合同规定的利率计算确定应付未付的利息，两者的差额记入“利息调整”明细账户。

① 企业计提利息时

借：财务费用、在建工程、制造费用等（长期借款摊余成本×实际利率）

　　长期借款——利息调整

贷：应付利息（本金×合同利率）

长期借款——利息调整

② 偿还利息时

借：应付利息

贷：银行存款

（2）对于到期一次还本付息的长期借款，其会计处理方法与分期付息、一次还本的债券相同，只是把“应付利息”账户改为“长期借款——应计利息”，其他会计处理不变。

3. 长期借款到期时

（1）采用一次还本、分期付息方式的会计处理时

借：长期借款——本金

应付利息

贷：银行存款（当期计提的利息+本金）

（2）采用到期一次还本付息方式的会计处理时

借：长期借款——本金

——应计利息

贷：银行存款（长期借款存续期间的利息+本金）

举例说明长期借款核算的会计处理如下。

【例题10.2.1】施工企业向银行借入期限为2年的借款，金额为43 200 000元，用于购建厂房。借款年利率为5%，每年计息一次，按复利计算，到期一次归还本息。该项固定资产于第二年末达到预定可使用状态。假设实际利率和合同利率相差不大。做如下会计分录。

（1）取得借款时

借：银行存款　　43 200 000

贷：长期借款——本金　　43 200 000

（2）第一年按月计息时

第一年应计利息=43 200 000×5%=2 160 000（元）

第一年每月应计利息=2 160 000÷12=180 000（元）

借：在建工程　　180 000

贷：长期借款——应计利息　　180 000

（3）第二年按月计息时

第二年应计利息=（43 200 000+2 160 000）×5%=2 268 000（元）

第二年每月应计利息=2 268 000÷12=189 000（元）

借：在建工程　　189 000

贷：长期借款——应计利息　　189 000

（4）第三年每月计息时

第三年应计利息=（43 200 000+2 160 000+2 268 000）×5%=2 381 400（元）

第三年每月应计利息=2 381 400÷12=199 350（元）

借：财务费用　　199 350

贷：长期借款——应计利息　　199 350

（5）借款到期，归还本息时

借：长期借款——本金　　43 200 000

——应计利息　　6 809 400

贷：银行存款　　50 009 400

二、应付债券的核算

（一）应付债券核算的内容

1. 应付债券的发行价格

应付债券，是指企业为筹集长期资金而实际发行的债券及应付的利息，它是施工企业筹集长期资金的一种重要方式，属于其他金融负债。

2. 应付债券的初始计量

应付债券初始确认时，应当按照公允价值计量，相关交易费用应当计入初始确认金额，构成实际利息的组成部分。在债券的后续计量期间按实际利率法计算其摊余成本、各期利息调整和利息费用。

实际利率法是以债券发行时的实际利率乘以各期期初债券的账面价值，作为各期的利息费用。当期入账的利息费用与按票面利率计算的应计利息的差额，即为该期的利息调整。由于债券的账面价值逐期不同，因此计算出来的利息费用也就逐期不同。

（二）应付债券核算应设置的账户

为了核算和监督企业为筹集长期资金而实际发行的债券及应付的利息，施工企业应设置“应付债券”账户，并在该账户下设置“面值”“利息调整”“应计利息”等明细账户。当企业发行可转换公司债券时，应在“应付债券”账户下设置“可转换公司债券”明细账户核算。期末贷方余额反映企业尚未偿还的债券本息数。本账户还应按债券种类进行明细核算。

另外，企业在准备发行债券时，应将待发行债券的票面金额、债券票面利率、还本期限与方式、发行总额、发行日期和编号、委托代售部门、转换股份等在备查簿中逐笔登记。债券到期时，应在备查簿中逐笔注销。

（三）应付债券核算的会计处理

1. 企业发行债券时

借：银行存款（实际收到的金额）

　　应付债券——利息调整（两者差额）

　　贷：应付债券——面值（债券的票面金额）

　　　　　　　　——利息调整（两者差额）

2. 资产负债表日，企业根据计息方式不同分别计算各期的利息费用

（1）对于分期付息、一次还本的债券

借：财务费用、在建工程等（摊余成本×实际利率）

　　应付债券——利息调整（两者差额）

　　贷：应付利息（面值×票面利率）

　　　　应付债券——利息调整（两者差额）

（2）对于到期一次还本付息的债券

到期一次还本付息的债券，其会计处理方法与分期付息、一次还本的债券基本相同，只是按票面利率计算应付未付利息时，应贷记“应付债券——应计利息”账户，其他账户不变。

3. 应付债券到期的会计处理

（1）采用债券到期一次还本、分期付息方式时

借：应付债券——面值

　　应付利息

　　贷：银行存款

（2）采用债券到期一次还本付息方式时

借：应付债券——面值

——应计利息

贷：银行存款

三、长期应付款的核算

（一）长期应付款核算的内容

长期应付款，是指施工企业除长期借款和应付债券以外的其他各种长期应付款，包括应付融资租入固定资产的租赁费、采用补偿贸易方式下引进国外设备价款等。其中，需要注意的是，根据营改增文件的规定，提供融资租赁服务需要缴纳增值税。有形动产融资租赁服务的增值税税率为17%，不动产融资租赁服务的增值税税率为11%。

施工企业在对租赁业务进行分类时，应当全面考虑租赁期届满时租赁资产所有权是否转移给承租人、承租人是否有购买租赁资产的选择权、租赁期占租赁资产尚可使用年限的比例等各种因素。满足以下一项或数项标准的租赁，应当确认为融资租赁。

（1）租赁期届满时，租赁资产的所有权转移给承租人。

（2）资产的选择权，所订立的购价预计将远低于行使所有权时租赁资产的公允价值，因而在租赁开始日就可以合理确定承租人将会行使这种选择权。

（3）租赁期占租赁资产尚可使用年限的大部分，即大于等于75%。但是，如果租赁资产在开始租赁前已使用年限超过该资产全新时可使用年限的大部分，则该项标准不适用。

（4）就承租人而言，租赁开始日最低租赁付款额的现值几乎相当于租赁开始日租赁资产的公允价值；就出租人而言，租赁开始日最低租赁收款额的现值几乎相当于租赁开始日租赁资产的公允价值。这里的“几乎相当于”是指90%以上。但是，如果租赁资产在开始租赁前已使用年限超过该资产全新时可使用年限的大部分，则该项标准不适用。

（5）租赁资产性质特殊，如果不做较大修整，只有承租人才能使用。

（二）长期应付款核算应设置的账户

为了核算长期应付款的发生和归还情况以及融资租入固定资产所发生的未实现融资费用，施工企业应设置以下有关的会计账户。

1. “长期应付款”账户

“长期应付款”账户核算和监督企业长期应付款的发生和归还情况。其贷方登记应支付的长期应付款；借方登记实际支付的长期应付款。期末贷方余额反映企业尚未支付的各种长期应付款。本账户应按长期应付款的种类和债权人设置明细账进行核算。

2. “未确认融资费用”账户

“未确认融资费用”账户核算企业融资租入固定资产所发生的未实现融资费用。其借方登记租赁开始日租赁资产的公允价值与最低租赁付款额的现值的较低者和最低租赁付款额的差额；贷方登记“未确认融资费用”按照实际利率法在各个期间内分摊的金额。期末借方余额反映企业未实现融资费用的摊余价值。

（三）长期应付款核算的会计处理

1. 企业购入资产超过正常信用条件延期支付价款

（1）购入固定资产时，企业购入有关资产超过正常信用条件延期支付价款，实质上具有融资的性质。

借：固定资产（或在建工程）（购买价款的现值）

未确认融资费用

应交税费——应交增值税（进项税额）或待抵扣进项税额

贷：长期应付款（购买时支付的价税款）

（2）按期支付价款时

借：长期应付款

贷：银行存款

（3）分摊未确认融资费用时

借：财务费用（长期应付款摊余成本×实际利率）

贷：未确认融资费用

2. 融资租入固定资产

（1）租入固定资产时，融资租入固定资产，应当在租赁开始日，按租赁开始日租赁资产的公允价值与最低租赁付款额的现值两者中较低者，作为资产的入账价值。

借：固定资产（或在建工程）

未确认融资费用

应交税费——应交增值税（进项税额）或待抵扣进项税额

贷：长期应付款——应付融资租赁款（最低租赁付款额）

（2）按期支付融资租赁费时

借：长期应付款——应付融资租赁款

贷：银行存款

（3）按期摊销未确认融资费用时

借：财务费用（长期应付款摊余成本×实际利率）

贷：未确认融资费用

（4）租赁期满时，如果合同规定将设备所有权转归承租企业，则应当进行转账，将固定资产从“融资租入固定资产”明细账户转入有关明细账户。

施工企业长期应付款（应付融资租赁款）核算的会计处理流程图，如图 10-1 所示。

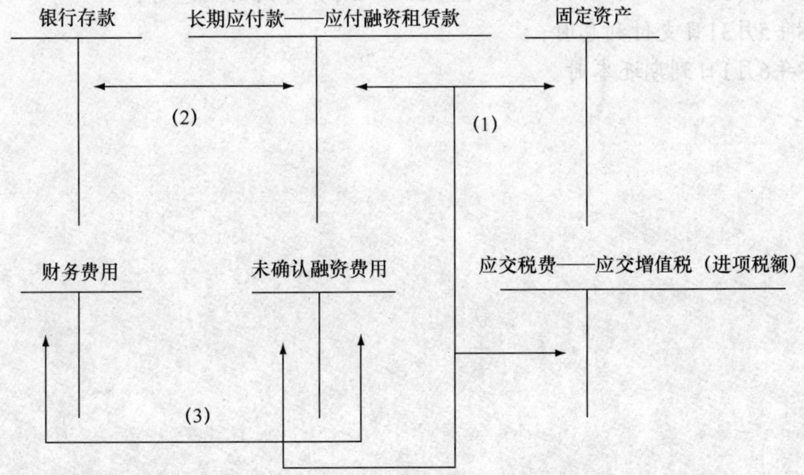

图 10-1 长期应付款（应付融资租赁款）核算的会计处理流程图

【知识扩展】融资租赁的16种类型。欲了解更多知识，请扫描二维码。

思考与练习

一、问答题

1. 什么是非流动负债？试举出几个非流动负债的例子。
2. 长期借款核算应注意哪些问题？
3. 应付债券的发行方式有哪几种？分别该怎样核算？
4. 负债有何特征？如何分类？
5. 施工企业举借长期债务有何利弊？

二、计算题

一般纳税人施工企业为建造一幢自用办公大楼，于2×16年6月1日借入两年期，金额为18 000 000元的长期专门借款，款项已存入银行。借款利率为5%，每年付息一次，期满后一次还清本金。2×16年6月1日，以银行存款支付工程价款共计16 200 000元（含增值税），2×17年6月1日又以银行存款支付工程价款10 800 000元（含增值税）。取得的增值税专用发票已得到认证，适用的增值税税率为11%。该厂房于2×18年2月底完工，达到预定可使用状态。

要求：根据上述业务编制以下有关会计分录。

（1）取得借款时；
（2）2×16年6月1日，支付工程款时；
（3）计算2×16年下半年每月应计入工程成本的利息时；
（4）2×16年12月31日支付借款利息时；
（5）2×17年6月1日支付工程款时；
（6）2×18年2月底，达到预定可使用状态，计算应计入工程成本的利息时；
（7）2×18年5月31日，计算2×16年3～5月应计入财务费用的利息时；
（8）2×18年5月31日支付利息时；
（9）2×18年6月1日到期还本时。

所有者权益　第十一章

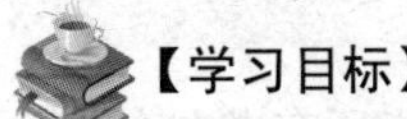【学习目标】

理论目标：掌握资本公积、其他综合收益、留存收益核算的内容；熟悉实收资本及股份有限公司股本的含义；了解所有者权益的含义、基本特征以及来源；了解实收资本核算的原则。

技术目标：掌握实收资本、资本公积、其他综合收益及留存收益核算应设置的账户；掌握不同组织形式的公司实收资本的会计处理；掌握资本公积形成及会计处理。

能力目标：掌握其他综合收益具体的会计处理，掌握盈余公积计提和使用的具体会计处理方法。

引例

中国铁建：关于控股股东股份增持计划实施完毕的公告

中国铁建股份有限公司A股简称中国铁建（601186），前身是铁道部的中国铁建股份有限公司，由中国铁道建筑总公司独家发起设立，于2007年11月5日在北京成立，为国务院国有资产监督管理委员会管理的特大型建筑企业。2008年3月10日、13日分别在上海和香港上市（A股代码601186、H股代码1186）。中国铁建是中国乃至全球最具实力、最具规模的特大型综合建设集团之一，在国资委公布的 2008 年度中央企业经营业绩测试评价中，中国铁建首次进入32家A级企业行列。2015年《财富》“世界500强企业”排名第79位，中国铁建连续十年入选世界500强企业，“中国企业500强”排名第8位，是中国最大的工程承包商之一，也是中国最大的海外工程承包商之一。中国铁建股份有限公司董事会于2016年1月13日发布公告：“基于对公司价值的判断及对资本市场未来发展的信心，公司控股股东中铁建总公司计划自2015年7月8日首次增持之日起未来6个月内，通过上海证券交易所交易系统视股价变化情况增持公司股份，累计增持比例不超过公司已发行总股份的2%，并承诺在增持实施期间及法定期限内不减持所持有的公司股份。”公司控股股东中铁建总公司于2015年7月8日至2016年1月8日过二级市场买入的方式增持本公司股份1 150 000股，买入均价为15.867元，占公司总股本的0.00932%。本次增持前，中铁建总公司持有本公司股份7 566 245 500股，约占公司总股本的61.33%。本次增持后，中铁建总公司持有本公司股份7 567 395 500股。2015年7月，公司完成非公开发行1 242 000 000股A股股票，中铁建总公司未认购公司本次非公开发行的股票，其持股比例目前为55.73%。中铁建总公司承诺，在增持实施期间及法定期限内不减持所持有的公司股份。中铁建总公司依据承诺未减持其所持有的公司股份。本次增持行为符合《证券法》等法律法规、部门规章及上海证券交易所业务规则等有关规定。

何为控股股东？控股股东与中国铁建之间是什么关系？中国铁建非公开发行股票符合相关的规定吗？对所有者权益有何影响？公司在2015年度计提盈余公积的会计处理符合会计准则的规定吗？施工企业所涉及的所有者权益的经济业务是如何进行会计处理的?施工企业资本增加还有哪些途径?施工企业应该如何处理?

资料来源：根据中国铁建股份有限公司董事会公告等相关信息整理

所有者权益是企业投资人对企业净资产的所有权，企业所有者在享受以其出资额的比例分享

企业利润的同时，也必须以其出资额承担企业的经营风险。本章将详细讨论企业所有者权益核算的内容。

第一节 所有者权益概述

所有者权益是指企业资产扣除负债后，由所有者享有的剩余权益，实质上是指所有者在企业资产中享有的经济利益，其金额为资产减去负债后的余额。所有者权益是施工企业资金的主要来源，在会计核算上占有非常重要的地位。

一、所有者权益的基本特征

所有者权益有以下基本特征。

（1）所有者权益实质上是所有者在某个企业所享有的一种财产权利，包括所有者对投入财产的所有权、使用权和收益分配权，但是所有者权益只是一种剩余权益。

（2）所有者权益是一种权利，这种权利来自于投资者投入的可供企业长期使用的资源。任何企业的设立，都需要有一定的由所有者投入的资本金。

（3）从构成要素来看，所有者权益包括所有者的投入资本、企业的资产增值及经营利润。所有者的投入资本既是企业实收资本的唯一来源，也是企业资本公积的最主要来源。

二、所有者权益的来源

所有者权益包括所有者投入的资本、直接计入所有者权益的利得和损失、留存收益等，由实收资本（或者股本）、资本公积、其他综合收益、盈余公积和未分配利润4部分构成。

（一）所有者投入的资本

所有者投入的资本既包括企业注册资本或者股本，又包括资本溢价或股本溢价，前者计入实收资本当中，而后者计入资本公积。按照我国有关法律规定，投资者设立企业首先必须投入资本，形成法定资本价值，一般情况下不需偿还，可以长期周转使用。实收资本一般是按照投资者投入资本占企业所有者权益的比例来确定，根据出资比例参与财务经营决策以及利润分配等。

（二）资本公积

资本公积包括资本溢价（或股本溢价）以及直接计入所有者权益的利得和损失等。资本溢价（或股本溢价）是指企业收到投资者超出其在企业注册资本（或股本）中所占份额的投资，而直接计入所有者权益的利得和损失，是指不应计入当期损益的、会导致所有者权益发生增减变动的、与所有者投入资本或者向所有者分配利润无关的利得或者损失。

其中，利得是指由企业非日常活动形成的、会导致所有者权益增加的、与所有者投入资本无关的经济利益的流入，包括直接计入所有者权益的利得和直接计入当期利润的利得。损失是指由企业非日常活动所发生的、会导致所有者权益减少的、与向所有者分配利润无关的经济利益的流出，包括直接计入所有者权益的损失和直接计入当期利润的损失。因此，利得和损失可能计入所有者权益，也可能直接计入当期损益。

（三）其他综合收益

其他综合收益，是指企业根据其他会计准则规定未在当期损益中确认的各项利得和损失。包括以后会计期间不能重分类计入损益的其他综合收益和以后会计期间满足规定条件时将重分类进损益的其他综合收益两类。

（四）留存收益

留存收益是企业历年实现的净利润留存在企业的部分，主要包括累计计提的盈余公积和未分配利润。盈余公积包括法定盈余公积和任意盈余公积，它从企业当年实现的净利润中计提。未分配利润是企业留待以后年度进行分配的结存利润。

第二节 实收资本的核算

实收资本是指投资者按照企业章程或合同、协议的约定，实际投入企业的资本，包括货币资金、实物和无形资产等。投资者向企业投入的资本，在一般情况下无需偿还，并可以长期周转使用。企业筹集的资本金，按投资主体分为国家资本金、法人资本金、个人资本金和外商资本金等。

一、实收资本核算的原则

（一）实收资本的最低限额

《中华人民共和国民法通则》明确规定，设立企业法人必须要有必要的财产或者经费。我国企业法人登记管理条例也明确规定，企业申请开业，必须具备符合国家规定并与其生产经营和服务规模相适应的资金数额。

我国目前实行的是注册资本认缴登记制度，要求企业的实收资本与其注册资本相一致。新公司法对各类公司注册资本的最低限额没有明确的规定。但是企业资本（或股本）除下列情况外，不得随意变动。

（1）符合增资条件，并经有关部门批准增资的，在实际取得投资者的出资时，登记入账。

（2）企业按法定程序报经批准减少注册资本的，在实际归还投资时登记入账。采用收购本企业股票方式减资的，在实际购入本企业股票时，登记入账。

（二）一般企业实收资本的核算原则

施工企业投资人可以用现金投资，也可以用实物、知识产权、土地使用权等可以用货币估价并可以依法转让的非货币财产作价出资。企业收到投资时，按以下原则确定入账价值。

（1）投资者以现金投入的资本，应当以实际收到或者存入企业开户银行的金额作为实收资本入账。实际收到或者存入企业开户银行的金额超过其在该企业注册资本中所占份额的部分，计入资本公积。

（2）投资者以非现金资产投入的资本，应按投资各方确认的价值并且在依法完成资产转移手续后，可以作为实收资本入账。为首次发行股票而接受投资者投入的无形资产，应按该项无形资产在投资方的账面价值和其进项税额入账。

（3）投资者投入的外币，合同没有约定汇率的，按收到出资额当日的汇率折合；合同约定汇率的，按合同约定的汇率折合，因汇率不同产生的折合差额，作为资本公积处理。

（三）股份有限公司股本的核算原则

（1）公司的股本应当在核定的股本总额及核定的股份总额的范围内发行股票取得。公司发行的股票，按其面值作为股本，超过面值发行取得的收入，其超过面值的部分，作为股本溢价，计入资本公积。

（2）境外上市公司以及在境内发行外资股的公司，按确定的人民币股票面值和核定的股份总额的乘积计算的金额，作为股本入账，按收到股款当日的汇率折合的人民币金额与按人民币计算的股票面值总额的差额，作为资本公积处理。

二、实收资本核算应设置的账户

为了核算和监督投资者实收资本的增减变化情况，施工企业应设置“实收资本”或“股本”账户。股份有限公司投资者投入的资本应当用“股本”账户进行核算。其贷方登记企业收到投资人投入企业各种资产的价值和企业用资本公积、盈余公积等转增资本的数额以及可转换公司债券按规定转为股本时的股票面值总额；借方登记按规定程序减少注册资本的数额。期末贷方余额反映企业实有的资本或股本数额。本账户应按投资人设置明细账进行核算。

另外，投资者按规定转让出资的，应于有关的转让手续办理完毕时，将出让方所转让的股份，在股东账户有关明细账及备查记录中转到受让方名下。企业应当将因减资而使股份发生变动的情况，在“股本”账户的有关明细账及备查簿中详细记录。

三、实收资本核算的会计处理

企业组织形式不同，投资人投入企业资本的会计处理方法也有所不同。

（一）独资企业实收资本核算的会计处理

独资企业由某一投资人单独兴办，并完全由该投资人拥有和控制。独资企业不能发放股票和债券筹资，一般只能抵押贷款，所有者对债务承担无限责任。其所有者权益表现为业主对企业的所有权，称之为业主权益。由于业主对企业的债务承担无限责任，法律上并不要求业主保全投入资本，因而业主可以从企业提款，供其个人消费或用于其他经营活动。企业的利润归业主独享，税后利润留存企业部分，可看作业主对企业的追加投资。

（二）合伙企业实收资本核算的会计处理

合伙企业是指自然人、法人和其他组织在中国境内设立的普通合伙企业和有限合伙企业。合伙企业往往通过协议形式规定各合伙人的权利和义务。合伙企业也不允许发行股票和债券，普通合伙人对企业的债务承担无限连带责任，有限合伙人以其认缴的出资额为限对合伙企业债务承担责任。合伙企业所有者权益归全体合伙人所有，合伙人经其他合伙人同意，可以从企业提款，其资本份额随合伙人的提款而减少。合伙企业需要按各合伙人分设账户，以反映各合伙人的投资、提款及权益的余额。

（三）有限责任公司实收资本核算的会计处理

有限责任公司是由 50 个以下股东共同出资设立，股东以其出资额为限对公司承担责任，公司以其全部资产对公司的债务承担责任的企业法人。

1. 一人有限责任公司的实收资本

一人有限责任公司是指只有一个自然人或者一个法人股东的有限责任公司。一人有限责任公司不设立董事会，一个自然人只能投资设立一个一人有限责任公司，且该一人有限责任公司不能投资设立新的一人有限责任公司。根据有关规定，一人有限责任公司的股东可以用货币出资，也可以用实物、知识产权、土地使用权等法律、行政法规允许的其他形式作价出资。作为出资的实物、知识产权、土地使用权等通过评估作价，核实财产，不得高估或者低估作价。另外，国家授权投资的机构或者国家授权的部门可以单独投资设立国有独资的有限责任公司，其投入的资金，全部作为实收资本入账。国有独资公司不发行股票，不会产生股票溢价发行收入。公司投资人为单一所有者，因而不会在追加投资时，为维持一定的投资比例而产生资本公积。

公司在收到资本时

借：银行存款、固定资产、无形资产等

　　应交税费——应交增值税（进项税额）或待抵扣进项税额

　　贷：实收资本

2. 一般有限责任公司的实收资本

一般有限责任公司的投资人必须在 2 人以上 50 人以下，为多个投资主体。因此，对其实收资本的核算应注意以下几个问题。

（1）按照合同、协议或公司章程所规定的出资方式、出资额和出资缴纳期限出资。

由于一般有限责任公司的投资者不是单一的，且各个投资者以其出资额为限对公司承担责任，因而各投资者以什么方式出资、出资数额多少和何时出资必须事先约定，并共同遵守，否则公司的施工生产经营活动将无法正常进行，同时也无法履行各投资者在事先约定的各自所应承担的义务。因此，一旦投资者某一方未按规定缴纳出资时，公司有权向该投资者追缴。经追缴仍不履行缴纳义务的，公司可以依诉讼程序，请求人民法院追究投资者的违约责任。

（2）投资者实收资本应区别情况处理。

初建有限责任公司时，各投资者按照合同、协议或公司章程投入公司的资本，应全部记入“实收资本”账户，公司的实收资本应等于公司的注册资本。在公司增加资本时，如果有新的投资者介入，新介入的投资者缴纳的出资额大于其按约定比例计算的其在注册资本中所占的份额部分，不记入“实收资本”账户，而作为资本公积，记入“资本公积”账户。

（3）转让出资应经其他投资者同意。

有限责任公司的投资者是有限的，除了以产权关系为纽带把各投资者联系在一起以外，各投资者间的信誉、名誉、管理技能等，均可作为共同经营的先决条件。因此，当某个投资者要将其出资转让给有意介入的新投资者时，必须事先经公司原有的其他超过半数的投资者同意；不同意转让的投资者应当购买该转让的出资，如果不购买该转让的出资，视为同意转让。经投资者同意转让的出资，在同等条件下，原投资者具有优先购买权。

一般施工企业按法定程序经批准减少注册资本的，借记“实收资本”，贷记“库存现金”“银行存款”等科目。

（四）股份有限公司股本核算的会计处理

股份有限公司是指全部资本分为等额股份，股东以其所持股份为限对公司承担责任，公司以其全部资产对公司的债务承担责任的企业法人。设立股份有限公司，应当有 2 人以上 200 人以下的发起人，公司的股份采取发行股票的形式，股票是股份有限公司签发的证明股东所持股份的凭证。

股份有限公司通过发行股票筹集资本，公司的注册资本为公司在登记机关登记的实收股本总数，由等额股份构成，股票的面值与股份总数的乘积为股本，股本应等于企业的注册资本。

股份有限公司应在核定的股本总额及核定的股份总额的范围内发行股票。在我国，股票的发行价格可以按股票票面金额发行，即面值发行，也可以超过股票票面金额发行，即溢价发行，但不得低于股票票面金额发行，即折价发行。公司在采用溢价发行股票时，所得溢价款列入公司资本公积金。因此，股份有限公司溢价发行的股票，在收到现金等资产时，按实际收到的金额，借记“库存现金”“银行存款”等账户；按股票面值和核定的股份总额的乘积计算的金额，贷记“股本”账户；按其差额扣除股票发行支付的手续费、佣金等，贷记“资本公积”账户；按面值发行的股票，则将发行收入全部记入“股本”账户；支付的发行股票费用以及溢价不足以支付的部分，应作为长期待摊费用分期摊销。

股份有限公司溢价发行股票的会计处理流程如图11-1所示。

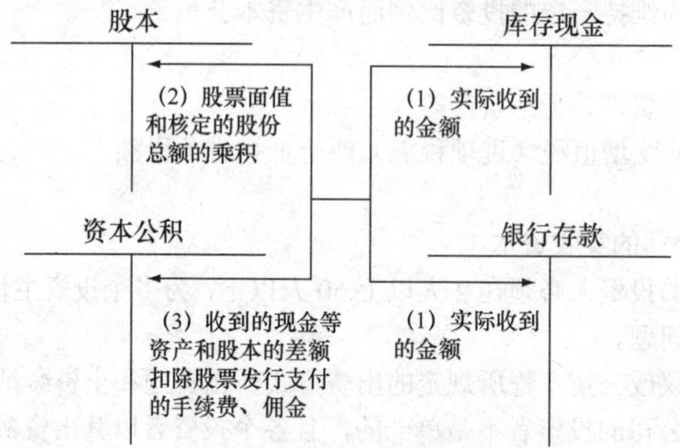

图11-1　溢价发行股票的会计处理流程图

股份有限公司因减少注册资本而回购本公司股份的，按实际支付的金额，借记“库存股”科目，贷记“银行存款”等科目；注销股份时，按面值借记“股本”科目，按注销库存股的账面余额贷记“库存股”科目，按其差额借记“资本公积”科目；回购价格超过上述“股本”及“资本公积”科目的部分，依次借记“盈余公积”“利润分配——未分配利润”等科目。如果回购价格低于所回购股份的面值，所注销库存股的账面余额与所冲减股本的差额作为增加股本溢价处理。

举例说明实收资本核算的会计处理如下。

【例题11.2.1】 2×16年6月1日，一般纳税人施工企业收到投资人投入的一批材料，按照双方协商定价，取得的增值税专用发票上注明材料的价款为1 650 000元，增值税税额为280 500元；同时收到一台不需要安装的设备，按照双方协商定价，该项设备账面原值为258 000元，累计折旧27 000元，取得的增值税专用发票上注明设备价款为252 000元，增值税税额为42 840元，取得的增值税专用发票已得到认证。做如下会计分录。

借：原材料　1 650 000
　　固定资产　252 000
　　应交税费——应交增值税（进项税额）　323 340
　贷：实收资本　2 225 340

【例题11.2.2】 2×16年5月15日，一般纳税人施工企业收到投资人投入货币资金255 000元，存入银行；同时收到无形资产一项，按照双方协商定价，取得的增值税专用发票上注明无形资产价款为45 000元，增值税税额为2 700元，取得的增值税专用发票已得到认证。做如下会计分录。

借：银行存款　255 000
　　无形资产　45 000
　　应交税费——应交增值税（进项税额）　2 700
　贷：实收资本　302 700

【例题11.2.3】 2×16年1月初，施工企业按照规定程序报经批准后，将盈余公积金180 000元转作资本。做如下会计分录。

借：盈余公积　180 000
　贷：实收资本　180 000

【例题11.2.4】 2×16年1月1日，施工企业发行股票9 000 000股，每股面值1元，发行价格为每股

9元，实收价款27 000 000元，已存入银行。该施工企业是股份有限公司，做如下会计分录。

借：银行存款　　27 000 000

　　贷：股本　　9 000 000

　　　　资本公积　　18 000 000

第三节 资本公积和其他综合收益的核算

资本公积是指企业收到投资者超出其在企业注册资本（或股本）中所占份额的投资，以及直接计入所有者权益的利得和损失等。

一、资本公积核算的内容

（一）资本（或股本）溢价

资本（或股本）溢价，是指企业投资者投入的资金超过其在注册资本中所占份额的部分。

1. 资本溢价

资本溢价是指企业在筹集资金的过程中，投资人的投入资本超过其注册资金的数额。所有制单一的企业，不存在资本溢价问题。而在由两个以上的投资者合资经营的企业（非股份有限公司），则会有资本溢价发生。

企业发生资本溢价的原因主要有以下几个方面。

（1）相同数量的投资，由于出资时间不同，对企业的影响程度则不同。企业在创立初期进行的投资具有较高的风险性，且资本利润率很低，而企业在正常施工生产经营以后，一般情况下，资本利润率要高于企业初创阶段。这时，如果有新的投资者加入，为了维护原有投资者的权益，新加入的投资者要付出大于原有投资者的出资额，才能取得与原有投资者相同的投资比例。

（2）企业通过经营，积累了留存收益，使原有投资不仅从质量上发生了变化，而且从数量上也发生了变化。新加入的投资者将与原有投资者共同享有投资者所积累的盈余公积和未分配利润。因此，新加入的投资者要付出大于原有投资者的出资额，才能取得与原有投资者相同的投资比例。

投资者投入的资本应等于按其投资比例计算的出资额，并作为实收资本。大于实收资本的部分作为资本公积进行核算。

2. 股本溢价

股本溢价是股份有限公司按溢价发行股票时，公司所取得的股票发行收入超过股票面值的数额。股本溢价归股份有限公司全体股东所有。

（二）其他资本公积

其他资本公积，是指除资本（或股本）溢价以外的资本公积，主要包括直接计入所有者权益的利得和损失以及其他事项引起的计入资本公积的项目。

直接计入所有者权益的利得和损失，是指不应计入当期损益的、会导致所有者权益发生增减变动的、与所有者投入资本或者向所有者分配利润无关的利得或者损失，包括采用权益法核算的长期股权投资、被投资单位除净损益以外所有者权益的变动产生的利得或损失。施工企业资本公积核算的内容如图 11-2 所示。

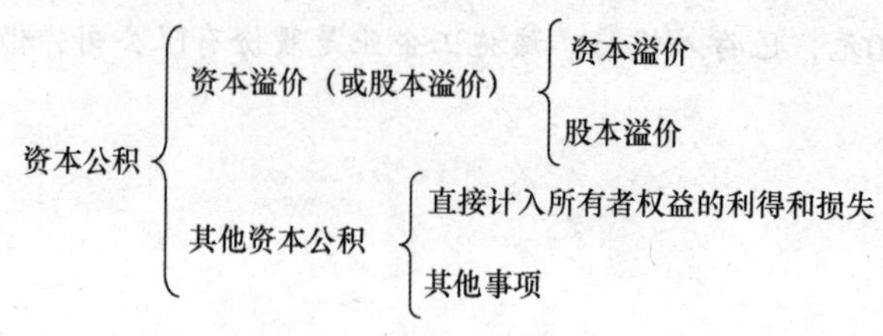

图 11-2　资本公积核算的内容

二、资本公积核算应设置的账户

为了核算企业收到投资者出资额超出其在注册资本或股本中所占份额的部分，以及直接计入所有者权益的利得和损失取得的各项资本公积，施工企业应设置“资本公积”账户，并在本账户下设置“资本溢价”（或“股本溢价”）和“其他资本公积”两个明细账户。其贷方登记企业取得的各项资本公积；借方登记企业按规定用途转出的资本公积。期末贷方余额反映企业实有的资本公积。本账户应按资本公积形成的类别进行明细核算。

三、资本公积核算的会计处理

资本公积核算的会计处理，在前面各章节中有所涉及，其主要会计处理如下。

（一）资本溢价（或股本溢价）的会计处理

（1）企业收到投资者投入的资金时（假设不考虑增值税）

借：银行存款（按实际收到的金额）

　　固定资产（按照确定的价值）

　　贷：实收资本（按其在注册资本中所占的份额）

　　　　资本公积——资本溢价（按其差额）

（2）股份有限公司溢价发行股票时

借：库存现金

　　银行存款（按实际收到的金额）

　　贷：股本（按股票面值和核定的股份总额的乘积计算的金额）

　　　　资本公积——股本溢价（按溢价部分）

（3）资本公积转增资本

借：资本公积——资本溢价（或股本溢价）

　　贷：实收资本（或股本）

（二）其他资本公积的会计处理

1. 被投资单位除净损益以外所有者权益的其他变动

企业的长期股权投资采用权益法核算时，在持股比例不变的情况下，被投资单位除净损益、其他综合收益和利润分配以外的所有者权益的其他变动，将会引起投资企业的其他资本公积变动。

（1）企业按持股比例计算应享有的其他资本公积份额时

借：长期股权投资——其他权益变动

　　贷：资本公积——其他资本公积

（2）企业出售采用权益法核算的长期股权投资时

借：资本公积——其他资本公积

　　贷：投资收益

2. 以权益结算的股份支付换取职工或其他方提供服务

企业以权益结算的股份支付换取职工或其他方提供服务的，在权益工具授予日及行权日，会涉及与其相关的其他资本公积和资本溢价（或股本溢价）。

（1）以权益结算的股份支付换取职工或其他方提供的服务时

借：管理费用

　　贷：资本公积——其他资本公积

（2）行权日

借：资本公积——其他资本公积（按实际行权的权益工具数量计算确定的金额）

　　贷：实收资本（或股本）

　　　　资本公积——资本溢价（或股本溢价）（按其差额）

举例说明实收资本核算的会计处理如下。

【例题11.3.1】 施工企业拥有甲公司25%有表决权的股票，2×15年2月12日，甲公司因增资扩股增加资本公积9 000 000元。2×15年6月28日，企业将拥有的甲公司的股份全部转让。做如下会计分录。

（1）2×15年2月12日，因甲公司增资扩股而增加资本公积。

借：长期股权投资——其他权益变动　　2 250 000

　　贷：资本公积——其他资本公积　　2 250 000

（2）2×15年6月28日，企业将拥有的甲公司的股份全部转让，原计入资本公积的数额转入当期损益。

借：资本公积——其他资本公积　　2 250 000

　　贷：投资收益　　2 250 000

四、其他综合收益核算应设置的账户

其他综合收益，是指企业根据其他会计准则规定未在当期损益中确认的各项利得和损失。为了核算和监督其他综合收益的增减变化情况，施工企业应设置“其他综合收益”账户。其贷方登记企业取得的各项其他综合收益；借方登记企业按规定用途转出的其他综合收益。期末贷方余额反映企业实有的其他综合收益。

五、其他综合收益核算的内容及其会计处理

其他综合收益包括以后会计期间满足规定条件时将重分类进损益的其他综合收益和以后会计期间不能重分类进损益的其他综合收益两类。

（一）以后会计期间满足规定条件时将重分类进损益的其他综合收益项目

1. 可供出售金融资产公允价值变动

可供出售金融资产公允价值高于其账面价值的金额时，将其公允价值变动计入其他综合收益。若可供出售金融资产公允价值小于其账面价值时，则做相反分录。

借：可供出售金融资产——公允价值变动

　　贷：其他综合收益

2. 金融资产重分类

将可供出售金融资产重分类为采用成本或摊余成本计量的金融资产，重分类日该项金融资产的

公允价值或账面价值作为成本或摊余成本，该项金融资产没有固定到期日的，与该金融资产相关、原直接计入所有者权益的利得和损失，仍应计入“其他综合收益”科目，在该金融资产处置时转入当期损益。

将持有至到期投资重分类为可供出售金融资产，按重分类日公允价值计量，公允价值与原持有至到期投资账面价值的差额计入“其他综合收益”科目。

借：可供出售金融资产（金融资产的公允价值）

　　持有至到期投资减值准备

　　贷：持有至到期投资

　　　　其他综合收益（或借方）

3. 存货或自用房地产转换为投资性房地产

（1）企业将作为存货的房地产转为采用公允价值模式计量的投资性房地产，其公允价值大于账面价值时

借：投资性房地产——成本（转换日的公允价值）

　　贷：开发产品等

　　　　其他综合收益

（2）企业将自用房地产转为采用公允价值模式计量的投资性房地产，其公允价值大于账面价值时

借：投资性房地产——成本（转换日的公允价值）

　　累计折旧

　　固定资产减值准备

　　贷：固定资产

　　　　其他综合收益

（3）处置该项投资性房地产时，因转换计入资本公积的金额应转入当期其他业务成本

借：其他综合收益

　　贷：其他业务成本

4. 采用权益法核算的长期股权投资

（1）被投资单位其他综合收益变动，投资方按持股比例计算应享有的份额

借：长期股权投资——其他综合收益

　　贷：其他综合收益

被投资单位其他综合收益减少做相反的会计分录。

（2）处置采用权益法核算的长期股权投资时

借：其他综合收益

　　贷：投资收益（或相反分录）

（二）以后会计期间不能重分类进损益的其他综合收益项目

以后会计期间不能重分类进损益的其他综合收益项目包括重新计量设定受益计划净负债或净资产导致的变动、按照权益法核算因被投资单位重新计量设定受益计划净负债或净资产变动导致的权益变动以及投资企业按持股比例计算确认的该部分其他综合收益项目。

举例说明其他综合收益核算的会计处理如下。

【例题11.3.2】施工企业计划将一座自用的办公楼出租以赚取租金。2×16年2月1日，企业与A企业签订了租赁协议，将办公楼租赁给A企业使用，租赁开始日为2×16年2月10日，租赁期为2年，2×16年2月10日该办公楼的公允价值为36 000万元，原值为24 000万元，已提折旧1 800万元，计提减值准备450万元。企业应于租赁期开始日（2×16年2月10日）转换为投资性房地产。做如下会

计分录。

借：投资性房地产——成本　360 000 000
　累计折旧　18 000 000
　固定资产减值准备　4 500 000
　贷：固定资产　240 000 000
　　其他综合收益　142 500 000

【例题11.3.3】2×15年1月1日，施工企业将一项公司债券由持有至到期投资转换为可供出售金融资产。该债券账面价值为6 000万元，溢价900万元，转换日该债券的公允价值为10 500万元。做如下会计分录。

借：可供出售金融资产——成本　105 000 000
　贷：持有至到期投资——投资成本　60 000 000
　　　　——利息调整　9 000 000
　　其他综合收益　36 000 000

第四节 留存收益的核算

留存收益，是指通过企业的施工生产经营活动而形成的、从历年实现的利润中提取或留存于企业内部的积累，即企业经营所得净收益的积累，包括企业的盈余公积和未分配利润。

一、留存收益核算的内容

（一）盈余公积

盈余公积，是指企业按照规定从净利润中提取的积累资金。企业的盈余公积可以用于弥补亏损、转增资本（或股本）、分配利润或现金股利。一般企业和股份有限公司的盈余公积，一般包括以下内容。

（1）法定盈余公积，是指企业按照规定的比例从净利润中提取的盈余公积，按照《中华人民共和国公司法》的规定，它的提取比例一般为净利润扣除规定项目后余额的10%，规定扣除的项目主要有抵补被没收财产损失，违反税法规定支付的滞纳金、罚款，弥补超过用税前利润弥补期限的以前年度亏损等；当法定盈余公积累计金额达到企业注册资本的50%以上时，可以不再提取。

（2）任意盈余公积，是指企业经股东大会或类似机构批准按照规定的比例从净利润中提取的盈余公积。

另外，外商投资企业的盈余公积通常包括储备基金、企业发展基金、利润归还投资和职工奖励及福利基金。

用盈余公积转增资本时，转增后留存的盈余公积数额不得少于转增前注册资本的25%。符合规定条件的企业，也可以用盈余公积分派现金股利或利润；支付股利或分配利润后，留存的法定盈余公积不得低于此前注册资本的25%。

（二）未分配利润

未分配利润是指企业历年累积的留待以后年度进行分配的结存利润。企业实现的净利润大致有两种分配去向。一是分配给投资者；二是留在企业。净利润属于所有者权益范畴，净利润中留在企业的部分，分为盈余公积和未分配利润。而未分配利润是指未做分配的净利润，它有以下两层含义。

一是这部分净利润没有分给企业投资者；二是这部分净利润没有指定用途。

二、留存收益核算应设置的账户

为了核算和监督企业盈余公积的提取和使用情况，施工企业应设置“盈余公积”账户，并在该账户下设置“法定盈余公积”“任意盈余公积”“储备基金”“企业发展基金”和“利润归还投资”5个明细账户。其贷方登记企业按照净利润的一定比例提取的盈余公积；借方登记企业按规定转增资本（或股本)、弥补亏损或发放现金股利等减少的盈余公积。期末贷方余额反映企业提取的盈余公积余额。企业应按盈余公积的种类设置明细账进行核算。

三、留存收益核算的会计处理

留存收益的核算与利润分配的核算密切相关，留存收益中的未分配利润是利润分配过程的结果，有关未分配利润核算的会计处理详见第14章第2节“利润分配的核算”。这里主要介绍盈余公积的会计处理方法。

（1）企业提取盈余公积时

借：利润分配——提取法定盈余公积
　　　　　　——提取任意盈余公积
　贷：盈余公积——法定盈余公积
　　　　　　　——任意盈余公积

（2）企业用盈余公积弥补亏损时

借：盈余公积
　贷：利润分配——盈余公积补亏

（3）股份有限公司用盈余公积派送新股时

借：盈余公积（按派送新股计算的金额）
　贷：股本（按股票面值和派送新股总数计算的金额）
　　资本公积——股本溢价（差额）

（4）股份有限公司用盈余公积分配现金股利或利润时

借：盈余公积
　贷：应付股利

（5）企业用盈余公积分配股票股利或转增资本时

借：盈余公积
　贷：实收资本（股本）

（6）企业用盈余公积弥补亏损时

借：盈余公积
　贷：利润分配——盈余公积补亏

举例说明盈余公积核算的会计处理如下。

【例题11.4.1】施工企业2×15年度实现净利润总额为1 500 000元，以10%的比例提取法定盈余公积，并按10%的比例提取任意盈余公积。做如下会计分录。

借：利润分配——提取法定盈余公积	150 000	
——提取任意盈余公积	150 000	
贷：盈余公积——法定盈余公积		150 000
——任意盈余公积		150 000

【例题11.4.2】施工企业2×15年度发生的亏损尚有105 000元未弥补，经股东大会决议以盈余公积来弥补。做如下会计分录。

借：盈余公积　　105 000

　　贷：利润分配——盈余公积补亏　　105 000

【例题11.4.3】施工企业以结余的任意盈余公积270 000元，报经股东大会批准后转增资本。做如下会计分录。

借：盈余公积——任意盈余公积　　270 000

　　贷：股本　　270 000

【知识扩展】新公司法对控股股东的规定。欲了解更多知识，请扫描二维码。

思考与练习

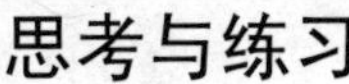

一、简答题

1. 什么是所有者权益？所有者权益的来源有哪些？
2. 不同组织形式的企业对于实收资本的会计处理有什么不同？
3. 资本公积的性质是什么？其主要包含哪些内容？它与实收资本有何区别和联系？
4. 企业发生资本溢价的原因主要有哪些？
5. 盈余公积包含哪些内容？其主要有哪些用途？

二、计算题

1. 施工企业于设立时收到甲公司作为资本投入的不需要安装的机器设备一台以及一批原材料，合同约定该机器设备的价值为1 800 000元，原材料的价值为300 000元。合同约定的固定资产、原材料的价值与公允价值相同，不考虑增值税等其他因素。

要求：根据上述经济业务编制有关的会计分录。

2. 施工企业委托某证券公司代理发行普通股18 000 000股，每股面值1元，发行价格为每股2元，企业与证券公司约定，按发行收入的2%收取佣金，从发行收入中扣除。假定收到的股款已存入银行。

要求：根据上述经济业务编制有关的会计分录。

3. 甲公司2×15年发生如下业务。

（1）2×15年实现税后利润1 800 000元。

（2）按税后利润的10%计提法定盈余公积。

（3）决定用资本公积900 000元、盈余公积300 000元转增股本。

要求：根据上述经济业务，编制相关的会计分录。

第十二章 成本和费用

【学习目标】

理论目标：掌握成本核算的账户设置；掌握工程实际成本、期间费用的核算内容；熟悉成本与费用核算的基本要求；熟悉工程成本核算的意义、对象、组织和程序；熟悉费用的含义和分类；了解辅助费用的核算内容。

技术目标：掌握成本核算、期间费用核算各账户的具体核算内容；掌握人工费核算、材料费核算、机械使用费核算、其他直接费核算、间接费用核算的具体内容和会计处理，掌握管理费用、财务费用核算的具体内容和会计处理。

能力目标：掌握工程实际成本的具体会计处理流程和方法；掌握期间费用的具体会计处理方法。熟悉辅助生产费用的归集和分配。

引例

四川路桥成本费用的增加对利润的影响

四川路桥建设集团股份有限公司，由四川公路桥梁建设集团公司发起创立于1999年，于2003年3月在上海证券交易所挂牌交易（简称四川路桥，股票代码600039），是四川省交通系统首家A股上市企业。四川路桥秉承“发展交通、造福人民”的企业宗旨，弘扬“攻坚克难、甘于奉献、勇于胜利”的新时代路桥精神，致力于构建综合实力雄厚、经济运行高效、国际竞争力突出、品牌影响力宽广的现代化综合跨国企业集团。曾荣获2012年度上市公司金牛奖，2015年上市公司口碑榜“最佳管理团队”称号，连续4年入围《财富》杂志中国500强。

2016年4月15日，四川路桥披露2015年年度报告显示，公司2015年实现营业收入307.7亿元，与上年同期相比增长了14.08%，实现利润总额12.74亿元，与上年同期相比增长了7.83%。为什么四川路桥营业收入增长了14.08%，而利润总额却只增长了7.83%？一个重要的原因是四川路桥本年度营业收入增长的同时营业成本与费用也有所放大，其中，本期营业成本269.74亿元，与上年同期相比增加了14.97%，其中工程施工和BT/BOT增加了13%；由于主要系中航贸易销售规模扩大所致，本期销售费用为10 524 062.46元，比上期增加53.28%。由此可见，控制施工企业的成本与费用是保证营业收入和经营利润双丰收的关键。公司应该以一系列制度严格管控，形成全公司统一的成本与费用管理方法，加强施工企业的成本费用管理，科学地节约、控制成本费用，提高施工企业利润，增加企业价值。

上述案例说明了成本费用管理的重要性，施工企业日常开支既有成本，也有期间费用。那么成本费用都有哪些？如何分类？成本和期间费用有什么关系？成本和费用的区别有哪些？施工企业的成本费用该如何确认与核算呢？通过本章的学习，相信你会找到这些问题的答案。

资料来源：根据四川路桥建设集团股份有限公司2015年年度报告整理

对于施工企业来说，工程项目可能需要分几期完成，在此过程中成本费用管理尤为重要。本章将详细讨论企业成本和费用的确认和核算。

第一节 费用的含义和分类

施工企业在施工生产经营过程中所发生的各项耗费，包括物化劳动耗费和活劳动耗费统称为费用。费用按照是否计入施工生产成本可以分为生产成本和期间费用。由于费用发生于施工企业生产经营过程的始终，它一方面代表了施工企业的整体耗费水平，另一方面也反映了施工企业的经营管理水平。生产成本是施工企业生产耗费的补偿尺度，是反映施工企业工作质量的综合指标，同时也是工程结算的重要依据。因此，加强对施工企业成本费用的核算和管理具有非常重要的意义。

一、费用的含义

费用的含义有广义和狭义之分。广义的费用是指企业在生产经营过程中发生的各项耗费。狭义的费用是指企业为销售商品、提供劳务等日常活动所发生的经济利益的流出，它表示企业为取得营业收入所发生的企业经济资源的牺牲，具体表现为资产的流出或负债的增加。根据我国《企业会计准则——基本准则》的解释，费用是指企业在日常活动中发生的、会导致所有者权益减少的、与向所有者分配利润无关的经济利益的总流出。可见，费用是一个狭义的定义，仅仅指在生产经营过程中所发生的费用，这与我国《企业会计准则》将收入定义为营业收入是相对应的。费用不包括非经常性活动中所发生的支出或损失，如由于投资所产生的投资损失、公允价值变动损益、资产减值损失以及与正常经营活动无直接关系的营业外支出等。

费用是指在一定的会计期间内为施工生产经营活动而发生的经济资源耗费的货币表现。按照会计准则，费用的确认应同时满足 3 个条件。一是与费用相关的经济利益很可能流出企业；二是经济利益的流出企业的结果会导致资产的减少或者负债的增加；三是经济利益的流出额能够可靠地计量。费用对于企业而言总是伴随着以资产形式表示的资源减少或牺牲，其具体表现为企业实际的现金或非现金支出，如企业支付的职工薪酬和管理费用、消耗的原材料或机器设备等。从这个意义上来说，费用本质上是企业的资源流出，与资源流入企业所形成的收入相配比。具体地说，支付职工薪酬和管理费用等，是一项现时的现金流出；消耗原材料或机器设备等，是由过去的现金流出所转化的未来经济利益的消耗。

在企业的生产经营过程中，有两类支出不归入费用。一类是企业的偿债性支出，如以货币资金偿付以前期间所欠的债务，这只是一项资产和一项负债的等额减少，不影响企业的所有者权益，因此不应作为费用；另一类是企业向所有者分配利润或股利，这一分配活动尽管减少了企业的所有者权益，但其属性是对利润的分配，不是企业经营活动的结果，因此也不应作为费用处理。

二、费用的分类

对费用进行分类是为了正确地计算企业的产品成本，客观反映企业的各期损益；同时控制企业费用的发生，进而降低企业的费用支出。根据费用的性质和特征，可以按照不同的标准对其进行分类。

（一）按经济内容或性质分类

费用按照经济内容或性质不同所进行的分类，在会计上称为费用要素。施工企业的生产经营过程，既是建筑产品的生产、劳务的提供过程，同时也是各种耗费的发生过程，将各种耗费按其经济内容或性质分类，不外乎劳动资料耗费、劳动对象耗费和活劳动耗费 3 大方面费用。这 3 大方面费用称为企业费用的 3 大要素，在此基础上又可以进一步分为若干费用要素。具体包括以下内容。

（1）外购材料，是指施工企业为进行施工生产经营活动而耗用的一切由企业外部购入的以及建设单位等发包商拨入抵作备料款的主要材料、辅助材料、结构件、机械配件、其他材料和修理用备件以及周转材料的摊销价值等。

（2）外购燃料，是指施工企业为进行施工生产经营活动而耗用的由企业外部购进的各种燃料，包括固体燃料、液体燃料和气体燃料。

（3）外购动力，是指施工企业为进行施工生产经营活动而耗用的由企业外部购进的动力，如电力、热力和蒸汽等。

（4）职工薪酬，是指施工企业在进行施工生产经营活动中为获得职工提供的劳务而给予职工的各种形式的报酬以及其他相关支出。

（5）折旧费，是指施工企业按照规定采用一定方法计算的固定资产折旧费。

（6）利息支出，是指施工企业应计入财务费用的银行借款利息支出减去利息收入后的净额。

（7）税金，是指施工企业应计入管理费用的各种税金，如房产税、车船税、城镇土地使用税、印花税等。

（8）租赁费，是指施工企业为进行施工生产经营活动而支付的从外部租赁（经营性租赁）施工机械和运输设备以及周转材料等而发生的费用。

（9）其他支出，是指不属于以上各项费用要素的支出，如差旅费、邮电费、保险费等。

费用按照其经济内容和性质分类，能够反映施工企业在施工生产经营过程中消耗了何种性质的费用，消耗了多少，从而可以了解施工企业生产费用的构成，有利于加强费用的核算和管理，但是不能反映各项费用要素的经济用途，不便于分析各项费用的支出是否节约、是否合理。

（二）按经济用途分类

费用按照经济用途分类，也就是按照费用是否构成产品实体分类，可以分为生产成本和期间费用两大类，具体包括以下内容。

1. 生产成本

生产成本即工程成本，是施工企业为生产产品、提供劳务而发生的各种耗费，是按一定成本计算对象进行归集而形成的对象化了的费用，它仅与一定种类和数量的产品相联系。计入产品成本的费用再按其经济用途进行分类是多数企业计算产品成本时成本分类的依据，因此称为产品成本项目，简称成本项目。施工企业的生产成本一般应设置以下成本项目。

（1）人工费，是指施工企业从事建筑安装工程施工的生产人员的基本工资、奖金、补贴、工资性质的津贴、职工福利费和劳动保护费等。

（2）材料费，是指在施工企业在施工生产过程中耗用的构成工程实体以及有助于形成工程实体的原材料、辅助材料、构配件、零件、半成品的成本以及周转材料的摊销额和租赁费用等。

（3）机械使用费，是指施工企业在施工生产过程中使用自有施工机械所发生的机械使用费和租用外单位施工机械支付的租赁费以及施工机械的安装、拆卸和进出场费等。

（4）其他直接费，是指施工企业在施工生产过程中发生的除上述 3 项直接费用以外的有关设计和技术援助费用、施工现场材料的二次搬运费、环境保护费、文明施工费、安全施工费、夜间施工增加费、生产工具和用具使用费、检验试验费、工程定位复测费、工程点交费用、场地清理费用、临时设施摊销费用、施工排水降水费、已完工程及设备保护费等。

（5）间接费用，是指企业下属各施工单位为组织和管理施工生产活动所发生的费用，包括施工、生产单位管理人员基本工资、奖金、补贴、工资性质的津贴、职工福利费、劳动保护费、固定资产折旧费及修理费、物料消耗、低值易耗品摊销、取暖费、办公费、差旅费、财产保险费、工程保修费、排污费等。

以上（1）～（4）项构成建筑安装工程的直接成本，第（5）项为建筑安装工程的间接成本，直接成本加上间接成本，构成建筑安装工程的生产成本。施工企业在核算产品成本时，就是按照上述成本项目来归集企业在施工生产经营过程中所发生的应计入成本核算对象的各项费用。

2. 期间费用

期间费用是指施工企业当期发生的必须从当期收入得到补偿的费用。期间费用是与一定的会计期间相联系的，与施工生产没有直接的联系，因而不计入工程成本，应于发生时直接计入当期损益。施工企业的期间费用具体包括以下内容。

（1）管理费用，是指施工企业为管理和组织施工生产经营活动而发生的各项费用，包括企业在筹建期间内发生的开办费、董事会和行政管理部门在企业的经营管理中发生的或者应当由企业统一负担的公司经费（包括行政管理部门职工工资、奖金、职工福利费、差旅费、办公费、折旧费、修理费、物料消耗、低值易耗品摊销等）、工会经费、董事会费（包括董事会成员津贴、会议费和差旅费等）、职工教育经费、劳动保险费、待业保险费、咨询费（含顾问费）、聘请中介机构费、诉讼费、排污费、房产税、车船税、城镇土地使用税、印花税、技术转让费、矿产资源补偿费、研究费用、排污费、无形资产摊销费、业务招待费、存货盘亏或盘盈中扣除应计入营业外支出的存货损失等。

（2）财务费用，是指施工企业为筹集生产经营所需资金等而发生的各项费用，包括应当计入期间费用的利息支出（含增值税）（减利息收入）、汇兑损失（减汇兑收益）、相关的手续费以及企业发生的现金折扣或收到的现金折扣等。

费用按照其经济用途分类，合理划分了生产成本和期间费用的界限，全面反映了工程成本的构成以及各项成本支出是否合理；便于施工企业组织成本核算，加强成本控制，进行成本分析考核以及计算盈亏；有利于施工企业降低工程成本，进而提高工程的盈利水平。

（三）按计入生产成本的方法分类

费用按照计入生产成本的方法，可以分为直接费用和间接费用两大类，具体包括以下内容。

1. 直接费用

直接费用是指施工企业直接为某一工程施工而发生的费用，因而在费用发生的当时就可以直接计入该工程的实际成本。例如，工程施工过程中领用的材料，如果在领用时能够分清工程的对象，就是直接费用，可以直接计入工程对象的成本中。如果施工企业当期只建造一项工程，其为工程而发生的费用都属于直接费用。

2. 间接费用

间接费用是指施工企业同时承担几项工程时，为几项工程施工共同发生的费用。由于在费用发生的当时无法确定该项费用在各个工程上各支出了多少数额，因而需要按照一定的标准、采用适当的方法在受益的所有工程之间进行共同费用分配，以分别计入各个工程的实际成本。例如，在施工现场有若干个工程共同施工所使用的大堆材料，在领用时无法确定各个工程使用的部分，这时就需要采用一定的方法进行分摊，这种费用就是间接费用。

费用按照其计入生产成本的方法分类，便于施工企业合理地选择费用的分配标准；同时，有利于施工企业正确、及时地分配和计算工程成本。

第二节 成本、费用核算的基本要求

一、严格遵守国家规定的成本、费用开支范围

成本、费用开支范围，是指国家对企业发生的支出，允许其在成本、费用中列支的范围。施工

企业与施工生产经营活动有关的各项支出，都应当按照规定计入企业的成本、费用，具体包括施工生产成本和期间费用两大类。其中，施工生产成本包括人工费、材料费、机械使用费、其他直接费和间接费用等；期间费用包括管理费用和财务费用。

为了严肃财经纪律、加强建筑产品成本管理，按照企业财务制度的规定，施工企业的下列支出，不得列入产品成本。

（1）资本性支出，如施工企业为购置和建造投资性房地产、固定资产、无形资产和临时设施等而发生的支出。这些支出为企业带来的效益涵盖若干个会计期间，在财务上不能一次列入建筑产品成本，只能按期逐月摊入成本、费用。

（2）投资性支出，如施工企业购买交易性金融资产、持有至到期投资、可出售金融资产和长期股权投资等方面对外投资的支出以及分配给投资者的现金股利和利润支出。

（3）期间费用支出，如施工企业的管理费用和财务费用。这些费用与施工生产活动没有直接的联系，发生后直接计入当期损益。

（4）营业外支出，如施工企业发生的固定资产盘亏，处置固定资产、无形资产的净损失，债务重组损失，企业被没收的财物、支付的滞纳金、罚款、违约金、赔偿金等支出，公益性捐赠支出以及非常损失等。这些支出与施工企业日常生产经营活动没有直接关系，应冲减本年利润。

成本、费用开支范围体现着国家的财经方针和政策，对企业财务管理所提出的规定与要求，也是施工企业加强成本、费用管理，划清成本、费用界限的重要依据。企业严格遵守国家规定的成本、费用开支范围，既能保证产品成本的真实性，使同类企业以及企业本身不同时期之间的产品成本内容一致，具有分析对比的可能，又能正确计算企业的利润并进行分配。因此，施工企业应严格遵守成本、费用的开支范围，正确划分生产成本与资本性支出、期间费用和营业外支出等的界限，根据费用发生的时间和用途，确认施工企业的生产成本和期间费用。

二、加强成本核算的各项基础工作

成本核算的各项基础工作是保证成本核算工作正常进行以及成本核算工作质量的前提条件。施工企业成本核算的基础工作主要包括以下内容。

（一）建立健全原始记录制度

原始记录是反映施工企业施工生产经营活动实际情况的最初书面证明。施工企业应按照规定的格式，对施工生产经营活动中材料的领用和耗费、工时的耗费、生产设备的运转、燃料和动力的消耗、周转材料的摊销、各项费用的开支、已完工建筑产品竣工验收等情况，进行及时准确地记录，使每项原始记录都有人负责，以保证施工生产成本核算的真实可靠，为成本核算和成本管理服务，并为施工企业分析消耗定额以及衡量成本计划完成情况提供依据。因此，根据施工企业的实际情况，建立严格、科学的原始记录制度，对于加强施工企业管理、正确计算施工生产成本具有重要的意义。

（二）建立健全各项财产物资的收发、领退、清查和盘点制度

做好各项财产物资的收发、领退、清查和盘点工作，是正确计算成本的前提条件。施工企业的所有财产物资的收发都要经过计量、验收并办理必要的凭证手续。计量工具要经常校正和维修，以便正确计量各种物资的消耗。施工企业领用材料、设备、工具等物资，都要有严格的制度和手续，防止乱领乱用。对于施工生产经营活动中的剩余物资要及时办理退库手续或结转到下期继续使用，以便如实反映计入产品成本的物资消耗，以免造成积压浪费。库存物资要定期盘点，做到账实相符，以保护财产物资的安全、完整。

（三）制定或修订各项内部消耗定额

内部消耗定额主要包括劳动定额、材料消耗定额、机械设备利用定额、工具消耗定额和费用定额等。其中，劳动定额也称人工定额，是指在正常的施工技术和组织条件下，完成单位合格产品所必需的人工消耗量标准，是考核各施工单位工效的主要依据；材料消耗定额是指在合理和节约使用材料的条件下，生产单位合格产品所必须消耗的一定规格的原材料、辅助材料、半成品和水电等资源的数量标准，其据以签发“定额领料单”的主要依据，用于考核施工过程中材料的消耗情况；机械设备利用定额和工具消耗定额，主要用于考核机械设备的使用效率和生产工具的消耗情况，反映合理、均衡地组织劳动和使用施工机械的单位生产效率；费用定额主要用于控制各项费用开支。内部消耗定额是施工企业对施工生产成本进行量化管理的有效工具，对于提高劳动生产率、节约材料消耗、提高机械设备利用率、减少费用开支、降低施工生产成本等，都具有非常重要的意义。

三、划清各种费用界限

为了有效地进行成本核算，控制成本开支，避免重计、漏计、错计或挤占成本的情况发生，施工企业应在成本核算过程中划清有关费用开支的界限。

（一）划清生产成本与期间费用之间的界限

生产成本即工程成本是指施工企业在施工过程中按成本核算对象所归集各种费用，包括耗用的人工费、材料费、机械使用费、其他直接费和间接费用。期间费用是指施工企业在一定的会计期间内为提供一定的施工生产条件，以保证企业财务、经营管理正常运转所发生的费用，包括管理费用和财务费用。期间费用全部由利润表中的当期营业收入项目扣除，不计入产品成本。施工企业为了正确地计算施工生产成本，必须首先分清哪些耗费计入生产成本，哪些耗费计入期间费用，只有这样才能正确地核算各期的盈亏水平。

（二）划清各成本项目之间的界限

施工企业在明确成本项目具体内容的基础上，对所发生的各项费用，应比照各成本项目对号入座，不得串项，以便于企业及时了解施工生产成本的构成情况，对于成本计算和确定各期损益具有重要的意义。

（三）划清各期施工生产成本之间的界限

施工企业应按照权责发生制和收入与费用相互配比的原则，正确核算各期施工生产成本，按照建造合同的相关规定，正确计算当期合同成本，不得随意多计或少计成本，不得人为地调节各期施工生产成本。

（四）划清成本核算对象之间的界限

成本核算对象一般应在工程施工之前确定，凡是能够直接计入有关施工生产成本的各项直接费用，都应直接计入施工生产成本；凡是由两项或两项以上施工工程共同承担的费用，则必须采用合理的分配标准，在有关工程之间进行分配。这样才能正确计算单位工程的实际成本，便于分析和考核各单位工程成本计划的执行情况。

（五）划清已完合同成本与未完合同成本的界限

施工企业应定期进行成本核算，对于已完合同成本和未完合同成本共同发生的费用应采用专门的方法进行分配，不得人为地压低或提高未完合同成本，以确保合同成本核算的真实性、及时性、完整性与准确性。

（六）划清实际成本与计划成本、预算成本之间的界限

为了使施工企业的实际成本与计划成本、预算成本之间具有可比性，实际成本的核算范围和计算口径必须与计划成本、预算成本完全一致。但施工企业在计算当期施工产品的实际成本时，必须以当期实际已完工程数量、实际消耗和合同收入为依据，不得以计划成本或预算成本代替实际成本。

四、加强费用开支的审核和控制

施工企业成本核算的目的是节约消耗，降低费用，提高经济效益。因此，必须严格进行费用开支的审核和控制。施工企业要由专人负责，依据国家有关法律政策、各项规定及企业内部制定的定额或标准等，对施工生产经营过程中发生的各项耗费进行及时的审核和控制，以检查、监督各项费用是否应该开支，应开支的费用是否应该计入施工生产成本或者期间费用。对于不合理、不合法、不利于提高经济效益的费用支出应严格加以限制。做到事前审核控制，防患于未然；事中实时控制，以纠正偏差；事后分析评价，以奖励或惩罚，最终确保成本目标的实现。

五、建立工程项目台账

由于施工企业所承担的工程具有规模大、工期长等特点，工程施工有关总账、明细账无法反映各工程项目的综合信息，为了全面了解各工程项目的基本情况，及时向企业决策部门及有关管理部门提供所需信息，施工企业还应按单项建造合同建立工程项目台账。其具体内容包括以下几个方面。

第一，工程项目名称、项目地点、建设单位（或发包单位）名称、合同规定的工程开工与完工日期；

第二，工程合同总价、合同变更调整金额、索赔款、奖励款、支付的分包款、已扣除的分包款、已扣除的分包款的发票号码、已预缴的税款、已预缴的税款的完税凭证号码等；

第三，预计工程总成本、累计已发生成本以及完成合同尚需发生的成本；

第四，本年和累计的已在利润表中确认的合同收入、合同成本、毛利及毛利率；

第五，本年和累计的已获工程合同甲方签证确认的工作量、已办理结算的工程价款；

第六，实际收到的工程价款，包括预收备料款和已收工程进度款等。

第三节 工程成本核算的意义、对象、组织和程序

一、工程成本核算的意义

施工企业主要从事建筑安装活动，其生产成本就是指工程成本。而工程成本是工程造价的重要组成部分，因此，工程成本的高低，将直接影响到施工企业工程结算价款中用于生产耗费补偿数额的大小。

（1）通过工程成本核算，将各项生产成本按照用途和一定的程序，直接计入或分配计入各项建造工程，正确计算各项工程的实际成本，并将工程的实际成本与预算成本进行比较，以检查预算成本的实际执行情况，便于挖掘和降低工程成本的潜力，有利于增强企业的竞争能力。

（2）通过工程成本核算，可以及时地反映施工生产经营过程中人力、物力和财力的耗费，通过工程成本水平可以看出施工企业劳动生产率的高低，材料消耗的节约或超支，施工机械利用得好坏，施工费用支出是否超支以及施工组织管理水平的高低等，从而可以真实、准确地反映施工企业工程成本的构成，有助于施工企业及时合理地补偿施工生产耗费，提高企业的经济效益。

（3）通过工程成本核算，可以计算、比较施工企业各个施工单位的经济效益和各项承包工程合同的盈亏状况，便于分清各个单位的成本责任，在企业内部实行经济责任制，要求企业的职工和各个部门完成相应的考核指标。

（4）通过工程成本核算，可以为各种不同类型的施工工程积累相关的经济技术资料，为施工企业修订预算定额、施工定额以及经营决策提供重要的数据资料。同时，对于提高企业成本管理意识、进行经济预测和经营决策等都具有十分重要的意义。

总之，工程成本既是一个价值范畴，又是一个反映施工企业工作质量、经济效益的综合性指标。在市场经济条件下，工程成本核算作为施工企业成本管理的一个极其重要的环节，正确地组织工程成本核算、科学地计算和确定工程成本，对于促进施工企业加强经济核算、改善经营管理、促进企业增产节约、提高经济效益、不断地发展壮大企业的经济实力、使企业有效地参与市场竞争具有深远的意义。

二、合理确定工程成本核算对象

工程成本核算对象，是指施工企业在进行产品成本核算时，所选择的归集和分配建筑产品生产成本的目标，即建筑产品生产成本的承担者。合理确定工程成本核算对象，是正确组织施工企业建筑产品成本核算的重要条件之一。

在实际工作中，如果对工程成本核算对象划分过粗，把相互之间没有联系或联系不大的单项工程或单位工程合并起来，作为一个工程成本核算对象，就不能反映独立施工的各个单项工程或单位工程的实际成本水平，不利于分析和考核工程成本的升降情况；反之，如果对工程成本核算对象划分过细，就会出现许多间接费用需要分摊的状况，其结果是不仅增加了工程成本核算的工作量，而且也不能保证准确、及时地计算出各项工程的实际成本。

一般情况下，施工企业应根据承包工程的规模大小、结构类型、工期长短和施工现场的条件等具体情况，以单位工程为对象编制设计概（预）算或施工图预算，再以施工图预算为依据和甲方（建设单位等发包单位）就所承接的每一建设施工项目签订建造合同。因此，建造合同与工程成本核算对象之间存在着非常密切的关系。通常，施工企业应以所签订的单项建造合同作为工程成本的核算对象，即以每一独立编制的设计概（预）算或每一独立编制的施工图预算所列单项工程作为工程成本的核算对象。这样，不仅便于将工程的实际成本与工程的预算成本进行比较，以检查施工图预算的执行情况，也有利于核算、分析和考核施工合同的成本降低或超支情况。但是，在实际工作中，一个施工企业往往要承包许多个建设项目，每个建设项目的具体情况又各不相同。例如，有的建设项目工程规模很大、工期很长；有的建设项目只是一些规模较小、工期较短的零星改建或扩建工程；还有的建设项目在一个工地上有若干个结构类型相同的单位工程同时施工，交叉作业，共同耗用施工现场堆放的大堆材料或集中加工的材料等，这又涉及合同的分立与合并问题。因此，施工企业一般应按照与施工图预算相适应的原则，以每一独立签订建造合同的单位工程为依据，并结合企业施工组织的特点和加强工程成本管理的要求，来确定工程成本核算对象。

工程成本核算对象的确定方法主要有以下几种。

（1）以单项建造合同作为工程成本核算对象。在通常情况下，施工企业应以所签订的单项建造合同作为工程成本核算对象，即以每一独立编制的设计概（预）算或每一独立编制的施工图预算所列单项工程作为工程成本核算对象。这样，不仅有利于分析工程概（预）算和施工合同的完成情况，也有利于准确地核算施工合同的成本与损益。建筑安装工程一般应以单项建造合同作为工程成本的核算对象。

（2）对合同分立以确定工程成本的核算对象。如果一项建造合同包括建造多项资产，而每项资产均有独立的建造计划，施工企业可以与甲方就每项资产单独进行谈判，双方能够接受或拒绝与每项资产有关的合同条款，并且建造每项资产的收入和成本均可以单独辨认。在这种情况下，应对该项建造合同做分立处理，即以每项资产作为施工企业工程成本的核算对象。

（3）对合同合并以确定工程成本核算对象。如果一项或数项资产签订一组合同，该组合同无论对应单个客户还是几个客户均按一揽子交易签订，该组合同密切相关，每项合同实际上已构成一项综合利润率工程的组成部分，并且该组合同同时或依次履行。在这种情况下，应对该组建造合同做合并处理，即将该组建造合同合为一个合同，并作为施工企业工程成本的核算对象。

施工企业的成本核算对象应在工程开工前确定，且一经确定后不得随意变更，更不能相互混淆。施工企业所有反映工程成本费用的原始记录和核算资料都必须按照确定的成本核算对象填写清楚，以便于准确地归集和分配施工生产费用。为了集中地反映和计算各个成本核算对象本期应负担的生产成本，财务会计部门应该按每一成本核算对象设置工程成本明细账，并按成本项目分设专栏来组织成本核算，以便于正确计算各个成本核算对象的实际成本。

三、工程成本核算的组织

成本核算是施工企业成本管理的一个重要组成部分。为了有效地组织工程成本核算，施工企业应根据成本管理的内容和内部经济责任制的要求，结合企业自身的规模和管理体制，建立和完善相应的成本核算组织体系，使企业的成本核算组织与企业的施工管理体制相适应。目前我国施工企业一般实行公司、工区（或工程处、分公司等）和施工队（或项目经理部）三级管理；或公司、工区两级管理。与之相适应，施工企业成本核算的组织，一般也实行公司、工区和施工队三级核算，或公司、工区两级核算体制。

（一）实行三级核算的施工企业

实行三级核算的施工企业，公司一级负责全面领导所属单位的成本核算工作。主要负责指导所属单位建立、健全成本管理制度，核算公司本身的管理费用，汇总整个企业的施工生产成本，审核汇总所属单位的成本报表，全面进行企业施工生产成本分析等。

工区（或工程处、分公司）一级是施工企业成本核算体系的中心环节，主要负责核算工区本身的管理费用，并对工程成本核算工作进行直接指导或直接核算工程成本，编制工程成本报表或竣工决算，并进行工程成本分析等。

施工队（或项目经理部）是工区所属基层成本核算单位，是施工企业成本核算体系的基础，主要负责签发工程任务单和定额领料单，登记工程消耗的各种直接费用和间接费用的原始记录，及时登记工程项目台账，办理因设计变更、材料代用等施工生产经营过程中发生的签证手续，核算工程实际成本，分析材料成本和人工成本等超支或降低的原因，并按照工程编制成本报表。

（二）实行两级核算的施工企业

实行两级核算的施工企业，公司一级核算的内容，与实行三级核算的施工企业公司一级核算的内容基本相同；公司所属的工区则应同时承担三级核算中的工区与施工队两级成本核算单位的成本核算职责。

四、工程成本核算的程序

工程成本核算的程序，是指施工企业根据成本管理和核算的基本要求，对施工生产费用进行分类核算，将发生的各项要素费用按照经济用途进行归类时所应遵循的一般顺序和步骤。施工企业的工程成本核算一般实施二级或三级核算，对一些规模较小的施工企业也可以实行一级核算。在施工企业实行工程成本二级核算或三级核算的体制下，公司级一般只核算期间费用，工程成本的总分类核算主要是在工区及施工队进行。

施工企业在进行工程成本核算时，对施工生产经营过程中发生的各项施工生产费用，首先应按照施工生产费用的用途和发生的地点进行归集，对于能够分清受益对象的直接费用，可以直接计入各受益的成本核算对象；对于不能分清受益对象的间接费用，则需要先按发生地点进行归集汇总，然后再按照一定的方法分配计入各受益的成本核算对象。施工企业施工生产费用的核算主要包括以下步骤。

第一，分配各项施工生产费用；

第二，分配辅助生产费用；

第三，分配机械作业；

第四，分配工程施工间接费用；

第五，结算工程价款；

第六，确认合同毛利；

第七，结转完工施工产品成本。

第四节 成本核算应设置的账户

为了归集、汇总和分配企业发生的各项生产成本和正确计算产品的实际成本，施工企业应设置如下会计账户。

一、“工程施工”账户

“工程施工”账户核算施工企业实际发生的工程施工合同成本和合同毛利。本账户应设置“合同成本”“合同毛利”和“间接费用”3个明细账户。

（1）“合同成本”明细账户，核算各项工程施工合同发生的实际成本，一般包括施工企业在施工过程中发生的人工费、材料费、机械使用费和其他直接费等。合同成本明细账户应按成本核算对象和成本项目进行归集。

成本项目一般包括人工费、材料费、机械使用费和其他直接费。其中，属于人工费、材料费、机械使用费和其他直接费等直接成本费用，直接计入有关工程成本。

（2）“合同毛利”明细账户，核算各项建造合同确认的合同毛利。

（3）“间接费用”明细账户，核算施工企业下属施工生产单位管理人员职工薪酬、固定资产折旧费、财产保险费、工程保修费、排污费等间接费用。期末，应将间接费用按一定的分配标准分配计入有关合同成本。

“工程施工”账户的借方登记施工企业在施工生产经营过程中发生的材料费、人工费、机械使用费和其他直接费（记入“合同成本”明细账户），发生的有关间接费用（记入“间接费用”明细账户）以及按规定确认的工程合同收入大于合同费用的合同毛利（记入“合同毛利”明细账户）；期（月）末，分配计入有关合同成本的间接费用（记入“合同成本”明细账户）。该账户的贷方登记按规定确认的工程合同收入小于合同费用的合同亏损（记入“合同毛利”明细账户）；期（月）末，分配计入有关合同成本的间接费用（记入“间接费用”明细账户）以及合同完成后结转的合同总价款。其借方余额，反映尚未完工工程累计施工合同成本和合同毛利。

需要强调的是，建造合同完成之后，“工程施工”账户与“工程结算”账户应对冲，对冲后“工程施工”账户应无余额。

二、“机械作业”账户

“机械作业”账户核算施工企业及其内部独立核算的施工单位、机械站和运输队使用自有施工机械和运输设备进行机械作业（包括机械化施工和运输作业等）所发生的各项费用。其借方登记发生的机械作业支出；贷方登记月末按照受益对象分配结转的机械作业支出。本账户期末应无余额，可按成本核算对象（按照施工机械或运输设备的种类等作为成本核算对象，一般对大型机械按单机或机组设置，对小型机械按类别设置）和成本项目进行明细核算。

需要强调的是，施工企业及其内部独立核算的施工单位，从外单位或本企业其他内部独立核算的机械站租入施工机械，按照规定的台班费定额支付的机械租赁费，直接记入成本核算对象的“工程施工——机械使用费”账户，不通过本账户进行核算。

三、“辅助生产成本”账户

“辅助生产成本”账户核算施工企业非独立核算的辅助生产部门为工程施工、机械作业、固定资产以及临时设施等生产材料、提供劳务（如设备维修、构件的现场制作、铁木件加工、固定资产清理、供应水电气、施工机械的安装和拆卸以及辅助设备的搭建工程等）所发生的各项费用。其借方登记实际发生的辅助生产费用支出；贷方登记月末按照受益对象分配结转的辅助生产费用。期末借方余额反映辅助生产部门尚未完工在产品或未完作业、未结算劳务的实际成本。本账户应按车间、单位或部门设置明细账，并在明细账下，按成本核算对象和成本项目进行明细核算。

企业下属的生产车间、单位或部门，如机修车间、木工车间、混凝土车间、供水站、运输队等，如果实行内部独立核算，则所发生的生产费用，应在“生产成本——基本生产成本”“机械作业”账户核算，不在“生产成本——辅助生产成本”账户核算。

四、“工程结算”账户

“工程结算”账户核算施工企业根据建造合同约定向业主办理结算的累计金额。其借方登记施工企业在合同完工时，与相关工程施工合同的“工程施工”账户对冲的金额；贷方登记施工企业向业主办理工程价款结算的金额。期末贷方余额反映施工企业尚未完工建造合同已办理结算的累计金额。本账户应按照建造合同设置明细账户进行核算。

第五节 辅助生产费用的核算

一、辅助生产部门及其辅助生产成本

施工企业的生产活动按其生产职能可以划分为基本生产和辅助生产。基本生产是指建筑产品的生产活动。基本生产属于工业企业核算的范围，不在本书介绍。辅助生产是指为保证基本生产经营活动正常进行而向施工生产、行政管理部门提供产品和劳务的生产活动。施工企业的辅助生产部门，是指施工企业及其内部独立核算的单位所属非独立核算的辅助生产车间、单位或部门，如机修车间、木工车间、混凝土车间、供水站、运输队等。本书主要介绍辅助生产部门的费用核算。

辅助生产部门主要是为企业的主营业务，即工程施工提供服务的。辅助生产按其服务的内容，可以分成为工程施工等生产材料的辅助生产和提供劳务的辅助生产两大类。其中，为工程施工等生产材料的辅助生产包括砂石采掘、构件现场制作、铁木件加工等；提供劳务的辅助生产，包括设备维修、固定资产清理、供应水气电、施工机械的安装、拆卸和辅助设施的搭建等。

辅助生产部门按其生产材料和提供劳务种类的多少，可以分为只生产一种材料与提供一种劳务的单品种的辅助生产和生产多种材料与提供多种劳务的多品种辅助生产两大类。其中，只生产一种材料与提供一种劳务的单品种的辅助生产包括供水、供电、供气等；生产多种材料与提供多种劳务的多品种辅助生产包括砂石采掘、铁木件加工等。

辅助生产部门为工程施工而发生的辅助生产费用，即辅助生产成本，是工程成本中间接费用的组成部分，由各受益的工程、部门承担，对工程成本水平有直接的影响；而为行政管理部门服务的辅助生产，其发生的辅助生产费用应计入管理费用，于发生的当期在损益中一次扣除。因此，辅助生产费用归集和分配得正确与否都会影响到工程成本计算的准确性和当期损益计算的准确性。

正确组织辅助生产的核算，对于合理分配辅助生产费用与充分挖掘降低工程成本的潜力，有着重要的作用。另外，从成本核算的程序来看，辅助生产费用的核算，是计算其他费用的前提。所以，在核算工程成本以前，要对辅助生产进行核算。

二、辅助生产费用的归集和分配

辅助生产部门所发生的各项生产费用，应通过“辅助生产成本”账户并按照成本核算对象的成本项目进行登记和汇总，并计算辅助生产的实际成本，然后再按照各个受益对象进行分配。成本核算对象一般可按所生产的材料（或产品）和提供劳务的类别确定。成本项目一般可以分为材料费、人工费、其他直接费和间接费用。其中，间接费用是指为组织和管理辅助生产所发生的费用。

施工企业辅助生产费用明细账的设置，应根据各个辅助生产车间的具体情况，即根据其提供辅助产品和劳务的种类多少来决定。

（1）对于只提供一种产品或劳务的辅助生产车间，其发生的所有生产费用都是直接费用，因此只需按车间分别设置“辅助生产费用明细账”，并且根据成本核算的要求设置成本项目专栏，计算出该辅助产品或劳务的成本，之后直接在各受益部门之间按受益量的多少进行分配。

（2）对于同时提供多种产品或多种劳务的辅助生产车间，如生产多种工具和模具的车间、提供各种修理服务的车间等，其发生的生产费用就要按车间和产品，并区别直接费用和间接费用来归集。具体地说，就是按照车间设置明细账，并且按照产品或劳务类别开设“成本计算单”，登记当期发生的材料费、人工费、其他直接费和间接费用，计算出每种辅助产品或劳务的成本，之后分别在各受益部门之间按受益量的多少进行分配。

三、辅助生产费用核算的会计处理

为了汇总各个辅助生产部门发生的生产费用，施工企业应在“辅助生产成本”账户下，按照车间、单位或部门和成本核算对象，如各种材料和劳务的类别等，分别设置辅助生产明细账，登记核算当期发生的辅助生产费用。

（1）企业发生辅助生产费用时

借：辅助生产成本

　　贷：应付职工薪酬

　　　　银行存款

　　　　原材料

(2) 月份终了，按照受益对象分配辅助生产费用时

借：其他业务成本（属于对外单位提供的部分）

　　贷：辅助生产成本

或

借：在建工程（对本单位购建固定资产提供服务的部分）

　　工程施工（对本单位工程施工提供服务的部分）

　　机械作业（对本单位机械作业提供服务的部分）

　　管理费用（对本单位管理部门提供服务的部分）

　　贷：辅助生产成本

辅助生产成本核算的会计处理流程如图 12-1 所示。

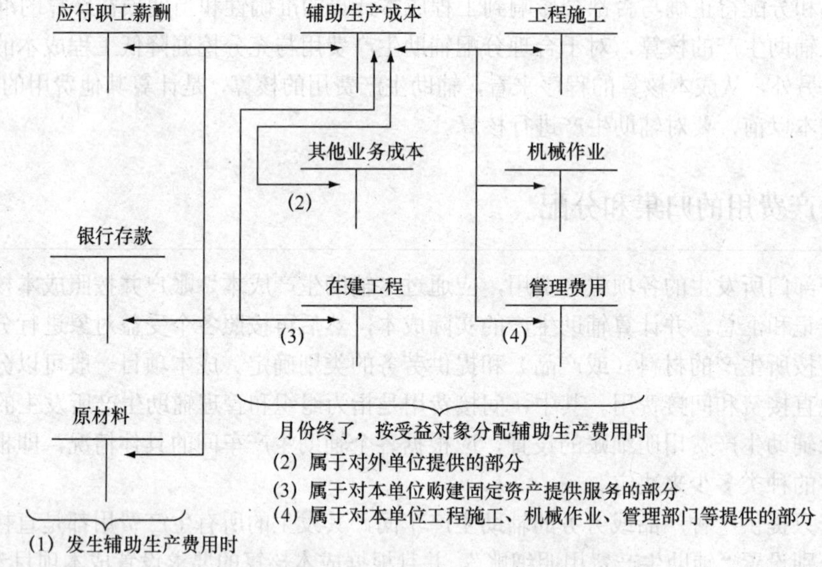

图 12-1　辅助生产费用核算的会计处理流程图

举例说明辅助生产费用核算的会计处理如下。

【例题12.5.1】施工企业工程处设有机修车间和运输队两个辅助生产单位，本月应分配职工工资为61 200元，其中，机修车间为34 200元，运输队为27 000元。做如下会计分录。

借：辅助生产成本——机修车间	34 200	
——运输队	27 000	
贷：应付职工薪酬——工资		61 200

【例题12.5.2】预计本月辅助生产单位应付福利费为4 434元，其中，机修车间为2 364元，运输队为2 070元。做如下会计分录。

借：辅助生产成本——机修车间	2 364	
——运输队	2 070	
贷：应付职工薪酬——职工福利		4 434

【例题12.5.3】计提本月固定资产折旧，其中，机修车间应负担17 400元，运输队应负担9 600元。做如下会计分录。

借：辅助生产成本——机修车间	17 400	
——运输队	9 600	
贷：累计折旧		27 000

【例题12.5.4】本月机修车间管理费用为6 000元，运输队管理费用为2 400元，用银行存款支付。做如下会计分录。

借：辅助生产成本——机修车间　　6 000
　　　　　　　　——运输队　　2 400
　贷：银行存款　　8 400

【例题12.5.5】结转本月机修车间辅助生产费用为240 000元，其中，施工生产应负担金额为150 000元，在建工程应负担金额为69 000元，施工企业管理部门应负担金额为21 000元。做如下会计分录。

借：工程施工　　150 000
　　在建工程　　69 000
　　管理费用　　21 000
　贷：辅助生产成本——机修车间　　240 000

第六节 工程实际成本的核算

施工企业为了真实地反映施工产品在施工生产过程中的耗费情况，必须正确核算各项施工工程的实际成本。施工企业的工程成本，包括人工费、材料费、机械使用费、其他直接费和间接费用等成本项目。施工企业在工程施工过程中发生的各项施工费用，首先应按照确定的工程成本核算对象和成本项目进行归集，凡是能够直接计入有关工程成本核算对象的，直接计入各工程成本核算对象的合同成本明细账户的各成本项目；不能直接计入有关工程成本核算对象的，应先记入“工程施工——间接费用”账户，然后再采用一定的方法分配计入各工程成本核算对象的成本项目，最后计算出各工程的实际成本。

一、人工费的核算

（一）人工费核算的内容

施工企业工程成本中的人工费，是指施工企业从事建筑安装工程施工的生产人员和在施工现场运料、配料等辅助生产人员的工资、奖金、补贴、职工福利费、工资性质的津贴和劳动保护费等。

（二）人工费的归集与分配

人工费计入成本的方法，一般应根据施工企业所实行的具体工资制度来决定。

1. 计件工资制度下人工费的分配

实行计件工资制度的施工企业所支付的工资，一般都能分清是为哪个工程所发生的。因此，可以根据“工程任务单”和“工资结算汇总表”将其所归集的人工费直接计入各工程成本核算对象的人工费成本项目中去。

2. 计时工资制度下人工费的分配

实行计时工资制度的施工企业，如果施工生产只涉及一个单位工程，或所发生的施工生产工人工资能够分清是为哪个工程所发生的，则可以直接计入该工程成本核算对象的人工费成本项目中去；如果建筑安装工人同时在为几项工程工作，这就需要将所发生的工资在各个工程成本核算对象之间进行分配。一般应按照当月工资总额和工人总的出勤工日计算的日平均工资以及各工程当月实际用工数计算分配。分配人工费的计算公式如下。

$$某施工企业当月建筑安装工人日平均工资=\frac{企业当月建筑安装工人计时工资总额}{企业当月建筑安装工人实际工日总数}$$

公式中，计时工资总额包括按计时工资标准和工作时间支付给职工的工资。

某工程成本核算对象应负担的计时工资额=该工程成本核算对象当月实际耗用的工日数×某施工企业当月建筑安装工人日平均工资

此外，施工企业按照工资总额的一定比例计提的职工福利费等工资附加费，应随同工资总额一并分配计入各工程成本核算对象的人工费成本项目中去。

（三）人工费的会计处理

施工企业应将其所归集的人工费，计入各工程成本核算对象的人工费成本项目中去，借记“工程施工——××工程——合同成本——人工费”账户，贷记“应付职工薪酬”账户。

举例说明人工费核算的会计处理如下。

【例题12.6.1】施工企业下属两个工程处，实施两级核算管理体制。第一工程处新承担A、B两项工程，实行计时工资制度；第二工程处只承担一项工程，实行计件工资制度。2×16年6月应支付建筑工人工资1 119 600元。

（1）第一工程处本月发生的人工费资料。

第一工程处本月发生的人工费资料如表12-1所示。

表 12-1 人工费计时工资分配表

单位：第一工程处 2×16 年 6 月

工程成本核算对象	实际用工数（小时）	平均工资（元/小时）	应分配工资（元）
A 工程	51 300		3 591 000
B 工程	38 700		2 709 000
合计	90 000	70	6 300 000

企业应做如下会计分录。

借：工程施工——第一工程处——A 工程——合同成本——人工费　3 591 000
　　　　　　——第一工程处——B 工程——合同成本——人工费　2 709 000
　　　　　　——第二工程处——人工费　1 119 600
　贷：应付职工薪酬——工资　7 419 600

（2）预计本月职工福利费（工资的14%），做如下会计分录。

借：工程施工——第一工程处——A 工程——合同成本——人工费　502 740
　　　　　　——第一工程处——B 工程——合同成本——人工费　379 260
　　　　　　——第二工程处——合同成本——人工费　156 744
　贷：应付职工薪酬——职工福利　1 038 744

根据上述会计分录，分别登记第一工程处和第二工程处“工程成本明细账”和“工程成本卡”的“人工费”栏，如表12-6、表12-7、表12-8、表12-9所示。

二、材料费的核算

（一）材料费核算的内容

施工企业工程成本中的材料费，是指在工程施工生产过程中耗用的构成工程实体以及有助于形成工程实体的原材料、辅助材料、构配件、零件、半成品的成本以及周转材料的摊销额和租赁费用等，但不包括被安装设备本身的价值。

施工企业的材料，除了主要用于施工生产，还用于固定资产等在建工程以及其他非生产性耗用。因此，施工企业进行材料费核算，必须严格划分施工生产性耗用与非生产性耗用的界限，只有直接用于工程施工的材料才能记入工程成本的“材料费”成本项目中。

（二）材料费的归集与分配

材料费在施工企业工程成本中所占的比重较大，工程施工耗用的材料品种繁多，数量较大，领用的次数也比较频繁。因此，施工企业必须建立健全材料物资的收发、领退等管理制度，制定统一的定额领料单、领料单、大堆材料耗用计算单、集中配料耗用计算单、周转材料摊销计算分配表、退料单等自制原始凭证，并区别不同的材料，根据不同的情况，采取不同的方法进行材料费的归集和分配。

（1）凡是领用材料时能够点清数量、分清用料对象的，应在有关领料凭证上注明工程成本核算对象的名称，并直接记入工程成本核算对象的“材料费”成本项目中。

（2）凡是领用材料时虽能点清数量，但为集中配料或需统一下料的材料，如油漆、玻璃、木材等，应在有关领料凭证上注明“工程集中配料”字样，月末由材料管理部门人员或领用部门，根据用料情况，结合材料消耗定额编制“集中配料耗用计算分配表”，据以分配计入各受益工程成本核算对象中。

（3）凡是领料时既不易点清数量，又难以分清工程成本受益对象的材料，如砖、瓦、灰、砂、石等大堆材料，可以根据具体情况，先由材料保管员或施工现场领料部门验收保管，月末实地盘点结存数量后，再按月初结存数量与本月购进数量，倒轧本月实耗数量，最后结合材料耗用定额，编制“大堆材料耗用计算单”，据以计入各工程成本核算对象中。

（4）凡是工程施工周转使用的模板、脚手架等周转材料，应根据各工程成本受益对象的实际在用数量和规定的摊销方法，计算当期周转材料应摊销额并编制各类“周转材料摊销计算分配表”，据以计入各工程成本核算对象中。对于施工企业某些租用的周转材料，则应按照实际支付的租赁费用直接记入各受益工程成本核算对象的“材料费”成本项目中。

（5）凡是施工企业工程竣工后剩余的材料，均应填写“退料单”或用红字填写“领料单”，据以办理材料退库手续，以便正确计算施工工程的实际成本。

（6）凡是施工企业在工程施工中发生的残次材料和包装物等，应尽量回收利用，填制“废料交库单”估价入账，并冲减工程成本中的材料费。

（三）材料费的会计处理

施工企业在工程施工过程中所耗用的各种材料，经采用不同的方法进行分配之后，应根据各有关计算分配表以及材料管理部门提供的资料，汇总编制“材料费用分配表”，以确定各受益工程成本核算对象应分摊的材料费用，借记“工程施工——××工程——合同成本——材料费”，贷记“原材料”“材料成本差异”等账户。

举例说明材料费核算的会计处理如下。

【例题12.6.2】2×16年6月，施工企业根据所发生的经济业务以及审核无误的各种原始凭证汇总编制了“材料费用分配表”，如表12-2所示。

表 12-2　　材料费用分配表　　单位：元

工程成本核算对象	主要材料		结构件		其他材料		合计		周转材料摊销
	计划成本	成本差异	计划成本	成本差异	计划成本	成本差异	计划成本	成本差异	
第一工程处	4 725 000	47 250	810 000	16 200	414 900	4 149	5 949 900	59 301	73 800
A 工程	2 430 000	24 300	603 000	12 060	291 600	−2 916	3 324 600	33 444	43 200
B 工程	2 295 000	22 950	207 000	4 140	123 300	−1 233	2 625 300	25 857	30 600
第二工程处	819 000	8 190	427 500	8 550	88 200	−882	1 334 700	15 858	15 300
合计	5 544 000	55 440	1 237 500	24 750	503 100	−5 031	7 284 600	75 159	89 100

做如下会计分录。

（1）领用材料时

借：工程施工——第一工程处——A 工程——合同成本——材料费　　3 324 600
　贷：原材料——主要材料　　2 430 000
　　——结构件　　603 000
　　——其他材料　　291 600

借：工程施工——第一工程处——B 工程——合同成本——材料费　　2 625 300
　贷：原材料——主要材料　　2 295 000
　　——结构件　　207 000
　　——其他材料　　123 300

借：工程施工——第二工程处——合同成本——材料费　　1 334 700
　贷：原材料——主要材料　　819 000
　　——结构件　　427 500
　　——其他材料　　88 200

（2）分配材料成本差异时

借：工程施工——第一工程处——A 工程——合同成本——材料费　　33 444
　贷：材料成本差异——主要材料　　24 300
　　——结构件　　12 060
　　——其他材料　　2 916

借：工程施工——第一工程处——B 工程——合同成本——材料费　　25 857
　贷：材料成本差异——主要材料　　22 950
　　——结构件　　4 140
　　——其他材料　　1 233

借：工程施工——第二工程处——合同成本——材料费　　15 858
　贷：材料成本差异——主要材料　　8 190
　　——结构件　　8 550
　　——其他材料　　882

（3）周转材料摊销时

借：工程施工——第一工程处——A 工程——合同成本——材料费　　43 200
　　——第一工程处——B 工程——合同成本——材料费　　30 600
　　——第二工程处——合同成本——材料费　　15 300
　贷：周转材料——周转材料摊销　　89 100

根据上述会计分录，分别登记第一工程处和第二工程处“工程成本明细账”和“工程成本卡”的“材料费”栏，如表12-6、表12-7、表12-8、表12-9所示。

三、机械使用费的核算

（一）机械使用费核算的内容

施工企业工程成本中的机械使用费，是指在施工过程中使用自有施工机械所发生的机械使用费和租入外单位施工机械所发生的租赁费，以及按照规定支付的施工机械安装、拆卸和进出场费等。随着工程施工机械化程度的不断提高，机械使用费在工程成本中的比重日益增长。因此，加强施工机械的管理和核算，对于提高施工机械的利用率和降低工程成本都有着重要的意义。

施工企业在施工生产过程中使用的施工机械，分为自有施工机械和租入施工机械。因此，机械使用费的核算也分为两种情况。

1．租入机械费用的核算

施工企业从外单位或本企业其他内部独立核算的机械站租入施工机械支付的租赁费，一般可以根据“机械租赁费结算单”所列的金额，直接记入有关受益工程成本核算对象的“机械使用费”成本项目中。如果租入的施工机械是为两个或两个以上的工程服务，应以租入施工机械为各个工程成本核算对象所提供的作业台班数量为基数进行分配，并计入各工程成本核算对象的实际成本。其计算公式如下。

$$\text{某工程成本核算对象应负担的租赁费}=\text{该工程成本核算对象实际使用的台班数量}\times\text{平均台班租赁费}$$

$$\text{平均台班租赁费}=\frac{\text{支付的施工机械租赁费总额}}{\text{租入的施工机械作业总台班数}}$$

2．自有机械费用的核算

施工企业使用自有施工机械和运输设备进行机械作业所发生的各项费用，主要包括以下内容。

（1）人工费，是指驾驶和操作施工机械人员的基本工资、奖金、补贴、职工福利费、工资性质的津贴和劳动保护费等。

（2）燃料及动力费，是指施工机械和运输设备进行机械作业所耗用的燃料、动力费。

（3）折旧及修理费，是指对施工机械和运输设备所计提的固定资产折旧费、发生的固定资产修理费用以及替换工具和部件的摊销费和维修费。

（4）其他直接费，是指施工机械和运输设备所耗用的润滑材料和擦拭材料费用以及预算定额所规定的其他费用，如将施工机械运到施工现场、远离施工现场（若运往其他现场，运出费用由其他施工现场的工程成本负担）和在施工现场范围内转移的运输、安装、拆卸及试车费用等。

（5）间接费用，是指施工企业为组织和管理施工机械和运输作业所发生的费用，包括管理人员基本工资、奖金、补贴、职工福利费、工资性质的津贴、劳动保护费、固定资产折旧费及修理费、办公费等。

（二）机械使用费的分配方法

施工企业使用自有施工机械所发生的机械使用费，其分配方法主要包括以下几种。

1．台班分配法

台班分配法是指根据成本核算对象使用施工机械的台班数进行分配。其计算公式如下。

$$\begin{matrix}\text{某工程成本核算对象}\\\text{应负担的机械使用费}\end{matrix}=\begin{matrix}\text{该种机械的每台班}\\\text{实际成本}\end{matrix}\times\begin{matrix}\text{该工程成本核算对象}\\\text{实际使用的台班数}\end{matrix}$$

其中，

$$\text{某种机械的每台班实际成本}=\frac{\text{该种机械本月实际发生的费用总额}}{\text{该种机械本月实际工作的台班总数}}$$

台班分配法主要适用于按单机或机组进行成本核算的施工机械。

2．预算分配法

预算分配法是指按照实际发生的机械作业费占预算定额规定的机械使用费的比率进行分配的方法。其计算公式如下。

$$\begin{matrix}\text{某工程成本核算对象}\\\text{应负担的机械使用费}\end{matrix}=\begin{matrix}\text{该工程成本核算对象}\\\text{预算机械使用费}\end{matrix}\times\begin{matrix}\text{实际发生的机械使用费}\\\text{占预算机械使用费比率}\end{matrix}$$

其中，

$$\begin{matrix}\text{该工程成本核算对象}\\\text{预算机械使用费}\end{matrix}=\begin{matrix}\text{该工程成本核算对象}\\\text{实际完成的工作量}\end{matrix}\times\begin{matrix}\text{单位工程量机械使用费}\\\text{预算定额}\end{matrix}$$

$$\text{实际发生的机械使用费占预算机械使用费比率}=\frac{\text{实际发生的机械使用总额}}{\text{工程成本核算对象的预算机械使用费总额}}\times100\%。$$

预算分配法主要适用于不便于计算机械使用台班、无机械台班和无台班单价预算定额的中小型施工机械费的分配，如几个成本核算对象共同使用的混凝土搅拌机的费用。

3. 作业量法

作业量法是指以各种机械所完成的作业量为基础进行分配的方法。其计算公式如下。

$$\begin{array}{c}\text{某工程成本核算对象}\\\text{应负担的某种机械使用费}\end{array}=\begin{array}{c}\text{某种机械为该工程成本核算对象}\\\text{提供的作业量}\end{array}\times\begin{array}{c}\text{某种机械单位作业量}\\\text{的实际成本}\end{array}$$

其中，

$$\text{某种机械单位作业量的实际成本}=\frac{\text{该种机械实际发生费用总额}}{\text{该种机械实际完成的作业量}}$$

作业量法主要适用于能够计算完成作业量的单台或某类施工机械，如汽车运输作业，按照单台或某类汽车提供的吨公里计算作业量。

（三）机械使用费的会计处理

施工企业在工程施工过程中所发生的机械使用费，应首先通过“机械作业”账户，并按照机械类别或每台机械分别归集，经采用不同的方法进行分配之后，再编制“机械使用费分配表”，以确定各受益工程成本核算对象应分摊的机械使用费，借记“工程施工——××工程——合同成本——机械使用费”账户，贷记“机械作业”账户。

举例说明机械使用费的会计处理如下。

【例题12.6.3】施工企业第一工程处有塔吊一台；第二工程处有挖土机和混凝土搅拌机各一台，2×16年6月根据所发生的经济业务以及审核无误的各种原始凭证编制了“机械使用费分配表”，如表12-3所示。

表 12-3

机械使用费分配表

2×16 年 6 月

单位：元

工程成本核算对象	塔吊（200 元/台班）		混凝土搅拌机（分配率 25%）		挖土机（3.40 元/台时）		机械使用费合计
	台班	金额	预算机械使用费	金额	台时	金额	
第一工程处	49 950	990 000	4 860 000	1 215 000	74 700	253 980	2 458 980
A 工程	3 600	720 000	2 700 000	675 000	40 500	137 700	1 532 700
B 工程	1 350	270 000	2 160 000	540 000	34 200	116 280	926 280
第二工程处	1 800	360 000	2 592 000	648 000	46 800	159 120	1 167 120
合计	6 750	1 350 000	7 452 000	1 863 000	1 21 500	413 100	3 626 100

做如下会计分录。

借：工程施工——第一工程处——A 工程——合同成本——机械使用费　1 532 700
　　　　　　——第一工程处——B 工程——合同成本——机械使用费　926 280
　　　　　　——第二工程处——合同成本——机械使用费　1 167 120
　贷：机械作业——塔吊　1 350 000
　　　　　　——混凝土搅拌机　1 863 000
　　　　　　——挖土机　413 100

根据上述会计分录，分别登记第一工程处和第二工程处“工程成本明细账”和“工程成本卡”的“机械使用费”栏，如表12-6、表12-7、表12-8、表12-9所示。

四、其他直接费的核算

（一）其他直接费核算的内容

施工企业工程成本中的其他直接费，是指在施工过程中直接发生的但不属于材料费、人工费和机械使用费的其他直接施工生产费用，主要包括以下内容。

（1）生产工具用具使用费，是指在施工生产过程中使用的，不属于固定资产的生产工具及检验用具等的购置、摊销和维修费以及支付给工人自备工具补贴费。

（2）冬雨季施工费，是指为保证工程质量，采取保温、防雨措施等增加的材料、人工和各项设施的费用。

（3）夜间施工增加费，是指组织夜间连续施工而发生的照明设施摊销费和夜餐补助费等。

（4）仪器仪表使用费，是指通信、电子等设备安装工程所需安装、测试仪器仪表的摊销及维修费用。

（5）检验试验费，是指对建筑材料、构件和建筑安装物进行一般鉴定、检查所发生的费用。

（6）特殊地区施工增加费，是指铁路、公路、通信、输电、长距离输送管道等工程在森林、高原、沙漠等特殊地区施工的增加费。

此外，还包括临时设施摊销费，因场地狭小等原因而发生的材料二次搬运费，水电费，特殊工种培训费，工程定位复测、工程点交、场地清理等费用，流动施工津贴等。

（二）其他直接费的归集和分配

施工企业在施工生产经营过程中所发生的其他直接费，应根据具体情况进行归集和分配。

（1）凡是在其他直接费发生时能够分清受益对象的，应直接记入工程成本核算对象的合同成本明细账的“其他直接费”成本项目中。

（2）凡是在其他直接费发生时不能够分清受益对象的，可在发生时先记入“工程施工——合同成本——其他直接费”账户，月末再按照一定的方法分配记入各工程成本核算对象的“其他直接费”成本项目中。

（3）凡是在其他直接费发生时难以同成本项目中的其他项目分开的费用，如冬雨季施工费、夜间施工增加费、流动施工津贴、场地清理费、材料二次搬运的人工费等。为了简化核算手续，便于工程成本分析和考核，施工企业可以将这些其他直接费在其发生时直接记入“人工费”“材料费”和“机械使用费”等成本项目中进行核算。

（三）其他直接费的会计处理

施工企业在工程施工过程中所发生的其他直接费，能够分清受益对象的在发生时借记“工程施工——××工程——合同成本——其他直接费”账户，贷记“辅助生产成本”“银行存款”等账户；不能够分清受益对象的，可在发生时借记“工程施工——合同成本——其他直接费”账户，贷记“辅助生产成本”“银行存款”等账户，月末按照一定的方法进行分配后借记“工程施工——××工程——合同成本——其他直接费”账户，贷记“工程施工——合同成本——其他直接费”账户。

举例说明其他直接费核算的会计处理如下。（假设不考虑增值税进项问题）

【例题12.6.4】 2×16年6月，用银行存款支付施工企业第一工程处发生其他直接费1 193 400元。做如下会计分录。

借：工程施工——第一工程处——合同成本——其他直接费　　1 193 400
　　贷：银行存款　　1 193 400

【例题12.6.5】 根据分配计算结果，其中，A工程应分摊其他直接费为525 600元，B工程应分摊其他直接费为667 800元。做如下会计分录。

借：工程施工——第一工程处——A 工程——合同成本——其他直接费　　525 600
　　　　　　——第一工程处——B 工程——合同成本——其他直接费　　667 800
　　贷：工程施工——第一工程处——合同成本——其他直接费　　1 193 400

【例题12.6.6】 2×16年6月，第二工程处发生其他直接费为254 700元，已通过银行存款支付。做如下会计分录。

借：工程施工——第二工程处——合同成本——其他直接费　　254 700
　　贷：银行存款　　254 700

根据上述会计分录，分别登记第一工程处和第二工程处“工程成本明细账”和“工程成本卡”的“机械使用费”栏，如表12-6、表12-7、表12-8、表12-9所示。

五、间接费用的核算

（一）间接费用核算的内容

间接费用是指施工企业各施工单位，包括工程处、施工队、项目经理部等部门，为组织和管理工程施工所发生的全部支出，包括施工生产单位管理人员基本工资、奖金、补贴、工资性质的津贴、职工福利费、劳动保护费、行政管理用固定资产折旧费及修理费、物料消耗、低值易耗品摊销、取暖费、办公费、差旅费、财产保险费、检验试验费、工程保修费、劳动保护费、排污及其他费用等。

（二）间接费用的归集和分配

间接费用是施工单位为管理多项工程而发生的费用，属于共同性费用，难以分清受益对象。因此，施工企业应在“工程施工”账户下设置“间接费用”明细账户，汇总本期发生的各项间接费用，期末再按照一定的标准分配计入各有关工程成本核算对象。

施工企业发生的间接费用，其分配标准应与预算取费基础相一致，而预算取费基础会因工程类别不同而有所不同。一般情况下，建筑工程应以各工程成本的直接费用作为分配标准。设备安装工程应以安装工程的人工费用作为分配标准。但是，在实际工作中，由于施工企业承担的施工工程往往既有建筑工程又有设备安装工程；有的辅助生产单位生产的产品或劳务可能还会对外销售。因此，施工企业的间接费用一般需要进行两次分配，首先应在不同类别的工程、产品、劳务和作业间进行合理的分配，然后再在各类工程、产品、劳务和作业的不同成本核算对象之间进行分配。

首先，施工企业发生的全部间接费用应在不同类别的工程、产品、劳务和作业间进行分配。在实际工作中，由于间接费用中的许多费用项目，同生产工人的工资、工人人数或劳动时间等有着一定的内在联系，因此，通常以各类工程、产品、劳务和作业中的人工费作为间接费用第一次分配的分配标准。其计算公式如下。

$$\text{间接费用分配率}=\frac{\text{企业本期实际发生的间接费用总额}}{\text{各类工程（产品、劳务、作业等）成本中人工费总额}}\times 100\%$$

$$\begin{matrix}\text{某类工程（产品、劳务、作业等）}\\\text{应分配的间接费用}\end{matrix}=\begin{matrix}\text{该类工程（产品、劳务、作业等）}\\\text{成本中人工费总额}\end{matrix}\times\text{间接费用分配率}$$

其次，施工企业间接费的第二次分配是将第一次分配到各类工程和产品的间接费用再分配到本类工程或产品以及劳务内部各成本核算对象中去。第二次分配是按照工程（或产品、劳务、作业）类别不同，分别以直接费或人工费为基础进行分配。其计算公式如下。

1. 建筑工程间接费用分配方法

$$\text{建筑工程间接费用的分配率}=\frac{\text{建筑工程本期应分配的间接费用总额}}{\text{全部建筑工程直接费用成本总额}}\times 100\%$$

$$\begin{matrix}\text{某建筑工程成本核算对象}\\\text{应分配的间接费用}\end{matrix}=\begin{matrix}\text{该建筑工程成本核算对象}\\\text{本期实际发生的直接费用}\end{matrix}\times\begin{matrix}\text{建筑工程间接费用的}\\\text{分配率}\end{matrix}$$

2. 安装工程间接费用分配方法

$$\text{安装工程间接费用的分配率}=\frac{\text{安装工程本期应分配的间接费用总额}}{\text{全部安装工程人工费成本总额}}\times 100\%$$

$$\begin{matrix}\text{某安装工程成本核算对象}\\\text{应分配的间接费用}\end{matrix}=\begin{matrix}\text{该安装工程成本核算对象}\\\text{本期实际发生的人工费}\end{matrix}\times\begin{matrix}\text{安装工程间接费用的}\\\text{分配率}\end{matrix}$$

（三）间接费用的会计处理

施工企业在工程施工过程中所发生的间接费用，一般在发生的当时很难分清受益对象。因此，需要经过一个归集和分配的过程，才能计入工程成本。为了归集和分配间接费用，施工企业应在“工程施工”总账账户下设置“间接费用”明细账户。在发生间接费用时，借记“工程施工——间接费用”账户，贷记“银行存款”等有关账户；月末按照一定的方法进行分配后，借记“工程施工——××工程——合同成本——间接费用”账户，贷记“工程施工——间接费用”账户。

举例说明间接费用核算的会计处理如下。（假设不考虑增值税进项问题）

【例题12.6.7】 2×16年6月，施工企业共发生间接费用为658 836元，款项已通过银行支付。假设第一工程处承担的A、B工程均为建筑工程；第二工程处承担的工程为安装工程，没有发生对外销售产品、劳务、作业等业务。根据本月所发生的经济业务以及审核无误的各种原始凭证，进行了第一次分配，编制的“间接费用分配表”，如表12-4所示。

表 12-4　间接费用分配表

2×16 年 6 月　　单位：元

工程类别	分配标准	分配率（%）	分配金额
第一工程处	7 095 240		567 619
第二工程处	1 140 228		912 17
合计	8 235 468	8	658 836

分配率=658 836÷8 235 468×100%≈8%

第一工程处分配金额=8%×7 095 240≈567 619

第二工程处分配金额=658 836-567 619=912 17

做如下会计分录。

（1）间接费用发生时

借：工程施工——间接费用　658 836

　贷：银行存款　658 836

（2）第一次间接费用分配时

借：工程施工——第一工程处——合同成本——间接费用　567 619

　　　　——第二工程处——合同成本——间接费用　91 217

　贷：工程施工——间接费用　658 836

第一工程处编制的“间接费用分配表”如表12-5所示。

表 12-5　间接费用分配表

2×16 年 6 月　　单位：元

工程类别	分配标准	分配率（%）	分配金额
A 工程	7 184 835		320 444
B 工程	5 556 006		247 175
合计	12 740 841	4.46	567 619

分配率=567 618÷12 740 841×100%≈4.46%

A 工程分配金额=4.46%×7 184 835≈320 444

B 工程分配金额=567 619-320 444=247 175

做如下会计分录。

借：工程施工——A 工程——合同成本——间接费用　320 444

　　　　——B 工程——合同成本——间接费用　247 175

　贷：工程施工——第一工程处——合同成本——间接费用　567 619

根据上述会计分录，分别登记第一工程处和第二工程处“工程成本明细账”和“工程成本卡”的“间接费用”栏，如表12-6、表12-7、表12-8、表12-9所示。

表 12-6　　工程成本明细账

单位：第一工程处　　2×16 年 6 月　　单位：元

2×16年		凭证号数	摘要	借方						贷方	余额
月	日			人工费	材料费	机械使用费	其他直接费	间接费用	工程成本合计		
6	1		月初余额	990 000	495 000	288 000	130 500	871 200	2 774 700		
			分配人工费	6 300 000					6 300 000		
			分配职工福利费	882 000					882 000		
			分配材料费		5 949 900				5 949 900		
			分配材料成本差异		59 301				59 301		
			分配周转材料摊销		73 800				73 800		
			分配机械使用费			2 458 980			2 458 980		
			分配其他直接费				1 193 400		1 193 400		
			分配间接费					567 619	567 619		
			本月生产费用合计	7 182 000	6 083 001	2 458 980	1 193 400	567 619	17 485 000		
			减：月末未完施工成本								
			自开工日起实际成本累计发生额	8 172 000	6 578 001	2 746 980	1 323 900	1 438 819	20 259 700		
			已完工程成本								

表 12-7　　工程成本明细账

单位：第一工程处——A 工程　　2×16 年 6 月　　单位：元

2×16年		凭证号数	摘要	借方						贷方	余额
月	日			人工费	材料费	机械使用费	其他直接费	间接费用	工程成本合计		
6	1		月初余额								
			分配人工费	3 591 000					3 591 000		
			分配职工福利费	502 740					502 740		
			分配材料费		3 324 600				3 324 600		
			分配材料成本差异		33 444				33 444		
			分配周转材料摊销		43 200				43 200		
			分配机械使用费			1 532 700			1 532 700		
			分配其他直接费				525 600		525 600		
			分配间接费					320 444	320 444		
			本月生产费用合计	4 093 740	3 401 244	1 532 700	525 600	320 444	9 873 728		
			减：月末未完施工成本								
			自开工日起实际成本累计发生额	4 093 740	3 401 244	1 532 700	525 600	320 444	9 873 728		
			已完工程成本								

表 12-8　　工程成本明细账

单位：第一工程处——B 工程　　2×16 年 6 月　　单位：元

2×16年		凭证号数	摘要	借方						贷方	余额
月	日			人工费	材料费	机械使用费	其他直接费	间接费用	工程成本合计		
6	1		月初余额	990 000	495 000	288 000	130 500	871 200	2 774 700		

续表

2×16年		凭证号数	摘要	借方						贷方	余额
月	日			人工费	材料费	机械使用费	其他直接费	间接费用	工程成本合计		
			分配人工费	2 709 000					2 709 000		
			分配职工福利费	379 260					379 260		
			分配材料费		2 625 300				2 625 300		
			分配材料成本差异		25 857				25 857		
			分配周转材料摊销		30 600				30 600		
			分配机械使用费			926 280			926 280		
			分配其他直接费				667 800		667 800		
			分配间接费					247 175	247 175		
			本月生产费用合计	3 088 260	2 681 757	926 280	667 800	247 175	7 611 272		
			减：月末未完施工成本								
			自开工日起实际成本累计发生额	4 078 260	3 176 757	1 214 280	798 300	1 118 375	10 385 972		
			已完工程成本								

表12-9 工程成本卡

单位：第二工程处　　2×16年6月　　单位：元

2×16年		凭证号数	摘要	借方						贷方	余额
月	日			人工费	材料费	机械使用费	其他直接费	间接费用	工程成本合计		
6	1		月初余额	2 250 000	900 000	450 000	225 000	135 000	3 960 000		
			分配人工费	1 119 600					1 119 600		
			分配职工福利费	156 744					156 744		
			分配材料费		1 334 700				1 334 700		
			分配材料成本差异		15 858				15 858		
			分配周转材料摊销		15 300				15 300		
			分配机械使用费			1 167 120			1 167 120		
			分配其他直接费				254 700		254 700		
			分配间接费					91 217	91 217		
			本月生产费用合计	1 276 344	1 365 858	1 167 120	254 700	91 217	4 155 239		
			减：月末未完施工成本								
			自开工日起实际成本累计发生额	3 526 344	2 265 858	1 167 120	479 700	226 217	8 115 239		
			已完工程成本	3 526 344	2 265 858	1 167 120	479 700	226 217	8 115 239	8 115 239	0

六、工程完工结转实际成本

施工企业为正确组织合同工程成本的核算，应根据工程合同确定的成本核算对象，开设工程成本明细账，将施工生产过程中发生的各种生产费用，及时记入按成本核算对象设置的成本明细账中，以便及时反映施工过程中发生的各种支出，当合同工程完工时，该明细账的累计发生额，就是该项已完工程的实际总成本。

举例说明工程完工结转实际成本核算的会计处理如下。

【例题12.6.8】假设2×16年6月，施工企业第二工程处承担的工程本月全部完工，工程累计实际成本为8 115 239元，累计结算工程价款为10 574 100元，工程合同毛利为2 458 861元，结转已完工程成本。做如下会计分录。

借：工程结算　　10 574 100

　　贷：工程施工——合同毛利　　2 458 861

　　　　——合同成本——第二工程处　　8 115 239

根据上述会计分录，登记第二工程处的“工程成本卡”，如表12-9所示。

第七节 期间费用的核算

一、期间费用核算的内容

期间费用，是指不计入产品成本中而在发生时计入当期损益的费用。施工企业的期间费用，包括管理费用和财务费用。期间费用于发生时直接计入当期损益。与计入工程成本的费用相比，期间费用通常具有以下特点。第一，期间费用与产品生产活动没有直接联系，可以确定其发生的期间，而难以确定其应归属的成本计算对象，因此不计入工程成本。第二，期间费用在发生时即确认为当期费用，与当期的营业收入相配比，全额列入利润表。第三，期间费用在一定范围内与工程项目的多少无关，而与期间长短有关。

（一）管理费用核算的内容

管理费用，是指施工企业行政管理部门为管理和组织企业施工生产经营活动而发生的各项费用，具体包括以下内容。

（1）企业的董事会和行政管理部门在企业的经营管理中发生的，或者应当由企业统一负担的公司经费，具体包括行政管理部门职工工资、奖金、职工福利费、差旅费、办公费、折旧费、修理费、物料消耗、低值易耗品摊销以及其他公司经费。

（2）工会经费，指企业用于开展工会活动的相关支出，一般按职工工资总额的2%计提并拨交给工会。

（3）职工教育经费，是指企业为职工学习先进技术和提高文化水平而支付的费用，按照职工工资总额的 2.5%计提。如果企业超过职工工资薪金总额 2.5%计提的职工教育经费，超过部分税法规定不允许所得税税前扣除，但可以结转以后纳税年度扣除。

（4）劳动保险费，是指企业支付给离退休职工的退休金（包括提取的离退休统筹基金）、价格补贴、医药费（包括企业支付给离退休人员参加医疗保险的费用）、易地安家补助费、职工退职金、6个月以上病假人员工资、职工死亡丧葬补助费、抚恤费、按规定支付给离退休干部的各项经费。

（5）待业保险费，是指企业按照国家规定交纳的待业保险基金。

（6）董事会费，是指企业最高权力机构（如董事会）及其成员为执行职能而发生的各项费用，包括董事会成员津贴、差旅费和会议费等。

（7）咨询费，是指企业向有关咨询机构进行科学技术、经营管理咨询时支付的费用，包括聘请经济技术顾问、法律顾问等支付的费用。

（8）聘请中介机构费，是指企业聘请中国注册会计师进行查账验资以及进行资产评估等发生的各项费用。

（9）诉讼费，是指企业因起诉或者应诉而发生的各项费用。

（10）排污费，是指企业按规定交纳的排污费用。

（11）税金，是指企业按照规定支付的房产税、车船税、城镇土地使用税、印花税等。

（12）技术转让费，是指企业使用非专利技术而支付的费用。

（13）研究与开发费，是指新产品设计费、新工艺规程制定费以及与研发活动直接相关的技术图书资料费、资料翻译费；从事研发活动直接消耗的材料、燃料和动力费用；在职直接从事研发活动人员的工资、薪金、奖金、津贴、补贴；专门用于研发活动的仪器、设备的折旧费或租赁费；专门用于研发活动的软件、专利权、非专利技术等无形资产的摊销费用；专门用于中间试验和产品试制的模具、工艺装备开发及制造费；勘探开发技术的现场试验费；研发成果的论证、评审、验收费用。

（14）无形资产摊销，是指专利权、商标权、著作权、土地使用权、非专利技术等无形资产的摊销。

（15）业务招待费，是指企业为施工生产经营活动的合理需要而支付的招待费用，税法规定企业发生的业务招待费的60%可以税前扣除，但扣除金额最高不超过当年营业收入的5‰①。

（16）存货盘亏、毁损和报废（减盘盈）损失，是指企业按照规定应计入管理费用的原材料、周转材料等的盘亏、毁损和报废损失。发生的盘盈，应当冲减当期管理费用。本项目不包括应计入营业外支出的存货损失。

（17）其他管理费用，是指不包括在以上项目内的管理费用。

（二）财务费用核算的内容

财务费用，是指施工企业为筹集生产经营所需资金而发生的各项费用，包括利息支出（减利息收入）、汇兑损失（减汇兑收益）、相关的手续费以及企业发生的现金折扣或收到的现金折扣等内容。

二、期间费用核算应设置的账户

为了核算和监督企业发生的各项期间费用，施工企业应设置如下会计账户。

（一）“管理费用”账户

“管理费用”账户核算施工企业为组织和管理施工生产经营活动而发生的管理费用。其借方登记企业发生的各项管理费用。期末，应将本账户的余额全部转入“本年利润”账户，结转后应无余额。本账户应按管理费用项目设置明细账进行核算。

（二）“财务费用”账户

“财务费用”账户核算施工企业在施工生产经营过程中，为筹集生产经营所需资金等而发生的费用。其借方登记企业发生的各项财务费用；贷方登记发生的冲减财务费用的利息收入、汇兑收益以及现金折扣。期末，应将本账户的余额全部转入“本年利润”账户，结转后应无余额。本账户应按财务费用项目设置明细账户进行核算。

举例说明期间费用核算的会计处理如下。

【例题12.7.1】2×16年7月，施工企业用银行存款支付咨询费，增值税普通发票注明的价税合计为36 000元。做如下会计分录。

借：管理费用　　36 000

　　贷：银行存款　　36 000

【例题12.7.2】2×16年7月，施工企业接到银行通知，已从企业存款账户划拨本月银行借款利息为10 500元。做如下会计分录。

① 假设营业收入为 1 000 万元，如果业务招待费发生额为 6 万元的情形下，待扣除的业务招待费=6×60%=3.60 万元，待扣除的业务招待费为 3.60 万元（业务招待费扣除限额为 5 万元，则准予扣除的业务招待费=3.60 万元）；如果业务招待费发生额为 12 万元的情形下，待扣除的业务招待费=12×60%=7.20 万元，待扣除的业务招待费为 7.20 万元（业务招待费扣除限额为 5 万元，则准予扣除的业务招待费=5 万元）。

借：财务费用——利息支出　　10 500

　　贷：银行存款　　10 500

【例题12.7.3】2×16年7月，施工企业发生诉讼费为19 500元，已用银行存款支付。做如下会计分录。

借：管理费用　　19 500

　　贷：银行存款　　19 500

【例题12.7.4】2×16年7月，施工企业接到银行通知，本月银行存款利息收入为15 000元，已转入存款账户。做如下会计分录。

借：银行存款　　15 000

　　贷：财务费用——利息收入　　15 000

【例题12.7.5】2×16年7月，由于汇率变动，施工企业外币长期借款发生的汇兑损失为36 500元。做如下会计分录。

借：财务费用——汇兑损失　　36 500

　　贷：长期借款　　36 500

【例题12.7.6】2×16年7月，施工企业分配职工薪酬，其中，行政管理部门管理人员工资为90 000元，福利费为5 200元。做如下会计分录。

借：管理费用　　95 200

　　贷：应付职工薪酬——工资　　90 000

　　　　　　　　　——职工福利　　5 200

【例题12.7.7】期末，将本期发生的管理费用和财务费用全部转入"本年利润"账户。做如下会计分录。

借：本年利润　　182 700

　　贷：管理费用　　150 700

　　　　财务费用　　32 000

【知识扩展】浅谈施工企业成本控制存在的问题及对策。欲了解更多知识，请扫描二维码。

思考与练习

一、简答题

1. 如何理解费用的含义及特征？
2. 费用的分类方法主要有哪几种？
3. 简述成本、费用核算的基本要求。
4. 工程成本核算对象的确定方法主要有几种？
5. 简述工程成本核算的一般程序。
6. 期间费用包括哪些内容？如何进行期间费用的核算？

二、计算题

1. 施工企业本月第一工区施工机械领用燃料的计划成本为135 000元，应负担的材料成本差异为4%。要求：根据上述资料，编制相应的会计分录。

2. 施工企业当月领用材料4 527 000元，其中，施工生产用4 500 000元，行政管理部门用27 000元。本月材料成本差异率为-2%。

要求：根据上述资料，编制相应的会计分录。

3. 2×16年7月施工企业承担A、B两项工程，发生如下经济业务。

（1）企业实行计时工资制度，人工费资料如表12-10所示。

表 12-10 人工费分配表（计时工资）

2×16 年 7 月

单位：元

工程成本核算对象	实际用工数（工日）	平均日工资（元/工日）	应分配工资
A 工程	2 880	66	190 080
B 工程	2 040	45	91 800
合计	4 920		281 880

（2）企业根据所发生的经济业务以及审核无误的各种原始凭证汇总编制了“材料费用分配表”，如表12-11所示。

表 12-11 材料费用分配表

2×16 年 7 月

单位：元

工程成本核算对象	主要材料		结构件		其他材料		合计		周转材料摊销
	计划成本	成本差异	计划成本	成本差异	计划成本	成本差异	计划本	成本差异	
A 工程	225 000	2 250	69 300	1 386	29 160	−291.6	323 460	33 44.4	32 400
B 工程	140 400	1 404	20 700	414	23 130	−231.3	184 230	1 586.7	42 300
合计	365 400	3 654	90 000	1 800	52 290	−522.9	507 690	4 931.1	74 700

（3）企业有塔吊、挖土机和混凝土搅拌机各一台，根据所发生的经济业务以及审核无误的各种原始凭证编制了“机械使用费分配表”，如表12-12所示。

表 12-12 机械使用费分配表

2×16 年 7 月

单位：元

工程成本核算对象	塔吊（150 元/台班）		混凝土搅拌机（分配率 25%）		挖土机（3.20 元/台时）		机械使用费合计
	台班	金额	预算机械使用费	金额	台时	金额	
A 工程	5 400	810 000	3 060 000	765 000	40 500	129 600	1 704 600
B 工程	3 060	459 000	2 520 000	630 000	34 200	109 440	1 198 440
合计	8 460	1 269 000	5 580 000	1 395 000	74 700	239 040	2 903 040

（4）企业发生其他直接费为777 600元，已通过银行存款支付，其中，A工程应分摊其他直接费为435 600元，B工程应分摊其他直接费为342 000元。（假设不考虑增值税进项问题）

（5）企业共发生间接费用为567 621元，款项已通过银行支付，假设A、B工程均为建筑工程，根据所发生的经济业务以及审核无误的各种原始凭证编制了“间接费用分配表”，如表12-13所示。（假设不考虑增值税进项问题）

表 12-13 间接费用分配表

2×16 年 7 月

金额单位：元

工程类别	分配标准	分配率（%）	分配金额
A 工程	7 184 835		320 092
B 工程	5 556 006		247 529
合计	12 740 841	4.455 1	567 621

（6）假设2×16年7月，施工企业承担的B工程本月全部完工，工程累计实际成本为2 120 737.7元，累计结算工程价款为2 779 560元，工程合同毛利为658 822.3元，结转已完工程成本。

要求：根据上述资料，编制有关会计分录。

第十三章 收入

【学习目标】

理论目标：掌握建造合同及其分类、合同分立和合并的条件；掌握建造合同收入的内容及确认标准；熟悉销售商品、提供劳务、让渡资产使用权收入的核算内容；了解收入的含义、特征和分类；了解收入核算的基本要求。

技术目标：掌握完工百分比法的具体应用、建造合同收入的核算内容；掌握合同预计损失的会计处理；熟悉销售商品、提供劳务、让渡资产使用权收入的确认方法。

能力目标：掌握根据完工百分比法确认合同收入、合同毛利和合同费用的计算过程及会计处理；熟悉销售商品、提供劳务、让渡资产使用权收入的会计处理。

引例

中南建设的收入

江苏中南建设集团股份有限公司（简称“中南建设”），原名为大连金牛股份有限公司，成立于1998年7月28日，是经大连市人民政府批准，由东北特钢集团、吉林碳素股份有限公司、瓦房店轴承集团有限责任公司、兰州碳素（集团）有限公司、大连华信信托投资股份有限公司和吉林铁合金集团有限公司共同发起设立于江苏省。2000年3月1日公司在深圳上市（A股代码000961），注册资本为11.68亿元。近年来，随着公司实力增长，中南建设的社会声誉稳步提升，2015年首度荣膺江苏省著名商标；获评“中国最具价值地产上市公司”“中国蓝筹地产企业”“房地产企业品牌价值26强”；荣膺美国《工程新闻纪录》(ENR）杂志“全球最大250家工程承包商”第42位；连续入选《财富》杂志“世界500强”，2015年排名为238位，较2014年上升28个名次；入选中国建筑企业500强第9名。

据2015年年报列示，截至2015年12月31日，中南建设营业收入为2 044 965.52万元，2014年同期调整后营业收入为2 179 209.42万元，同比减少6.16%。2015年度建筑施工业务营业收入为753 880.89万元，占本年度营业收入总额的36.87%，与2014年同期下降31.01%。公司发展于具有25年建筑施工实践的工程总承包行业，在进入房地产行业后，公司将建筑施工与房地产开发相结合，成为一家以房地产开发和建筑施工为当前主营业务、并向大数据转型的上市集团公司。根据本集团的内部组织结构、管理要求以及内部报告制度，本集团的经营业务划分为房地产分部、建筑施工分部和物业分部等，这些报告分部是以公司日常内部管理要求的财务信息为基础确定的。2015年，分部间相互抵消前的营业收入分别为1 250 129.62万元、1 002 092.98万元和183 487.74万元。2016年公司将继续以“调结构、降负债”为目标，建筑施工业务计划实现业务收入120亿元。

中南建设对收入的确认符合收入确认标准吗？收入的分类有哪些？收入核算的内容是什么？建造合同完工进度的确定方法有哪些？收入核算应设置哪些账户？如何进行会计处理？相信学完本章的内容，你会找到上述问题的答案。

资料来源：根据中南建设2015年年报整理

收入是企业价值得以实现的标志，在激烈的市场竞争中，只有不断扩大销售规模，增加主营业务收入，企业才能得到发展。通常企业主营业务收入应占营业收入的绝大比重，且应稳定增长。长期以来，营业收入一直是美国著名的《财富》杂志评选“世界 500 强”企业的基准指标。本章将详细讨论施工企业的收入分类、确认和核算内容。

第一节 收入概述

一、收入的含义和特征

收入是指企业在日常活动中所形成的、会导致所有者权益增加的、与所有者投入资本无关的经济利益的总流入。其中，日常活动是指企业为完成其经营目标所从事的经营性活动，以及与之相关的其他活动。按照企业从事的日常活动的性质，这里所涉及的“收入”可分为销售商品收入、提供劳务收入、让渡资产使用权收入和建造合同收入等，是狭义概念上的收入，仅包括营业收入，而广义概念上的收入包括营业收入和利得。

收入有以下 3 个特点。①收入是从施工企业的日常活动中产生，而不是从偶发的交易或事项中产生，是施工企业在施工生产经营活动中，由于结算工程价款或提供劳务以及让渡资产使用权等所形成的经济利益总流入，它是企业在日常经营活动中所产生的收益；②收入可能表现为施工企业资产的增加，也可能表现为施工企业负债的减少，或者二者兼而有之，最终导致企业所有者权益的增加；③收入只包括本施工企业经济利益的流入，不包括为第三方或者客户代收的款项及所有者投入的资本。

二、收入的分类

收入按其在企业中所占的地位分为主营业务收入和其他业务收入。

（一）主营业务收入

主营业务收入也称基本业务收入，是指施工企业为完成其经营目标从事日常主要活动所取得的收入，可以根据企业营业执照上注明的主营业务范围来确定。施工企业是主要从事建筑安装工程施工的企业，因此，施工企业的主营业务收入是建造合同收入。

（二）其他业务收入

其他业务收入也称附营业务收入，是指施工企业为完成其经营目标从事的与日常活动相关的非经常性的、兼营的业务所产生的收入。它具有每笔业务金额一般较小、不经常发生、在企业的收入总额中所占比重较低等特点，具体包括材料销售收入、机械作业收入、无形资产出租收入、固定资产出租收入等。

施工企业收入分类的内容如图 13-1 所示。

三、收入核算的基本要求

（一）施工企业应分清收益、收入和利得的界限

施工企业在会计期间内增加的、除所有者投资以外的经济利益通常称为收益，包括收入和利得。由于收入是企业在日常活动中所形成的，因此收入属于企业主要的、经常性的经济利益流入。

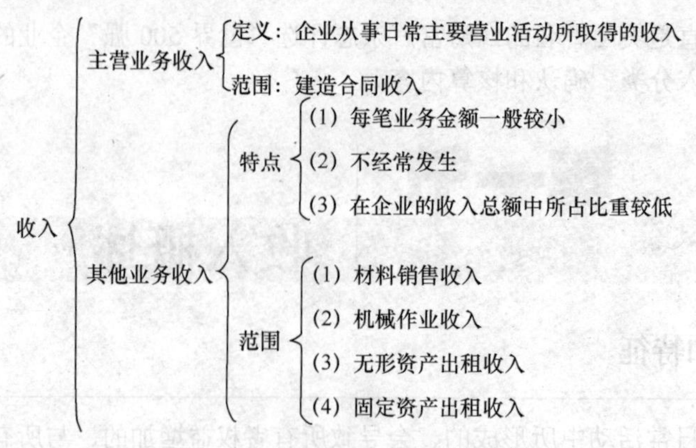

图 13-1　施工企业收入分类图

利得是指收入以外的其他收益，通常从偶发的经济业务中取得，属于不经过经营过程就能取得的或不曾期望获得的、会导致所有者权益增加的、与所有者投入资本无关的收益，如企业接受捐赠取得的资产、因其他企业违约收取的罚款、处置固定资产或无形资产的所有权形成的净收益等。利得属于偶发性的收益，在会计报表中通常以净额反映。

（二）施工企业应正确地确认和计量收入

正确地确认收入是施工企业进行收入核算的基础。施工企业应根据《企业会计准则第 14 号——收入》和《企业会计准则第 15 号——建造合同》中规定的收入确认条件，具体分析每项销售商品、提供劳务、让渡资产使用权和建造合同的交易实质，看其是否满足收入确认条件。如果交易未满足收入确认条件，即使发生也不应确认为收入；如果交易满足收入确认条件，就应该在发生时确认为收入。

（三）施工企业应及时结转与收入相关的成本

为了正确反映每一会计期间的收入、成本和利润情况，施工企业应根据收入和费用配比原则，在确认收入的同时或同一会计期间结转相关的成本。结转成本时应注意两点。一是在收入确认的同一会计期间，相关的成本必须结转；二是如一项交易的收入尚未确定，即使交易已经发生，相关的成本也不能结转。

（四）施工企业应正确计算收入和相关成本税金

施工企业的收入种类很多，包括建造合同收入、材料销售收入、劳务收入、利息收入、使用费收入等，为取得这些收入需发生相关的成本和税金等。为了正确地反映每一项收入和与之相关的成本、税金等，施工企业应按照《企业会计准则》的要求设置相关的收入、成本和税金等账户进行核算。

第二节　建造合同收入的核算

一、建造合同收入核算的内容

施工企业事先与买方签订不可撤销的建造合同，并按建造合同要求进行施工生产，在资产负债表日，按建造合同的结果是否能够可靠估计选择适用的收入确认标准确认收入金额，按建造合同的完工进度确认工程结算收入。

（一）建造合同的含义、特征及分类

1. 建造合同的含义和特征

建造合同，是指施工企业为建造一项或者数项在设计、技术、功能、最终用途等方面密切相关的资产而订立的合同。其中，资产是指房屋、道路、桥梁、水坝等建筑物以及船舶、飞机、大型机械设备等。所建造的资产从其功能和最终用途来看，可以分为两类。一类是建成后就可以投入使用和单独发挥作用的单项工程，如房屋、道路、桥梁、船舶等；另一类是在设计、技术、功能和最终用途等方面密切相关的、由数项资产构成的建设项目，只有这些资产全部建成投入使用时，才能整体发挥效益。如承建一个发电厂，该项目由锅炉房、发电室、冷却塔等几个单项工程构成，只有各单项工程全部建成投入使用时，发电厂才能正常运转和发电。

建造合同属于经济合同范畴，但它不同于一般的材料采购合同和劳务合同，是其自身的特征，主要表现在以下 4 个方面。

第一，先有买主，即客户；后有标底，即资产。建造资产的造价在签订合同时已经确定。

第二，资产的建设期长，一般要跨越一个会计年度，有的甚至长达数年。施工企业为了能够及时反映各年度的经营成果和财务状况，一般情况下，不能等到合同工程完工时才确认收入和费用，而应按照权责发生制的要求，遵循配比原则，在合同实施过程中，按照一定的方法，合理地确认各个会计年度的收入和费用。

第三，所建造的资产体积大，价值高。

第四，建造合同一般为不可撤销的合同。

2. 建造合同分类

建造合同通常分为两类，即固定造价合同和成本加成合同。

（1）固定造价合同，是指按照固定的合同价或固定单价确定工程价款的建造合同。固定造价合同的风险主要由建造承包方承担。

（2）成本加成合同，是指以合同约定或其他方式议定的成本为基础，加上该成本的一定比例或定额费用确定工程价款的建造合同。成本加成合同的风险则主要由发包方承担。

（二）合同分立与合并

一组建造合同是合并为一项合同进行会计处理，还是将单项合同分立为多项合同分别进行会计处理，对施工企业正确核算建造合同的损益将产生重大影响。

一般情况下，施工企业应以所订立的单项合同为对象，分别计量和确认各单项合同的收入、费用和利润。如果一项合同包括建造多项资产，施工企业应按《企业会计准则第 15 号——建造合同》规定的合同分立原则，确定建造合同的会计核算对象；如果为建造一项或数项资产而签订一组合同，施工企业应按准则规定的合同合并原则，确定建造合同的会计核算对象；如果追加合同还应具体情况具体分析。

1. 合同分立

施工企业在资产建造时，虽然形式上只签订了一项合同，但其中各项资产在商务谈判、设计施工、价款结算等方面都是可以相互分离的，实质上是多项合同，在会计上应当作为不同的核算对象。如果一项建造合同包括建造多项资产，在同时具备下列条件的情况下，每项资产应分立为单项合同处理。

（1）每项资产均有独立的建造计划；

（2）建造承包商与客户就每项资产单独进行谈判，双方能够接受或拒绝与每项资产有关的合同条款；

（3）每项资产的收入和成本可以单独辨认。

如果不同时具备上述 3 个条件，则不能将建造合同进行分立，而仍应将其作为一项合同进行会计处理。

【例题13.2.1】2×16年7月，甲施工企业与乙学校签订一项建造合同。该合同规定，施工企业为其建造一栋图书馆和一栋学生宿舍。在签订合同时，施工企业与学校分别就所建图书馆和学生宿舍进行谈判，并达成一致意见。图书馆的工程造价为16 200万元，学生宿舍的工程造价为5 670万元。图书馆和学生宿舍均有独立的施工图预算，图书馆的预算成本为15 120万元，学生宿舍的预算成本为4 860万元。

根据上述资料分析，由于图书馆和学生宿舍均有独立的施工图预算，表明符合条件（1）。由于在签订合同时，甲施工企业与乙学校分别就所建图书馆和学生宿舍进行谈判，并达成一致意见，表明符合条件（2）。由于图书馆和学生宿舍均有单独的造价和预算成本，表明符合条件（3）。由于该项建造合同同时符合合同分立的3个条件，甲施工企业应将建造图书馆和学生宿舍分立为两个单项合同进行会计处理。

假如在该项建造合同中没有明确规定图书馆和学生宿舍各自的工程造价，而是以21 870万元的总金额签订了该项合同，也未做出各自的预算成本。这时不符合条件（3），则甲施工企业不能将该项建造合同分立为两个单项合同，而应作为一个单项合同进行会计处理。

2. 合同合并

有的资产建造虽然形式上签订了多项合同，但各项资产在设计、技术、功能、最终用途上是密不可分的，实质上是一项合同，在会计上应当作为一个核算对象。一组合同无论对应单个客户还是多个客户，在同时具备下列条件的情况下，应合并为单项合同处理。

（1）该组合同按一揽子交易签订；

（2）该组合同密切相关，每项合同实际上已构成一项综合利润率工程的组成部分；

（3）该组合同同时或依次履行。

如果不同时具备上述 3 个条件，则不能将该组合同进行合并，而应以各单项合同进行会计处理。

【例题13.2.2】2×16年6月，为承包建造一个冶炼厂，A施工企业与客户一揽子签订了3项建造合同，这3项合同分别是建造一个选矿车间、一个冶炼车间和一个工业污水处理系统。根据合同规定，这3个工程将由该施工企业同时施工，并根据整个项目的施工进度办理价款结算。根据上述资料分析，由于这3项建造合同是一揽子签订的，表明符合条件（1）。对客户而言，只有这3项合同全部完工交付使用时，该冶炼厂才能投料生产，发挥效益。对A施工企业而言，这3项合同的各自完工进度直接关系到整个建设项目的完工进度和价款结算。由于在同一施工地点同时施工，施工企业对工程施工人员和工程用料实行统一管理。因此，该组合同密切相关，已构成一项综合利润率工程项目，表明符合条件（2）。该组合同同时履行，表明符合条件（3）。由于这3项建造合同同时符合合同合并的3个条件，因此A施工企业应将该组合同合并为一个合同进行会计处理，统一核算该组合同的损益。

3. 追加资产的建造

施工企业在建造合同执行过程中，还可能会发生客户提出追加建造资产的要求，从而协商变更原合同内容或者另行签订建造追加资产的合同。根据不同情况，建造追加资产的合同可能与原合同合并为一项合同进行会计核算，也可能作为单项合同单独核算。

追加资产的建造，满足下列条件之一的，应当作为单项合同。①该追加资产在设计、技术或功能上与原合同包括的一项或数项资产存在重大差异；②议定该追加资产的造价时，不需要考虑原合同价款。

【例题13.2.3】2×16年7月，某施工企业与客户签订了一项建造合同。合同规定，该施工企业为客户设计并建造一栋办公楼，办公楼的工程造价为9 600万元，预计总成本为8 880万元。合同履行一段时间后，客户决定追加建造一座食堂，并与该施工企业协商一致，变更了原合同内容。根据上述资料分析，由于该食堂在设计、技术和功能上与原合同包括的办公楼存在重大差异，表明符合条件（1），因此该追加资产的建造应当作为单项合同。

（三）合同收入的内容及确认标准

建造工程合同收入主要包括以下两部分内容。

1. 合同中规定的初始收入

合同中规定的初始收入，是指施工企业与发包商在双方签订的合同中最初商定的合同总金额，它构成了合同收入的基本内容。

2. 因合同变更、索赔、奖励等形成的收入

因合同变更、索赔、奖励等形成的收入并不构成合同双方在签订合同时已在合同中商定的合同总金额，而是在执行合同过程中由于合同变更、索赔、奖励等原因而形成的追加收入。施工企业不能随意确认这部分收入，只有在符合规定时这部分收入才能构成合同总收入，否则，可作为价外费用，与合同收入一并计缴增值税。

合同变更，是指客户为改变合同规定的作业内容而提出的调整。施工企业只有在客户能够认可因变更而增加的收入，并且该收入能够可靠地计量时，才能将因合同变更而增加的收入予以确认。

索赔款，是指因发包商或第三方的原因造成的、由施工企业向发包商或第三方收取的、用以补偿不包括在合同造价中成本的款项。施工企业只有在根据谈判情况，预计对方能够同意该项索赔，并且对方同意接受的金额能够可靠计量的情况下，才能将因索赔款而形成的收入予以确认。施工企业收到的索赔款属于价外费用，应征收增值税。

奖励款，是指工程达到或超过规定的标准时，客户同意支付给施工企业的额外款项。施工企业应当根据目前合同完成情况，足以判断工程进度和工程质量能够达到或超过既定的标准，并且奖励金额能够可靠地计量时，才能将因奖励而形成的收入予以确认。施工企业收到的奖励款属于价外费用，应征收增值税。

（四）合同成本的内容

施工企业建造工程合同成本是指为建造某项合同而发生的相关费用，包括从合同签订开始至合同完成为止所发生的、与执行合同有关的直接费用和间接费用。

直接费用是指施工企业为完成合同所发生的、可以直接计入合同成本核算对象的各项费用支出，具体包括工程施工过程中耗用的人工费用、材料费用、机械使用费和其他直接费用。间接费用是指施工企业指为完成合同所发生的、不宜直接归属于合同成本核算对象而应分配计入有关合同成本核算对象的各项费用支出，包括临时设施摊销费用和施工企业下属的工区、施工队及项目经理部等为组织和管理施工生产活动所发生的费用。

（五）合同收入与合同费用的确认和计量

对建造合同收入与合同费用进行确认和计量，应首先判断建造合同的结果能否能够可靠地估计，然后再根据具体情况进行处理。

1. 建造合同的结果能够可靠地估计的认定标准

如果建造合同的结果能够可靠地估计，施工企业应当根据完工百分比法在资产负债表日确认合同收入和费用。由于建造合同划分为固定造价合同和成本加成合同两种类型，不同类型的建造合同，判断其结果是否能够可靠地估计的前提条件也不同。

（1）固定造价合同的结果能够可靠地估计应具备的条件。

固定造价合同的结果能够可靠地估计，应同时具备以下 4 个条件。

第一，合同总收入能够可靠地计量。合同总收入一般根据建造承包商与客户签订的合同中的合

同总金额来确定，如果在合同中明确规定了合同总金额，且订立的合同是合法有效的，则合同总收入能够可靠地计量；反之，合同总收入不能可靠地计量。

第二，与合同相关的经济利益很可能流入企业。企业能够收到合同价款，表明与合同相关的经济利益很可能流入企业。合同价款能否收回，取决于客户与建造承包商双方是否都能正常履行合同；如果客户与建造承包商有一方不能正常履行合同，则表明建造承包商可能无法收回工程价款，不满足经济利益很可能流入企业的条件。

第三，合同完工进度和为完成合同尚需发生的成本能够可靠地确定。合同完工进度能够可靠地确定，要求建造承包商已经和正在为完成合同而进行工程施工，并已完成了一定的工程量，达到了一定的工程完工进度，对将要完成的工程量也能够做出科学、可靠的测定。如果建造承包商尚未动工或刚刚开工，尚未形成一定的工程量，对将要完成的工程量不能够做出科学、可靠的测定，则表明合同完工进度不能可靠地确定。为完成合同尚需发生的成本能否可靠地确定，关键在于建造承包商是否已经建立了完善的内部成本核算制度和有效的内部财务预算及报告制度；能否对为完成合同尚需发生的合同成本做出科学、可靠的估计。如果建造承包商已经建立了完善的内部成本核算制度和有效的内部财务预算及报告制度，并对为完成合同尚需发生的合同成本能够做出科学、可靠的估计，则表明建造承包商能够可靠地确定为完成合同尚需发生的成本；反之，则表明建造承包商不能可靠地确定为完成合同尚需发生的成本。

第四，实际发生的合同成本能够清楚地区分和可靠地计量。实际发生的合同成本能否清楚地区分和可靠地计量，关键在于建造承包商能否做好建造合同成本核算的各项基础工作和准确计算合同成本。如果建造承包商能够做好建造合同成本核算的各项基础工作，准确核算实际发生的合同成本，划清当期成本与下期成本的界限、不同成本核算对象之间成本的界限、未完合同成本与已完合同成本的界限，则说明实际发生的合同成本能够清楚地区分和可靠地计量；反之，则说明实际发生的合同成本不能够清楚地区分和可靠地计量。

（2）成本加成合同的结果能够可靠地估计应具备的条件。

成本加成合同的结果能够可靠地估计，应同时具备以下两个条件。

首先，与合同相关的经济利益很可能流入企业；其次，实际发生的合同成本能够清楚地区分并且能够可靠地计量。

对成本加成合同而言，合同成本的组成内容一般已在合同中进行了相应规定，合同成本是确定其合同造价的基础，也是确定其完工进度的重要依据，因此要求其实际发生的合同成本能够清楚地区分和可靠地计量。

2. 建造合同的结果不能可靠地估计时合同收入与合同费用的确认和计量

如果建造合同的结果不能可靠地估计，则不能采用完工百分比法确认和计量合同收入和费用，而应当区别以下两种情况进行处理。

（1）合同成本能够收回的，合同收入根据能够收回的实际合同成本加以确认，合同成本在其发生的当期确认为合同费用；

（2）合同成本不可能收回的，应当在发生时立即确认为合同费用，不确认合同收入。

【例题13.2.4】2×16年7月，一般纳税人施工企业与客户签订了一项固定造价合同，合同总金额为1 200万元（含税），2×16年实际发生的工程成本为555万元，双方均能履行合同规定的义务，但该施工企业在该年年末无法可靠地确定该项工程的完工进度。已知施工企业的增值税税率为11%。

本例中，该施工企业2×16年不能采用完工百分比法确认收入。由于客户能够履行合同，当年发生的成本均能收回，所以该施工企业可将当年发生的成本全额同时确认为当年的收入和费用，当年不确认利润。做如下会计分录。

借：主营业务成本　　5 550 000

　贷：主营业务收入　　5 000 000

　　应交税费——应交增值税（销项税额）　　550 000

如果该施工企业2×16年与客户只办理价款结算444万元，其余款项可能收不回来。在这种情况下，该施工企业只能将444万元确认为当年的含税收入，555万元确认为当年的费用。做如下会计分录。

借：主营业务成本　　5 550 000

　贷：主营业务收入　　4 000 000

　　应交税费——应交增值税（销项税额）　　440 000

　　工程施工——合同毛利　　1 110 000

3. 合同预计损失的确认和处理

施工企业正在建造的资产，类似于工业企业的在产品，性质上属于施工企业的存货，期末应当对其进行减值测试。如果建造合同的预计总成本超过合同总收入，则形成合同预计损失，应提取损失准备，并确认为当期费用。合同完工时，将已提取的损失准备冲减合同费用。

需要指出的是，如果使建造合同的结果不能可靠估计的不确定因素不复存在时，应当按照建造合同的结果能够可靠估计的确认条件，改为完工百分比法确认合同收入和合同费用。

（六）完工百分比法及其应用

施工企业应用完工百分比法时，首先应确定建造合同的完工进度，计算完工百分比；然后再根据完工百分比计量和确认当期的合同收入和合同费用。

1. 确定建造合同完工进度的方法

施工企业确定合同完工进度可以选择以下 3 种方法。

（1）根据累计实际发生的合同成本占合同预计总成本的比例确定。

根据累计实际发生的合同成本占合同预计总成本的比例确定合同完工进度的方法，是确定合同完工进度较常用的方法。其计算公式如下。

$$合同完工进度=\frac{累计实际发生的合同成本}{合同预计总成本}\times100\%$$

【例题13.2.5】2×16年7月，一般纳税人施工企业签订了一项固定造价合同，合同总金额为54 000万元（含税），合同完工进度按照累计实际发生的合同成本占合同预计总成本的比例确定，合同规定的建设期为2年。假定2×16年度，实际发生的合同成本为18 360万元，年末预计为完成合同尚需发生成本29 700万元；2×17年度，实际发生的合同成本为25 650万元，年末预计为完成合同尚需发生成本8 640万元。已知施工企业的增值税税率为11%。计算合同完工进度如下。

2×16 年度合同完工进度=18 360÷（18 360+29 700）×100%=38.20%

2×17 年度合同完工进度=（18 360+25 650）÷（18 360+25 650+8 640）×100%=83.59%

当采用累计实际发生的合同成本占合同预计总成本的比例确定合同完工进度时，累计实际发生的合同成本实际上是形成工程完工进度的工程实体和工作量所耗用的直接费用和间接费用，不包括与合同未来活动相关的合同成本（如施工中尚未安装、使用或耗用的材料成本）以及在分包工程的工作量完成之前预付给分包单位的款项（根据分包工程进度支付的分包工程款，应构成累计发生的合同成本）。

需要注意，按照营改增财税〔2016〕36 号文件规定，一般纳税人跨县（市）提供建筑服务，适用一般计税方法计税的，应以取得的全部价款和价外费用为销售额计算应纳税额。纳税人应以取得的全部价款和价外费用扣除支付的分包款后的余额，按照 2%的预征率在建筑服务发生地预缴税款后，向机构所在地主管税务机关进行纳税申报。即纳税人跨县市提供建筑服务，有分包的，实行项目地总包额扣除分包额，差额2%预缴即“差额÷（1+11%）×2%”，在机构所在地按照总承包额全额11%申报，即以取得的全部价款和价外费用为销售额计算的销项税额扣减预缴的增值税及进项税额后缴纳。但一般纳税人非跨县（市）提供建筑服务，采用一般计税方法计税的，不适用预缴税款方式。有分包的，分包额不能从总包价款中扣除。能从分包方取得增值税专用发票的，应凭分包方取得增值税专用发票的进项税额抵扣。即以取得的全部价款和价外费用为销售额计算的销项税额抵减进项税额，申报纳税。

【例题13.2.6】2×16年7月，一般纳税人施工企业承建A工程，工期2年，工程开工时预计A工程的总成本为48 600万元。假定2×16年年末，该施工企业的“工程施工——A工程”账户的实际发生额为36 450万元。其中，人工费8 640万元，材料费19 980万元，机械使用费2 970万元，其他直接费用和工程间接费用4 860万元。经查明，A工程领用的材料中有一批虽然已经运到施工现场但尚未使用，尚未使用的材料成本为4 860万元。计算2×16年度的完工进度如下。

2×16 年度合同完工进度=（36 450−4 860）÷48 600×100%＝65%

材料从仓库运抵施工现场，如果尚未安装、使用或耗用，则没有形成工程实体。因此，为保证确定完工进度的可靠性，不应将这部分成本计入累计实际发生的合同成本中来确定完工进度。

【例题13.2.7】2×16年6月，一般纳税人施工企业与建设单位一揽子签订了一项建造合同，承建甲、乙两项工程，该项合同的甲、乙两项工程密切相关，建设单位要求同时施工，一起交工，建造周期为2年。合同规定的总金额为94 500万元（含税）。该施工企业决定甲工程由自己施工，乙工程以32 400万元的合同金额分包给B建筑公司承建，该施工企业已与B建筑公司签订了分包合同。已知施工企业的增值税税率为11%。

假定2×16年年底，该施工企业自行施工的甲工程实际发生的工程成本为37 260万元，预计为完成工程尚需发生的工程成本为13 500万元；该施工企业根据B公司分包的乙工程的完工进度，向B建筑公司支付了乙工程的进度款20 250万元，并向B建筑公司预付了下年度备料款4 860万元。根据上述材料，该施工企业计算确定该项建造合同2×16年的完工进度如下。

2×16 年度合同完工进度=（37 260+20 250）÷（37 260+13 500+32 400）×100%＝69.16%

对总承包商来说，分包工程是其承建的总体工程的一部分，分包工程的工作量也是其总体工程的工作量。总承包商在确定总体工程的完工进度时，应考虑分包工程的完工进度。在分包工程的工作量完成之前预付给分包单位的款项虽然是总承包商的一项资金支出，但是该项支出并没有形成相应的工作量，因此不应将这部分支出计入累计实际发生的合同成本中来确定完工进度。但是，根据分包工程进度支付的分包工程进度款，应构成累计实际发生的合同成本。

（2）根据已经完成的合同工作量占合同预计总工作量的比例确定。

根据已经完成的合同工作量占合同预计总工作量的比例确定合同完工进度的方法，适用于合同工作量容易确定的建造合同，如道路工程、土石方挖掘、砌筑工程等。其计算公式如下。

$$合同完工进度=\frac{已经完成的合同工作量}{合同预计总工作量}\times 100\%$$

【例题13.2.8】2×16年6月，一般纳税人施工企业与某交通局签订了一项修建一条5 400公里公路的建造合同，合同规定的工程总价款为486 000万元（含税），建造周期为3年。假定该施工企业于2×16年修建完成了1 890公里，2×17年修建完成了2 295公里。已知施工企业的增值税税率为11%。分别计算前两年的合同完工进度如下。

2×16 年度合同完工进度=1 890÷5 400×100%＝35%

2×17 年度合同完工进度=（1 890+2 295）÷5 400×100%＝77.50%

（3）根据实际测定的完工进度确定。

根据实际测定的完工进度确定合同完工进度的方法，是在无法根据上述两种方法确定合同完工进度时而采用的一种特殊的技术测量方法。适用于一些特殊的建造合同，如水下施工工程等。需要强调的是，这种技术测量并不是由施工企业自行随意测定，而应由专业人员现场进行科学测定。

【例题13.2.9】 2×16年6月，一般纳税人施工企业承建一项水下作业工程，假定在2×16年12月31日，经专业人员现场测定，已完工作量已达合同总工作量的75%。则该合同的完工进度为75%。

2. 根据完工百分比确认合同收入和合同费用

施工企业当期完成的建造合同，应按实际合同总收入减去以前会计年度累计已确认的收入后的余额作为当期的合同收入，按累计实际发生的合同成本减去以前会计年度累计已确认的费用后的余额作为当期的合同费用，同时按合同总收入与合同总成本的差额乘以完工进度再减去以前会计年度累计已确认的毛利后的余额作为当期的合同毛利。即施工企业根据完工百分比法确认和计量当期的合同收入和合同费用包括以下 3 个方面的内容。

（1）首先应确认当期的合同收入。

对于当期完成的建造合同，应当按照实际合同总收入扣除以前会计期间累计已确认收入后的金额，确认为当期合同收入。其计算公式如下。

当期确认的合同收入=合同总收入×完工进度-以前会计年度累计已确认的收入

（2）其次应确认当期的合同费用。

对于当期完成的建造合同，应当按照累计实际发生的合同成本扣除以前会计期间累计已确认费用后的金额，确认为当期合同费用。其计算公式如下。

当期确认的合同费用=合同预计总成本×完工进度-以前会计年度累计已确认的成本

（3）最后确认当期的合同毛利。

对于当期完成的建造合同，应当按照当期确认的合同收入扣除当期确认的合同费用后的金额，确认为当期合同毛利。其计算公式如下。

当期确认的合同毛利=当期确认的合同总收入-当期确认的合同费用

需要强调的是，以上公式中涉及的完工进度，都是指累计完工进度。

【例题13.2.10】 2×16年6月，一般纳税人施工企业与客户签订了一项固定造价合同，合同总金额为59 940万元（含税）。合同规定建造周期为3年。假定经计算确定第一年完工进度为25%，第二年完工进度已达80%，并且前两年的合同预计总成本均为40 500万元。第三年工程全部完工，累计实际发生合同成本为36 450万元。已知施工企业增值税税率为11%。计算该施工企业各期确认的合同收入和费用如下。

第一年：

确认的含税合同收入=59 940×25%=14 985（万元）

确认的增值税税额=14 985÷（1+11%）×11%=1 485（万元）

确认的合同费用=40 500×25%=10 125（万元）

确认的合同毛利=14 985-10 125=4 860（万元）

第二年：

确认的含税合同收入=59 940×80%- 14 985=32 967（万元）

确认的增值税税额=32 967÷（1+11%）×11%=3 267（万元）

确认的合同费用=40 500×80%-10 125=22 275（万元）

确认的合同毛利=32 967-22 275=10 692（万元）

第三年：

确认的含税合同收入=59 940-（14 985 + 32 967）=11 988（万元）

确认的增值税税额=11 988÷（1+11%）×11%=1 188（万元）

确认的合同费用=36 450-（10 125 +22 275）=4 050（万元）

确认的合同毛利=11 988-4 050=7 938（万元）

二、建造合同收入核算应设置的账户及其会计处理

为了真实、准确、及时、系统地核算和反映实施建造合同所发生的各项经济业务，施工企业应根据实施建造合同所发生的经济业务，准确、及时地登记合同发生的实际成本、已办理结算的工程价款和实际已收取的工程价款，并根据工程施工进展情况，准确地确定合同完工进度，计量和确认当期的合同收入和合同费用。如果建造合同预计发生亏损，还应计提损失准备。因此，施工企业应设置“工程施工”“工程结算”“应收账款”“主营业务收入”“主营业务成本”以及“存货跌价准备”等账户。其中，一些会计账户已经在前面有关章节中涉及，本节只介绍前面章节未曾涉及的相关账户。

（一）“工程结算”账户

“工程结算”账户核算施工企业根据工程施工合同的完工进度向发包方开出工程价款结算单办理结算的价款，它是“工程施工”账户的备抵账户。其贷方登记按照工程价款结算单已向发包方办理工程结算的款项；借方登记建造合同完成后与“工程施工”账户对冲结清账户的款项。期末贷方余额反映施工企业尚未完工工程但已开出工程价款结算单办理结算的款项。本账户应按建造合同设置明细账进行核算。

（二）“主营业务收入”账户

“主营业务收入”账户核算施工企业当期确认的合同收入。其贷方登记施工企业当期确认的建造合同收入；借方登记工程结算款退回、销售折让以及期末结转的主营业务收入。期末，应将本账户余额全部转入“本年利润”账户，结转后应无余额。本账户应按施工合同设置明细账进行核算。

（三）“主营业务成本”账户

“主营业务成本”账户核算施工企业当期确认的合同费用。其借方登记施工企业当期确认的建造合同费用；期末应将本账户的余额全部转入“本年利润”账户，结转后应无余额。本账户应按施工合同设置明细账进行核算。

（四）“营业税金及附加”账户

“营业税金及附加”账户，核算施工企业营业收入应负担的各种税金及附加费，包括按规定应缴纳的城市维护建设税和教育费附加等（不包括应交增值税）。其借方登记施工企业按规定计算的应由营业收入负担的城市维护建设税和教育费附加。期末，应将本账户的余额全部转入“本年利润”账户，结转后应无余额。

此外，施工企业预计合同总成本超过合同总收入而形成合同的预计损失，在“存货跌价准备”账户核算。该账户的核算内容详见本书第 4 章第 5 节“存货期末计价”。

举例说明建造合同收入核算的会计处理如下。

【例题13.2.11】沿用本节【例题13.2.9】的资料，做如下会计分录。

第一年：

借：主营业务成本	101 250 000
工程施工——合同毛利	48 600 000
贷：主营业务收入	135 000 000
应交税费——应交增值税（销项税额）	14 850 000

第二年：

借：主营业务成本　　222 750 000

　　工程施工——合同毛利　　106 920 000

　　贷：主营业务收入　　297 000 000

　　　　应交税费——应交增值税（销项税额）　　32 670 000

第三年：

借：主营业务成本　　40 500 000

　　工程施工——合同毛利　　79 380 000

　　贷：主营业务收入　　108 000 000

　　　　应交税费——应交增值税（销项税额）　　11 880 000

【例题13.2.12】2×16年7月，一般纳税人施工企业与发包商签订了一项合同总金额为14 985万元（含税）的固定造价合同，最初预计总成本为13 486万元。假定2×16年度实际发生成本为9 441万元，预计为完成合同尚需发生成本为6 294万元。假定该合同的结果能够可靠地估计。已知施工企业增值税税率为11%。做如下账务处理。

2×16 年度合同完工进度=9 441÷（9 441+6 294）×100% = 60%

2×16 年度确认的含税合同收入=14 985×60%=8 991（万元）

2×16 年度确认的增值税税额=8 991÷（1+11%）×11%=891（万元）

2×16 年度应确认的合同费用=（9 441 + 6 294）×60%=9 441（万元）

2×16 年度确认的合同毛利=8 991-9 441=-450（万元）

2×16 年度预计合同损失=[（9 441 + 6 294）- 14 985]×（1-60%）=300（万元）

做如下会计分录。

借：主营业务成本　　94 410 000

　　贷：主营业务收入　　81 000 000

　　　　应交税费——应交增值税（销项税额）　　8 910 000

　　　　工程施工——合同毛利　　4 500 000

同时

借：资产减值损失　　3 000 000

　　贷：存货跌价准备——合同预计损失准备　　3 000 000

【例题13.2.13】2×16年6月，一般纳税人施工企业与客户签订了一项固定造价合同，合同规定的工期为3年，已知施工企业的增值税税率为11%。有关资料假定如表13-1所示。

表 13-1　　建造合同资料表　　单位：元

项目	第一年	第二年	第三年	合计
合同总价款（含税）				359 640 000
实际发生成本	72 900 000	118 908 000	91 692 000	283 500 000
估计至完工尚需投入成本	170 100 000	107 892 000		
开出账单金额	64 800 000	113 400 000	145 800 000	324 000 000
实际收到款项	48 600 000	105 300 000	170 100 000	324 000 000

按照完工百分比法确认的各年收入、费用、毛利以及完工进度如表13-2所示。

表 13-2　　按照完工百分比法确认的相关数据表　　单位：元

项目	第一年	第二年	第三年
合同总价款（含税）	359 640 000	359 640 000	359 640 000
至本期止实际发生成本	72 900 000	191 808 000	283 500 000
加：估计至完工尚需投入成本	170 100 000	107 892 000	
估计合同总成本	243 000 000	299 700 000	283 500 000
估计合同毛利	602 640 000	59 940 000	76 140 000
完工进度	30%	64%	100%
本期累计应确认含税收入	107 892 000	230 169 600	359 640 000
本期应确认含税收入	107 892 000	122 277 600	129 470 400
本期确认的增值税税额	10 692 000	12 117 600	12 830 400

注：第一年的完工进度=72 900 000÷243 000 000×100%=30%

第二年的完工进度=191 808 000÷299 700 000×100%=64%

第三年的完工进度=283 500 000÷283 500 000×100%=100%

做如下会计分录。

第一年：

（1）登记实际发生的合同成本时

借：工程施工——合同成本　　72 900 000

　贷：原材料、应付职工薪酬、机械作业等　　72 900 000

（2）开出账单结算工程价款时

借：应收账款　　64 800 000

　贷：工程结算　　64 800 000

（3）收到工程价款时

借：银行存款　　48 600 000

　贷：应收账款　　48 600 000

（4）确认合同收入和费用时

借：主营业务成本（243 000 000×30%）　　72 900 000

　工程施工——合同毛利　　34 992 000

　贷：主营业务收入[359 640 000×30%÷（1+11%）]　　97 200 000

　　应交税费——应交增值税（销项税额）　　10 692 000

（5）期末，结转本期发生的主营业务收入时

借：主营业务收入——合同收入　　97 200 000

　贷：本年利润　　97 200 000

（6）期末，结转本期发生的主营业务成本时

借：本年利润　　72 900 000

　贷：主营业务成本——合同成本　　72 900 000

第二年：

（1）登记实际发生的合同成本时

借：工程施工——合同成本（191 808 000−72 900 000）　　118 908 000

　贷：原材料、应付职工薪酬、机械作业等　　118 908 000

（2）开出账单结算工程价款时

借：应收账款　113 400 000

　贷：工程结算　113 400 000

（3）收到工程价款时

借：银行存款　105 300 000

　贷：应收账款　105 300 000

（4）确认合同收入和费用时

借：主营业务成本（299 700 000×64%-72 900 000）　118 908 000

　工程施工——合同毛利　3 369 600

　贷：主营业务收入［（359 640 000×64%-107 892 000）÷（1+11%）］　110 160 000

　　应交税费——应交增值税（销项税额）　12 117 600

（5）期末，结转本期发生的主营业务收入时

借：主营业务收入——合同收入　110 160 000

　贷：本年利润　110 160 000

（6）期末，结转本期发生的主营业务成本时

借：本年利润　118 908 000

　贷：主营业务成本——合同成本　118 908 000

第三年：

（1）登记实际发生的合同成本时

借：工程施工——合同成本（283 500 000-191 808 000）　91 692 000

　贷：原材料、应付职工薪酬、机械作业等　91 692 000

（2）开出账单结算工程价款时

借：应收账款　145 800 000

　贷：工程结算　145 800 000

（3）收到工程价款时

借：银行存款　170 100 000

　贷：应收账款　170 100 000

（4）确认合同收入和费用时

借：主营业务成本（283 500 000-191 808 000）　91 692 000

　工程施工——合同毛利　37 778 400

　贷：主营业务收入［（359 640 000×100%-230 169 600）÷（1+11%）］　116 640 000

　　应交税费——应交增值税（销项税额）　12 830 400

（5）工程完工结清“工程施工”和“工程结算”账户

借：工程结算　359 640 000

　贷：工程施工——合同成本　283 500 000

　　——合同毛利　76 140 000

（6）期末，结转本期发生的主营业务收入时

借：主营业务收入——合同收入　116 640 000

　贷：本年利润　116 640 000

（7）期末，结转本期发生的主营业务成本时

借：本年利润　91 692 000

　贷：主营业务成本——合同成本　91 692 000

施工企业通过披露与建造合同有关的信息，如各项合同总金额，确定合同完工进度的方法，各项合同累计已发生成本、累计已确认毛利（或亏损），各项合同已办理结算的价款金额，当期预计损失的原因和金额等，可以真实、完整地反映建造合同收入对施工企业财务状况、经营成果的影响，同时体现了会计核算的相关性、重要性以及成本效益原则。

第三节 销售商品、提供劳务和让渡资产使用权收入的核算

施工企业除了主要从事建筑安装工程施工业务获得建造合同收入以外，还开展其他业务并获得其他业务收入，主要包括材料销售收入、机械作业收入、无形资产出租收入、固定资产出租收入等。施工企业在获得其他业务收入的同时，也会发生与之相关的其他业务成本，主要包括材料销售成本、机械作业支出、无形资产摊销、出租固定资产计提的折旧等。

一、销售商品收入核算的内容

（一）销售商品收入的确认

施工企业将商品对外销售取得收入时，应按照销售商品收入的确认原则执行。销售商品的收入，应当在下列条件均能满足时予以确认。

1. 企业已将商品所有权上的主要风险和报酬转移给购货方

商品所有权上的主要风险是指商品所有者承担该商品价值发生损失的可能性，如商品发生减值、毁损的可能性；商品所有权上的报酬是指商品所有者预期可获得的商品中包括的未来经济利益，如商品价值的增加以及商品的使用所形成的经济利益等。

判断一项商品所有权上的主要风险和报酬是否已转移给购买方，需要关注每项交易的实质而不是形式。通常视以下的不同情况而决定。

（1）大多数情况下，所有权上的风险和报酬伴随着所有权凭证的转移或实物的交付而转移，如大多数零售交易。

（2）某些情况下，企业已将所有权凭证交付给买方但未交付实物，商品所有权上的主要风险和报酬已随之转移，企业只保留商品所有权上的次要风险和报酬，在这种情况下，应视同商品所有权上的所有风险和报酬已经转移给了购买方，如交款提货方式销售商品。

（3）某些情况下，企业已将所有权凭证或实物交付给购买方，但商品所有权上的主要风险和报酬并未转移。企业可能在以下几种情况下保留商品所有权上的主要风险和报酬。第一，企业销售的商品在质量、品种、规格等方面不符合合同规定的要求，又未根据正常的保证条款予以弥补，因而仍负有责任。第二，企业销售商品的收入是否能够取得，取决于买方销售其商品的收入是否能够取得，如代销或寄销商品。第三，企业尚未完成售出商品的安装或检验工作，且此项安装或检验任务是销售合同的重要组成部分。第四，销售合同中规定了由于特定原因购买方有权退货的条款，而企业又不能确定退货的可能性。

2. 企业既没有保留通常与所有权相联系的继续管理权，也没有对已售出的商品实施有效控制

对售出商品实施继续管理，既可能源于仍拥有商品的所有权，也可能与商品的所有权没有关系。如果商品售出后，企业仍保留有与该商品的所有权相联系的继续管理权，则说明此项销售商品交易

没有完成，销售不能成立，不能确认收入。同样，如果商品售出后，企业仍可以对售出的商品实施有效控制，也说明此项销售没有完成，不能确认收入。

3. 与交易相关的收入金额能够可靠地计量

收入确认的基本前提是收入的金额能够可靠地计量。所谓收入的金额能够可靠地计量是指收入的金额能够合理地估计。一般情况下，企业在销售商品时，售价通常已经确定。但有时由于销售过程中的某种不确定因素，可能会出现售价变动的情况，则在新的售价确定前不应该确认为收入。

4. 与交易相关的经济利益很可能流入企业

在销售商品的交易中，与交易相关的经济利益主要表现为销售商品的价款。销售商品的价款能否有把握收回，是收入确认的一个重要条件。企业在销售商品时，如果估计价款收回的可能性不大，即使收入确认的其他条件均已满足，也不应当确认收入。

通常情况下，“很可能”是指发生的概率超过50%的可能性。销售商品的价款能否收回，主要根据企业以前和买方交往的直接经验，或从其他方面取得的信息，或政府的有关政策等进行综合判断。如果货款收回存在较大的不确定性，则应推迟确认收入，直至相关的不确定因素消除。

实务中，施工企业售出的商品符合合同或协议规定的要求，并已将发票账单交付购买方，购买方也承诺付款，即表明销售商品的价款能够收回。如果企业估计价款不能收回的，不确认收入，应提供不能收回的可靠证据；已经收回部分价款的，只将收回的部分确认收入。

5. 相关的已发生或将要发生的成本能够可靠地计量

销售商品的成本在一般情况下是能够合理估计的，但有时也会出现已发生或将要发生的成本不能可靠地计量的情况。在这种情况下，根据收入和费用配比原则，与同一项销售有关的收入和成本应在同一会计期间予以确认。如果成本不能可靠地计量，即使其他条件均已满足，相关的收入也不能确认，已收到的价款应确认为一项负债。

（二）销售商品收入的计量

1. 销售商品收入计量的一般性原则

通常情况下，施工企业应按已收或应收的合同或协议价款，来确定销售商品收入金额。

2. 商业折扣、现金折扣和销售折让的计量

企业销售商品有时也会遇到商业折扣、现金折扣、销售折让等问题，应当分别不同情况进行处理。

（1）商业折扣。商业折扣，是指企业为促进商品销售而在商品标价上给予的价格扣除。销售商品涉及商业折扣的，应按照扣除商业折扣后的金额确定销售商品收入金额。国税发〔1993〕154 号规定，纳税人采取折扣方式销售货物，如果销售额和折扣额在同一张发票上分别注明的，可按折扣后的销售额征收增值税；如果将折扣额另开发票，不论其在财务上如何处理，均不得从销售额中减除折扣额。

（2）现金折扣。现金折扣，是指债权人为鼓励债务人在规定的期限内付款而向债务人提供的债务扣除。销售商品涉及现金折扣的，应按照现金折扣前的金额确定销售商品收入金额；现金折扣在实际发生时计入当期损益。

（3）销售折让。销售折让，是指企业如因售出商品的质量不合格等原因而在售价上给予的减让。对于销售折让，企业应分别不同情况进行处理。第一，已确认收入的售出商品发生销售折让的，通常应当在发生时冲减当期销售商品收入；第二，已确认收入的销售折让属于资产负债表日后事项的，应当按照有关资产负债表日后事项的相关规定进行处理。

企业销售商品，有时会出现分期收款、售后回购、销售退回以及附有销售退回条件的商品销售，也会涉及收入的计量问题。

二、提供劳务收入核算的内容

提供劳务收入的确认和计量，应首先判断提供劳务交易的结果能否可靠地估计，然后再根据具体情况进行处理。

（一）提供劳务交易结果能够可靠估计的劳务收入的确认

企业在资产负债表日提供劳务交易的结果能够可靠估计的，应当采用完工百分比法确认提供劳务收入。具体内容参照本章第2节建造合同收入的核算。

（二）提供劳务交易结果不能可靠估计的劳务收入的确认

在资产负债表日，施工企业如果不能可靠地估计所提供劳务的交易结果，即不能满足上述4个条件中的任何一条时，企业不能采用完工百分比法确认提供劳务收入，应正确预计已经收回或将要收回的款项能弥补多少已经发生的成本，并分别以下情况进行处理。

第一，已经发生的劳务成本预计能够得到补偿的，应按已经发生的能够得到补偿的劳务成本金额确认提供劳务收入，并结转已经发生的劳务成本。

第二，已经发生的劳务成本预计全部不能得到补偿的，应将已经发生的劳务成本计入当期损益，不确认提供劳务收入。

（三）同时销售商品和提供劳务收入的确认

营改增财税〔2016〕36号规定，纳税人兼营销售货物、劳务、服务、无形资产或者不动产，适用不同税率或者征收率的，应当分别核算适用不同税率或者征收率的销售额；未分别核算的，从高适用税率。因此，施工企业既销售商品又提供劳务时，属于兼营行为，如果销售商品部分和提供劳务部分能够区分且能够单独计量的，企业应当分别核算销售商品部分和提供劳务部分，将销售商品的部分作为销售商品处理，将提供劳务的部分作为提供劳务处理；如果销售商品部分和提供劳务部分不能够区分，或虽能区分但不能够单独计量的，企业应当将销售商品部分和提供劳务部分全部按照从高税率作为销售处理。

三、让渡资产使用权收入核算的内容

（一）让渡资产使用权收入包括的内容

让渡资产使用权而发生的收入包括利息收入和使用费收入等。其中，利息收入主要是指金融企业对外贷款形成的利息收入以及同业之间发生往来形成的利息收入等；使用费收入是指企业转让无形资产，如商标权、专利权、专营权、软件、版权等资产的使用权而形成的使用费收入。施工企业通常只涉及使用费收入的核算。

此外，企业对外出租资产收取的租金、进行债权投资收取的利息、进行股权投资取得的现金股利，也构成让渡资产使用权收入，有关的会计处理参照有关租赁、金融工具确认和计量、长期股权投资等内容。

（二）让渡资产使用权收入的确认

让渡资产使用权收入同时满足下列条件的，才能予以确认。

（1）相关的经济利益很可能流入企业；

（2）收入的金额能够可靠地计量。

其具体标准请参见销售商品收入的确认和提供劳务收入的确认。

四、销售商品、提供劳务和让渡资产使用权收入核算应设置的账户及其会计处理

为了核算施工企业销售商品、提供劳务和让渡资产使用权等日常活动中所产生的收入以及应结转的相关成本，应由当月收入负担的税金及附加，施工企业应设置下列有关的会计账户。

（一）“其他业务收入”账户

为了核算企业除主营业务收入以外的其他销售或其他业务的收入，施工企业应设置“其他业务收入”账户。其贷方登记施工企业取得的各项其他业务收入。期末，应将本账户的余额全部转入“本年利润”账户，结转后应无余额。本账户应按其他业务的种类设置明细账户进行核算，如设置“材料销售收入”“机械作业收入”“无形资产出租收入”“固定资产出租收入”等明细账户。

（二）“其他业务成本”账户

为了核算施工企业除主营业务成本以外的其他销售或其他业务的成本，包括销售材料成本、出租固定资产的折旧额、出租无形资产的摊销额等，施工企业应设置“其他业务成本”账户。其借方登记施工企业发生的其他业务成本。期末，应将本账户余额全部转入“本年利润”账户，结转后应无余额。本账户应按其他业务的种类设置明细账户进行核算，如设置“材料销售成本”“出租无形资产摊销”“出租固定资产折旧”等明细账户。

此外，施工企业应由其他业务收入负担的税金及附加费，如消费税、资源税、城市维护建设税和教育费附加等，在“营业税金及附加”账户核算。该账户的核算内容详见本章第 2 节“建造合同收入的核算”。

举例说明其他业务收入核算的会计处理如下。

【例题13.3.1】2×16年6月，一般纳税人施工企业销售一批工程施工剩余钢材，钢材不含税收入为2 970 000元，增值税税率为17%，钢材已发出，货款全部收讫并存入银行。该批材料计划成本为3 240 000元，应分担的材料成本差异为借方差额64 800元。假设该施工企业能够分别准确核算兼营业务各项收入。做如下会计分录。

借：银行存款　　3 474 900
　　贷：其他业务收入——材料销售收入　　2 970 000
　　　　应交税费——应交增值税（销项税额）　　504 900

同时

借：其他业务成本——材料销售成本　　3 304 800
　　贷：原材料　　3 240 000
　　　　材料成本差异　　64 800

【例题 13.3.2】2×16 年一般纳税人施工企业转让一项非专利技术的使用权，取得使用费和技术指导费收入为 4 050 000 元（含税），已存入银行，无形资产每期摊销额为 540 000 元。按照财税〔2016〕36 号文件，纳税人提供技术转让、技术开发和与之相关的技术咨询、技术服务，符合条件的，免征增值税。假设该企业转让非专利技术符合免税条件，增值税税率为 6%。做如下会计分录。

（1）确认收入时

借：银行存款　　4 050 000
　　贷：其他业务收入——无形资产出租收入　　3 820 754.72
　　　　应交税费——应交增值税（销项税额）　　229 245.28

（2）免征增值税时

借：应交税费——应交增值税（减免税款） 229 245.28

　　贷：营业外收入 229 245.28

（3）计提摊销时

借：其他业务成本——出租无形资产摊销 540 000

　　贷：累计摊销 540 000

【知识扩展】2016年建筑业营改增实施细则。欲了解更多知识，请扫描二维码。

思考与练习

一、简答题

1. 什么是收入？收入具有哪些特征？
2. 收入如何分类？施工企业收入的主要构成是什么？
3. 建造合同分立和合并各自应具备的条件有哪些？
4. 判断固定造价合同的结果能否可靠估计的前提条件是什么？
5. 确定建造合同完工进度的方法有哪些？各自有什么特点？
6. 按照完工百分比法如何确认合同收入和合同费用？

二、计算题

1. 2×16年7月，一般纳税人施工企业与客户签订一项建造合同，工期为3年，合同总价款为53 280 000元（含税）。其中第一年相关资料如下。实际发生成本（领用材料）为12 000 000元，估计至完工尚需要投入成本为28 000 000元。已知施工企业的增值税税率为11%。

要求：

（1）计算当年的完工进度；

（2）计算当期合同收入、合同成本，并编制相应的会计分录。

2. 2×16年6月，一般纳税人施工企业将一项非专利技术转让给其他单位使用，使用期限为2年，合同规定每年年初收取使用费为381 600元（含税），第一年的使用费收入已存入银行，该非专利技术每期摊销额为310 000元。按照财税〔2016〕36号文件，纳税人提供技术转让、技术开发和与之相关的技术咨询、技术服务，符合条件的，免征增值税。假设该企业转让非专利技术符合免税条件，增值税税率为6%。

要求：编制相应的会计分录。

3. 2×16年7月，一般纳税人施工企业与发包商签订了一项建造合同，合同总金额为4 773万元（含税），最初预计总成本为4 495.50万元。第一年实际发生成本为2 997万元，预计为完成合同尚需发生成本1 998万元。假定该合同的结果能够可靠地估计。已知施工企业的增值税税率为11%。

要求：计算第一年合同完工进度、合同收入、合同费用、合同毛利、预计合同损失，并编写相应的会计分录。

4. 2×16年7月，一般纳税人施工企业将暂时闲置的一台施工设备出租给其他单位，根据租赁合同规定每年收取租金为266 760元（含税），第一年的租金已经收到，且存入银行。该设备原价为750 000元，年折旧率为12%。已知有形动产租赁服务适用的税率为17%。

要求：编制相应的会计分录。

利润　第十四章

【学习目标】

理论目标：掌握利润形成核算的内容；熟悉利润分配核算的程序；熟悉利润分配核算的内容。

技术目标：掌握营业利润、利润总额的构成和计算；熟悉营业外收入和营业外支出的核算内容；熟悉净利润的计算过程。

能力目标：掌握净利润形成的会计处理和利润分配的会计处理；熟悉营业利润、利润总额和净利润之间的关系。

引例

上海建工集团的利润

上海建工集团股份有限公司（中文简称上海建工），系经上海市人民政府沪府〔1998〕19号文批准，由上海建工（集团）总公司（以下简称“建工总公司”）以及下属的总承包分公司及9家全资子公司的相应资产进行重组，独家发起募集设立的股份有限公司。本公司的母公司为建工总公司，实际控制人为上海市国有资产监督委员会。本公司股票于1998年6月23日在上海证券交易所挂牌上市（A股代码为600170），设立时总股本为537 000 000元，每股面值为1元。截至2015年12月31日，本公司累计发行股本总数为5 943 214 237股，公司注册资本为5 943 214 237元。

本公司及子公司主要从事房屋建筑工程总承包、专业施工、设计、装饰、园林绿化设计施工工程总承包、房地产开发经营、石料开采及混凝土加工制造、市政工程建设项目管理、城市基础设施投资建设项目、成套设备及其他商品贸易、扎拉矿业，以及工程项目管理咨询与劳务派遣。在全球30多个国家和地区承担了近百项工程，不少工程成为当地的标志。自1998年起，公司连续入选美国《工程新闻纪录》（ENR）杂志“全球最大250家国际工程承包商”的前50名，2014年位列11位，2015年排名第12位；连续入选《财富》杂志“世界500强”，2014年排名第47位，在2015年7月22日美国《财富》杂志最新公布的2015年世界500强排行榜中，上海建工再创排名新高，由2014年的第47位跃升2015年的46位，继续保持在世界500强企业的中前列位置；连续入选“中国企业500强”，2015年排名第124位。

据2015年度年报列示，截至2015年12月31日，公司实现营业收入12 543 070.74万元，比上年同期增长8.57%；发生营业总成本12 343 972.83万元，比上年同期增长8.71%；实现营业利润208 854.65万元，比上年同期增长3.39%；实现净利润197 106.50万元，比上年同期增长5.38%，其中归属于母公司所有者的净利润为187 053.64万元，比上年同期增长4.22%。各细分行业的业务均衡发展，各板块业务的毛利水平均较上年有所提高，其中建筑、承包、设计、施工业务营业收入为10 828 111.45万元，营业成本为10 086 285.50万元，实现毛利741 825.95万元，毛利率为6.85%，比上年增长0.12个百分点。根据公司2014年度股东大会决议，公司2014年度的利润分配方案如下。以2014年12月31日总股本4 571 703 259股为基数，10股派送现金2元（含税），每10股转增3股，截至2015年5月13日，本次利润分配已经实施完成。

上海建工的利润是如何形成的？对于所形成的净利润是如何进行分配的？为了核算利润形成和

利润分配设置了哪些账户？与利润相关的业务是如何进行账务处理的？请带着上述问题进行本章的学习，相信学完本章的内容，你会找到上述问题的答案。

资料来源：根据上海建工2015年年报整理

在施工企业生存发展过程中，利润是企业追求的另一个主要目标。本章将详细讨论施工企业的利润形成、利润分配的内容和会计核算。

第一节 利润形成的核算

一、利润形成核算的内容

施工企业作为独立的经济实体，应当以自己的经营收入补偿其成本费用，并且实现盈利。施工企业盈利的大小在很大程度上反映企业生产经营的经济效益，表明企业在每一会计期间的最终经营成果。

利润是指施工企业在一定会计期间的经营成果，包括收入减去费用后的净额、直接计入当期利润的利得和损失等。其中，直接计入当期利润的利得和损失，是指应当计入当期损益、会导致所有者权益发生增减变动的、与所有者投入资本或者向所有者分配利润无关的利得或者损失。利润的形成包括利润总额的形成和净利润的形成两部分。

（一）利润总额的形成

施工企业的利润总额是指营业利润加上营业外收入，减去营业外支出后的金额。

利润总额的形成过程可以用公式来表示。其计算公式如下。

利润总额（或亏损总额）=营业利润+营业外收入-营业外支出

1. 营业利润

营业利润是施工企业利润的主要来源，是营业收入减去营业成本、营业税金及附加、管理费用、财务费用、资产减值损失，加上公允价值变动收益（减去公允价值变动损失）和投资收益（减去投资损失）后的金额。其计算公式如下。

营业利润=营业收入-营业成本-营业税金及附加-管理费用-财务费用-资产减值损失+公允价值变动收益（-公允价值变动损失）+投资收益（-投资损失）

其中，营业收入是指企业经营业务所确认的收入总额，包括主营业务收入和其他业务收入。营业成本是指企业经营业务所发生的实际成本总额，包括主营业务成本和其他业务成本。资产减值损失是指企业计提各项资产减值准备所形成的损失。资产减值的主要对象包括应收及预付款项，存货，对子公司、联营企业和合营企业的长期股权投资，固定资产，无形资产及商誉，金融资产等。企业应当在资产负债表日判断资产是否存在减值迹象。如果资产存在减值迹象，就应进行减值测试，对于发生减值的资产，应按照可收回金额低于账面价值的金额，确认为资产减值损失。需要说明的是，因企业合并所形成的商誉和使用寿命不确定的无形资产，无论是否存在减值迹象，每年都应当进行减值测试。公允价值变动收益（或损失）是指企业交易性金融资产以及其他以公允价值计量的资产或负债由于公允价值变动而形成的应计入当期损益的利得（或损失），主要包括交易性金融资产的公允价值变动、以公允价值计量的投资性房地产的公允价值变动和作为公允价值套期保值工具的衍生金融工具的公允价值变动等。投资收益（或损失）是指企业从事各项对外投资活动取得的收益（或发生的损失）。企业的对外投资主要包括交易性金融资产投资、可供出售金融资产投资、持有至到期投资以及长期股权投资等。

2. 营业外收入和营业外支出

营业外收入和营业外支出是指施工企业发生的与其施工生产经营活动没有直接关系的各项收入和支出。营业外收支虽然与企业生产经营活动没有多大的关系，但从企业主体来考虑，同样带来收益或形成企业的耗费，也是增加或减少利润的因素，对企业的利润总额及净利润产生较大的影响。营业外收入属于利得，营业外支出属于损失。

（1）营业外收入

营业外收入是指企业发生的与其日常活动无直接关系的各项利得。营业外收入并不是由企业经营资金耗费所产生的，不需要企业付出代价，实际上是一种纯收入，不可能也不需要与有关费用进行配比。因此，在会计核算上，应当严格区分营业外收入与营业收入的界限。营业外收入主要包括非流动资产处置利得、非货币性资产交换利得、债务重组利得、政府补助、盘盈利得、捐赠利得等。

① 非流动资产处置利得包括固定资产处置利得和无形资产出售利得。固定资产处置利得，指企业出售固定资产所取得的价款或报废固定资产的材料价值和变价收入等，扣除固定资产的账面价值、清理费用、处置相关税费后的净收益；无形资产出售利得，指企业出售无形资产所取得价款扣除出售无形资产的账面价值、出售相关税费后的净收益。

② 非货币性资产交换利得，指在非货币资产交换中换出资产为固定资产、无形资产的，换入资产公允价值大于换出资产账面价值的差额，扣除相关费用后计入营业外收入的金额。

③ 债务重组利得，指重组债务的账面价值超过清偿债务的现金、非现金资产的公允价值、所转股份的公允价值，或者重组后债务账面价值之间的差额。

④ 盘盈利得，指施工企业对现金等资产清查盘点中盘盈的资产，报经批准后计入营业外收入的金额。

⑤ 政府补助，指企业从政府无偿取得货币性资产或非货币性资产形成的（如财政拨款、财政贴息、先征后退和即征即退的税收返还等），计入当期损益的利得。

⑥ 捐赠利得，指企业接受捐赠产生的利得。

（2）营业外支出

营业外支出是指企业发生的与日常活动无直接关系的各项损失。营业外支出主要包括非流动资产处置损失、非货币性资产交换损失、债务重组损失、公益性捐赠支出、非常损失、盘亏损失等。

① 非流动资产处置损失包括固定资产处置损失和无形资产出售损失。固定资产处置损失，指企业出售固定资产所取得的价款或报废固定资产的材料价值和变价收入等，不足抵补处置固定资产的账面价值、清理费用、处置相关税费后的净损失；无形资产出售损失，指企业出售无形资产所取得的价款，不足抵补出售无形资产的账面价值、出售相关税费后的净损失。

② 非货币性资产交换损失，指在非货币资产交换中换出资产为固定资产、无形资产的，换入资产公允价值小于换出资产账面价值的差额，扣除相关费用后计入营业外支出的金额。

③ 债务重组损失，指重组债权的账面余额超过受让资产的公允价值、所转股份的公允价值，或者重组后债权的账面价值之间的差额。

④ 公益性捐赠支出，指企业通过公益性社会团体或县级以上政府部门对外进行公益性捐赠发生的支出。公益性捐赠支出，不超过年度会计利润总额12%的部分，准予在企业所得税前扣除。

⑤ 非常损失，指企业对于因客观因素（如自然灾害等）造成的损失，在扣除保险公司赔偿后计入营业外支出的净损失。

营业外收入和营业外支出应当分别核算，并在利润表中分列项目反映。营业外收入和营业外支出还应当按照具体收入和支出设置明细项目，进行明细核算。

（二）净利润的形成

净利润是指利润总额减去所得税费用后的金额。施工企业的利润总额在未扣除本期所得税费用之前称为税前利润。税前利润扣除企业本期发生的所得税费用之后的部分称为税后利润，也称净利润，可用计算公式表示如下。

净利润=利润总额-所得税费用

其中，所得税费用是指施工企业按照税法规定计算的，应计入当期损益的所得税费用。

施工企业利润形成核算的内容如图 14-1 所示。

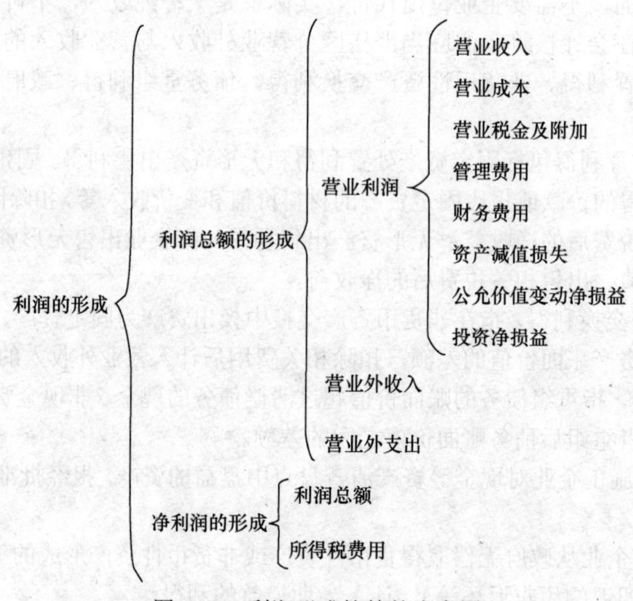

图 14-1 利润形成核算的内容图

二、利润形成核算应设置的账户及其会计处理

为了核算企业利润的形成过程，施工企业应设置“本年利润”账户和一些损益类账户，由于大部分损益类账户已在前面有关章节涉及，因此，本节只介绍前面章节未曾涉及的相关损益类账户。

（一）“营业外收入”账户

为了核算企业发生的与日常施工生产经营活动没有直接关系的各项收入，如非流动资产处置利得、非货币性资产交换利得、债务重组利得、政府补助、捐赠利得等，施工企业应设置“营业外收入”账户。其贷方登记施工企业发生的各项营业外收入。期末，应将本账户余额全部转入“本年利润”账户，结转后应无余额。本账户应按营业外收入项目设置明细账进行核算。

（二）“营业外支出”账户

为了核算企业发生的与日常施工生产经营活动没有直接关系的各项支出，如非流动资产处置损失、非货币性资产交换损失、债务重组损失、公益性捐赠支出、非常损失、盘亏损失等，施工企业应设置“营业外支出”账户。其借方登记企业发生的各项营业外支出。期末，应将本账户余额全部转入“本年利润”账户，结转后应无余额。本账户应按营业外支出项目设置明细账进行核算。

（三）“本年利润”账户

“本年利润”账户核算施工企业实现的净利润（或发生的净亏损）。其贷方登记期末由“主营业务收入”“其他业务收入”“营业外收入”“公允价值变动损益”账户的公允价值变动净收益、“投资收益”账户的投资净收益等转入的数额；借方登记期末由“主营业务成本”“其他业务成本”“营业税金及附加”“管理费用”“财务费用”“资产减值损失”“营业外支出”“所得税费用”“公允价值变动损益”账户的公允价值变动净损失及“投资收益”账户的投资净损失等转入的数额。年度终了，施工企业应将本年收入和支出相抵之后结出“本年利润”账户的余额，如果“本年利润”账户为贷方余额，反映施工企业本年度自年初开始累计实现的净利润；如果为借方余额，反映施工企业本年度自年初开始累计发生的净亏损。无论是实现的净利润还是发生的净亏损，最终都将转入“利润分配——未分配利润”账户，结转后本账户应无余额。

举例说明利润形成核算的会计处理如下。

1. 营业外收支核算的会计处理

【例题14.1.1】2×16年7月，一般纳税人施工企业没收客户的存入保证金押金为149 850元，属于价外费用[①]。已知施工企业的增值税税率为11%。做如下会计分录。

借：其他应付款　　149 850

　贷：营业外收入　　135 000

　　应交税费——应交增值税（销项税额）　　14 850

【例题14.1.2】2×16年7月，施工企业取得与收益相关的政府补助为100 000元，已存入银行，属于企业的不征税收入。做如下会计分录。

借：银行存款　　100 000

　贷：营业外收入——政府补助　　100 000

【例题14.1.3】2×16年7月，一般纳税人施工企业收到客户的违约罚款为599 400元，属于价外费用，已存入银行。已知施工企业的增值税税率为11%。做如下会计分录。

借：银行存款　　599 400

　贷：营业外收入——罚款收入　　540 000

　　应交税费——应交增值税（销项税额）　　59 400

【例题14.1.4】2×16年8月，施工企业因债权人撤销而转销无法支付的应付账款为1 540 000元。做如下会计分录。

借：应付账款　　1 540 000

　贷：营业外收入　　1 540 000

【例题14.1.5】2×16年9月，施工企业用银行存款向A客户支付违约金为27 000元。做如下会计分录。

借：营业外支出——罚款支出　　27 000

　贷：银行存款　　27 000

【例题14.1.6】2×16年9月，施工企业处置因正常原因毁损的机器设备，处理后共发生净损失为810 000元，予以转销。做如下会计分录。

借：营业外支出——处理固定资产净损失　　810 000

　贷：固定资产清理　　810 000

① 价外费用，是指销售方向购买方价外收取的手续费、补贴、基金、集资费、返还利润、奖励费、违约金、滞纳金、延期付款利息、赔偿金、代收款项、代垫款项、罚息及其他各种性质的价外收费，应作为销售额的构成，征收增值税。但不包括同时符合以下条件代为收取的政府性基金或者行政事业性收费。一是由国务院或者财政部批准设立的政府性基金，由国务院或者省级人民政府及其财政、价格主管部门批准设立的行政事业性收费；二是收取时开具省级以上财政部门印制的财政票据；三是所收款项全额上缴财政。

【例题 14.1.7】2×16 年 5 月，施工企业发生一场火灾，固定资产损失为 260 万元，企业受到保险公司的赔偿款为 100 万元。假定不考虑相关税费。做如下会计分录。

借：营业外支出——非常损失　　1 600 000

　　银行存款　　1 000 000

　　贷：待处理财产损溢——待处理固定资产损溢　　2 600 000

2. 本年利润形成核算的会计处理

【例题14.1.8】假定施工企业2×16年度取得主营业务收入为15 000万元，其他业务收入为5 400万元，投资净收益为2 100万元，营业外收入为750万元；发生主营业务成本为10 500万元，其他业务成本为4 200万元，营业税金及附加为180万元，管理费用为1 020万元，财务费用为360万元，资产减值损失为450万元，公允价值变动净损失为300万元，营业外支出为600万元。假定该企业中期不进行利润结转，年末一次结转利润。

根据上述资料，做如下账务处理。

（1）计算2×16年度该企业的利润总额。

营业利润=15 000+5 400+2 100−10 500−4 200−180−1 020−360−450−300=5 490（万元）

利润总额=5 490+750−600=5 640（万元）

（2）假设该企业2×16年度的利润总额与应纳税所得额相等，适用的所得税税率为25%，计算该企业2×16年度的应纳所得税金额。

应纳所得税额=5 640×25%=1 410（万元）

（3）计算2×16年度该企业的净利润。

净利润=5 640−1 410=4 230（万元）

（4）编制结转各损溢类账户余额的会计分录。

借：主营业务收入　　150 000 000

　　其他业务收入　　54 000 000

　　投资收益　　21 000 000

　　营业外收入　　7 500 000

　　贷：本年利润　　232 500 000

借：本年利润　　190 200 000

　　贷：主营业务成本　　105 000 000

　　　　其他业务成本　　42 000 000

　　　　营业税金及附加　　1 800 000

　　　　管理费用　　10 200 000

　　　　财务费用　　3 600 000

　　　　资产减值损失　　4 500 000

　　　　公允价值变动损溢　　3 000 000

　　　　营业外支出　　6 000 000

　　　　所得税费用　　14 100 000

借：本年利润　　40 800 000

　　贷：利润分配——未分配利润　　40 800 000

【例题14.1.9】施工企业在2×16年度决算时，各损溢类账户12月31日的余额如表14-1所示。

表 14-1　　各损益类账户余额表　　单位：元

账户名称	结账前借方余额	结账前贷方余额
主营业务收入		1 620 000 000
主营业务成本	1 134 000 000	
其他业务收入		12 150 000
其他业务成本	9 720 000	
营业税金及附加	226 800 000	
管理费用	153 900 000	
财务费用	57 105 000	
资产减值损失	4 869 000	
公允减值变动损溢		2 205 000
投资收益		3 483 000
营业外收入		30 780 000
营业外支出	37 665 000	
所得税费用	15 583 590	

企业根据上述资料，应做如下会计分录。

（1）结转主营业务收入时

借：主营业务收入　　1 620 000 000

　　贷：本年利润　　1 620 000 000

（2）结转主营业务成本时

借：本年利润　　1 134 000 000

　　贷：主营业务成本　　1 134 000 000

（3）结转其他业务收入时

借：其他业务收入　　12 150 000

　　贷：本年利润　　12 150 000

（4）结转其他业务成本时

借：本年利润　　9 720 000

　　贷：其他业务成本　　9 720 000

（5）结转营业税金及附加时

借：本年利润　　226 800 000

　　贷：营业税金及附加　　226 800 000

（6）结转期间费用时

借：本年利润　　211 005 000

　　贷：管理费用　　153 900 000

　　　　财务费用　　57 105 000

（7）结转资产减值损失时

借：本年利润　　4 869 000

　　贷：资产减值损失　　4 869 000

（8）结转公允价值变动净损益时

借：公允价值变动损溢　　2 205 000

　　贷：本年利润　　2 205 000

（9）结转投资净收益时

借：投资收益 3 483 000

　　贷：本年利润 3 483 000

（10）结转营业外收入时

借：营业外收入 30 780 000

　　贷：本年利润 30 780 000

（11）结转营业外支出时

借：本年利润 37 665 000

　　贷：营业外支出 37 665 000

（12）结转所得税费用时

借：本年利润 15 583 590

　　贷：所得税费用 15 583 590

（13）结转本年净利润时

借：本年利润 28 975 410

　　贷：利润分配——未分配利润 28 975 410

第二节 利润分配的核算

一、利润分配核算的内容

（一）利润分配的内容

利润分配是指施工企业按照国家的有关规定，对当年实现的净利润和以前年度未分配的利润所进行的分配。企业董事会或类似机构决议提请股东大会或类似机构批准的年度利润分配方案（除股票股利分配方案外），在股东大会或类似机构召开会议前，应当将其列入报告年度的利润分配表①。股东大会或类似机构批准的利润分配方案，与董事会或类似机构提请批准的报告年度利润分配方案不一致时，其差额应当调整报告年度财务报表有关项目的年初数。

（二）利润分配的程序

施工企业实现的净利润应按照有关规定进行分配，其分配顺序如下。

1. 弥补以前年度亏损

按照税法的规定，施工企业作为纳税人，如果发生年度亏损的，可以用下一纳税年度的所得弥补，即用所得税前的利润弥补亏损；下一纳税年度的所得不足弥补的，可以逐年延续弥补，但是延续弥补最长不得超过5年。也就是说，企业当期实现的净利润首先应按照规定弥补以前年度亏损。

2. 可供分配的利润及其分配

施工企业本年实现的净利润，加上年初未分配利润（或减去年初未弥补的亏损）和其他转入后的余额，为可供分配的利润。企业可供分配的利润，按下列顺序进行分配。

第一，提取法定盈余公积。法定盈余公积的提取比例，一般为当年实现净利润的10%，但以前年度累计的法定盈余公积达到注册资本的50%时，可以不再提取。

第二，提取任意盈余公积。企业在从净利润中提取法定盈余公积后，经股东大会决议，还可以

① 利润分配表是反映施工企业一定期间对实现净利润的分配或亏损弥补的会计报表，可以在报表附注中编制，详细说明利润分配去向。通过利润分配表，可以了解企业实现净利润的分配情况，了解利润分配的构成，以及年末未分配利润的数据。

再提取任意盈余公积。

3. 可供投资者分配的利润及其分配

可供分配的利润减去应提取的法定盈余公积、任意盈余公积后，为可供投资者分配的利润。可供投资者分配的利润，按下列顺序分配。

第一，应付优先股股利，是指企业按照利润分配方案分配给优先股股东的现金股利。

第二，应付普通股股利，是指企业按照利润分配方案分配给普通股股东的现金股利。企业分配给投资者的利润，也在本项目核算。

第三，转作资本（或股本）的普通股股利，是指企业按照利润分配方案以分派股票股利的形式转作的资本（或股本）。企业以利润转增的资本，也在本项目核算。

4. 未分配利润

可供投资者分配的利润，经过上述分配后，为未分配利润（或未弥补亏损）。未分配利润可留待以后年度进行分配。企业如发生亏损，可以按规定由以后年度利润进行弥补。

企业未分配的利润（或未弥补的亏损）应当在资产负债表的所有者权益项目中单独反映。

施工企业实现的利润和利润分配应当分别核算，利润构成及利润分配各项目应当设置明细账进行明细核算。企业盈余公积补亏、提取的法定盈余公积、提取的任意盈余公积、应付现金股利或利润、转作股本的股利，以及年初未分配利润（或未弥补亏损）、期末未分配利润（或未弥补亏损）等，均应当在利润分配明细表中分别列项予以反映。

二、利润分配核算应设置的账户

为了核算企业利润的分配（或亏损的弥补）和历年分配（或弥补）后的积存余额，施工企业应设置“利润分配”账户，并在该账户下设置以下明细账户进行核算。

（一）“盈余公积补亏”明细账户

“盈余公积补亏”明细账户核算施工企业按照规定用盈余公积弥补的亏损。其贷方登记企业弥补亏损的数额。年终，应将本明细账户的余额全部转入“利润分配——未分配利润”账户，结转后本明细账户应无余额。

（二）“提取法定盈余公积”明细账户

“提取法定盈余公积”明细账户核算施工企业按照规定从净利润中（按照10%的计提比率）提取的法定盈余公积。但公司法定盈余公积金累计额达到公司注册资本的50%时，可以不再提取。其借方登记企业提取的法定盈余公积数额。年终，应将本明细账户的余额全部转入“利润分配——未分配利润”账户，结转后本明细账户应无余额。

（三）“提取任意盈余公积”明细账户

“提取任意盈余公积”明细账户核算施工企业按照股东会决议规定从净利润中提取的任意盈余公积。其借方登记企业提取的任意盈余公积数额。年终，应将本明细账户的余额全部转入“利润分配——未分配利润”账户，结转后本明细账户应无余额。

（四）“应付现金股利或利润”明细账户

“应付现金股利或利润”明细账户核算施工企业按照规定应当分配给股东的现金股利或利润。其借方登记应当分配给股东的现金股利或利润数额。年终，应将本明细账户的余额全部转入“利润分配——未分配利润”账户，结转后本明细账户应无余额。

（五）“转作股本的股利”明细账户

“转作股本的股利”明细账户核算股东大会或类似机构批准的应分配的股票股利或应转增的资本

金额。其借方登记实际分派的股票股利数额和办理转增手续后应转增的资本金额。年终，应将本明细账户的余额全部转入“利润分配——未分配利润”账户，结转后本明细账户应无余额。

（六）“提取储备基金”明细账户

“提取储备基金”明细账户核算外商投资企业按照规定从净利润中提取的储备基金。其借方登记企业提取的储备基金数额。年终，应将本明细账户的余额全部转入“利润分配——未分配利润”账户，结转后本明细账户应无余额。

（七）“提取企业发展基金”明细账户

“提取企业发展基金”明细账户核算外商投资企业按照规定从净利润中提取的企业发展基金。其借方登记企业提取的企业发展基金数额。年终，应将本明细账户的余额全部转入“利润分配——未分配利润”账户，结转后本明细账户应无余额。

（八）“提取职工奖励及福利基金”明细账户

“提取职工奖励及福利基金”明细账户核算外商投资企业按照规定从净利润中提取的职工奖励及福利基金。其借方登记企业提取的职工奖励及福利基金数额。年终，应将本明细账户的余额全部转入“利润分配——未分配利润”账户，结转后本明细账户应无余额。

（九）“未分配利润”明细账户

“未分配利润”明细账户核算施工企业全年实现的净利润（或净亏损）、利润分配和尚未分配利润（或尚未弥补的亏损）以及当股东大会或类似机构批准的利润分配方案与董事会或类似机构提请批准的报告年度利润分配方案不一致时，应按其差额调整批准年度会计报表有关项目的年初数。其贷方登记年度终了由“本年利润”账户借方转入的全年实现的净利润和盈余公积补亏数额以及调整减少的利润分配数额；借方登记年度终了由“本年利润”账户贷方转入的全年发生的净亏损、调整增加的利润分配数额以及年末从“利润分配”各明细账户的贷方转入的数额。年终结转后，本明细账户如为贷方余额，反映企业历年积存的未分配利润；如为借方余额，反映企业历年积存的未弥补亏损。

年终结转后，除“未分配利润”明细账户外，“利润分配”的其他各明细账户应无余额。

三、利润分配核算的会计处理

施工企业在施工生产经营过程中如果发生了亏损，应自“本年利润”账户的贷方转入“利润分配——未分配利润”账户的借方。第二年若实现了净利润，将从“本年利润”账户的借方转入“利润分配——未分配利润”账户的贷方。结转后，“利润分配——未分配利润”账户的贷方发生额与其借方余额自然抵补。因此，施工企业以当年实现的净利润弥补以前年度亏损时，不需要做专门补亏的会计处理。

施工企业发生亏损时的利润分配会计处理流程图如图 14-2 所示。

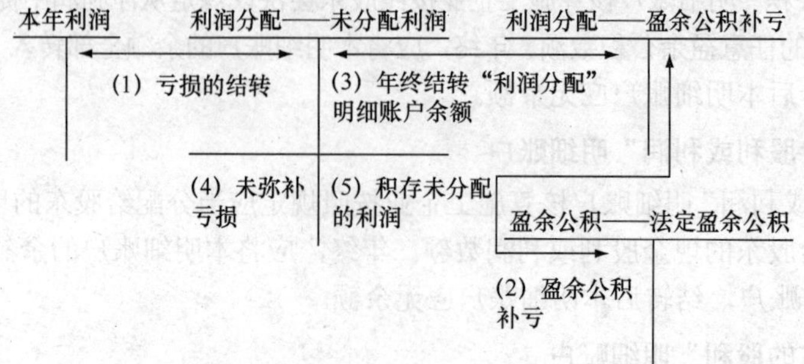

图 14-2　企业发生亏损时的利润分配会计处理流程图

施工企业实现净利润时的利润分配会计处理流程图如图14-3所示。

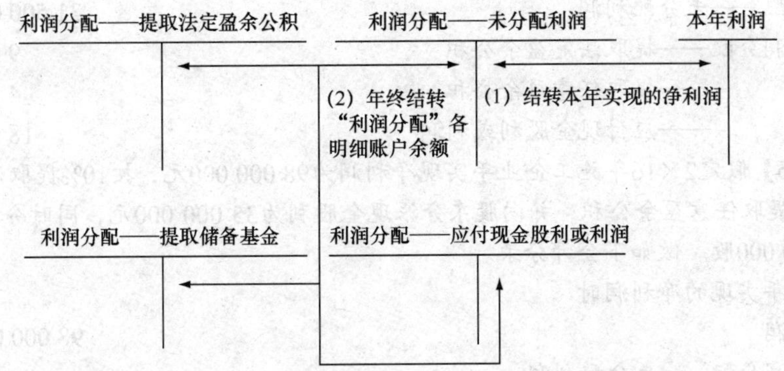

图14-3　企业实现净利润时的利润分配会计处理流程图

现举例说明利润分配核算的会计处理如下。

【例题14.2.1】假定2×16年甲施工企业经营不善发生亏损为5 400 000元。做如下会计分录。

借：利润分配——未分配利润　　5 400 000

　贷：本年利润　　5 400 000

【例题14.2.2】假定2×16年乙施工企业实现利润为10 800 000元。做如下会计分录。

借：本年利润　　10 800 000

　贷：利润分配——未分配利润　　10 800 000

【例题14.2.3】假定2×16年丙施工企业发生亏损为7 200 000元，用盈余公积弥补亏损为1 800 000元，年初未分配利润余额为5 400 000元。做如下会计分录。

（1）结转发生亏损时

借：利润分配——未分配利润　　7 200 000

　贷：本年利润　　7 200 000

（2）用盈余公积弥补亏损时

借：盈余公积——法定盈余公积　　1 800 000

　贷：利润分配——盈余公积补亏　　1 800 000

（3）年终，结转"利润分配"明细账户余额时

借：利润分配——盈余公积补亏　　1 800 000

　贷：利润分配——未分配利润　　1 800 000

【例题14.2.4】假定2×16年丁施工企业实现净利润为90 000 000元，按10%提取法定盈余公积，按5%提取任意盈余公积，并分派现金股利为18 000 000元。做如下会计分录。

（1）结转本年实现的净利润时

借：本年利润　　90 000 000

　贷：利润分配——未分配利润　　90 000 000

（2）提取法定盈余公积和任意盈余公积时

借：利润分配——提取法定盈余公积　　9 000 000

　　　　　——提取任意盈余公积　　4 500 000

　贷：盈余公积——法定盈余公积　　9 000 000

　　　　　——任意盈余公积　　4 500 000

（3）分配现金股利时

借：利润分配——应付现金股利或利润　　18 000 000

　贷：应付股利　　18 000 000

（4）年终，结转“利润分配”明细账户余额时

借：利润分配——未分配利润　31 500 000

　贷：利润分配——提取法定盈余公积　9 000 000

　　——提取任意盈余公积　4 500 000

　　——应付现金股利或利润　18 000 000

【例题14.2.5】假定2×16年施工企业年实现净利润为98 000 000元，按10%提取法定盈余公积，按净利润的15%提取任意盈余公积，并向股东分派现金股利为35 000 000元，同时分派每股面值1元的股票股利2 500 000股。做如下会计分录。

（1）结转本年实现的净利润时

借：本年利润　98 000 000

　贷：利润分配——未分配利润　98 000 000

（2）提取法定盈余公积和任意盈余公积时

借：利润分配——提取法定盈余公积　9 800 000

　——提取任意盈余公积　14 700 000

　贷：盈余公积——法定盈余公积　9 800 000

　　——任意盈余公积　14 700 000

（3）分配现金股利时

借：利润分配——应付现金股利或利润　35 000 000

　贷：应付股利　35 000 000

（4）分配股票股利，已办妥增资手续时

借：利润分配——转作股本的股利　2 500 000

　贷：股本　2 500 000

（5）年终，结转“利润分配”明细账户余额时

借：利润分配——未分配利润　31 500 000

　贷：利润分配——提取法定盈余公积　9 800 000

　　——提取任意盈余公积　14 700 000

　　——应付现金股利或利润　35 000 000

　　——转作股本的股利　2 500 000

【知识扩展】上海建工集团股份有限公司2015年度股东大会会议资料。欲了解更多知识，请扫描二维码。

思考与练习

一、简答题

1. 什么是利润？影响利润的因素包括哪些？
2. 营业外收入和营业外支出分别包括哪些内容？
3. 简述利润总额的形成过程。
4. 简述利润分配的程序。

5. 什么是营业利润？营业利润由哪些项目构成？

6. 利润总额和净利润分别如何计算？其各自包括哪些主要内容？

二、计算题

1. 假定施工企业2×16年末，相关损益类账户结账前的本年发生额如表14-2所示。

表 14-2　企业 2×16 年末相关损益类账户结账前余额表　单位：元

账户名称	结账前借方余额	结账前贷方余额
主营业务收入	0	360 000 000
主营业务成本	252 000 000	0
营业税金及附加	50 400 000	0
其他业务收入	0	2 700 000
其他业务成本	2 160 000	0
管理费用	34 200 000	0
财务费用	12 690 000	0
投资收益	0	774 000
营业外收入	0	6 840 000
营业外支出	8 370 000	0
所得税费用	3 463 020	0

要求：依据表14-2的资料编制相应的会计分录。

2. 假定施工企业2×16年共实现净利润16 500 000元，接着又发生下列经济业务。

（1）12月31日，按照净利润的10%的比例计提法定盈余公积，按照8%的比例计提任意盈余公积。

（2）12月31日，按照净利润的70%的比例分配给投资者利润，其中A公司投资60%，B公司投资40%。

（3）次年1月18日，以银行存款支付应付给投资者的利润。

要求：根据上述材料，编制相应的会计分录。

第十五章 财务报告

【学习目标】

理论目标：掌握财务报告的含义、构成、作用以及财务报表的构成、列报及分类；熟练掌握资产负债表、利润表、现金流量表和所有者权益变动表的含义和作用，以及财务报表列报的基本要求；熟悉会计报表附注的具体内容。

技术目标：掌握资产负债表、利润表、现金流量表和所有者权益变动表的具体列报要求，熟悉每张主表的结构和列报格式。

能力目标：掌握资产负债表和利润表的列报方法；熟悉所有者权益变动表和现金流量表的内容、结构、编制方法和编制程序。

引例

中国建筑：三大利好促公司业绩继续大幅上升

中国建筑股份有限公司，成立于2007年12月6日，A股简称中国建筑（601668），是经国务院国资委批准，由中建总公司、中国石油集团、宝钢集团和中化集团作为发起人共同发起设立的股份有限公司。公司主营业务有：国内外公用、民用房屋建筑工程的施工、安装、咨询；基础设施项目的投资与承建；国内外房地产投资与开发；建筑与基础设施建设的勘察与设计；装饰工程、园林工程的设计与施工；实业投资；承包境内的外资工程；进出口业务；建筑材料及其他非金属矿物制品、建筑用金属制品、工具、建筑工程机械和钻探机械的生产与销售。中国建筑是中国最大的建筑房地产综合企业集团和最大的房屋建筑承包商，同时也是全球最大的住宅工程建造商和中国各类高等级专业资质及特级资质最多的建筑企业集团之一。公司以房屋建筑承包、国际工程承包、地产开发、基础设施建设和市政勘察设计为核心业务，是中国建筑业唯一拥有房建、市政、公路3类特级总承包资质的企业。中国建筑已连续5年进入“世界500强”排行榜。截至2015年8月31日，建筑行业的70家上市公司全部公布了2015年半年报，其中中国建筑以137亿元的净利润排名行业第一，2015年“中国企业500强”排名第三位。

根据公司董事会2016年1月28日发布的2015年年度业绩预增公告，经财务部门初步测算，公司预计2015年度归属于上市公司股东的净利润与上年同期相比将增加10%以上，去年同期这一数字为225.7亿元。2015年公司海外新签合同额达到1 025亿元，较上年同期大幅增加37.20%。2016年1月亚投行的成立和“一带一路”战略推行，必将使我国建筑业从中收益。而作为国内建筑行业的龙头央企，中国建筑2016年海外工程订单或将持续爆发，有望给公司业绩持续增长带来充足保障。同时，根据市场预期人民币2016年贬值幅度在7%～10%，公司获取的汇兑收益也将十分可观。

中国建筑除了净利润预计增长，总资产、总权益状况如何？现金流量状况又怎样？所有者权益是否变动？变动的原因是什么？这些信息都可以从财务报告中获取。可见，财务报告对其使用者是相当重要的。那么什么是财务报告？财务报告包括哪些内容？编制财务报告有哪些作用？上市公司财务报告能给我们提供哪些信息？财务报告中各个会计报表有什么特征？如何编制？在附注中应当披露哪些内容？通过本章学习，我们将会找到答案。

资料来源：根据中国建筑股份有限公司董事会2015年年度业绩预增公告及相关信息整理

财务报告的目标是向财务报告使用者提供与企业财务状况、经营成果和现金流量等有关的会计信息，反映企业管理层受托责任履行情况，有助于财务报告使用者做出经济决策、企业加强内部管理和国家宏观经济调控。本章将详细讨论财务报告构成、作用和列报。

第一节 财务报告概述

一、财务报告的含义和构成

（一）财务报告的含义

财务报告是企业对外提供的反映企业某一特定日期的财务状况和某一会计期间的经营成果、现金流量等会计信息的文件。

“财务报告”从国际范围来看是一个比较通用的术语，但是在我国现行有关法律、行政法规中使用的是“财务会计报告”这一术语。为了保持法规体系上的一致性，《企业会计准则——基本准则》中沿用了“财务会计报告”的提法，但同时又引入了“财务报告”的通用概念，指出“财务会计报告”又称“财务报告”，并在所有具体准则的制定中统一使用了“财务报告”的术语。

财务报告至少包括以下几层含义。①财务报告应当是对外报告，其服务对象主要是投资者、债权人等外部使用者，专门为了内部管理需要的报告不属于财务报告的范畴；②财务报告应当综合反映企业的生产经营状况，包括某一时点的财务状况和某一时期的经营成果与现金流量等信息，以勾画出企业经济活动的整体和全貌；③财务报告必须形成一个系统的文件，不应是零星的或者不完整的信息。

（二）财务报告的构成

财务报告包括财务报表和其他应当在财务报告中披露的相关信息和资料。其中，财务报表由报表本身及其附注两部分构成。附注是财务报表的有机组成部分，而报表至少应当包括资产负债表、利润表、现金流量表和所有者权益（或股东权益，下同）变动表。

1. 资产负债表

资产负债表是反映企业在某一特定日期（月末、季末、半年末、年末）的财务状况的静态会计报表。它是根据资产、负债和所有权益之间的相互关系，按照一定的分类标准和一定的顺序，把企业在一定日期的资产、负债、所有者权益各项目予以适当排列并对日常工作中形成的大量数据进行汇总整理后编制而成的。企业编制资产负债表的目的是通过如实反映企业的资产、负债和所有者权益金额及其结构情况，表明企业在某一特定日期所拥有或控制的、预期能为企业带来利益的经济资源，所承担的现有义务和所有者对净资产的要求权。从而有助于使用者评价企业资产的质量以及偿债能力等，进而预测企业未来财务状况的变动趋势。

2. 利润表

利润表是反映企业在一定会计期间经营成果的动态会计报表。例如，反映 2015 年度的经营成果，就是反映 2015 年 1 月 1 日到 12 月 31 日，这一整年的利润状况。企业编制利润表的目的是通过如实反映企业实现的收入情况（包括实现的营业收入、投资收益、营业外收入）、耗费情况（包括营业成本、税金及附加、期间费用、营业外支出）来体现企业生产经营活动的成果，即净利润的实现情况，据以判断资本是否保值和增值，从而有助于报表使用者分析评价企业的利润构成、盈利能力和利润质量，判断企业未来的发展趋势，进而做出经济决策。

3. 现金流量表

现金流量表是反映企业在一定会计期间的现金和现金等价物流入和流出的会计报表。这里的“现金”通常是指广义的现金，涉及货币资金的相关内容。这里的货币资金主要包括库存现金、银行存款和其他货币资金等随时用于支付的存款和现金。其他货币资金包括外埠存款、银行汇票存款、银行本票存款和在途货币资金等。企业通过编制现金流量表如实地反映企业各项经济活动的现金流入和现金流出，从而有助于使用者评价企业生产经营过程，特别是经营活动中所形成的现金流量和资金周转情况，评价企业偿还债务、进行投资的能力，分析净利润与现金流量之间的差异，并解释差异产生的原因，进而判断企业未来产生现金净流量的能力。

4. 所有者权益变动表

所有者权益变动表应当反映构成所有者权益的各组成部分当期的增减变动情况。当期损益、直接计入所有者权益的利得和损失，以及与所有者（或股东，下同）的资本交易导致的所有者权益的变动，应当在所有者权益变动表中予以列示。并根据所有者权益变动的性质，分别按照会计政策变更、前期差错更正、当期净利润、其他综合收益、所有者投入资本和向所有者分配以及所有者权益内部结转等情况分别列示。这种列示方法，既体现了主次和轻重的差异，也充分体现了资本的流向（或分配），便于报表使用者理解财务信息。同时还体现了企业综合收益的理念，即将企业获得的各种收益进行分类，除了正常经营的净利润以外，将一些与经营无关的，却同样能增加所有者权益的项目，全部纳入列示，有利于报表使用者更全面地掌握企业所有者权益变化的原因。

5. 附注

附注是对在会计报表中列示项目所做的进一步说明以及对未能在这些报表中列示项目的说明等。附注由若干附表和对有关项目的文字性说明组成。企业编制附注的目的是通过对财务报表本身做补充说明，以更加全面、系统地反映企业财务状况、经营成果和现金流量的全貌，从而有助于向使用者提供更为有用的决策信息，帮助其做出更加科学合理的决策。

可见，财务报表是财务报告的核心内容，但是除了财务报表之外，财务报告还应当包括其他相关信息，具体可以根据有关法律法规的规定和外部使用者的信息需求而定。如企业可以在财务报告中披露其承担的社会责任、对社区的贡献、可持续发展能力等信息，这些信息对于使用者的决策也是相关的，尽管其属于非财务信息，无法包括在财务报表中，但是如果有规定或者使用者有需求，企业应当在财务报告中予以披露。

（三）列报财务报告的作用

财务报告是企业财务会计确认与计量的最终结果体现，投资者等使用者主要是通过财务报告来了解企业当前的财务状况、经营成果和现金流量等情况，从而预测未来的发展趋势。因此，对于施工企业而言，财务报告是向投资者等财务报告使用者提供决策有用信息的媒介和渠道，是沟通投资者、债权人、政府及其他利益相关者等与企业管理层之间信息的桥梁和纽带。其作用主要表现在以下方面。

第一，施工企业通过对财务报告提供的各项指标进行全面的考核和分析，可以了解自身施工生产经营活动情况、财务状况、经营成果和现金流量的信息，检查、落实财务成本计划和有关方针政策的执行情况，总结企业在施工生产经营管理活动中取得的成绩和存在的问题，以便采取更为有效的措施，扬长避短，同时为施工企业列报下一期的财务计划、进行财务决策提供科学的依据。

第二，施工企业的投资者、债权人通过对财务报告的分析，可以了解施工企业的偿债能力、盈利能力、营运能力以及增长能力的变化，为他们进行决策提供重要的依据。随着市场经济的不断发展，施工企业与各利益相关者的经济联系越来越密切，企业广大投资者和债权人从维护自身利益出发必然关心企业的经营状况，财务报告是他们了解企业的重要途径。

第三，财政、税务等政府部门及其他机构通过财务会计报告提供的资料，可以了解施工企业的资金使用情况，检查施工企业对国家有关财务会计政策、法规、制度的执行情况以及施工企业的税收执行情况，从而促使施工企业遵纪守法，不断提高经营管理水平，同时也为国家经济管理部门进行宏观经济调控提供决策依据。

二、财务报表列报

财务报表是对企业财务状况、经营成果和现金流量的结构性表述。会计要素确认、计量的结果和综合性描述，会计准则中对会计要素确认、计量过程中所采用的各项会计政策被企业实际应用后将有助于促进企业可持续发展，反映企业管理层受托责任的履行情况。

（一）财务报表的构成、列报及分类

企业在生产经营过程中通过应用会计准则实现发展战略，需要经过一套完整的结构化的报表体系，科学地进行列报。投资者等报表使用者通过全面阅读和综合分析财务报表，可以了解和掌握企业过去和当前的状况，预测企业的未来发展趋势，从而做出相关决策。

1. 财务报表的构成及列报

为了达到财务报表有关决策有用和评价企业管理层受托责任的目标，一套完整的财务报表至少应当包括“四表一注”，即资产负债表、利润表、现金流量表、所有者权益变动表以及附注。

列报，是指交易和事项在报表中的列示和在附注中的披露。在财务报表的列报中，“列示”通常反映资产负债表、利润表、现金流量表和所有者权益变动表等报表中的信息，“披露”通常反映附注中的信息。施工企业应按照《企业会计准则第 30 号——财务报表列报》的要求，进行财务报表列报，以保证同一企业不同期间和同一期间不同企业的财务报表之间相互可比。

2. 财务报表的分类

作为财务报告核心部分的财务报表，按照不同的标准可以做以下分类。

（1）按编报期间不同的分类。

财务报表按编报期间的不同，可以分为中期财务报表和年度财务报表。

中期财务报表是以短于一个完整会计年度的报告期间为基础编制的财务报表，包括月报、季报和半年报等。中期财务报表至少应当包括资产负债表、利润表、现金流量表和附注，其中，中期资产负债表、利润表和现金流量表应当是完整报表，其格式和内容应当与年度财务报表相一致。与年度财务报表相比，中期财务报表中的附注披露可适当简略。施工企业编制中期财务报告，应遵循《企业会计准则第 32 号——中期财务报告》的规范。

年度财务报表是指企业对外提供的反映企业一个完整会计年度财务状况、经营成果和现金流量信息的报表。

（2）按列报主体不同的分类。

财务报表按列报主体的不同，可以分为个别财务报表和合并财务报表。

个别财务报表是由企业在自身会计核算基础上对账簿记录进行加工而编制的财务报表，它主要用以反映企业自身的财务状况、经营成果和现金流量情况。

合并财务报表是以母公司和子公司组成的企业集团为会计主体，根据母公司和所属子公司的财务报表，由母公司编制的综合反映企业集团财务状况、经营成果及现金流量的财务报表。

（3）按反映的经济内容不同的分类。

财务报表按反映的经济内容的不同，可以分为反映财务状况的报表、反映经营成果的报表、反

映现金流量的报表以及反映所有者权益各组成部分当期变动情况的报表。

反映财务状况的报表是指资产负债表及其附表；反映经营成果的报表主要有利润表及其附表；反映现金流量状况的报表是指现金流量表及其附表；反映所有者权益各组成部分当期变动情况的报表是指所有者权益变动表及其附表。

（4）按财务报表服务对象不同的分类。

财务报表按其服务对象的不同，可以分为对内报表和对外报表。

对内报表是指根据企业内部管理需要编制的，以满足企业战略实现为目标，以决策和控制为核心提供具有相关性、可靠性和可比性信息保证的文件，主要包括经营决策报表、成本报表和有关的附表、预算报表、业绩考评报表等。对外报表就是指企业对外报送的财务报表。

（二）财务报表列报的基本要求

1. 依据各项会计准则进行确认和计量的结果编制财务报表

企业应当根据实际发生的交易和事项，遵循各项具体会计准则的规定进行确认和计量，并在此基础上编制财务报表。企业应当在附注中对遵循企业会计准则编制的财务报表这一情况做出声明，只有遵循了企业会计准则的所有规定时，财务报表才应当被称为“遵循了企业会计准则”。

企业不应以在附注中披露代替对交易和事项的确认和计量。也就是说，企业采用的不恰当的会计政策，不得通过在附注中披露等其他形式予以更正，企业应当对交易和事项进行正确的确认和计量。

2. 财务报表的列报基础

持续经营是会计的基本前提，是会计确认、计量及编制财务报表的基础。《企业会计准则》规范的是持续经营条件下企业对所发生交易和事项的确认、计量及报表列报；相反，如果企业出现了非持续经营，致使以持续经营为基础编制财务报表不再合理的，企业应当采用其他基础编制财务报表。财务报表准则的规定是以持续经营为基础的。

在编制财务报表的过程中，企业管理层应当对企业持续经营的能力进行评价，需要考虑的因素包括市场经营风险、企业目前或长期的盈利能力、偿债能力、财务弹性以及企业管理层改变经营政策的意向等。评价后对企业持续经营的能力产生严重怀疑的，应当在附注中披露导致对持续经营能力产生重大怀疑的重要的不确定因素。

非持续经营是企业在极端情况下出现的一种情况。非持续经营往往取决于企业所处的环境以及企业管理部门的判断。一般而言，如果企业存在以下情况之一的，则通常表明其处于非持续经营状态。①企业已在当期进行清算或停止营业；②企业已经正式决定在下一个会计期间进行清算或停止营业；③企业已确定在当期或下一个会计期间没有其他可供选择的方案而将被迫进行清算或停止营业。

企业处于非持续经营状态时，应当采用其他基础编制财务报表，比如破产企业的资产采用可变现净值计量、负债按照其预计的结算金额计量等。由于企业在持续经营和非持续经营环境下采用的会计计量基础不同，产生的经营成果和财务状况不同，因此在附注中披露非持续经营信息对报表使用者而言非常重要。在非持续经营情况下，企业应当在附注中声明财务报表未以持续经营为基础列报、披露未以持续经营为基础的原因以及财务报表的编制基础。

3. 重要性和项目列报

财务报表是通过对大量的交易或其他事项进行处理而生成的，这些交易或其他事项按其性质或功能汇总归类而形成财务报表中的项目。关于项目在财务报表中是单独列报还是合并列报，应当依据重要性原则来判断。总的原则是，如果某项目单个看不具有重要性，则可将其与其他项目合并列报；如具有重要性，则应当单独列报。具体而言，应当遵循以下几点。

第一，性质或功能不同的项目，一般应当在财务报表中单独列报，但是不具有重要性的项目可以合并列报。比如存货和固定资产在性质上和功能上都有本质差别，必须分别在资产负债表上单独列报。

第二，性质或功能类似的项目，一般可以合并列报，但是对其具有重要性的类别应该单独列报。比如原材料、周转材料等项目在性质上类似，均通过生产过程形成企业的产品存货，因此可以合并列报，合并之后的类别统称为“存货”，在资产负债表上单独列报。

第三，项目单独列报的原则不仅适用于报表，还适用于附注。某些项目的重要性程度不足以在资产负债表、利润表、现金流量表或所有者权益变动表中单独列示，但是可能对附注而言却具有重要性，在这种情况下应当在附注中单独披露。对施工企业而言，原材料、周转材料、在建施工产品、施工产品等项目的重要性程度不足以在资产负债表上单独列示，因此在资产负债表上合并列示，但是鉴于其对该施工企业的重要性，应当在附注中单独披露。

第四，无论是财务报表列报准则规定的单独列报项目，还是其他具体会计准则规定单独列报的项目，企业都应当予以单独列报。

重要性是判断项目是否单独列报的重要标准。《企业会计准则》首次对“重要性”进行了定义，即如果财务报表某项目的省略或错报会影响使用者据此做出经济决策的，则该项目就具有重要性。企业在进行重要性判断时，应当根据所处环境，从项目的性质和金额大小两方面予以判断。一方面，应当考虑该项目的性质是否属于企业日常活动、是否对企业的财务状况和经营成果具有较大影响等因素；另一方面，判断项目金额大小的重要性，应当通过单项金额占资产总额、负债总额、所有者权益总额、营业收入总额、净利润等直接相关项目金额的比重加以确定。

4. 财务报表列报的一致性

可比性是会计信息质量的一项重要质量要求，目的是使同一企业不同期间和同一期间不同企业的财务报表相互可比。为此，财务报表项目的列报应当在各个会计期间保持一致，不得随意变更，这一要求不仅只针对财务报表中的项目名称，还包括财务报表项目的分类、排列顺序等方面。

当会计准则要求改变，或企业经营业务的性质发生重大变化后、变更财务报表项目的列报能够提供更可靠、更相关的会计信息时，财务报表项目的列报是可以改变的。

5. 财务报表项目金额间的相互抵销

财务报表项目应当以总额列报，资产和负债、收入和费用不能相互抵销，即不得以净额列报，但《企业会计准则》另有规定的除外。这是因为，如果相互抵销，所提供的信息就不完整，信息的可比性大为降低，难以在同一企业不同期间以及同一期间不同企业的财务报表之间实现相互可比，报表使用者难以据以做出判断。比如，企业欠客户的应付款不得与其他客户欠本企业的应收款相抵销，如果相互抵销就掩盖了交易的实质。再如，收入和费用反映了企业投入和产出之间的关系，是企业经营成果的两个方面，为了更好地反映经济交易的实质、考核企业经营管理水平以及预测企业未来现金流量，收入和费用不得相互抵销。

以下两种情况不属于抵销，可以以净额列示。第一，资产计提的减值准备，实质上意味着资产的价值确实发生了减损，资产项目应当按扣除减值准备后的净额列示，这样才反映了资产当时的真实价值，并不属于上面所述的抵销。第二，非日常活动产生的损益。非日常活动并非企业主要的业务，且具有偶然性。从重要性来讲，非日常活动产生的损益以收入和费用抵销后的净额列示，对公允地反映企业财务状况和经营成果影响不大，抵销后反而更能有利于报表使用者理解。因此，非日常活动产生的损益应当以同一交易形成的收入扣减费用后的净额列示，并不属于抵销。例如，非流动资产处置形成的利得和损失，应按处置收入扣除该资产的账面金额和相关销售费用后的余额列示。

6. 比较信息的列报

企业在列报当期财务报表时，至少应当提供所有列报项目上一可比会计期间的比较数据，以及与理解当期财务报表相关的说明，目的是向报表使用者提供对比数据，提高信息在会计期间的可比性，以反映企业财务状况、经营成果和现金流量的发展趋势，提高报表使用者的判断与决策能力。

在财务报表项目的列报确需发生变更的情况下，企业应当对上期比较数据按照当期的列报要求进行调整，并在附注中披露调整的原因和性质以及调整的各项目金额。但是，在某些情况下，对上期比较数据进行调整是不切实可行的，则应当在附注中披露不能调整的原因。

7. 财务报表表首的列报要求

财务报表一般分为表首、正表两部分。其中，在表首部分企业应当概括地说明下列基本信息。

第一，编报企业的名称。如果企业名称在所属当期发生了变更的，还应明确标明。

第二，对资产负债表而言，须披露资产负债表日；对利润表、现金流量表、所有者权益变动表而言，须披露报表涵盖的会计期间。

第三，货币名称和单位。按照我国《企业会计准则》的规定，企业应当以人民币作为记账本位币列报，并标明金额单位，如人民币元、人民币万元等。

第四，财务报表是合并财务报表的，应当予以标明。

8. 报告期间

企业至少应当编制年度财务报表。根据《中华人民共和国会计法》的规定，会计年度自公历 1 月 1 日起至 12 月 31 日止。因此，在编制年度财务报表时，可能存在年度财务报表涵盖的期间短于一年的情况，比如企业在年度中间（如 3 月 1 日）开始设立等，在这种情况下，企业应当披露年度财务报表的实际涵盖期间及其短于一年的原因，并应当说明由此引起财务报表项目与比较数据不具可比性这一事实。

通常，施工企业月度财务报告应当于月度终了后 6 天内（节假日顺延，下同）对外提供；季度财务报表告应当于季度终了后 15 天内对外提供；半年度中期财务报表应当于年度中期结束后 60 天内（相当于两个连续的月份）对外提供；年度财务报表应当于年度终了后 4 个月内对外提供。

第二节　资产负债表

一、资产负债表的含义及作用

资产负债表是反映施工企业在某一特定日期财务状况的报表。资产负债表按月报送，一般反映的是施工企业月末、季末、半年末、年末的财务状况，它属于静态会计报表。

资产负债表以“资产=负债+所有者权益”这一会计等式为依据，按照一定的分类标准和一定的次序，把施工企业在某一特定日期的资产、负债和所有者权益项目予以适当排列编制而成。其作用主要表现在以下几个方面。

第一，资产负债表能够提供施工企业在某一特定日期所拥有的资产总额及其结构，表明企业拥有或控制的资源及其分布情况，使用者可以一目了然地从资产负债表上了解企业在某一特定日期所拥有的资产总量及其分布状况。

第二，资产负债表能够提供施工企业在某一特定日期所负担的债务总额及其结构，表明企业未来需要用多少资产或劳务清偿债务以及清偿时间，进而了解企业偿还债务的能力。

第三，资产负债表能够表明施工企业在某一特定日期所拥有净资产的数额以及施工企业所有者权益的构成，据以判断企业资本保值、增值的情况以及对负债的保障程度。

第四，资产负债表能够反映施工企业在某一特定日期的资产总额和权益总额，从企业资产总量方面反映企业的财务状况，进而分析、评价企业未来的发展趋势。

二、资产负债表的列报

（一）资产负债表列报的总体要求

1. 分类别列报

资产负债表列报，最根本的目标就是应如实反映企业在资产负债表日所拥有的资源、所承担的负债以及所有者所拥有的权益。因此，资产负债表应当按照资产、负债和所有者权益 3 大类别分类列报。

2. 资产和负债按流动性列报

资产和负债应当按照流动性分为流动资产和非流动资产、流动负债和非流动负债分别列示。流动性，通常按资产的变现或耗用时间长短或者负债的偿还时间长短来确定。按照财务报表列报准则的规定，应先列报流动性强的资产或负债，再列报流动性弱的资产或负债。

3. 列报相关的合计、总计项目

资产负债表中的资产类至少应当列示流动资产和非流动资产的合计项目；负债类至少应当列示流动负债、非流动负债以及负债的合计项目；所有者权益类应当列示所有者权益的合计项目。

资产负债表遵循了“资产=负债+所有者权益”这一会计恒等式，把企业在特定时日所拥有的经济资源和与之相对应的企业所承担的债务及偿债以后属于所有者的权益充分反映出来。因此，资产负债表应当分别列示资产总计项目和负债与所有者权益之和的总计项目，并且这二者的金额应当相等。

（二）资产负债表的分项列报

1. 资产的列报

资产负债表中的资产反映由过去的交易或事项形成的、并由企业在某一特定日期所拥有或控制的、预期会给企业带来经济利益的资源。资产应当按照流动资产和非流动资产两大类别在资产负债表中列示，在流动资产和非流动资产类别下进一步按性质分项列示。

（1）流动资产和非流动资产的划分。

资产负债表中的资产应当分别流动资产和非流动资产列报，因此区分流动资产和非流动资产十分重要。资产满足下列条件之一的，应当归类为流动资产。

第一，预计在一个正常营业周期中变现、出售或耗用。这主要包括存货、应收账款等资产。需要指出的是，变现一般针对应收账款等而言，指将资产变为现金；出售一般针对产品等存货而言；耗用一般指将存货（如原材料）转变成另一种形态（如施工成品）。

第二，主要为交易目的而持有。这主要是指根据《企业会计准则第 22 号——金融工具确认和计量》划分的交易性金融资产。但是，并非所有交易性金融资产均为流动资产，如自资产负债表日起超过 12 个月到期且预期持有超过 12 个月的衍生工具应当划分为非流动资产或者非流动负债。

第三，预计在资产负债表日起一年内（含一年）变现。

第四，资产负债表日起一年内，交换其他资产或清偿负债的能力不受限制的现金或现金等价物。在实务中存在用途受到限制的现金或现金等价物，比如用途受到限制的信用证存款、汇票存款、技改资金存款等，这类现金或现金等价物如果作为流动资产列报，可能高估了流动资产金额，从而高估流动比率等财务指标，影响到使用者的决策。

同时，流动资产以外的资产应当划分为非流动资产。

（2）正常营业周期。

值得注意的是，判断流动资产、流动负债时所称的一个正常营业周期，是指企业从购买用于加工的资产起至实现现金或现金等价物的期间。

正常营业周期通常短于一年，在一年内有几个营业周期。但是，也存在正常营业周期长于一年的情况，例如，施工企业承建的大型工程，从购买原材料进入施工生产，到建造出产品移交甲方并收回现金或现金等价物的过程，往往超过一年，在这种情况下，与生产循环相关的施工成品、应收账款、原材料尽管是超过一年才变现、出售或耗用，仍应作为流动资产列示。

当正常营业周期不能确定时，应当以一年（12 个月）作为正常营业周期。

2. 负债的列报

资产负债表中的负债反映在某一特定日期企业所承担的、预期会导致经济利益流出企业的现时义务。负债应当按照流动负债和非流动负债在资产负债表中进行列示，在流动负债和非流动负债类别下再进一步按性质分项列示。

流动负债的判断标准与流动资产的判断标准相类似。负债满足下列条件之一的，应当归类为流动负债。

第一，预计在一个正常营业周期中清偿；第二，主要为交易目的而持有；第三，自资产负债表日起一年内到期应予以清偿；第四，企业无权自主地将清偿推迟至资产负债表日后一年以上。

值得注意的是，有些流动负债，如应付账款、应付职工薪酬等，属于企业正常营业周期中使用的营运资金的一部分。尽管这些经营性项目有时在资产负债表日后超过一年才到期清偿，但是它们仍应划分为流动负债。

3. 所有者权益的列报

资产负债表中的所有者权益是企业资产扣除负债后的剩余权益，反映企业在某一特定日期股东拥有的净资产的总额。资产负债表中的所有者权益一般按照净资产的不同来源和特定用途进行分类，应当按照实收资本（或股本）、资本公积、其他综合收益、盈余公积、未分配利润等项目分项列示。

三、企业资产负债表的列报格式

（一）资产负债表正表的列报格式

资产负债表正表的列报格式一般有两种，即报告式资产负债表和账户式资产负债表。报告式资产负债表是上下结构，上半部列示资产，下半部列示负债和所有者权益。具体排列形式又有两种。一种是按“资产=负债+所有者权益”的原理排列；另一种是按“资产-负债=所有者权益”的原理排列。账户式资产负债表是左右结构，左边列示资产，右边列示负债和所有者权益。根据财务报表列报准则的规定，资产负债表采用账户式的格式，即左侧列报资产方，一般按资产的流动性大小排列；右侧列报负债方和所有者权益方，一般按要求清偿时间的先后顺序排列。账户式资产负债表中的资产各项目的合计等于负债和所有者权益各项目的合计，即资产负债表左方和右方平衡。因此，账户式资产负债表可以反映资产、负债、所有者权益之间的内在关系，即“资产=负债+所有者权益”。

（二）列示资产负债表的比较信息

根据财务报表列报准则的规定，企业需要提供比较资产负债表，以便报表使用者通过比较不同时点资产负债表的数据，掌握企业财务状况的变动情况及发展趋势。所以，资产负债表还就各项目再分为“年初余额”和“期末余额”两栏分别填列。企业资产负债表的格式如表 15-2 所示（见 P270）。

四、资产负债表的列报方法

（一）资产负债表“年初余额”栏的填列方法

资产负债表中的“年初余额”栏内各项数字，通常应根据上年末有关项目的期末余额填列，且与上年末资产负债表“期末余额”栏相一致。企业在首次执行《企业会计准则》当年对“年初余额”栏及相关项目进行调整；以后期间，如果企业发生了会计政策变更、前期差错更正，应当对“年初余额”栏中的有关项目进行相应调整。此外，如果企业上年度资产负债表规定的项目名称和内容与本年度不一致，应当对上年年末资产负债表相关项目的名称和数字按照本年度的规定进行调整，填入“年初余额”栏。

（二）资产负债表“期末余额”栏的填列方法

资产负债表中“期末余额”栏内各项数字，应根据报告期末资产、负债和所有者权益账户的余额资料填列。有些项目可根据总账账户余额直接填列；有些项目可根据总账账户余额计算填列；有些项目可根据明细账户的余额计算填列；有些项目可根据总账账户和明细账户余额分析计算填列；有些项目可根据有关科目余额减去其备抵科目余额后的净额填列，等等。其具体填列方法如下。

1. 资产项目的列报

（1）“货币资金”项目，反映施工企业库存现金、银行结算户存款、外埠存款、银行汇票存款、银行本票存款、信用卡存款、信用证保证金存款等的合计数。本项目应根据“库存现金”“银行存款”“其他货币资金”账户期末余额的合计数填列。

（2）“交易性金融资产”项目，反映施工企业持有的以公允价值计量且其变动计入当期损益，为交易目的所持有的债券投资、股票投资、基金投资、权证投资等金融资产。本项目应根据“交易性金融资产”账户的期末余额填列。

（3）“应收票据”项目，反映施工企业因销售商品、提供劳务等而收到的商业汇票，包括银行承兑汇票和商业承兑汇票。本项目应根据“应收票据”账户的期末余额，减去“坏账准备”账户中有关应收票据计提的坏账准备期末余额后的金额填列。

（4）“应收账款”项目，反映施工企业因结算工程价款、提供劳务和作业等应向发包单位或接受劳务、作业等单位收取的各种款项，减去已计提的坏账准备后的净额。本项目应根据“应收账款”和“预收账款”科目所属各明细账户的期末借方余额合计数，减去“坏账准备”账户中有关应收账款计提的坏账准备期末余额后的金额填列。如“应收账款”账户所属明细科目期末有贷方余额的，应在资产负债表“预收款项”项目内填列。

（5）“预付款项”项目，反映施工企业预付给承包单位的款项和预付给供应单位的款项。本项目应根据“预付账款”和“应付账款”账户所属各明细科目的期末借方余额合计数，减去“坏账准备”账户中有关预付款项计提的坏账准备期末余额后的金额填列。如“预付账款”账户所属各明细科目期末有贷方余额的，应在资产负债表“应付账款”项目内填列。

（6）“应收利息”项目，反映企业应收取的债券投资等的利息。本项目应根据“应收利息”账户的期末余额填列。

（7）“应收股利”项目，反映企业应收取的现金股利和应收取其他单位分配的利润。本项目应根据“应收股利”账户的期末余额填列。

（8）“其他应收款”项目，反映企业除应收票据、应收账款、预付款项、应收股利、应收利息等经营活动以外的其他各种应收、暂付的款项。本项目应根据“其他应收款”账户的期末余额，减去“坏账准备”账户中有关其他应收款计提的坏账准备期末余额后的金额填列。

（9）“存货”项目，反映企业期末在库、在途和在加工中的各种存货的可变现净值，包括库存材料、周转材料、未完施工工程、已完工尚未结算款的施工工程①等成本。本项目应根据“材料采购”“原材料”“周转材料”“委托加工物资”“材料成本差异”“工程施工”等科目的期末余额合计，减去“存货跌价准备”科目期末余额后的金额填列。材料采用计划成本核算的企业，还应按加或减材料成本差异后的金额填列。

（10）“一年内到期的非流动资产”项目，反映企业将于一年内到期的非流动资产项目金额。本项目应根据有关账户的期末余额填列。

（11）“其他流动资产”项目，反映企业除货币资金、交易性金融资产、应收票据、应收账款、存货等流动资产以外的其他流动资产。本项目应根据有关账户的期末余额填列。

（12）“可供出售金融资产”项目，反映企业持有的以公允价值计量的可供出售的股票投资、债券投资等金融资产。本项目应根据“可供出售金融资产”账户的期末余额，减去“可供出售金融资产减值准备”账户期末余额后的金额填列。

（13）“持有至到期投资”项目，反映企业持有的以摊余成本计量的持有至到期投资。本项目应根据“持有至到期投资”账户的期末余额，减去“持有至到期投资减值准备”账户期末余额后的金额填列。

（14）“长期应收款”项目，反映企业融资租赁产生的应收款项、采用递延方式具有融资性质的销售商品和提供劳务等产生的长期应收款项等。本项目应根据“长期应收款”账户的期末余额，减去相应的“未实现融资收益”账户和“坏账准备”账户所属相关明细账户期末余额后的金额填列。

（15）“长期股权投资”项目，反映企业持有的对子公司、联营企业和合营企业的长期股权投资。本项目应根据“长期股权投资”账户的期末余额，减去“长期股权投资减值准备”账户期末余额后的金额填列。

（16）“投资性房地产”项目，反映企业持有的投资性房地产。企业采用成本模式计量投资性房地产的，本项目应根据“投资性房地产”账户的期末余额，减去“投资性房地产累计折旧（摊销）”和“投资性房地产减值准备”账户期末余额后的金额填列；企业采用公允价值模式计量投资性房地产的，本项目应根据“投资性房地产”账户的期末余额填列。

（17）“固定资产”项目，反映企业各种固定资产原价减去累计折旧和累计减值准备后的净额。本项目应根据“固定资产”账户的期末余额，减去“累计折旧”和“固定资产减值准备”账户期末余额后的金额填列。企业融资租入的固定资产，其原价及已提折旧也包括在内。

（18）“在建工程”项目，反映企业期末各项未完工程的实际支出，包括交付安装的设备价值、未完建筑安装工程已经耗用的材料、工资和费用支出、预付出包工程的价款等的可收回金额。本项目应根据“在建工程”账户的期末余额，减去“在建工程减值准备”账户期末余额后的金额填列。

（19）“固定资产清理”项目，反映企业因出售、毁损、报废等原因转入清理但尚未清理完毕的固定资产的净值，以及固定资产清理过程中所发生的清理费用和变价收入等各项金额的差额。本项目应根据“固定资产清理”账户的期末借方余额填列，如“固定资产清理”账户期末为贷方余额，

① “已完工尚未结算款”项目，作为“存货”项目之一，可以在“存货”项目下单独反映。该项目反映施工企业在建施工合同已完工部分但尚未办理结算的价款。本项目根据有关在建施工合同的“工程施工”账户余额减“工程结算”账户余额后的差额填列。

以“-”号填列。

(20)“无形资产”项目，反映企业持有的无形资产，包括专利权、非专利技术、商标权、著作权、土地使用权等。本项目应根据“无形资产”账户的期末余额，减去“累计摊销”和“无形资产减值准备”账户期末余额后的金额填列。

(21)“开发支出”项目，反映企业开发无形资产过程中能够资本化形成无形资产成本的支出部分。本项目应根据“研发支出”账户中所属的“资本化支出”明细账户期末余额填列。

(22)“商誉”项目，反映企业合并中形成的商誉的价值。本项目应根据“商誉”账户的期末余额，减去相应减值准备后的金额填列。

(23)“长期待摊费用”项目，反映企业已经发生但应由本期和以后各期负担的分摊期限在一年以上的各项费用。长期待摊费用中在一年内（含一年）摊销的部分，在资产负债表“一年内到期的非流动资产”项目中填列。本项目应根据“长期待摊费用”账户的期末余额减去将于一年内（含一年）摊销的数额后的金额填列。

(24)“递延所得税资产”项目，反映企业确认的可抵扣暂时性差异产生的递延所得税资产。本项目应根据“递延所得税资产”账户的期末余额填列。

(25)“其他非流动资产”项目，反映企业除长期股权投资、固定资产、在建工程、无形资产等资产以外的其他非流动资产。本项目应根据有关账户的期末余额填列，如“临时设施”[①]。

2. 负债项目的列报

(1)“短期借款”项目，反映企业向银行或其他金融机构等借入的期限在一年以下（含一年）的借款。本项目应根据“短期借款”账户的期末余额填列。

(2)“交易性金融负债”项目，反映企业承担的以公允价值计量且其变动计入当期损益的为交易目的所持有的金融负债。本项目应根据“交易性金融负债”账户的期末余额填列。

(3)“应付票据”项目，反映企业购入材料、商品和接受劳务供应等而开出、承兑的商业汇票，包括银行承兑汇票和商业承兑汇票。本项目应根据“应付票据”账户的期末余额填列。

(4)“应付账款”项目，反映企业因购买材料、商品和接受劳务供应等经营活动应支付的款项，以及因发包工程应付给承包单位的工程价款。本项目应根据“应付账款”和“预付账款”账户所属各明细账户的期末贷方余额合计数填列，如“应付账款”账户所属明细账户期末有借方余额的，应在资产负债表“预付款项”项目内填列。

(5)“预收款项”项目，反映企业按照购货合同规定预付给供应单位的款项，以及已结算尚未完工工程[②]价款。本项目应根据“预收账款”和“应收账款”账户所属各明细账户的期末贷方余额，以及有关在建施工合同的“工程结算”账户余额减“工程施工”账户余额后的差额合计数填列。如“预收账款”账户所属各明细账户期末有借方余额，应在资产负债表“应收账款”项目内填列。

(6)“应付职工薪酬”项目，反映企业根据有关规定应付给职工的工资、职工福利、社会保险费、住房公积金、工会经费、职工教育经费、非货币性福利、辞退福利等各种薪酬。外商投资企业按规定从净利润中提取的职工奖励及福利基金，也在本项目列示。

(7)“应交税费”项目，反映企业按照税法规定计算应交纳的各种税费，包括增值税、企业所得税、资源税、土地增值税、城市维护建设税、房产税、城镇土地使用税、车船税、教育费附加、矿产资源补偿费等。企业代扣代缴的个人所得税，也通过本项目列示。企业所交纳的税金不需要预计

① “临时设施”项目，作为“其他非流动资产”项目之一，可以在“其他非流动资产”项目下单独反映。“临时设施”项目，反映临时设施的摊余价值、尚未清理完毕临时设施的价值以及清理净收入。本项目根据“临时设施”和“临时设施清理”账户余额之和减“临时设施摊销”账户余额后的金额填列。

②“已结算尚未完工工程”项目，反映施工企业在建施工合同未完工部分已办理了结算的价款。本项目根据有关在建施工合同的“工程结算”账户余额减“工程施工”账户余额后的差额填列。

应交数的，如印花税、耕地占用税等，不在本项目列示。本项目应根据“应交税费”账户的期末贷方余额填列，如“应交税费”账户期末为借方余额，应以“-”号填列。

（8）“应付利息”项目，反映企业按照规定应当支付的利息，包括分期付息到期还本的长期借款应支付的利息、企业发行的企业债券应支付的利息等。本项目应当根据“应付利息”账户的期末余额填列。

（9）“应付股利”项目，反映企业分配的现金股利或利润。企业分配的股票股利，不通过本项目列示。本项目应根据“应付股利”账户的期末余额填列。

（10）“其他应付款”项目，反映企业除应付票据、应付账款、预收款项、应付职工薪酬、应付股利、应付利息、应交税费等经营活动以外的其他各项应付、暂收的款项。本项目应根据“其他应付款”账户的期末余额填列。

（11）“一年内到期的非流动负债”项目，反映企业非流动负债中将于资产负债表日后一年内到期部分的金额，如将于一年内偿还的长期借款、一年到期的长期应付款。本项目应根据有关账户的期末余额填列。

（12）“其他流动负债”项目，反映企业除短期借款、以公允价值计量且其变动计入当期损益的金融负债、应付票据、应付账款、应付职工薪酬、应交税费、应付利息、应付股利、其他应付款、一年内到期的非流动负债等流动负债以外的其他流动负债。本项目应根据有关账户的期末余额填列。

（13）“长期借款”项目，反映企业向银行或其他金融机构借入的期限在一年以上（不含一年）的各项借款。本项目应根据“长期借款”账户的期末余额填列。

（14）“应付债券”项目，反映企业为筹集长期资金而发行的债券本金和利息。本项目应根据“应付债券”账户的期末余额填列。

（15）“长期应付款”项目，反映企业除长期借款和应付债券以外的其他各种长期应付款项。本项目应根据“长期应付款”账户的期末余额，减去重分类为一年内到期的长期应付款的金额、减去相应的“未确认融资费用”账户的期末余额后的金额填列。

（16）“专项应付款”项目，反映企业取得政府作为企业所有者投入的具有专项或特定用途的款项，即政府补助中属于政府资本性投入的部分。本项目应根据“专项应付款”账户的期末余额填列。

（17）“预计负债”项目，反映企业确认的对外提供担保、未决诉讼、产品质量保证、重组义务、亏损性合同等预计负债。本项目应根据“预计负债”账户的期末余额填列。

（18）“递延所得税负债”项目，反映企业确认的应纳税暂时性差异产生的所得税负债。本项目应根据“递延所得税负债”账户的期末余额填列。

（19）“其他非流动负债”项目，反映企业除长期借款、应付债券等负债以外的其他非流动负债。本项目应根据有关账户的期末余额减去将于一年内（含一年）到期偿还数后的余额填列。非流动负债各项目中将于一年内（含一年）到期的非流动负债，应在“一年内到期的非流动负债”项目内单独反映。

3. 所有者权益项目的列报

（1）“实收资本（或股本）”项目，反映企业各投资者实际投入的资本（或股本）总额。本项目应根据“实收资本”或“股本”账户的期末余额填列。

（2）“资本公积”项目，反映企业资本公积的期末余额。本项目应根据“资本公积”账户的期末余额填列。

（3）“库存股”项目，反映企业持有尚未转让或注销的本公司股份金额。本项目应根据“库存股”账户的期末余额填列。

（4）“其他综合收益”，反映未在当期损益中确认的各项利得和损失扣除所得税影响后的净额。本项目应根据“其他综合收益”账户的期末余额填列。

（5）“盈余公积”项目，反映企业盈余公积的期末余额。本项目应根据“盈余公积”账户的期末余额填列。

（6）“未分配利润”项目，反映企业尚未分配的利润。本项目应根据“本年利润”账户和“利润分配”账户的余额计算填列。未弥补的亏损在本项目内以“-”号填列。

举例说明资产负债表的编制方法如下。

【例题15.2.1】一般纳税人施工企业2×15年12月31日有关账户的余额如表15-1所示。其中，长期借款中将于一年内到期的长期借款为1 000 000元。

表 15-1　一般纳税人施工企业会计科目余额表

2×15 年 12 月 31 日

单位：元

科目名称	借方余额	贷方余额	科目名称	借方余额	贷方余额
库存现金	3 000		无形资产	208 000	
银行存款	1 600 000		无形资产减值准备		8 000
其他货币资金	1 000 000		长期待摊费用	360 000	
可供出售金融资产	38 000		短期借款		1 000 000
可供出售金融资产减值准备		6 000	应付票据		1 600 000
应收票据	800 000		应付账款		2 006 000
应收账款	1 560 000		预收账款		600 000
坏账准备		4 000	应付职工薪酬		96 000
其他应收款	6 000		应付利息		46 000
预付账款	140 000		应交税费		43 600
原材料	440 000		其他应付账款		80 000
周转材料	300 000		一年内到期的非流动负债		1 000 000
材料采购	160 000		应付债券		152 000
材料成本差异		6 000	长期借款		2 000 000
工程施工	11 224 600		实收资本		10 000 000
存货跌价准备		40 000	资本公积		1 600 000
以公允价值计量且其变动计入当期损益的金融资产	210 000		其他综合收益		2 000
固定资产	3 600 000		盈余公积		400 000
累计折旧		460 000	利润分配		1 100 000
固定资产减值准备		40 000	合计	22 289 600	22 289 600
在建工程	640 000				

根据以上资料，编制该企业 2×15 年 12 月 31 日的资产负债表，如表 15-2 所示。

表 15-2　　　　资产负债表　　　　会企 01 表

编制单位：一般纳税人施工企业　　　　2×15 年 12 月 31 日　　　　单位：元

资产	期末余额	年初余额	负债和股东权益	期末余额	年初余额
流动资产：			流动负债：		
货币资金	2 603 000	2 342 700	短期借款	1 000 000	900 000
以公允价值计量且其变动计入当期损益的金融资产	210 000	189 000	以公允价值计量且其变动计入当期损益的金融负债	0	0
应收票据	800 000	720 000	应付票据	1 600 000	1 440 000
应收账款	1 556 000	1 400 400	应付账款	2 006 000	1 805 400
预付款项	140 000	126 000	预收款项	600 000	540 000
应收利息	0	0	应付职工薪酬	96 000	86 400
应收股利	0	0	应交税费	43 600	39 240
其他应收款	6 000	5 400	应付利息	46 000	41 400
存货	12 078 600	10 870 740	应付股利	0	0
一年内到期的非流动资产	0	0	其他应付款	80 000	72 000
其他流动资产	0	0	一年内到期的非流动负债	1 000 000	900 000
流动资产合计	17 393 600	15 654 240	其他流动负债	0	0
非流动资产：			流动负债合计	6 471 600	5 824 440
可供出售金融资产	32 000	27 000	非流动负债：		
持有至到期投资	0	0	长期借款	2 000 000	1 800 000
长期应收款	0	0	应付债券	152 000	136 800
长期股权投资	0	0	长期应付款	0	0
投资性房地产	0	0	专项应付款	0	0
固定资产	3 100 000	2 720 088.40	预计负债	0	0
在建工程	640 000	576 000	递延所得税负债	0	0
工程物资	0	0	其他非流动负债	0	0
固定资产清理	0	0	非流动负债合计	2 152 000	1 936 800
生产性生物资产	0	0	负债合计	8 623 600	7 761 240
油气资产	0	0	股东权益：		0
无形资产	200 000	180 000	股本	10 000 000	9 000 000
开发支出	0	0	资本公积	1 600 000	1 440 000
商誉	0	0	减：库存股	0	0
长期待摊费用	360 000	324 000	其他综合收益	2 000	0
递延所得税资产	0	0	盈余公积	400 000	80 088.40
其他非流动资产	0	0	未分配利润	1 100 000	1 200 000
非流动资产合计	4 332 000	3 827 088.40	股东权益合计	13 102 000	11 720 088.40
资产总计	21 725 600	19 481 328.40	负债和股东权益总计	21 725 600	19 481 328.40

第三节 利润表

一、利润表的含义及其作用

利润表是反映施工企业在一定会计期间经营成果的会计报表。由于在实际工作中，企业一般按月计算利润，因此按月报送利润表。

利润表是以“利润=收入-费用+利得-损失”这一会计等式为依据，按照一定的步骤计算出构成利润（或亏损）总额的各项要素编制而成的，它属于动态报表。其作用主要表现在以下几个方面。

第一，提供了反映企业财务成果的信息。利润表的列报必须充分反映企业经营业绩的主要来源和构成，有助于使用者判断净利润的质量及其风险，有助于使用者预测净利润的持续性，从而做出正确的决策。企业的财务成果，即企业当期实现的利润，是企业经营的根本目标，利润表系统地提供了企业不同时期的财务成果信息，对于分析评价各方面的经营业绩，以及与同类企业的同类业务对比，都是有益的。

第二，提供了反映企业盈利能力的信息。企业盈利能力是企业投资者和经营者都非常关心的问题。利润表不仅提供了财务成果的信息，也提供了盈利能力分析所需要的收入信息和成本费用信息，这对于评价企业盈利能力是十分重要的。利润表提供的数据对于评价企业的经营业绩，以及对于企业经营者、投资者和长期债权者都十分重要。

第三，提供了反映企业营业收入、成本费用状况的信息。企业营业收入和成本费用状况是企业生产经营状况的直接和具体体现。因此对营业收入的分析往往成为经营分析中的重点问题。通过对营业收入和成本费用的分析，可找出企业生产经营过程中存在的问题和不足，这对于评价企业业绩，规划企业未来都是有重要作用的。

第四，为财务分析提供信息支持。将利润表中的信息与资产负债表中的信息相结合，还可以提供进行财务分析的基本资料。如将营业收入与应收账款平均余额进行比较计算出应收账款周转率，将营业成本与存货平均余额进行比较计算出存货周转率，将净利润与净资产平均余额进行比较计算出净资产收益率等，可以反映企业资产周转情况以及企业的盈利能力和水平，便于报表使用者判断企业未来的发展趋势，做出经济决策。

二、利润表的列报格式

（一）利润表的格式

利润表正表的格式一般有两种，即主要有单步式利润表和多步式利润表。

1. 单步式利润表

单步式利润表是把施工企业本期所有收入列在一起，然后再把所有费用、支出列在一起，两者相减，即可计算出本期净利润。

单步式利润表结构简单，易于理解，但不能反映施工企业日常业务收益与非日常业务收益的成果，主要经营业务收益与次要经营业务收益对实现净利润的影响，因而不能满足报表使用者对会计信息的需求。

2. 多步式利润表

多步式利润表是把施工企业当期净利润，按其构成内容通过几个计算步骤逐步计算出来，并按照其构成内容重要性的大小，在表中从上到下依次计算排列。

财务报表列报准则规定，企业应当采用多步式列报利润表，将不同性质的收入和费用类进行对比，从而可以得出一些中间性的利润数据，便于使用者理解企业经营成果的不同来源。企业可以分如下 4 个步骤编制利润表。

第一步，以营业收入为基础，减去营业成本、营业税金及附加、管理费用、财务费用、资产减值损失，加上公允价值变动收益（减去公允价值变动损失）和投资收益（减去投资损失），计算出营业利润。

第二步，以营业利润为基础，加上营业外收入，减去营业外支出，计算出利润总额。

第三步，以利润总额为基础，减去所得税费用，计算出净利润（或净亏损）。

第四步，以净利润为基础，加上其他综合收益的税后净额，计算出综合收益。

普通股或潜在普通股已公开交易的企业以及正处于公开发行普通股或潜在普通股过程中的企业，还应当在利润表中列示每股收益信息。

多步式利润表注意收入与费用支出配比的层次性，便于对施工企业施工生产经营情况进行分析，有利于不同企业之间进行比较，有利于预测企业未来的盈利能力，从而满足报表使用者对会计信息的需求。

（二）列示利润表的比较信息

根据财务报表列报准则的规定，企业需要提供比较利润表，以使报表使用者通过比较不同期间利润的实现情况，判断企业经营成果的未来发展趋势。所以，利润表还就各项目再分为“本期金额”和“上期金额”两栏分别填列。施工企业利润表的格式如表 15-5 所示（见 P274）。

三、利润表的列报方法

（一）“上期金额”栏的填列方法

利润表“上期金额”栏内各项数字，应根据上年该期利润表“本期金额”栏内所列数字填列。如果上年该期利润表规定的各个项目的名称和内容同本期不相一致，应对上年该期利润表各项目的名称和数字按本期的规定进行调整，填入利润表“上期金额”栏内。

（二）“本期金额”栏的填列方法

利润表“本期金额”栏内各项数字一般应根据损益类科目和所有者权益类科目的发生额分析填列。各项目的填列方法如下。

(1)“营业收入”项目，反映企业经营主要业务和其他业务所确认的收入总额。本项目应根据“主营业务收入”和“其他业务收入”账户的发生额分析填列。

(2)“营业成本”项目，反映企业经营主要业务和其他业务所发生的成本总额。本项目应根据“主营业务成本”和“其他业务成本”账户的发生额分析填列。

(3)“营业税金及附加”项目，反映企业经营业务应负担城市建设维护建设税、资源税、土地增值税和教育费附加等。本项目应根据“营业税金及附加”账户的发生额分析填列。

(4)“管理费用”项目，反映企业为组织和管理生产经营发生的管理费用。本项目应根据“管理费用”账户的发生额分析填列。

(5)“财务费用”项目，反映企业筹集生产经营所需资金等而发生的筹资费用。本项目应根据“财务费用”账户的发生额分析填列。

(6)“资产减值损失”项目，反映企业各项资产发生的减值损失。本项目应根据“资产减值损失”账户的发生额分析填列。

(7)“公允价值变动收益”项目，反映企业应当计入当期损益的资产或负债公允价值变动收益。本项目应根据“公允价值变动损益”账户的发生额分析填列，如为净损失，本项目以“-”号填列。

(8)“投资收益”项目，反映企业以各种方式对外投资所取得的收益。本项目应根据“投资收益”账户的发生额分析填列，如为投资损失，本项目以“-”号填列。

(9)“营业利润”项目，反映企业实现的营业利润，如为亏损，本项目以“-”号填列。

(10)“营业外收入”项目，反映企业发生的与经营业务无直接关系的各项利得。本项目应根据“营业外收入”账户的发生额分析填列。

(11)“营业外支出”项目，反映企业发生的与经营业务无直接关系的各项损失。本项目应根据“营业外支出”账户的发生额分析填列。

(12)“利润总额”项目，反映企业在报告期内实现的盈亏总额，如为亏损，本项目以“-”号填列。

(13)“所得税费用”项目，反映企业应从当期利润总额中扣除的所得税费用。本项目应根据“所得税费用”账户的发生额分析填列。

(14)“净利润”项目，反映企业实现的净利润，如为亏损，本项目以“-”号填列。

(15)“基本每股收益”和“稀释每股收益”项目，是向资本市场广大投资者反映上市公司（公众公司）每一股普通股所创造的收益水平；对资本市场广大投资者（股民）而言，是反映投资价值的重要指标，是投资决策最直观、最重要的参考依据，是广大投资者关注的重点。鉴于此，将这两项指标作为利润表的表内项目列示，同时要求在附注中详细披露计算过程，以供投资者投资决策参考。这两项指标应当按照《企业会计准则第 34 号——每股收益》的规定计算填列。

(16)“其他综合收益的税后净额”项目，反映企业根据企业会计准则规定未在当期损益中确认的各项利得和损失扣除所得税影响后的净额。根据“其他综合收益”科目及其所属的相关明细科目的发生额分析填列。

(17)“综合收益总额”项目，是企业净利润与其他综合收益扣除所得税影响后的净额相加后的合计金额。

举例说明利润表的编制方法如下。

【例题15.3.1】一般纳税人施工企业2×15年12月末有关损益类账户的累计发生额，如表15-3所示，施工企业“其他综合收益”明细科目中涉及2×15年度的累计发生净额如表15-4所示。

表 15-3　　一般纳税人××施工企业损益类科目发生额表

2×15 年度（未结转利润以前）

单位：元

会计科目	借方发生额	贷方发生额
主营业务收入		7 120 000
其他业务收入		1 751 200
投资收益		64 000
营业外收入		160 000
主营业务成本	2 364 000	
其他业务成本	1 470 800	
营业税金及附加	427 000	
管理费用	1 456 200	
财务费用	110 000	
营业外支出	84 000	
所得税费用	795 800	
其他综合收益		2 000

表 15-4　一般纳税人××施工企业"其他综合收益"明细科目表

2×15 年度累计发生净额表　单位：元

明细科目名称	借方发生额	贷方发生额
可供出售金融资产的公允价值变动形成的利得或损失		2 000
合计	0	2 000

根据表 15-3 和表 15-4 的资料，编制一般纳税人施工企业 2×15 年度的利润表，如表 15-5 所示。

表 15-5　利润表　会企 02 表

编制单位：一般纳税人施工企业　2×15 年度　单位：元

项目	本期金额	上期金额
一、营业收入	8 871 200	7 984 080
减：营业成本	3 834 800	3 451 320
营业税金及附加	427 000	384 300
管理费用	1 456 200	1 310 580
财务费用	110 000	99 000
资产减值损失	0	0
加：公允价值变动收益（损失以"-"号填列）	0	0
投资收益（损失以"-"号填列）	64 000	57 600
其中：对联营企业和合营企业的投资收益	0	0
二、营业利润（亏损以"-"号填列）	3 107 200	2 796 480
加：营业外收入	160 000	144 000
减：营业外支出	84 000	75 600
其中：非流动资产处置损失	0	0
三、利润总额（亏损总额以"-"号填列）	3 183 200	2 864 880
减：所得税费用	795 800	716 220
四、净利润（净亏损以"-"号填列）	2 387 400	2 148 660
五、其他综合收益的税后净额	2 000	0
（一）以后不能重分类进损益的其他综合收益	0	
（二）以后将重分类进损益的其他综合收益		
可供出售金融资产的公允价值变动形成的利得或损失	2 000	
六、综合收益总额	2 389 400	2 148 660
七、每股收益		
（一）基本每股收益	（略）	（略）
（二）稀释每股收益	（略）	（略）

第四节　现金流量表

一、现金流量表的含义及作用

（一）现金流量和现金流量表

现金流量，是指企业现金和现金等价物的流入和流出。现金流量是衡量施工企业经营状况是否良好，资金是否紧缺，企业偿付能力大小的重要指标。现金净流量，是指现金流入与流出的差额。如果差额是正数，则为净流入；如果是负数，则为净流出。一般来说，如果施工企业的现金流入大于流出，则反映企业现金流量的积极现象和趋势。在现金流量表中，现金及现金等价物被视为一个整体，企业现金及现金等价物自身形式的转换不会产生现金的流入和流出。例如，企业从银行提取现金，是企业现金存放形式的转换，并未流出企业，不构成现金流量。同样，现金与现金等价物之间的转换也不属于现金流量，例如，企业用现金购买3个月内到期的国库券。

现金流量表准则根据企业业务活动的性质和现金流量的来源，将企业一定期间产生的现金流量分为3类，即经营活动产生的现金流量、投资活动产生的现金流量和筹资活动产生的现金流量。这3部分内容构成了现金流量表的基本内容。

1. 经营活动现金流量

经营活动，是指施工企业投资活动和筹资活动以外的所有交易和事项。施工企业的经营活动主要包括承发包工程、提供劳务、经营性租赁、购买材料物资、接受劳务、支付职工薪酬、支付税费等。

2. 投资活动现金流量

投资活动，是指施工企业长期资产的购建和不包括在现金等价物范围内的投资及其处置活动。长期资产是指长期股权投资、固定资产、在建工程、无形资产、临时设施以及其他资产等持有期限在1年或一个营业周期以上的资产。这里所讲的投资活动，既包括实物资产投资，也包括非实物资产投资。这里之所以将“包括在现金等价物范围内的投资”排除在外，是因为已经将包括在现金等价物范围内的投资视同现金。不同企业由于行业特点不同，对投资活动的认定也存在差异。

投资活动主要包括取得和收回投资，购建和处置固定资产、无形资产和其他资产等。

3. 筹资活动现金流量

筹资活动，是指导致施工企业资本及债务规模和构成发生变化的活动。其中，资本包括实收资本或股本、资本溢价或股本溢价；债务指对外举债，包括发行债券、向金融企业借入款项以及偿还债务等。

对于企业日常活动之外特殊的、不经常发生的特殊项目，如自然灾害损失、保险赔款、捐赠等，应当归并到相关类别中，并单独反映。比如，对于自然灾害损失和保险赔款，如果能够确指属于流动资产损失，应当列入经营活动产生的现金流量；若属于固定资产损失，应当列入投资活动产生的现金流量。如果不能确指，则可以列入经营活动产生的现金流量。捐赠收入和支出，可以列入经营活动。如果特殊项目的现金流量金额不大，则可以列入现金流量类别下的“其他”项目，不单列项目。

现金流量表是反映施工企业一定会计期间现金和现金等价物流入和流出的会计报表，它属于动态的会计报表。施工企业编制现金流量表是为会计报表使用者提供企业一定会计期间内现金和现金等价物流入和流出的信息，反映企业施工生产经营活动、投资活动和筹资活动的动态情况，以便于报表使用者了解和评价企业获取现金和现金等价物的能力，并据以预测企业未来的现金流量。施工企业的现金流量表如表15-9所示。

（二）现金流量表的作用

现金流量表的作用主要表现在以下几个方面。

1. 提供现金流量信息，以对企业整体财务状况做出客观评价

施工企业的经济活动主要包括施工生产经营活动、投资活动和筹资活动3个方面。这3方面的经济活动都影响企业的现金流量，从而影响企业的财务状况。虽然有关现金流量的资料可以从企业比较资产负债表和利润表中获得，但这两张报表却不能提供企业现金流量的全貌。而现金流量表能够说明施工企业在一定会计期间现金和现金等价物流入和流出的原因，从企业现金流量状况，可以大致判断其经营周转是否顺畅；将施工生产经营活动产生的现金流量与净利润相比较，可以从现金

流量的角度了解净利润的质量，为分析和预测企业的经济前景提供信息。

2. 有助于评价企业的支付能力、偿债能力和周转能力

通过现金流量表，并结合利润表，可以反映施工企业盈利的质量，将现金流量净额与发行在外的普通股权加权平均股数进行比较计算出每股现金流量，将施工生产经营活动现金流量净额与净利润进行比较计算出盈利现金比率等，可以了解施工企业的现金能否偿还到期债务，能否支付股利和进行必要的固定资产投资，了解施工企业的现金流转效率和效果等，从而便于投资者做出投资决策，便于债权人对企业的支付能力和偿债能力，以及企业对外部资金的需求情况做出可靠的判断。

3. 有助于预测企业未来的发展情况

如果现金流量表中各部分现金流量结构合理，现金流入、流出无重大异常波动，一般说明施工企业的财务状况基本良好。通过现金流量表及其他财务信息，可以了解施工企业现金的来源和用途是否合理；了解施工生产经营活动产生的现金流量有多少；施工企业在多大程度上依赖外部资金；分析施工企业未来获取或支付现金的能力，评价施工企业产生净现金流量的能力是否偏低。从而为施工企业编制现金流量计划、合理有效地使用现金创造条件，为投资者和债权人评价施工企业的未来现金流量、做出投资和信贷决策提供必要信息。

二、现金流量表的编制基础

现金流量表以现金及现金等价物为基础，按照收付实现制原则编制，将权责发生制下的盈利信息调整为收付实现制下的现金流量信息。

（一）现金

现金，是指企业的库存现金以及可以随时用于支付的存款。

会计上所说的现金通常指企业的库存现金。而现金流量表中的“现金”不仅包括“库存现金”账户核算的现金，还包括企业“银行存款”账户核算的存入金融企业、可以随时用于支付的存款，也包括“其他货币资金”账户核算的外埠存款、银行汇票存款、银行本票存款、信用卡存款、信用证保证金存款和存出投资款等其他货币资金。

需要强调的是，银行存款和其他货币资金中有些不能随时用于支付的存款，如不能随时支取的定期存款等，不应作为现金。提前通知金融企业便可支取的定期存款，则应包括在现金范围内。

（二）现金等价物

现金等价物，是指施工企业持有的期限短、流动性强、易于转换为已知金额现金、价值变动风险很小的投资。

其中，期限短，一般是指从购买日起，3 个月内到期。例如，可在证券市场上流通的 3 个月内到期的短期债券投资等。

现金等价物虽然不是现金，但其支付能力与现金的差别不大，可视为现金。如施工企业为保证支付能力，手持必要的现金，为了不使现金闲置，可以购买短期债券，在需要现金时，随时可以变现。

现金等价物的定义本身包含了判断一项投资是否属于现金等价物的 4 个条件：第一，期限短；第二，流动性强；第三，易于转换为已知金额的现金；第四，价值变动风险很小。其中，期限短、流动性强，强调了变现能力；而易于转换为已知金额的现金、价值变动风险很小，则强调了支付能力的大小。现金等价物通常包括 3 个月到期的短期债券投资。权益性投资变现的金额通常不确定，因而不属于现金等价物。

（三）现金及现金等价物范围的确定和变更

不同企业现金及现金等价物的范围可能不同。企业应当根据经营特点等具体情况，确定现金及

现金等价物的范围。根据现金流量表准则及其指南的规定，企业应当根据具体情况，确定现金及现金等价物的范围，一经确定不得随意变更。如果发生变更，应当按照会计政策变更处理。

三、现金流量表的编制方法

（一）经营活动产生的现金流量的编制方法

编制现金流量表时，列报经营活动现金流量的方法有两种。一是直接法；二是间接法。这两种方法通常也称为现金流量表的编制方法。

1. 直接法

直接法是按现金收入和支出的主要类别直接反映施工企业经营活动产生的现金流量，如施工企业承包工程、销售商品以及提供劳务收到的现金，发包工程、购买商品、接受劳务支付的现金等就是按照现金收入和现金支出的来源直接反映的。在直接法下，一般是以利润表中的营业收入为起算点，调整与经营活动有关的项目的增减变动，然后计算出经营活动产生的现金流量。

采用直接法时，有关经营活动现金流量的信息，一般通过以下途径之一取得。

（1）施工企业的会计记录；

（2）根据以下项目对利润表中的营业收入、营业成本以及其他项目进行调整。第一，当期存货及经营性应收和应付项目的变动；第二，固定资产折旧、无形资产摊销、临时设施摊销等其他非现金项目；第三，其现金影响属于投资或筹资活动现金流量的其他活动。

2. 间接法

间接法是以本期净利润为起算点，调整不涉及现金的收入、费用、营业外收支等有关项目，据此计算出经营活动产生的现金流量。

采用直接法编报现金流量表，便于分析企业经营活动产生的现金流量的来源和用途，预测企业现金流量的未来前景；采用间接法编报现金流量表，便于将净利润与经营活动产生的现金流量净额进行比较，了解净利润与经营活动产生的现金流量差异的原因，从现金流量的角度分析净利润的质量。所以，现金流量表准则规定企业应当采用直接法编报现金流量表，同时要求在附注中提供以净利润为基础调节到经营活动现金流量的信息。

（二）经营活动产生的现金流量有关项目的编制方法

1. “销售商品、提供劳务收到的现金”项目

“销售商品、提供劳务收到的现金”项目反映施工企业承包工程、销售商品、提供劳务实际收到的现金，具体包括本期承包工程、销售商品、提供劳务收到的现金，以及前期承包工程、销售商品、提供劳务本期收到的现金和本期预收的款项，减去本期销售本期退回的商品和前期销售本期退回的商品所支付的现金。企业销售材料和代购代销业务收到的现金，也在本项目反映。本项目可以根据“库存现金”“银行存款”“应收账款”“应收票据”“预收账款”“主营业务收入”“其他业务收入”等账户的记录分析填列。

在填列这个项目时，需要考虑以下几个因素。

（1）承包工程、销售商品、提供劳务所取得的收入，可以根据“应收账款”明细账户的本期发生额以及“主营业务收入”“其他业务收入”账户的贷方发生额取得。

（2）应收账款和应收票据。施工企业本期因承包工程、销售商品、提供劳务所取得的收入并不都是企业本期实际的现金收入，在工程价款已经结算或销售已经实现但尚未收到款项时，按照权责发生制原则仍然要确认收入，并记入“应收账款”或“应收票据”账户。可见，因本期结算、销售而增加的应收账款和应收票据，表明销售实现的收入并没有收到现金；如果本期应收账款和应收票

据减少，通常表明本期有现金流入，但如果债务人以非现金实物资产抵偿债务，则应收账款和应收票据的减少实际是没有现金流入的。因此，在计算填列本项目时，可以根据“主营业务收入”“其他业务收入”账户的本期贷方发生额，加上本期应收账款和应收票据的减少，减去本期应收账款和应收票据的增加，并减去债务人以非现金实物资产抵偿债务而减少的应收账款和应收票据后的数额确认。

（3）结算、销售退回支付的现金。本期结算、销售退回一般通过“应收账款”“主营业务收入”“其他业务收入”账户的借方反映，但本期结算、销售退回有的已经支付了现金，有的尚未支付现金，在填列本项目时，应当减去已支付现金的结算或销售退回。

（4）预收账款。本期收到的预收账款有实际的现金流入，在填列本项目时，应当加上本期预收账款的增加，减去本期预收账款的减少。

（5）核销的坏账损失。本期核销的坏账损失是减少应收账款的因素，通常减少应收账款表明收回现金，但核销坏账减少的应收账款并没有现金流入，在填列本项目时，应减去因核销坏账损失而减少的应收账款。如果在本期收回前期已核销的坏账损失，在填列本项目时，还应当将其加上。

在填列“销售商品、提供劳务收到的现金”项目时，可根据以下公式计算。

销售商品、提供劳务收到的现金=本期承包工程、销售商品、提供劳务实际收到的现金+本期收到前期的应收账款+本期收到前期的应收票据+本期预收账款+本期收回前期核销的坏账损失-本期因结算、销售退回而支付的现金

或

销售商品、提供劳务收到的现金=本期承包工程、销售商品、提供劳务收入（不含结算、销售退回冲减的收入）+（应收账款期初余额-应收账款期末余额）+（应收票据期初余额-应收票据期末余额）+（预收账款期末余额-预收账款期初余额）+本期收回前期核销的坏账损失-本期因结算、销售退回而支付的现金-本期实际核销的坏账损失-本期以非现金资产清偿债务减少的应收账款和应收票据[①]

上述应收账款、应收票据中如有本期购货退回收到的现金，应从应收账款、应收票据项目中扣除，并从“购买商品、接受劳务支付的现金”项目内扣除。

2.“收到的税费返还”项目

“收到的税费返还”项目反映施工企业收到返还的各种税费，如实际收到的增值税、消费税、所得税、城市维护建设税、教育费附加返还等。本项目可以根据“库存现金”“银行存款”“其他应付款”“应交税费”“营业税金及附加”等账户的记录分析填列。

3.“收到其他与经营活动有关的现金”项目

“收到其他与经营活动有关的现金”项目反映施工企业除了上述各项目以外收到的其他与经营活动有关的现金流入，如罚款收入、经营租赁固定资产收到的现金、投资性房地产收到的租金收入、流动资产损失中由个人赔偿的现金收入、除税费返还外的其他政府补助收入等。其他与经营活动有关的现金，如果价值较大的，应单列项目反映。本项目可以根据“营业外收入”“营业外支出”“库存现金”“银行存款”“其他应收款”“其他应付款”“管理费用”等账户的记录分析填列。

4.“购买商品、接受劳务支付的现金”项目

“购买商品、接受劳务支付的现金”项目反映施工企业发包工程、购买商品、接受劳务实际支付的现金，包括本期发包工程、购入商品、接受劳务支付的现金（包括增值税进项税额），以及本期支

① 当长期建造合同完工时，合同总收入与应收账款总额应当相等，但在工程施工的某一年，当年确认的收入与“应收账款”账户的借方发生额却并不一定相等。在应用本公式时应当注意这一点。

付前期发包工程、购入商品、接受劳务的未付款项和本期预付款项，减去本期发生的结算、购货退回收到的现金。本项目可以根据“应付账款”“应付票据”“预付账款”“库存现金”“银行存款”“工程施工”等账户的记录分析填列。在填列本项目时，可以根据以下公式计算。

购买商品、接受劳务支付的现金=本期发包工程、购买商品、接受劳务实际支付的现金+本期支付前期的应付账款+本期支付前期的应付票据+本期预付账款-本期因结算、购货退回而收到的现金

或

购买商品、接受劳务支付的现金=本期主营业务成本+（存货期末余额-存货期初余额）+（应付账款期初余额-应付账款期末余额）+（应付票据期初余额-应付票据期末余额）+（预付账款期末余额-预付账款期初余额）+（工程结算期初余额-工程结算期末余额）-本期因结算、购货退回而收到的现金-本期以非现金资产清偿债务减少的应付账款和应付票据

上述支付现金的应付账款、应付票据如包含结算、销售退回支付的部分，应从应付账款、应付票据中扣除，并在“销售商品、提供劳务收到的现金”项目中反映。

5.“支付给职工以及为职工支付的现金”项目

“支付给职工以及为职工支付的现金”项目反映施工企业实际支付给职工，以及为职工支付的现金，包括企业为获得职工提供的服务，本期实际给予各种形式的报酬以及其他相关支出，如支付给职工的工资、奖金、各种津贴和补贴以及为职工支付的其他费用，不包括支付给在建工程人员的工资。支付的在建工程人员的工资，在“购建固定资产、无形资产和其他长期资产支付的现金”项目中反映。

需要强调的是，施工企业为职工支付的医疗、养老、失业、工伤、生育等社会保险基金，补充养老保险，住房公积金，为职工交纳的商业保险金，因解除与职工劳动关系给予的补偿，现金结算的股份支付以及支付给职工或为职工支付的其他福利费用等，应根据职工的工作性质和服务对象，分别在“购建固定资产、无形资产和其他长期资产支付的现金”和本项目中反映。

本项目可以根据“库存现金”“银行存款”“应付职工薪酬”等账户的记录分析填列。

6.“支付的各项税费”项目

“支付的各项税费”项目反映施工企业按照规定支付的各项税费，包括本期发生并支付的税费，以及本期支付以前各期发生的税费和预交的税金，如支付的消费税、所得税、教育费附加、印花税、房产税、土地增值税、车船税、增值税等，不包括计入固定资产价值、实际支付的耕地占用税等，也不包括本期退回的所得税。本期退回的所得税，在“收到的税费返还”项目中反映。本项目可以根据“应交税费”“库存现金”“银行存款”等账户的记录分析填列

7.“支付其他与经营活动有关的现金”项目

“支付其他与经营活动有关的现金”项目反映施工企业除上述各项目外，支付的其他与经营活动有关的现金，如罚款支出，支付的差旅费、业务招待费、保险费，经营租赁支付的现金等。其他与经营活动有关的现金流出，如果价值较大的，应单列项目反映。本项目可以根据有关账户的记录分析填列。

（三）投资活动产生的现金流量有关项目的编制方法

投资活动现金流入和现金流出包括的各项目的内容和填列方法如下。

1.“收回投资收到的现金”项目

“收回投资收到的现金”项目反映施工企业出售、转让或到期收回除现金等价物以外的交易性金融资产、持有至到期投资、可供出售金融资产、长期股权投资等而收到的现金，不包括债权性投资

收回的利息、收回的非现金资产以及处置子公司及其他营业单位收到的现金净额。债权性投资收回的本金，在本项目中反映；债权性投资收回的利息，不在本项目中反映，而在“取得投资收益收到的现金”项目中反映。处置子公司及其他营业单位收到的现金净额单设项目反映。本项目可以根据“交易性金融资产”“持有至到期投资”“可供出售金融资产”“长期股权投资”“库存现金”“银行存款”等科目的记录分析填列。

2. “取得投资收益收到的现金”项目

“取得投资收益收到的现金”项目反映施工企业因股权性投资而分得的现金股利以及因债权性投资而取得的现金利息收入。股票股利由于不产生现金流量，不在本项目中反映。包括在现金等价物范围内的债券性投资，其利息收入在本项目中反映。本项目可以根据“应收股利”“应收利息”“投资收益”“库存现金”“银行存款”等科目的记录分析填列。

3. “处置固定资产、无形资产和其他长期资产收回的现金净额”项目

“处置固定资产、无形资产和其他长期资产收回的现金净额”项目反映施工企业出售投资性房地产、固定资产、无形资产和其他长期资产所取得的现金，减去为处置这些资产而支付的有关费用后的净额。处置固定资产、无形资产和其他长期资产所收到的现金，与处置活动支付的现金，两者在时间上比较接近，以净额列报能更准确反映处置活动对现金流量的影响。本项目可以根据“固定资产清理”“库存现金”“银行存款”等科目的记录分析填列。

需要强调的是，施工企业由于自然灾害等原因所造成的固定资产等长期资产报废、毁损而收到的保险赔偿收入也在本项目中反映。如处置固定资产、无形资产和其他长期资产所收回的现金净额为负数，则应作为投资活动产生的现金流量，在“支付其他与投资活动有关的现金”项目中反映。

4. “处置子公司及其他营业单位收到的现金净额”项目

“处置子公司及其他营业单位收到的现金净额”项目反映施工企业处置子公司及其他营业单位所取得的现金减去子公司或其他营业单位持有的现金和现金等价物以及相关处置费用后的净额。本项目可以根据有关科目的记录分析填列。企业处置子公司及其他营业单位是整体交易，子公司和其他营业单位可能持有现金和现金等价物。这样，整体处置子公司或其他营业单位的现金流量，就应以处置价款中收到现金的部分，减去子公司或其他营业单位持有的现金和现金等价物以及相关处置费用后的净额反映。处置子公司及其他营业单位收到的现金净额如为负数，则将该金额填列至“支付其他与投资活动有关的现金”项目中。

5. “收到其他与投资活动有关的现金”项目

“收到其他与投资活动有关的现金”项目反映施工企业除上述各项目以外，收到的其他与投资活动有关的现金流入。其他现金流入如价值较大的，应单列项目反映。本项目可以根据“库存现金”“银行存款”和其他有关账户的记录分析填列。

6. “购建固定资产、无形资产和其他长期资产支付的现金”项目

“购建固定资产、无形资产和其他长期资产支付的现金”项目反映施工企业购买或建造投资性房地产、固定资产，取得无形资产和其他长期资产支付的现金，包括购买机器设备支付的现金、建造工程支付的现金、支付在建工程人员的工资等现金支出，不包括为购建固定资产、无形资产和其他长期资产而发生的借款利息资本化部分，以及融资租入固定资产所支付的租赁费。为购建固定资产、无形资产和其他长期资产而发生的借款利息资本化部分，在“分配股利、利润或偿付利息支付的现金”项目中反映；融资租入固定资产所支付的租赁费，在“支付其他与筹资活动有关的现金”项目中反映，不在本项目中反映。本项目可以根据“固定资产”“在建工程”“工程物资”“无形资产”“库存现金”“银行存款”等科目的记录分析填列。

7. “投资支付的现金”项目

“投资支付的现金”项目反映施工企业进行权益性投资和债权性投资所支付的现金，包括企业取

得的除现金等价物以外的交易性金融资产、持有至到期投资、可供出售金融资产而支付的现金以及支付的佣金、手续费等交易费用。

需要强调的是，施工企业购买股票和债券时，实际支付的价款中包含的已宣告但尚未领取的现金股利或已到付息期但尚未领取的债券利息，应在“支付其他与投资活动有关的现金”项目中反映；收回购买股票和债券时支付的已宣告但尚未领取的现金股利或已到付息期但尚未领取的债券利息，应在“收到其他与投资活动有关的现金”项目中反映。

本项目可以根据“交易性金融资产”“持有至到期投资”“可供出售金融资产”“投资性房地产”“长期股权投资”“库存现金”“银行存款”等科目的记录分析填列。

8. “取得子公司及其他营业单位支付的现金净额”项目

“取得子公司及其他营业单位支付的现金净额”项目反映施工企业取得子公司及其他营业单位购买出价中以现金支付的部分，减去子公司或其他营业单位持有的现金和现金等价物后的净额。本项目可以根据有关科目的记录分析填列。

整体购买子公司或其他营业单位的现金流量，应以购买出价中以现金支付的部分减去子公司或其他营业单位持有的现金和现金等价物后的净额反映。如为负数，应在“收到其他与投资活动有关的现金”项目中反映。

9. “支付其他与投资活动有关的现金”项目

“支付其他与投资活动有关的现金”项目反映施工企业除了上述各项以外，支付的其他与投资活动有关的现金流出。其他现金流出如价值较大的，应单列项目反映。本项目可以根据“库存现金”“银行存款”和其他有关账户的记录分析填列。

（四）筹资活动产生的现金流量有关项目的编制方法

筹资活动产生的现金流入和现金流出包括的各项目的内容和填列方法如下。

1. “吸收投资收到的现金”项目

“吸收投资收到的现金”项目反映施工企业以发行股票等方式筹集资金实际收到的款项净额（发行收入减去支付的佣金等发行费用后的净额）。以发行股票等方式筹集资金而由企业直接支付的审计、咨询等费用，在“支付的其他与筹资活动有关的现金”项目中反映；本项目可以根据“实收资本”（或“股本”）“资本公积”“库存现金”“银行存款”等科目的记录分析填列。

2. “取得借款收到的现金”项目

“取得借款收到的现金”项目反映施工企业举借各种短期、长期借款而收到的现金以及发行债券实际收到的款项净额（发行收入减去直接支付的佣金等发行费用后的净额）。本项目可以根据“短期借款”“长期借款”“交易性金融负债”“应付债券”“库存现金”“银行存款”等科目的记录分析填列。

3. “收到其他与筹集活动有关的现金”项目

“收到其他与筹集活动有关的现金”项目反映施工企业除了上述各项以外，收到的其他与筹资活动有关的现金流入。其他现金流入如价值较大的，应单列项目反映。本项目可以根据“库存现金”“银行存款”和其他有关账户的记录分析填列。

4. “偿还债务支付的现金”项目

“偿还债务支付的现金”项目反映施工企业以现金偿还债务的本金，包括归还金融企业的借款本金、偿付企业到期的债券本金等。企业偿还的借款利息、债券利息，在“分配股利、利润或偿付利息支付的现金”项目中反映。本项目可以根据“短期借款”“长期借款”“交易性金融负债”“应付债券”“库存现金”“银行存款”等科目的记录分析填列。

5. “分配股利、利润或偿付利息支付的现金”项目

“分配股利、利润或偿付利息支付的现金”项目反映施工企业实际支付的现金股利、支付给其他投资单位的利润或用现金支付的借款利息、债券利息等。本项目可以根据“应付股利”“利润分配”

“财务费用”“在建工程”“研发支出”“库存现金”“银行存款”等账户的记录分析填列。

6.“支付其他与筹集活动有关的现金”项目

“支付其他与筹集活动有关的现金”项目反映施工企业除了上述各项目以外，支付的其他与筹资活动有关的现金，如以发行股票、债券等方式筹集资金而由企业直接支付的审计、咨询等费用，融资租赁各期所支付的现金、以分期付款方式构建固定资产、无形资产等除首期外各期支付的现金。其他与筹资活动有关的现金，如果价值较大的，应单列项目反映。本项目可以根据“库存现金”“银行存款”和其他有关账户的记录分析填列。

（五）“汇率变动对现金及现金等价物的影响”项目的编制方法

“汇率变动对现金及现金等价物的影响”项目，反映施工企业外币现金流量以及境外子公司的现金流量，采用现金流量发生日的即期汇率或即期汇率的近似汇率折算成记账本位币时对现金的影响额。汇率变动对现金的影响额应当作为调节项目，在现金流量表中单独列报。

汇率变动对现金的影响，是指企业外币现金流量及境外子公司的现金流量折算成记账本币时，所采用的是现金流量发生日的汇率或即期汇率的近似汇率；而现金流量表“现金及现金等价物净增加额”项目中外币现金净增加额是按资产负债表日的即期汇率折算。二者差额即为汇率变动对现金的影响。

在编制现金流量表时，对当期发生的外币业务，也可以不必逐笔计算汇率变动对现金的影响，可以通过现金流量表补充资料中“现金及现金等价物净增加额”数额与现金流量表中的“经营活动产生的现金流量净额”“投资活动产生的现金流量净额”“筹资活动产生的现金流量净额”3 项之和比较，其差额即为“汇率变动对现金及现金等价物的影响额”。

（六）“现金及现金等价物净增加额”项目的编制方法

“现金及现金等价物净增加额”项目，反映施工企业当期现金流量的净增加额。本项目可以根据“库存现金”“银行存款”“其他货币资金”账户以及现金等价物的期末余额与期初余额计算填列。本项目与现金流量表补充资料中的“现金及现金等价物净增加额”项目，存在金额相等的钩稽关系。

四、现金流量表的编制程序

现金流量表具有结构复杂、分析的内容较多、汇总分类的工作量较大等特点，为了提高现金流量表编制工作的效率，在编制正式的现金流量表之前可以采用类似草稿性质的工作底稿法和 T 形账户法做好编报前的准备工作。

（一）工作底稿法的编制程序

采用工作底稿法编制现金流量表，就是以工作底稿为手段，以利润表和资产负债表数据为基础，对每一项目进行分析并编制调整分录，直到工作底稿上的全部项目调整完毕并核对无误后，据以编制现金流量表。

现金流量表工作底稿，在直接法下横向分为 5 栏，即第一栏是项目栏，第二栏是期初数，第三栏是调整分录的借方，第四栏是调整分录的贷方，第五栏是期末数。纵向分成 3 段，第一段是资产负债表项目，其中又分为借方项目和贷方项目两部分；第二段是利润表项目；第三段是现金流量表项目。

采用工作底稿法编制现金流量表的基本程序如下。

第一步，根据编表日资产负债表的年初余额和期末余额，直接过入工作底稿第一段并与横向对应的期初数栏和期末数栏中。

第二步，对当期业务进行分析并编制调整分录。编制调整分录时，要以利润表项目为基础，从

“营业收入”开始，结合资产负债表项目逐一进行分析。调整分录大致有以下几类。

（1）涉及利润表中的收入、成本和费用项目以及资产负债表中的资产、负债及所有者权益项目，通过调整，将权责发生制下的收入费用转换为现金基础。

（2）涉及资产负债表和现金流量表中的投资、筹资项目，反映投资和筹资活动的现金流量。

（3）涉及利润表和现金流量表中的投资和筹资项目，目的是将利润表中有关投资和筹资方面的收入和费用列入现金流量表的投资、筹资现金流量中去。

（4）不涉及现金收支，只是为了核对资产负债表项目的期末、期初变动的调整分录。

在调整分录中，有关现金和现金等价物的事项，并不直接借记或贷记现金，而是分别记入“经营活动产生的现金流量”“投资活动产生的现金流量”“筹资活动产生的现金流量”有关项目。借记表示现金流入，贷记表示现金流出。

总之，根据利润表的本期发生额，将其填列在工作底稿第二段并与横向对应的第五栏本期数栏中。

第三步，将调整分录过入工作底稿中的相应部分。

第四步，核对调整分录的借方金额和贷方金额，两者合计应当相符，资产负债表项目期初数加减调整分录中的借贷金额以后，应当等于期末数。

第五步，根据工作底稿中的现金流量表项目部分，经核实无误后，编制正式的现金流量表。

现金流量表工作底稿的格式如表 15-8 所示（见 P293）。

（二）T 形账户法的编制程序

T 形账户法，就是以 T 形账户为手段，以利润表和资产负债表数据为基础，对每一项目进行分析并编制调整分录，从而编制出现金流量表的过程。

采用 T 形账户法编制现金流量表的基本程序如下。

第一步，为所有的非现金项目（包括资产负债表项目和利润表项目）分别开设 T 形账户，并将各自的期末、期初变动数过入各该账户。具体过入方法如下。

（1）当资产负债表项目的期末余额大于期初余额时，将其差额过入与该项目余额相同方向的 T 形账户内；当资产负债表项目的期末余额小于期初余额时，将其差额过入与该项目余额相反方向的 T 形账户内。

（2）利润表中的收入类项目，按本期金额过入 T 形账户的贷方；成本、费用类项目过入 T 形账户的借方。

第二步，开设一个大的“现金及现金等价物”T 形账户，左右两边各分为经营活动、投资活动和筹资活动 3 个部分，左边记现金流入，右边记现金流出。与其他账户一样，过入期末、期初变动数。

第三步，以利润表项目为基础，结合资产负债表，分析每一个非现金项目的增减变动，并据此编制调整分录。

第四步，将调整分录过入各 T 形账户，并进行核对。该账户借贷相抵后的余额与原先过入的期末、期初变动数应当一致。

第五步，根据大的“现金及现金等价物”T 形账户编制正式的现金流量表。

企业在编制现金流量表时，如果所涉及的关于现金的增减、运用以及其他方面的事项比较简单时，可采用“T 形账户法”；如果涉及的事项比较复杂，业务量大且数据较多时，可采用“工作底稿法”。

五、现金流量表补充资料的编制

企业应当采用间接法在现金流量附注中披露将净利润调节为经营活动现金流量的信息。现金流量表补充资料包括将净利润调节为经营活动现金流量、不涉及现金收支的重大投资和筹资活动、现金及现金等价物净变动情况等项目。

（一）将净利润调节为经营活动现金流量

现金流量表采用直接法反映经营活动产生的现金流量，同时，企业还应采用间接法反映经营活动产生的现金流量。间接法，是指以本期净利润为起点，通过调整不涉及现金的收入、费用、营业外收支以及经营性应收应付等项目的增减变动，调整不属于经营活动的现金收支项目，据此计算并列报经营活动产生的现金流量的方法。在我国，现金流量表补充资料应采用间接法反映经营活动产生的现金流量情况，以对现金流量表中采用直接法反映的经营活动现金流量进行核对和补充说明。

采用间接法列报经营活动产生的现金流量时，需要对以下 4 大类项目进行调整。第一，实际没有支付现金的费用；第二，实际没有收到现金的收益；第三，不属于经营活动的损益；第四，经营性应收应付项目的增减变动。

在净利润的基础上进行调节的项目主要包括以下几个方面。

（1）“资产减值准备”项目，反映施工企业计提的坏账准备、存货跌价准备、合同预计损失准备、投资性房地产减值准备、长期股权投资减值准备、持有至到期投资减值准备、固定资产减值准备、在建工程减值准备、工程物资减值准备、无形资产减值准备、商誉减值准备等。施工企业当期计提和按规定转回的各项资产减值准备包括在利润表中，属于利润的减除项目，但没有发生现金流出。所以，在将净利润调节为经营活动现金流量时应当予以加回。本项目可以根据“资产减值损失”账户的记录分析填列。

（2）“固定资产折旧、油气资产折耗、生产性生物资产折旧”项目，反映企业当期累计提取的固定资产折旧和临时设施摊销额。企业计提的固定资产折旧，有的包括在管理费用中，有的包括在工程施工中。计入管理费用中的部分，作为期间费用在计算净利润时已从中扣除，但没有发生现金流出，在将净利润调节为经营活动现金流量时应当予以加回；计入工程施工中的已变现部分，在计算净利润时已通过主营业务成本扣除，但没有发生现金流出，在将净利润调节为经营活动现金流量时应当予以加回；计入工程施工中没有变现的部分，由于在调节存货时已从中扣除，但也没涉及现金支出，在将净利润调节为经营活动现金流量时应当予以加回。临时设施摊销计入工程施工中的已变现部分和没变现部分，在将净利润调节为经营活动现金流量时应当予以加回。本项目可以根据“累计折旧”“临时设施摊销”账户的贷方发生额分析填列。

（3）“无形资产摊销”和“长期待摊费用摊销”项目，分别反映施工企业当期累计计入成本费用的无形资产价值和长期待摊费用。企业对使用寿命有限的无形资产计提摊销时，计入管理费用或工程施工。长期待摊费用摊销时，有的计入管理费用，有的计入工程施工。其中，已计入管理费用的部分和计入工程施工中的已变现部分，在计算净利润时已从中扣除，但没有发生现金流出，在将净利润调节为经营活动现金流量时应当予以加回；计入工程施工中的未变现部分，在将净利润调节为经营活动现金流量时也应当予以加回。这两个项目可以根据“累计摊销”“长期待摊费用”账户的贷方发生额分析填列。

（4）“处置固定资产、无形资产和其他长期资产的损失”项目，反映施工企业当期由于处置固定资产、无形资产和其他长期资产而发生的净损失。企业处置固定资产、无形资产和其他长期资产发生的损益，属于投资活动产生的损益，不属于经营活动产生的损益，在将净利润调节为经营活动现金流量时应当予以剔除。如为净损失，应当予以加回；如为净收益，应当予以扣除。本项目可根据“营业外收入”“营业外支出”“其他业务收入”“其他业务成本”等账户所属有关明细账户的记录分析填列，如为净收益，以“-”号填列。

（5）“固定资产报废损失”项目，反映施工企业当期固定资产盘亏后的净损失。企业发生的固定资产报废损益，属于投资活动产生的损益，不属于经营活动产生的损益，在将净利润调节为经营活动现金流量时应当予以剔除。如为净损失，应当予以加回；如为净收益，应当予以扣除。本项目可根据“营业外收入”“营业外支出”等账户所属有关明细账户的记录分析填列。

（6）“公允价值变动损失”项目，反映施工企业交易性金融资产、投资性房地产等公允价值变动形成的应计入当期损益的损失。企业发生的公允价值变动损益，通常与企业的投资活动或筹资活动有关，而且并不影响企业当期的现金流量。为此，应当将其从净利润中剔除。本项目可以根据“公允价值变动损益”账户的发生额分析填列。如为持有损失，在将净利润调节为经营活动现金流量时，应当加回；如为持有利得，在将净利润调节为经营活动现金流量时，应当扣除。

（7）“财务费用”项目，反映施工企业当期发生的属于经营活动的财务费用。企业发生的财务费用中，有些项目属于筹资活动或投资活动，在将净利润调节为经营活动现金流量时应当予以剔除。本项目可根据“财务费用”账户的借方发生额分析填列，如为收益，以“-”号填列。

在实务中，施工企业的财务费用明细账一般是按费用项目设置的，为了编制现金流量表，企业可在此基础上再按“经营活动”“筹资活动”“投资活动”分设明细分类账。在每一笔财务费用发生时即将其直接记入所属的“经营活动”“筹资活动”“投资活动”项目中。

（8）“投资损失”项目，反映施工企业当期投资所发生的损失减去收益后的净损失。企业发生的投资损益，属于投资活动产生的损益，不属于经营活动产生的损益，在将净利润调节为经营活动现金流量时应当予以剔除。如为净损失，应当予以加回；如为净收益，应当予以扣除。本项目可以根据利润表中“投资收益”项目的数字填列；如为投资收益，以“-”号填列。

（9）“递延所得税资产的减少”项目，反映施工企业当期递延所得税资产净减少。递延所得税资产减少使计入所得税费用的金额大于当期应交的所得税金额，其差额没有发生现金流出，但在计算净利润时已经扣除，在将净利润调节为经营活动现金流量时，应当加回。递延所得税资产增加使计入所得税费用的金额小于当期应交的所得税金额，二者之间的差额并没有发生现金流入，但在计算净利润时已经包括在内，在将净利润调节为经营活动现金流量时，应当扣除。本项目可以根据资产负债表“递延所得税资产”项目的期初、期末余额分析填列。

（10）“递延所得税负债的增加”项目，反映施工企业当期递延所得税负债的净增加。递延所得税负债增加使计入所得税费用的金额大于当期应交的所得税金额，其差额没有发生现金流出，但在计算净利润时已经扣除，在将净利润调节为经营活动现金流量时，应当加回。如果递延所得税负债减少使计入当期所得税费用的金额小于当期应交的所得税金额，其差额并没有发生现金流入，但在计算净利润时已经包括在内，在将净利润调节为经营活动现金流量时，应当扣除。本项目可以根据“资产负债表”“递延所得税负债”项目的期初、期末余额分析填列。

（11）“存货的减少”项目，反映施工企业当期存货的减少。施工企业期末存货比期初存货减少，说明本期施工生产经营过程中耗用的存货有一部分是期初的存货，耗用这部分存货并没有发生现金流出，但在计算净利润时已经扣除，在将净利润调节为经营活动现金流量时应当予以加回；期末存货比期初存货增加，说明当期购入的存货除耗用外还剩余一部分，这部分存货已经发生了现金流出，但在计算净利润时没有包括在内，在将净利润调节为经营活动现金流量时应当予以扣除。除此之外，存货的增减变化过程还涉及应付项目，这个因素在“经营性应付项目的增加”项目中考虑。如果存货的增减变化过程属于投资活动的，应当将其剔除。本项目可根据资产负债表中“存货”项目的年初余额、期末余额之间的差额填列。期末余额大于年初余额的差额，以“-”号填列。

（12）“经营性应收项目的减少”项目，反映施工企业当期经营性应收项目，包括应收账款、应收票据、预付账款、长期应收款和其他应收款中与经营活动有关部分的减少。企业经营性应收项目期末余额小于经营性应收项目期初余额，说明本期收回的现金大于利润表中所确认的主营业务收入，在将净利润调节为经营活动现金流量时应当予以加回；经营性应收项目期末余额大于经营性应收项目期初余额，说明本期结算、销售收入中有一部分没有收回现金，但在计算净利润时这部分结算、销售收入已包括在内，在将净利润调节为经营活动现金流量时应当予以扣除。

（13）“经营性应付项目的增加”项目，反映施工企业当期经营性应付项目，包括应付账款、应付票据、预收账款、应付职工薪酬、应交税费、应付利息、长期应付款和其他应付款中与经营活动有关部分的增加。企业经营性应付项目期末余额大于经营性应付项目期初余额，说明本期发包结算以及购入的存货中有一部分没有支付现金，但在计算净利润时已通过主营业务成本扣除，在将净利润调节为经营活动现金流量时应当予以加回；经营性应付项目期末余额小于经营性应付项目期初余额，说明本期支付的现金大于利润表中所确认的主营业务成本，在将净利润调节为经营活动现金流量时应当予以扣除。

（二）不涉及现金收支的重大投资和筹资活动

不涉及现金收支的重大投资和筹资活动，反映企业一定期间内影响资产或负债但不形成该期现金收支的所有投资和筹资活动的信息。这些投资和筹资活动虽然不涉及现金收支，但对以后各期的现金流量有重大影响。例如，企业融资租入设备，将形成的负债记入“长期应付款”账户，当期并不支付设备款及租金，但以后各期必须为此支付现金，从而在一定期间内形成了一项固定的现金支出。

企业应当在附注中披露不涉及当期现金收支，但影响企业财务状况或在未来可能影响企业现金流量的重大投资和筹资活动，主要包括以下几方面。①债务转为资本，反映企业本期转为资本的债务金额；②一年内到期的可转换公司债券，反映企业一年内到期的可转换公司债券的本息；③融资租入固定资产，反映企业本期融资租入的固定资产。

（三）现金和现金等价物的构成

企业应当在附注中披露与现金和现金等价物有关的下列信息。①现金和现金等价物的构成及其在资产负债表中的相应金额。②企业持有但不能由母公司或集团内其他子公司使用的大额现金和现金等价物金额。企业持有现金和现金等价物余额但不能被集团使用的情形多种多样，例如，国外经营的子公司，由于受当地外汇管制或其他立法的限制，其持有的现金和现金等价物，不能由母公司或其他子公司正常使用。

下面，采用工作底稿法举例说明现金流量表的编制方法。

【例题15.4.1】一般纳税人施工企业2×15年12月31日的资产负债表如表15-2所示。

第一，该企业在2×16年发生下列有关的经济业务，做如下会计分录。

（1）收到银行通知，用银行存款支付到期的商业承兑汇票200 000元。

借：应付票据　　200 000

　　贷：银行存款　　200 000

（2）用银行汇票支付采购材料价款，企业收到开户银行转来的银行汇票多余款收账通知，通知上填写的多余款为1 234元，购入材料价款为118 700元（不含增值税），原材料已验收入库，计划成本为110 000元，已知该原材料适用的增值税税率为17%，已取得增值税专用发票并得到认证。

借：材料采购　　118 700

　　应交税费——应交增值税（进项税额）　　（118 700×17%）20 179

　　银行存款　　1 234

　　贷：其他货币资金——银行汇票　　140 113

同时

借：原材料　　110 000

　　材料成本差异　　8 700

　　贷：材料采购　　118 700

（3）企业甲工程本年度发生的工程成本为1 200 000元，其中，原材料1 063 200元，应付施工人员工资120 000元，预计职工福利费16 800元。本年度已结算并收到甲工程价款1 665 000元（含税），预计合同毛利为465 000元。已知建筑施工企业的增值税税率为11%。

借：工程施工——合同成本　1 200 000
　贷：原材料　1 063 200
　　应付职工薪酬——工资　120 000
　　　　——职工福利　16 800

借：应收账款　1 665 000
　贷：工程结算　1 665 000

借：银行存款　1 665 000
　贷：应收账款——应收工程款——甲工程　1 665 000

同时

借：主营业务成本　1 200 000
　工程施工——合同毛利　465 000
　贷：主营业务收入　1 500 000
　　应交税费——应交增值税（销项税额）　165 000①

（4）企业将可供出售金融资产16 500元出售，收到本金15 000元，投资收益1 500元，均存入银行，假设不考虑增值税的影响。

借：银行存款　16 500
　贷：可供出售金融资产　15 000
　　投资收益　1 500

（5）企业购入不需要安装设备一台，取得的增值税专用发票上注明的价款为1 100 000元，增值税税额为187 000元，取得的增值税专用发票已得到认证。另外支付运杂费5 000元，均已通过银行存款支付，设备已交付使用。

借：固定资产　1 105 000
　应交税费——应交增值税（进项税额）　187 000
　　贷：银行存款　1 292 000

（6）企业固定资产购建工程应付工资100 000元，职工福利14 000元，应付城镇土地使用税50 000元。

借：在建工程　164 000
　贷：应付职工薪酬——工资　100 000
　　　　——职工福利　14 000
　　应交税费——应交城镇土地使用税　50 000

（7）企业出售一台2014年购入的设备，原价为800 000元，已提折旧200 000元，出售所得收入为515 000元（含税），按照简易征收率3%减按2%计算增值税。发生清理费用50 000元，清理费用取得增值税普通发票，均通过银行存款收支。该项设备已清理完毕。

借：固定资产清理　600 000
　累计折旧　200 000
　贷：固定资产　800 000

借：银行存款　515 000
　贷：固定资产清理　505 000
　　应交税——应交增值税（销项税额）　10 000②

① 165 000=1 665 000 /（1+11%）×11%。
② 10 000= 515 000/（1+3%）×2%。

借：固定资产清理　　50 000

　贷：银行存款　　50 000

借：营业外支出　　145 000

　贷：固定资产清理　　145 000

（8）向银行借入长期借款2 000 000元，已存入银行。

借：银行存款　　2 000 000

　贷：长期借款　　2 000 000

（9）企业乙工程本年度发生的工程成本为600 000元，其中，原材料531 600元，应付施工人员工资60 000元，职工福利费8 400元。企业本年度应结算乙工程价款1 110 000元，预计合同毛利510 000元。已知建筑施工企业的增值税税率为11%。

借：工程施工——合同成本　　600 000

　贷：原材料　　531 600

　　应付职工薪酬——工资　　60 000

　　　　　　　——职工福利　　8 400

借：应收账款　　1 110 000

　贷：工程结算　　1 110 000

同时

借：主营业务成本　　600 000

　工程施工——合同毛利　　510 000

　贷：主营业务收入　　1 000 000

　　应交税费——应交增值税（销项税额）　　110 000[①]

（10）企业计提应收账款的坏账准备10 800元。

借：资产减值损失　　10 800

　贷：坏账准备　　10 800

（11）企业归还短期借款本金500 000元，利息20 000元。

借：短期借款　　500 000

　财务费用　　20 000

　贷：银行存款　　520 000

（12）提取现金300 000元，以备发工资。

借：库存现金　　300 000

　贷：银行存款　　300 000

（13）支付工资300 000元，其中包括支付给固定资产购建工程人员工资100 000元。

借：应付职工薪酬——工资　　300 000

　贷：库存现金　　300 000

（14）分配企业行政管理人员工资20 000元。

借：管理费用　　20 000

　贷：应付职工薪酬——工资　　20 000

（15）按上述行政管理职工工资提取职工福利2 800元。

借：管理费用　　2 800

　贷：应付职工薪酬——职工福利　　2 800

① 110 000=1 110 000/（1+11%）×11%。

（16）用银行存款138 000元支付业务招待费。

借：管理费用　138 000
　贷：银行存款　138 000

（17）提取现金30 000元，支付职工补充养老保险。

借：库存现金　30 000
　贷：银行存款　30 000
借：管理费用　30 000
　贷：库存现金　30 000

（18）企业本期应交增值税77 821元、城市维护建设税5 447.47元、教育费附加2 334.63元。

借：应交税费——应交增值税（转出未交增值税）　77 821
　贷：应交税费——未交增值税　77 821
借：营业税金及附加　7 782.10
　贷：应交税费——应交城市维护建设税　5 447.47
　　　　——应交教育费附加　2 334.63

（19）用银行存款缴纳增值税77 821元、城市维护建设税5 447.47元、教育费附加2 334.63元、城镇土地使用税50 000元。

借：应交税费——未交增值税　77 821
　　——应交城市维护建设税　5 447.47
　　——应交教育费附加　2 334.63
　　——应交城镇土地使用税　50 000
　贷：银行存款　135 603.10

（20）计算并结转应交所得税81 779.48元，企业所得税税率为25%。

借：所得税费用　81 779.48
　贷：应交税费——应交所得税　81 779.48

（21）结转本年利润。

借：主营业务收入　2 500 000
　投资收益　1 500
　贷：本年利润　2 501 500
借：本年利润　2 256 161.58
　贷：管理费用　190 800
　　营业外支出　145 000
　　主营业务成本　1 800 000
　　财务费用　20 000
　　营业税金及附加　7 782.10
　　资产减值损失　10 800
　　所得税费用　81 779.48

（22）结转本年实现的利润。

借：本年利润　245 338.42
　贷：利润分配——未分配利润　245 338.42

（23）提取法定盈余公积金24 533.84元、任意盈余公积金12 266.92元。

借：利润分配——提取法定盈余公积　24 533.84
　　——提取任意盈余公积　12 266.92
　贷：盈余公积　36 800.76

同时

借：利润分配——未分配利润　　36 800.76

　贷：利润分配——提取法定盈余公积　　24 533.84

　　　　　　——提取任意盈余公积　　12 266.92

（24）用银行存款缴纳所得税81 779.48元。

借：应交税费——应交所得税　　81 779.48

　贷：银行存款　　81 779.48

（25）归还一年内到期的长期借款1 000 000元。

借：长期借款　　1 000 000

　贷：银行存款　　1 000 000

第二，根据上述经济业务及其会计处理，编制该施工企业2×16年12月31日的资产负债表和2×16年度的利润表，如表15-6和表15-7所示。

表15-6　　资产负债表　　会企01表

编制单位：一般纳税人施工企业　　2×16年12月31日　　单位：元

资产	期末余额	年初余额	负债和股东权益	期末余额	年初余额
流动资产：			流动负债：		
货币资金	2 913 238.42	2 603 000	短期借款	500 000	1 000 000
以公允价值计量且其变动计入当期损益的金融资产	210 000	210 000	以公允价值计量且其变动计入当期损益的金融负债	0	0
应收票据	800 000	800 000	应付票据	1 400 000	1 600 000
应收账款	2 655 200	1 556 000	应付账款	2 006 000	2 006 000
预付款项	140 000	140 000	预收款项	600 000	600 000
应收利息	0	0	应付职工薪酬	138 000	96 000
应收股利	0	0	应交税费	43 600	43 600
其他应收款	6 000	6 000	应付利息	46 000	46 000
存货	10 602 500	12 078 600	应付股利	0	0
一年内到期的非流动资产	0	0	其他应付款	80 000	80 000
其他流动资产	0	0	一年内到期的非流动负债	0	1 000 000
流动资产合计	17 326 938.42	17 393 600	其他流动负债	0	0
非流动资产：	0	0	流动负债合计	4 813 600	6 471 600
可供出售金融资产	17 000	32 000	非流动负债：	0	0
持有至到期投资	0	0	长期借款	4 000 000	2 000 000
长期应收款	0	0	应付债券	152 000	152 000
长期股权投资	0	0	长期应付款	0	0
投资性房地产	0	0	专项应付款	0	0
固定资产	3 605 000	3 100 000	预计负债	0	0
在建工程	804 000	640 000	递延所得税负债	0	0
工程物资	0	0	其他非流动负债	0	0
固定资产清理	0	0	非流动负债合计	4 152 000	2 152 000
生产性生物资产	0	0	负债合计	8 965 600	8 623 600
油气资产	0	0	股东权益：	0	0
无形资产	200 000	200 000	股本	10 000 000	10 000 000

续表

资产	期末余额	年初余额	负债和股东权益	期末余额	年初余额
开发支出	0	0	资本公积	1 600 000	1 600 000
商誉	0	0	减：库存股	0	0
长期待摊费用	360 000	360 000	其他综合收益	2 000	2 000
递延所得税资产	0	0	盈余公积	436 800.76	400 000
其他非流动资产	0	0	未分配利润	1 308 537.66	1 100 000
非流动资产合计	4 986 000	4 332 000	股东权益合计	13 347 338.42	13 102 000
资产总计	22 312 938.42	21 725 600	负债和股东权益总计	22 312 938.42	21 725 600

表 15-7　利润表　会企 02 表

编制单位：一般纳税人施工企业　2×16 年度　单位：元

项目	本期金额	上期金额
一、营业收入	2 500 000	8 871 200
减：营业成本	1 800 000	3 834 800
营业税金及附加	7 782.10	427 000
管理费用	190 800	1 456 200
财务费用	20 000	110 000
资产减值损失	10 800	0
加：公允价值变动收益（损失以“-”号填列）	0	0
投资收益（损失以“-”号填列）	1 500	64 000
其中：对联营企业和合营企业的投资收益	0	0
二、营业利润（亏损以“-”号填列）	472 117.90	3 107 200
加：营业外收入	0	160 000
减：营业外支出	145 000	84 000
其中：非流动资产处置损失	145 000	0
三、利润总额（亏损总额以“-”号填列）	327 117.90	3 183 200
减：所得税费用	81 779.48	795 800
四、净利润（净亏损以“-”号填列）	245 338.42	2 387 400
五、其他综合收益的税后净额	0	2 000
（一）以后不能重分类进损溢的其他综合收益		
（二）以后将重分类进损溢的其他综合收益		
其中，可供出售金融资产的公允价值变动损益		2 000
六、综合收益总额	245 338.42	2 389 400
七、每股收益		
（一）基本每股收益	（略）	（略）
（二）稀释每股收益	（略）	（略）

第三，编制现金流量表。

本例题采用工作底稿法编制程序，具体步骤如下。

第一步，将资产负债表的年初余额和期末余额过入工作底稿的期初数栏和期末数栏，如表15-8所示。

第二步，对当期业务进行分析并编制调整分录。编制分录时，要以利润表项目为基础，从“营业收入”项目开始，结合资产负债表项目逐一分析。调整分录如下。

（1）分析调整营业收入。

借：经营活动现金流量——销售商品、提供劳务收到的现金　　1 400 800
　　应收账款　　1 099 200
　　贷：营业收入　　2 500 000

（2）分析调整营业成本。

借：营业成本　　1 800 000
　　应付票据　　200 000
　　贷：经营流动现金流量——购买商品、接受劳务支付的现金　　523 900
　　　　存货　　1 476 100

（3）调整管理费用。

借：管理费用　　190 800
　　贷：经营活动现金流量——支付其他与经营活动有关的现金　　190 800

（4）调整营业税金及附加。

借：营业税金及附加　　7 782.10
　　贷：经营活动现金流量——支付的各项税费　　7 782.10

（5）调整财务费用。

借：财务费用　　20 000
　　贷：筹资活动现金流量——偿付利息支付的现金　　20 000

（6）调整投资收益。

借：投资活动现金流量——收回投资收到的现金　　16 500
　　贷：可供出售金融资产　　15 000
　　　　投资收益　　1 500

（7）调整所得税。

借：所得税费用　　81 779.48
　　贷：应交税费　　81 779.48

（8）调整营业外支出。

借：投资活动现金流量——处置固定资产收到的现金　　455 000
　　营业外支出　　145 000
　　贷：固定资产　　600 000

（9）调整坏账准备。

借：资产减值损失　　10 800
　　贷：经营活动现金流量——销售商品、提供劳务收到的现金　　10 800

（10）调整固定资产。

借：固定资产　　1 105 000
　　贷：投资活动现金流量——购建固定资产支付的现金　　1 105 000

（11）调整在建工程。

借：在建工程　　164 000
　　贷：应付职工薪酬　　14 000
　　　　投资活动现金流量——购建固定资产支付的现金　　150 000

（12）调整短期借款。

借：短期借款　　500 000
　　贷：筹资活动现金流量——偿还债务支付的现金　　500 000

（13）调整应付职工薪酬。

借：经营流动现金流量——购买商品、接受劳务支付的现金　　205 200

——支付其他与经营活动有关的现金　　22 800

贷：经营活动现金流量——支付给职工以及为职工支付的现金　　200 000

应付职工薪酬　　28 000

（14）调整应交税费。

借：应交税费　　81 779.48

贷：经营活动现金流量——支付的各项税费　　81 779.48

（15）调整长期借款。

以现金偿还一年内到期的长期借款时

借：一年内到期的非流动负债　　1 000 000

贷：筹资活动现金流量——偿还债务支付的现金　　1 000 000

（16）举借长期借款时。

借：筹资活动现金流量——取得借款收到的现金　　2 000 000

贷：长期借款　　2 000 000

（17）结转净利润。

借：净利润　　245 338.42

贷：未分配利润　　245 338.42

（18）提取盈余公积。

借：未分配利润　　36 800.76

贷：盈余公积　　36 800.76

（19）调整现金及现金等价物净变化额。

借：货币资金　　310 238.42

贷：现金及现金等价物　　310 238.42

第三步，将上述调整分录过入工作底稿的相应部分，如表15-8所示。

表 15-8　　现金流量表工作底稿　　单位：元

项目	期初数	调整分录		期末数
		借方	贷方	
一、资产负债表项目				
借方项目：				
货币资金	2 603 000	（19）310 238.42		2 913 238.42
以公允价值计量且其变动计入当期损益的金融资产	210 000			210 000
应收票据	800 000			800 000
应收账款	1 556 000	（1）1 099 200		2 655 200
预付款项	140 000			140 000
其他应收款	6 000			6 000
存货	12 078 600		（2）1 476 100	10 602 500
可供出售金融资产	32 000		（6）15 000	17 000
固定资产	3 100 000	（10）1 105 000	（8）600 000	3 605 000
在建工程	640 000	（11）164 000		804 000

续表

项目	期初数	调整分录		期末数
		借方	贷方	
无形资产	200 000			200 000
长期待摊费用	360 000			360 000
借方项目合计	21 725 600			22 312 938.42
贷方项目：				
短期借款	1 000 000	（12）500 000		500 000
应付票据	1 600 000	（2）200 000		1 400 000
应付账款	2 006 000			2 006 000
预收款项	600 000			600 000
应付职工薪酬	96 000		（11）14 000 （13）28 000	138 000
应交税费	43 600	（14）81 779.48	（7）81 779.48	43 600
应付利息	46 000			46 000
其他应付款	80 000			80 000
一年内到期的非流动负债	1 000 000	（15）1 000 000		0
长期借款	2 000 000		（16）2 000 000	4 000 000
应付债券	152 000			152 000
股本	10 000 000			10 000 000
资本公积	1 600 000			1 600 000
其他综合收益	2 000			2 000
盈余公积	400 000		（18）36 800.76	436 800.76
未分配利润	1 100 000	（18）36 800.76	（17）245 338.42	1 308 537.66
贷方项目合计	21 725 600			22 312 938.42
二、利润表项目				
营业收入			（1）2 500 000	2 500 000
营业成本		（2）1 800 000		1 800 000
营业税金及附加		（4）7 782.1		7 782.1
管理费用		（3）190 800		190 800
财务费用		（5）20 000		20 000
资产减值损失		（9）10 800		10 800
投资收益			（6）1 500	1 500
营业外收入				0
营业外支出		（8）145 000		145 000
所得税费用		（7）81 779.48		81 779.48
净利润		（17）245 338.42		245 338.42
三、现金流量表项目				0
（一）经营活动产生的现金流量				0

续表

项目	期初数	调整分录		期末数
		借方	贷方	
销售商品、提供劳务收到的现金		（1）1 400 800	（9）10 800	1 390 000
经营活动现金流入小计				1 390 000
购买商品、接受劳务支付的现金		（13）205 200	（2）523 900	318 700
支付给职工以及为职工支付的现金			（13）200 000	200 000
支付的各项税费			（4）7 782.10 （14）81 779.48	89 561.58
支付其他与经营活动有关的现金		（13）22 800	（3）190 800	168 000
经营活动现金流出小计				776 261.58
经营活动产生现金流量净额				613 738.42
（二）投资活动产生的现金流量				
收回投资收到的现金		（6）16 500		16 500
取得投资收益收到的现金				
处置固定资产、无形资产和其他长期资产收回的现金净额		（8）455 000		455 000
投资活动现金流入小计				471 500
购建固定资产、无形资产和其他长期资产支付的现金			（10）1 105 000 （11）150 000	1 255 000
投资活动现金流出小计				1 255 000
投资活动产生的现金流量净额				−783 500
（三）筹资活动产生的现金流量				
取得借款收到的现金		（16）2 000 000		2 000 000
筹资活动现金流入小计				2 000 000
偿还债务支付的现金			（12）500 000 （15）1 000 000	1 500 000
分配股利、利润或偿付利息支付的现金			（5）20 000	20 000
筹资活动现金流出小计				1 520 000
筹资活动产生现金流量净额				480 000
（四）现金及现金等价物净增加额			（19）310 238.42	310 238.42
调整分录借贷合计	-	11 098 818.66	11 098 818.66	—

第四步，核对调整分录，借方、贷方合计数均已经相等，资产负债表项目期初数加减调整分录中的借贷金额以后，应等于表中的期末数。

第五步，根据工作底稿中的现金流量表项目部分编制正式的现金流量表，如表15-9所示，现金流量表补充资料如表15-10所示。

表 15-9　　现金流量表　　会企 03 表

编制单位：一般纳税人施工企业　　2×16 年度　　单位：元

项目	本期金额	上期金额（略）
一、经营活动产生的现金流量：		
销售商品、提供劳务收到的现金	1 390 000	
收到的税费返还	0	
收到其他与经营活动有关的现金	0	
经营活动现金流入小计	1 390 000	
购买商品、接受劳务支付的现金	318 700	
支付给职工以及为职工支付的现金	200 000	
支付的各项税费	89 561.58	
支付其他与经营活动有关的现金	168 000	
经营活动现金流出小计	776 261.58	
经营活动产生的现金流量净额	613 738.42	
二、投资活动产生的现金流量：	0	
收回投资收到的现金	16 500	
取得投资收益收到的现金	0	
处置固定资产、无形资产和其他长期资产收回的现金净额	455 000	
处置子公司及其他营业单位收到的现金净额	0	
收到其他与投资活动有关的现金	0	
投资活动现金流入小计	471 500	
购建固定资产、无形资产和其他长期资产支付的现金	1 255 000	
投资支付的现金	0	
取得子公司及其他营业单位支付的现金净额	0	
支付其他与投资活动有关的现金	0	
投资活动现金流出小计	1 255 000	
投资活动产生的现金流量净额	−783 500	
三、筹资活动产生的现金流量：	0	
吸收投资收到的现金	0	
取得借款收到的现金	2 000 000	
收到其他与筹资活动有关的现金	0	
筹资活动现金流入小计	2 000 000	

续表

项目	本期金额	上期金额（略）
偿还债务支付的现金	1 500 000	
分配股利、利润或偿付利息支付的现金	20 000	
支付其他与筹资活动有关的现金	0	
筹资活动现金流出小计	1 520 000	
筹资活动产生的现金流量净额	480 000	
四、汇率变动对现金及现金等价物的影响	0	
五、现金及现金等价物净增加额	310 238.42	
加：期初现金及现金等价物余额	2 603 000	
六、期末现金及现金等价物余额	2 913 238.42	

表 15-10 现金流量表补充材料表 单位：元

补充材料	本期金额	上期金额（略）
1. 将净利润调节为经营活动现金流量：		
净利润	245 338.42	
加：资产减值准备	10 800	
固定资产折旧、油气资产折耗、生产性生物资产折旧	0	
无形资产摊销	0	
长期待摊费用摊销	0	
处置固定资产、无形资产和其他长期资产的损失（收益以“-”号填列）	145 000	
固定资产报废损失（收益以“-”号填列）	0	
公允价值变动损失（收益以“-”号填列）	0	
财务费用（收益以“-”号填列）	20 000	
投资损失（收益以“-”号填列）	-1 500	
递延所得税资产的减少（增加以“-”号填列）	0	
递延所得税负债的增加（减少以“-”号填列）	0	
存货的减少（增加以“-”号填列）	1 476 100	
经营性应收项目的减少（增加以“-”号填列）	-1 110 000	
经营性应付项目的增加（减少以“-”号填列）	-172 000	
其他	0	
经营活动产生的现金流量净额	613 738.42	
2. 不涉及现金收支的重大投资和筹资活动：	0	
债务转为资本	0	
一年内到期的可转换公司债券	0	
融资租入固定资产	0	

续表

补充材料	本期金额	上期金额（略）
3. 现金及现金等价物净变动情况：	0	
现金的期末余额	2 913 238.42	
减：现金的期初余额	2 603 000	
加：现金等价物的期末余额	0	
减：现金等价物的期初余额	0	
现金及现金等价物净增加额	310 238.42	

第五节 所有者权益变动表

一、所有者权益变动表的含义和意义

所有者权益变动表是反映构成所有者权益的各组成部分当期的增减变动情况的报表。所有者权益变动表应当全面反映一定时期所有者权益变动的情况，不仅包括所有者权益总量的增减变动，还包括所有者权益增减变动的重要结构性信息，特别是要反映直接计入所有者权益的利得和损失，让报表使用者准确理解所有者权益增减变动的根源。

编制所有者权益变动表具有如下意义。

（一）所有者权益变动表在一定程度上体现了企业综合收益

综合收益，是指企业在某一期间与所有者之外的其他方面进行交易或发生其他事项引起的净资产变动。综合收益的构成包括净利润和其他综合收益两部分。其中，前者是企业已实现并已确认的收益，后者是企业当年根据企业会计准则规定未在损益中确认的各项利得和损失扣除所得税影响后的净额。用公式表示如下。

综合收益=净利润+其他综合收益的税后净额

其中，

净利润=收入-费用+直接计入当期损益的利得和损失

在所有者权益变动表中，净利润和其他综合收益均单列项目反映，体现了企业综合收益的构成，能够更好地帮助投资者获得与其决策相关的全面收益信息。

（二）全面反映了企业的所有者权益在年度内的变化情况

所有者权益变动表可以反映股东所拥有的权益，据以判断资本保值、增值的情况以及对负债的保障程度。该表将全面反映企业的所有者权益在年度内的变化情况，便于会计信息使用者深入分析企业所有者权益的增减变化情况，进而对企业的资本保值增值情况做出正确判断，提供对决策有用的信息。投资人可以透过所有者权益变动表看出被投资方的投资价值，股利发放、员工红利等各项权益变动因素，以预测投资效益。从受托责任角度，编制所有者权益变动表，既是对投资者负责，也是对股东和企业自身负责。

（三）为利润表和资产负债表提供辅助信息

所有者权益变动表中的“其他综合收益”以及“利润分配”，与利润表之间存在较强的关联性。

"其他综合收益"与利润表中的"公允价值变动收益"相辅相成，共同反映了公允价值变动对于企业所产生的影响。"利润分配"则提供了企业利润分配的去向和数量，为利润表提供辅助信息。所有者权益变动表中提供的所有者结构变动信息与资产负债表中所有者权益部分相辅相成，提供了所有者权益具体项目变动的过程及其原因。

（四）体现会计政策变更和前期差错更正对所有者权益的影响

会计政策变更和前期差错更正对所有者权益本年年初余额的影响，原先主要在财务报表附注中体现，很容易被投资者忽略。新准则要求除了在附注中披露与会计政策变更、前期差错更正有关的信息外，还将在所有者权益变动表上直接列示会计政策变更和前期差错更正对所有者权益的影响，使会计政策变更、前期差错更正对所有者权益的影响得到更清晰体现。

二、所有者权益变动表的内容及列报格式

（一）所有者权益变动表的内容

在所有者权益变动表中，企业至少应当单独列示反映下列信息。

第一，净利润；

第二，其他综合收益；

第三，会计政策变更和差错更正的累积影响金额；

第四，所有者投入资本和向所有者分配利润等；

第五，提取的盈余公积；

第六，所有者权益各组成部分的期初和期末余额及其调节情况。

（二）所有者权益变动表的列报格式

1. 以矩阵的形式列报

为了清楚地表明构成所有者权益的各组成部分当期的增减变动的状况，所有者权益变动表应当以矩阵的形式列示。一方面，列示导致所有者权益变动的交易或事项，改变了以往仅仅按照所有者权益的各组成部分反映所有者权益变动情况，而是从所有者权益变动的来源对一定时期所有者权益变动情况进行全面反映；另一方面，按照所有者权益各组成部分（包括实收资本、资本公积、盈余公积、未分配利润和库存股）及其总额列示交易或事项对所有者权益的影响。

2. 列示所有者权益变动的比较信息

根据财务报表列报准则的规定，企业需要提供比较所有者权益变动表，因此，所有者权益变动表还就各项目再分为"本期金额"和"上期金额"两栏分别填列。所有者权益变动表的具体格式参见《〈企业会计准则第 30 号——财务报表列报〉应用指南》。

三、所有者权益变动表的列报方法

（一）"上期金额"栏的列报方法

所有者权益变动表"上期金额"栏内各项数字，应根据上年度所有者权益变动表"本期金额"栏内所列数字填列。如果上年度所有者权益变动表规定的各个项目的名称和内容同本年度不相一致，应对上年度所有者权益变动表各项目的名称和数字按本年度的规定进行调整，填入所有者权益变动表"上期金额"栏内。

（二）"本期金额"栏的填列方法

所有者权益变动表"本期金额"栏内各项数字一般应根据"实收资本"（或"股本"）"资本公积"

“盈余公积”“其他综合收益”“利润分配”“库存股”“以前年度损益调整”账户及其明细科目的发生额分析填列。

（三）所有者权益变动表各项目的列报说明

（1）“上年年末余额”项目，反映企业上年资产负债表中实收资本（或股本）、资本公积、盈余公积、未分配利润的年末余额。

（2）“会计政策变更”和“前期差错更正”项目，分别反映企业采用追溯调整法处理的会计政策变更的累积影响金额和采用追溯重述法处理的会计差错更正的累积影响金额。

为了体现会计政策变更和前期差错更正的影响，企业应当在上期期末所有者权益余额的基础上进行调整，得出本期期初所有者权益，根据“盈余公积”“其他综合收益”“利润分配”“以前年度损益调整”等科目的发生额分析填列。

（3）“本年增减变动额”项目分别反映如下内容。

①“净利润”项目，反映企业当期实现的净利润（或净亏损）金额，并对应列在“未分配利润”栏。

②“其他综合收益”项目，反映企业当年根据企业会计准则规定未在损益中确认的各项利得和损失扣除所得税影响后的净额，并对应列在“其他综合收益”栏。

综合收益额，即①和②小计项目，反映企业当年实现的净利润（或净亏损）金额和当年直接计入其他综合收益金额的合计额。

③“所有者投入和减少资本”项目，反映企业当年所有者投入的资本和减少的资本。其中，“所有者投入资本”项目，反映企业接受投资者投资形成的实收资本（或股本）和资本溢价或股本溢价，并对应列在“实收资本”（或“股本”）和“资本公积”栏。“股份支付计入所有者权益的金额”项目，反映企业处于等待期中的权益结算的股份支付当年计入资本公积的金额，并对应列在“资本公积”栏。

④“利润分配”下各项目，反映当年对所有者（或股东）分配的利润（或股利）金额和按照规定提取的盈余公积金额，并对应列在“未分配利润”和“盈余公积”栏。其中，“提取盈余公积”项目，反映企业按照规定提取的盈余公积。“对所有者（或股东）的分配”项目，反映对所有者（或股东）分配的利润（或股利）金额。

⑤“所有者权益内部结转”下各项目，反映不影响当年所有者权益总额的所有者权益各组成部分之间当年的增减变动，包括资本公积转增资本（或股本）、盈余公积转增资本（或股本）、盈余公积弥补亏损等项金额。为了全面反映所有者权益各组成部分的增减变动情况，所有者权益内部结转也是所有者权益变动表的重要组成部分，主要指不影响所有者权益总额、所有者权益的各组成部分当期的增减变动。其中，“资本公积转增资本（或股本）”项目，反映企业以资本公积转增资本或股本的金额。“盈余公积转增资本（或股本）”项目，反映企业以盈余公积转增资本或股本的金额。“盈余公积弥补亏损”项目，反映企业以盈余公积弥补亏损的金额。

所有者权益变动表的具体格式如表15-11所示。

【例题15.5.1】沿用【例题15.2.1】、【例题15.3.1】和【例题15.4.1】的资料，一般纳税人施工企业2×15年度的利润分配情况为提取法定盈余公积金24 533.84元，任意盈余公积金12 266.92元。做如下会计分录。

借：利润分配——提取法定盈余公积　　24 533.84
　　　　　　——提取任意盈余公积　　12 266.92
　贷：盈余公积　　36 800.76

根据上述资料，编制该施工企业2×16年度的所有者权益变动表，如表15-11所示。

表 15-11　　所有者权益变动表　　会企 04 表

编制单位：一般纳税人施工企业　　2×16 年度　　单位：元

项目	本期金额							上期金额						
	实收资本	资本公积	减：库存股	其他综合收益	盈余公积	未分配利润	股东权益合计	实收资本	资本公积	减：库存股	其他综合收益	盈余公积	未分配利润	股东权益合计
一、上年年末余额	10 000 000	1 600 000		2 000	400 000	1 100 000	13 102 000	9 000 000	1 440 000			80 088.40	1 200 000	11 720 088.40
加：会计政策变更														
前期差错更正														
二、本年年初余额	10 000 000	1 600 000		2 000	400 000	1 100 000	13 102 000	9 000 000	1 440 000			80 088.40	1 200 000	11 720 088.40
三、本年增减变动金额（减少以“–”号填列）														
（一）净利润						245 338.42	245 338.42						2 387 400	2 387 400
（二）其他综合收益														
1. 可供出售金融资产公允价值变动净额											2 000			2 000
2. 权益法下本投资单位其他所有者权益变动的影响														
3. 与计入所有者权益项目相关的所得税影响														
4. 其他														

续表

项目	本期金额							上期金额						
	实收资本	资本公积	减：库存股	其他综合收益	盈余公积	未分配利润	股东权益合计	实收资本	资本公积	减：库存股	其他综合收益	盈余公积	未分配利润	股东权益合计
综合收益总额						245 338.42	245 338.42	334			2 000		2 387 400	2 389 400
（三）所有者投入和减少资本														
1. 所有者投入资本								1 000 000	160 000					1 160 000
2. 股份支付计入股东权益的金额														
3. 其他														
（四）利润分配														
1. 提取盈余公积					36 800.76	−36 800.76						319 911.60	−319 911.60	
2. 对所有者（或股东）的分配													−2 167 488.40	−2 167 488.40
3. 其他														
（五）所有者权益内部结转														
1. 资本公积转增资本（或股本）														
2. 盈余公积转增资本（或股本）														
3. 盈余公积弥补亏损														
4. 其他														
四、本年年末余额	10 000 000	1 600 000		2 000	436 800.76	1 308 537.66	13 347 338.42	10 000 000	1 600 000		2 000	400 000	1 100 000	13 102 000

第六节 附注

一、附注的含义及披露的基本要求

（一）附注的含义

附注是财务报表不可或缺的组成部分，是对在资产负债表、利润表、现金流量表和所有者权益变动表等报表中列示项目的文字描述或明细资料，以及对未能在这些报表中列示项目的说明等。

财务报表中的数字是经过分类与汇总后的结果，是对企业发生的经济业务的高度简化和浓缩，如没有形成这些数字所使用的会计政策、理解这些数字所必需的披露等，财务报表就不可能充分发挥效用。因此，附注与资产负债表、利润表、现金流量表、所有者权益变动表等报表具有同等的重要性，是财务报表的重要组成部分。报表使用者了解企业的财务状况、经营成果和现金流量，应当全面阅读附注。

（二）附注披露的基本要求

（1）定量、定性信息相结合。附注披露的信息应是定量、定性信息的结合，从而能从量和质两个角度对企业经济事项完整地进行反映，也才能满足信息使用者的决策需求。

（2）披露信息应有序并合理排列和分类。附注应当按照一定的结构进行系统、合理地排列和分类，有顺序地披露信息。由于附注的内容繁多，因此更应按逻辑顺序排列，分类披露，条理清晰，具有一定的组织结构，以便于使用者理解和掌握，更好地实现财务报表的可比性。

（3）与 4 张主表信息相结合。附注中的相关信息应当与资产负债表、利润表、现金流量表和所有者权益变动表等报表中列示的项目相互参照，以有助于使用者联系相关联的信息，并由此从整体上更好地理解财务报表。

二、附注披露的内容

企业应当按照《企业会计准则第 30 号——财务报表列报》等的要求在附注中至少披露下列内容，但是非重要项目除外。

（一）企业的基本情况

企业应当披露企业注册地、组织形式和总部地址；企业的业务性质和主要经营活动；母公司以及集团最终母公司的名称；财务报告的批准报出者和财务报告批准报出日；按照有关法律、行政法规等的规定，企业所有者或其他方面有权对报出的财务报告进行修改的事实。

（二）财务报表的编制基础

企业应当披露会计年度；记账本位币；会计计量所运用的计量基础；现金和现金等价物的构成。

（三）遵循《企业会计准则》的声明

企业应当明确说明编制的财务报表符合《企业会计准则》体系的要求，真实、公允地反映了企业的财务状况、经营成果和现金流量。

（四）重要会计政策和会计估计的说明

企业应当披露重要的会计政策和会计估计，不具有重要性的会计政策和会计估计可以不披露。

1. 重要会计政策的说明

由于企业经济业务的复杂性和多样化，某些经济业务可以有多种会计处理方法，也即存在不止一种可供选择的会计政策。例如，存货的计价可以有先进先出法、加权平均法、个别计价法等；固定资产的折旧，可以有年限平均法、工作量法、双倍余额递减法、年数总额法等。企业在发生某项经济业务时，必须从允许的会计处理方法中选择适合本企业特点的会计政策。企业选择不同的会计处理方法，可能极大地影响企业的财务状况和经营成果，进而编制出不同的财务报表。为了有助于报表使用者理解，有必要对这些会计政策加以披露。

需要特别指出的是，说明会计政策时还需要披露下列两项内容。

第一，财务报表项目的计量基础。会计计量属性包括历史成本、重置成本、可变现净值、现值和公允价值，这直接显著影响报表使用者的分析，这项披露要求便于使用者了解企业财务报表中的项目是按何种计量基础予以计量的，如存货是按成本还是可变现净值计量等。

第二，会计政策的确定依据，主要是指企业在运用会计政策过程中所作的对报表中确认的项目金额最具影响的判断。例如，企业如何判断持有的金融资产是持有至到期的投资而不是交易性投资；对于拥有的持股不足50%的关联企业，企业如何判断其拥有该关联企业的控制权因此将其纳入合并范围；企业如何判断与租赁资产相关的所有风险和报酬已转移给企业从而符合融资租赁的标准；投资性房地产的判断标准是什么，等等。这些判断对在报表中确认的项目金额具有重要影响。因此，这项披露要求有助于使用者理解企业选择和运用会计政策的背景，增加财务报表的可理解性。

企业主要应当披露的重要会计政策有存货、投资性房地产、固定资产、无形资产、资产减值、股份支付、债务重组、收入、建造合同、所得税、外币折算、金融工具、租赁、企业合并、其他。

2. 重要会计估计的说明

财务报表列报准则强调了对会计估计不确定因素的披露要求，企业应当披露会计估计中所采用的关键假设和不确定因素的确定依据，这些关键假设和不确定因素在下一会计期间内很可能导致对资产、负债的账面价值进行重大调整。例如，为正在进行中的诉讼提取准备时最佳估计数的确定依据等。这些假设的变动对这些资产和负债项目金额的确定影响很大，有可能会在下一个会计年度内做出重大调整。因此，强调这一披露要求，有助于提高财务报表的可理解性。

（五）会计政策和会计估计变更以及差错更正的说明

企业应在财务报表附注中说明与会计政策、会计估计变更以及差错更正相关的下列信息。

（1）会计政策变更的性质、内容和原因；

（2）当期和各个列报前期财务报表中受影响的项目名称和调整金额；

（3）会计政策变更无法进行追溯调整的事实和原因以及开始应用变更后的会计政策的时点、具体应用情况；

（4）会计估计变更的内容和原因；

（5）会计估计变更对当期和未来期间的影响金额；

（6）会计估计变更的影响数不能确定的事实和原因；

（7）前期差错的性质；

（8）各个列报前期财务报表中受影响的项目名称和更正金额、前期差错对当期财务报表也有影响的，还应披露当期财务报表中受影响的项目名称和金额；

（9）前期差错无法进行追溯重述的事实和原因以及对前期差错开始进行更正的时点、具体更正情况。

（六）会计报表重要项目的说明

施工企业应当以文字和数字描述相结合、尽可能以列表形式披露报表重要项目的构成或当期增减变动情况，并且报表重要项目的明细金额合计，应当与报表项目金额相衔接。在披露顺序上，一般应当按照资产负债表、利润表、现金流量表、所有者权益变动表的顺序及其项目的顺序列示。

资产减值准备明细表、分部报表、现金流量表补充资料应当在附注中单独披露，不作为报表附表。

以下就几个重要项目进行举例说明。

1. 应收款项

在财务报表附注中应说明坏账的确认标准，以及坏账准备的计提方法和计提比例，并重点说明如下事项。

第一，以前年度已全额计提坏账准备，或计提坏账准备的比例较大的，但在本年度又全额或部分收回的，或通过重组等其他方式收回的，应说明其原因，原估计计提比例的理由以及原估计计提比例的合理性。

第二，本年度实际冲销的应收款项及其理由，其中，实际冲销的关联交易产生的应收款项应单独披露。

应收账款、预付账款、其他应收款应分别计提坏账准备。应收款项应参考表 15-12 的格式进行披露。

表 15-12　应收款项明细表　金额单位：元

账龄	期末余额			年初余额		
	金额	比例（%）	坏账准备	金额	比例（%）	坏账准备
1 年以内						
1～2 年						
2～3 年						
3 年以上						
合计						

2. 存货

在财务报表附注中应说明本期存货跌价准备计提和转回的原因；用于担保的存货的账面价值以及存货的具体构成。存货应参考表 15-13、表 15-14 的格式进行披露。

表 15-13　存货明细表　单位：元

项目	期末数			期初数		
	账面余额	跌价准备	账面价值	账面余额	跌价准备	账面价值
1. 原材料						
2. 在产品						
3. 库存商品						
4. 包装物及低值易耗品						
……						
合计						

表 15-14　当期建造合同预计损失原因和金额明细表　单位：元

合同		合同总金额	当期预计损失	原因
固定造价合同	1.			
	2.			
	3.			
	……			
	小计			

续表

合同		合同总金额	当期预计损失	原因
成本加成合同	1.			
	2.			
	3.			
	……			
	小计			

3. 固定资产

在财务报表附注中应说明固定资产的分类、使用寿命、预计净残值和折旧率；各类固定资产的期初和期末原价、累计折旧额及固定资产减值准备累计金额；对固定资产所有权的限制及其金额和用于债务担保的固定资产账面价值；准备处置的固定资产名称、账面价值、公允价值、预计处置费用和预计处置时间等。

有关固定资产的分类、使用寿命、预计净残值和折旧率应参考表 15-15 的格式进行披露。

表 15-15　固定资产基本情况明细表

固定资产的种类	使用寿命	预计净残值	折旧率
1. 房屋、建筑物			
2. 机器设备			
3. 运输工具			
……			

有关固定资产累计折旧额和固定资产减值准备的披露信息，应参考表 15-16 的格式进行披露。

表 15-16　固定资产磨损减值情况明细表

单位：元

项目	年初余额	本期增加额	本期减少额	期末余额
一、原价合计				
其中：房屋、建筑物				
机器设备				
运输工具				
……				
二、累计折旧合计				
其中：房屋、建筑物				
机器设备				
运输工具				
……				
三、固定资产减值准备累计金额合计				
其中：房屋、建筑物				
机器设备				
运输工具				
……				
四、固定资产账面价值合计				
其中：房屋、建筑物				
机器设备				
运输工具				
……				

有关固定资产处置情况信息应参考表15-17的格式进行披露。

表15-17　固定资产处置情况明细表　单位：元

固定资产名称	账面价值	公允价值	预计处置费用	预计处置时间	准备采用的处置方式
1.					
2.					
……					

4. 资产减值准备

在财务报表附注中应说明施工企业各项资产减值准备的增减变动情况，编制资产减值准备明细表。资产减值准备明细表的各项目应根据“可供出售金融资产减值准备”“持有至到期投资减值准备”“坏账准备”“存货跌价准备”“长期股权投资减值准备”“固定资产减值准备”“在建工程减值准备”等账户的记录分析填列。

资产减值准备应参考表15-18的格式进行披露。

表15-18　资产减值准备明细表　单位：元

项目	本期发生额	上期发生额
一、坏账准备合计		
其中：应收账款		
其他应收款		
长期应收款		
二、存货跌价准备合计		
其中：库存商品		
原材料		
消耗性生物资产		
三、持有至到期投资减值准备		
四、长期股权投资减值准备		
五、固定资产减值准备合计		
其中：房屋、建筑物		
机器设备		
投资性房地产		
六、工程物资减值准备		
七、在建工程减值准备		
八、生产性生物资产减值准备		
九、油气资产减值准备		
十、无形资产减值准备		
其中：专利权		
商标权		
十一、商誉减值准备		

5. 应付职工薪酬

在财务报表附注中应说明应付职工薪酬的增减变动情况，编制应付职工薪酬明细表；企业本期为职工提供的非货币性福利形式、各项非货币性福利金额及其计算依据；解除劳动关系补偿对于自愿接受裁减建议的职工数量、补偿标准等不确定而产生的或有负债，应当按照《企业会计准则第13号——或有事项》披露。该项或有负债的形成原因、经济利益流出不确定性的说明、该项或有负债预计产生的财务影响以及获得补偿的可能性。无法预计的，应当说明原因。

应付职工薪酬应参考表15-19的格式进行披露。

表15-19　应付职工薪酬明细表　单位：元

项目	期初余额	本期增加	本期减少	期末余额
应付短期薪酬				
应付设定提存计划				
应付辞退福利				
一年内到期的其他福利				
合计				

表15-19中的应付短期薪酬和应付设定提存计划还可以编制明细表进行披露。

（七）或有和承诺事项的说明

披露预计负债的种类、形成原因以及经济利益流出不确定性的说明；与预计负债有关的预期补偿金额和本期已确认的预期补偿金额；或有负债的种类、形成原因及经济利益流出不确定性的说明；或有负债预计产生的财务影响以及获得补偿的可能性，无法预计的，应当说明原因；或有资产很可能会给企业带来经济利益的，其形成的原因、预计产生的财务影响等；在涉及未决诉讼、未决仲裁的情况下，披露全部或部分信息预期对企业造成重大不利影响的，该未决诉讼、未决仲裁的性质以及没有披露这些信息的事实和原因。

（八）资产负债表日后事项的说明

说明每项重要的资产负债表日后非调整事项的性质、内容，及其对财务状况和经营成果的影响。无法做出估计的，应当说明原因。

（九）关联方关系及其交易的说明

在企业财务和经营决策中，如果一方有能力直接或间接控制、共同控制另一方或对另一方施加重大影响；则将其视为关联方；如果两方或多方同受一方控制，也将其视为关联方。关联方关系是指关联方之间的相互关系。关联方关系必须存在于两方或多方之间，任何单独的个体不能构成关联方关系。

关联方关系及其交易在财务报表附注中的披露具体包括以下内容。

（1）母公司和子公司的名称。母公司不是该企业最终控制方的，说明最终控制方名称。

（2）母公司和子公司的业务性质、注册地、注册资本（或实收资本、股本）及其当期发生的变化。

（3）母公司对该企业或者该企业对子公司的持股比例和表决权比例。

（4）企业与关联方发生关联方交易的，该关联方关系的性质、交易类型及交易要素。

（5）企业应当分别关联方以及交易类型披露关联方交易。

【知识扩展】财政部对《企业会计准则第30号——财务报表列报》进行了修订，自2014年7月1日起在所有执行企业会计准则的企业范围内施行。欲了解更多知识，请扫描二维码。

中国建筑2015年年度报告。欲了解更多知识，请扫描二维码。

思考与练习

一、简答题

1. 企业编制会计报表的作用有哪些？
2. 什么是资产负债表？怎样编制资产负债表？
3. 什么是利润表？怎样编制利润表？
4. 什么是现金流量表？怎样编制现金流量表？
5. 什么是所有者权益变动表？在所有者权益变动表中，企业至少应当单独列示哪些信息？
6. 财务报表附注应披露哪些重要内容？

二、计算题

一般纳税人施工企业2×14年12月31日的资产负债表（期初余额略）及2×15年12月31日的科目余额表分别如表15-20和表15-21所示。

表 15-20　资产负债表　会企 01 表

编制单位：××施工企业　2×14 年 12 月 31 日　单位：元

资产	期末余额	期初余额	负债和股东权益	期末余额	期初余额
流动资产：			流动负债：		
货币资金	1 406 300		短期借款	300 000	
以公允价值计量且其变动计入当期损益的金融资产	15 000		以公允价值计量且其变动计入当期损益的金融负债	0	
应收票据	246 000		应付票据	200 000	
应收账款	299 100		应付账款	953 800	
预付款项	100 000		预收款项	0	
应收利息	0		应付职工薪酬	110 000	
应收股利	0		应交税费	37 600	
其他应收款	5 000		应付利息	0	
存货	2 580 000		应付股利	0	
一年内到期的非流动资产	0		其他应付款	50 000	
其他流动资产	100 000		一年内到期的非流动负债	1 000 000	
流动资产合计	4 751 400		其他流动负债	0	
非流动资产：			流动负债合计	2 651 400	
可供出售金融资产	250 000		非流动负债：		
持有至到期投资	0		长期借款	600 000	
长期应收款	0		应付债券	0	

续表

资产	期末余额	期初余额	负债和股东权益	期末余额	期初余额
长期股权投资	0		长期应付款	0	
投资性房地产	0		专项应付款	0	
固定资产	1 100 000		预计负债	0	
在建工程	1 500 000		递延所得税负债	0	
工程物资	200 000		其他非流动负债	0	
固定资产清理	0		非流动负债合计	600 000	
生产性生物资产	0		负债合计	3 251 400	
油气资产	0		股东权益：		
无形资产	600 000		股本	5 000 000	
开发支出	0		资本公积	0	
商誉	0		减：库存股	0	
长期待摊费用	0		其他综合收益	0	
递延所得税资产	0		盈余公积	100 000	
其他非流动资产	0		未分配利润	50 000	
非流动资产合计	3 650 000		股东权益合计	5 150 000	
资产总计	8 401 400		负债和股东权益总计	8 401 400	

表 15-21 科目余额表

2×15 年 12 月 31 日

科目名称	借方余额	科目名称	贷方金额
库存现金	3 900	短期借款	1 700 000
银行存款	2 238 500	应付票据	400 000
其他货币资金	10 000	应付账款	1 150 000
以公允价值计量且其变动计入当期损溢的金融资产	25 000	其他应付款	11 353
应收票据	408 000	应付职工薪酬	215 000
应收账款	680 000	应交税费	291 447
坏账准备	–5 400	长期借款	1 080 000
预付账款	50 000	其中：一年内到期的非流动负债	400 000
其他应收款	22 600	股本	5 000 000
原材料	624 400	资本公积	2 500 000
周转材料	96 000	其他综合收益	25 000
库存商品	1 670 500	盈余公积	566 240
可供出售金融资产	430 000	利润分配（未分配利润）	657 460
固定资产	4 656 000		
累计折旧	–563 000		
在建工程	2 360 000		
工程物资	540 000		
无形资产	750 000		
合计	13 996 500	合计	13 996 500

注：表中，“坏账准备”“累计折旧”为贷方余额；坏账准备均为应收账款计提的坏账准备。

根据以上资料，编制该施工企业2×15年12月31日的资产负债表。